西方人文论丛
Collection of Western Humanities

真理与虚构：
福柯文学思想的话语建构

Truth and Fiction:
Discourse Construction of Foucault's Literary Thought

彭瑾 ◎ 著

图书在版编目（CIP）数据

真理与虚构：福柯文学思想的话语建构 / 彭瑾著.
成都：四川大学出版社，2025.4. --（西方人文论丛）.
ISBN 978-7-5690-7731-5

Ⅰ．B565.59

中国国家版本馆CIP数据核字第2025ET1728号

书　　名：真理与虚构：福柯文学思想的话语建构
　　　　　Zhenli yu Xugou: Fuke Wenxue Sixiang de Huayu Jiangou
著　　者：彭　瑾
丛 书 名：西方人文论丛

出 版 人：侯宏虹
总 策 划：张宏辉
丛书策划：侯宏虹　张宏辉　余　芳
选题策划：唐　飞　吴连英
责任编辑：唐　飞
责任校对：庞　韬
装帧设计：墨创文化
责任印制：李金兰

出版发行：四川大学出版社有限责任公司
　　地址：成都市一环路南一段24号（610065）
　　电话：（028）85408311（发行部）、85400276（总编室）
　　电子邮箱：scupress@vip.163.com
　　网址：https://press.scu.edu.cn
印前制作：四川胜翔数码印务设计有限公司
印刷装订：成都金阳印务有限责任公司

成品尺寸：170 mm×240 mm
印　　张：22.25
插　　页：1
字　　数：406千字

版　　次：2025年8月 第1版
印　　次：2025年8月 第1次印刷
定　　价：88.00元

本社图书如有印装质量问题，请联系发行部调换

版权所有 ◆ 侵权必究

扫码获取数字资源

四川大学出版社
微信公众号

前言

作为20世纪极富反叛性的法国思想家，米歇尔·福柯以其对历史的敏锐洞察和深刻剖析，为诡谲多变的西方学术开辟了新的领地。福柯被誉为"法兰西的尼采"，其独特的学术视角对哲学、历史政治学、文学、社会学、心理学等人文学科影响深远。本书以福柯文学思想为主要考察对象，尝试勾勒出福柯文学思想的整体样态，使得福柯文学思想得以清晰呈现。具体而言，研究将以福柯对西方危机思想的关切与回应为背景，探寻其基于文学而铺展出的思考路径。这一危机思想于19世纪中叶由尼采引发，在20世纪以胡塞尔对欧洲哲学危机的揭露为开端，不断诊断出现代西方社会的一系列病兆：对历史发展观的无批判信奉，对技术理性、工具理性的无反思崇拜，以及对自由意志和权力的盲目乐观。在此语境下，福柯文学思想研究无疑具有双重意义。

近年来，学界关于福柯的理论研究呈"热门化"趋势，各项学术成果层出不穷，但这些研究对其文学问题的认知存在偏颇，缺乏对福柯文学思想的持续性、总体性关注。这些研究偏颇主要缘于三方面因素：第一，从福柯的整个思想历程来看，其关于文学的论述主要集中在早期较短的时段，后期（20世纪70年代之后）则较少涉及文学及其相关问题；第二，福柯的文学观点散见于各类著作、评论文章、演讲和采访当中，他既未明确地提出文学理论的专业术语，也未能对文学进行学理上的系统阐释；第三，由于福柯论述文学的语言充满着隐喻、含混的多义性特征，重释其深层含义较为困难。可见，单从"文学"概念出发探究其思想渊源及内涵，很难形成体系性的综合研究，这也是学界对福柯文学思想缺乏更深入探讨的原因所在。

本书以福柯文学思想为根基，意图从总体上把握福柯文学之思的路径生成，进而揭示其早期借助文学彰显其思想的隐微之意。本书并不将福柯限定在只重视差异性或断裂性的思想家身份下，而是将其置于西方文化的整体性中俯察——福柯究竟是如何规避宏大叙事的历史路径去研究社会中的微观制度。在此过程中，福柯从未放弃对文学的思考，且将文学式的书写作为一种治学方式贯注于其整个学术生涯中。尽管一些理论家常以线性历史观来对福柯的思想作一种相对静态的把握，但这将会对福柯文学思想的解读造成某种根本性的缺失。

本书绪论部分主要概述福柯思想及其学术成就，梳理福柯研究的国内外现状，提出本书的研究方法、价值及创新点等内容。

第一章以当代思想史为视野参照，并重提"福柯文学思想难题"这一关键线索，涉及其早期对文学深刻思考的转变，以及其在学术研究中后期竭力回避文学创作者的身份定位。此部分将重点凸显福柯在"语言学转向"背景下所面临的核心问题，揭示其在著作中尚未阐明的语言观念。

需要探讨的问题是：福柯是如何理解语言由"透明之物"逐步成为社会历史的沉淀物这一现象的？这一问题也与他运用语言来剥离现实成见的书写意图有关——通过这种书写，将历史的偶然性和断裂图景予以敞现。

第二章以"言说"困境为切入点，锁定福柯文学思考的锚定点——去主体性，进一步探寻福柯思想中关于主体问题的讨论。该部分尝试以某种框架来同质性地思考消解主体之后的文本存在可能性，这主要涉及其文学思想中对主体问题的重新解读。这部分重点关注消解主体之后，阐释学活动所带来的多元意义空间，并以此来分析福柯对作品、书写、文化等问题的路径策略，以期反思其独特视角下现代文学的文本观念。

第三章以福柯文学思想所涵盖的反讽和隐喻为主要范畴，着重考察其文本中几个关键问题及书写路径的选择。以德里达对福柯《疯狂史》的质疑批判为研究背景，试图澄清这场争论中两位学者的哲学立场及隐含意图，进而挖掘福柯后期思想异动的因由。需要更深入讨论的是：福柯后期的思想异动与其早期的语言策略选择之间所拉开的表意距离，是否意味着福柯对文学语言仍持有某种特定的坚守？

第四章以福柯的文学话语叙事作为理论焦点，认为其试图通过话语策略来开启对西方文化现象的独特思考。他的这一语言表述显然与现实主义和现代主义的世界关照方式不一致，即福柯试图把历史书写与再现政治的效用相结合，其思想中的政治指向更为隐蔽且激进。这为反思当代西方社会的权力生成机制提供了极为重要的参考价值。

第五章主要揭示福柯的历史视野与文学观念的错位关系，将福柯理论的旨趣定位为一种后现代主义的历史哲学。这属于一种暂时性的参照，其主要指向西方政治运动退潮的历史背景。福柯延续了以往的批判态度，且借助文学式的言说策略——"虚构"某种可能的时空场景，将权力的微观运作主题予以深化。这会引发权力和其可能（抽象的）实施对象之间的持续冲突和博弈。这一策略选择意义重大：它使历史与文学的关系更为暧昧，也为微观视野下的政治思考拓宽了路径。

第六章对整个福柯文学思想进行总述。这种论述并不以线性历史逻辑将福柯归为某个空置的起点，而是将福柯置于可能面临的各类问题中作比较式的微观考察。这种研究的策略目的是：希望重建福柯真理言说之历史（并非完全时间性）现场感，将福柯文学思想的流动过程予以反复追踪和型塑，以期真正敞现其文学思想的各个面相。

本书的出版充满艰辛。感谢导师刘朝谦教授，从研究起始到成书，一直悉心指导。一路学术探索，幸得恩师的照亮与点拨。感谢家人和朋友的支持和帮助，那些埋首案头的时光，有他们的理解与包容。特别感谢编辑老师细致的工作和及时的指正，让我的文字更加准确、流畅。

因研究条件和视野所限，书中难免存在不足，诚望各位读者批评指正。

著　者

2025年3月

目录

绪 论 / 1
    一、福柯及其学术思想概述 / 3
    二、福柯研究的国内外现状 / 8
    三、本研究的方法、价值及创新点 / 18

第一章
当代思想史视野下的福柯文学思想研究 / 23

  第一节　语言学转向下的福柯文学思想难题 / 25
    一、福柯文学思想的语言学转向论域 / 26
    二、西方现代文学的语言本体建构 / 33
    三、语言"言说"困境下的福柯文学思想 / 38

  第二节　现代性语境中的福柯文学思想问题域 / 52
    一、现代理性主义危机及其问题指向 / 52
    二、启蒙时代的人类科学与主体主义 / 57
    三、现代性与福柯论域中的批判问题 / 60
    四、现代性与福柯思想中的文学意涵 / 64

  第三节　福柯文学思想的逻辑起点——去主体性 / 68
    一、主体消解下的现代话语理论 / 68
    二、现代作者的文学话语奠立 / 75
    三、现代文学文本的生成与作品的缺席 / 81

第二章
福柯后现代主义的文本观与文学阐释学 / 87

  第一节　文学文本的交互生成与文学阐释活动 / 89
    一、互文本与文学文本的阐释意义 / 90
    二、文学文本的意义显现与隐匿性 / 101

三、文学文本的断裂式阐释及其延续　/ 105
第二节　语言的散播功能与文学阐释体验　/ 107
　　一、语言的无意识与语境主义　/ 107
　　二、无人称的写作与文本阐释　/ 110
　　三、语言表象与模仿的谵妄　/ 113
第三节　后现代主义的文学文本观　/ 118
　　一、后结构主义的文学文本生成及塑造　/ 119
　　二、新历史主义的虚构书写实践　/ 128
　　三、文学文本及其阐释活动的权力向度　/ 135

第三章
福柯后现代视阈中的文学再现与修辞　/ 141

第一节　现实主义文学与再现问题　/ 143
　　一、现实主义文学与模仿—再现理论　/ 144
　　二、现实主义文学文本：文学与历史的交汇　/ 149
　　三、传统历史文本书写与政治再现问题　/ 156
第二节　后现代视阈中的反讽　/ 162
　　一、反讽的意图与阐释　/ 162
　　二、反讽的双重言说机制　/ 165
　　三、作为话语策略的反讽　/ 169
第三节　后现代视阈中的隐喻　/ 172
　　一、权力的凝视："隐"还是"喻"　/ 172
　　二、后现代隐喻的指向：文本还是世界　/ 176
　　三、后现代隐喻的历史观：熟悉化还是陌生化　/ 180

第四章
福柯文学话语叙事的再现真实与书写策略　/ 183

第一节　现代主义文学与反再现问题　/ 185
　　一、认识转变：从真实再现到审美拟像　/ 185
　　二、旨趣转移：从再现现实到语言的拟像书写　/ 190
　　三、现代主义文学文本：拟似的延伸　/ 194
第二节　文学话语叙事的历史书写问题域　/ 199
　　一、文学话语叙事："死亡与迷宫"的悖论　/ 199

二、文学话语叙事的语言越界意图 / 206
三、文学话语叙事的虚构小说旨趣 / 211
四、文学话语叙事的历史问题学 / 216

第三节 文学话语叙事与考古学实践 / 221
一、文学话语叙事：基于一种知识的考古 / 221
二、文学话语叙事：指向一种现代性的考古学 / 231
三、文学话语叙事：在文学与考古之间 / 236

第五章
福柯后现代主义的历史哲学指向 / 241

第一节 后现代主义的断裂性 / 243
一、社会秩序失范与后现代转向 / 243
二、反本质主义与人文科学的批判 / 247
三、直指权力：人文科学的话语表征 / 253
四、延续权力：谱系学的论争策略 / 261

第二节 后现代主义的虚构性 / 272
一、后现代主义的政治想象：虚构与治理 / 272
二、后现代主义的语言形态：权力与话语 / 279
三、后现代主义的书写实践：历史与真实 / 285
四、后现代主义的文学功能：小说与欲望 / 289

第六章
现代与后现代视阈下福柯文学思想研究的启示 / 301

第一节 福柯文学思想研究的学术范式及实践维度 / 303
第二节 福柯文学思想研究的问题反思及应对策略 / 308
第三节 福柯文学思想研究的人文价值及后续方向 / 316

结　语 / 324

参考文献 / 327

后　记 / 343

绪论

一、福柯及其学术思想概述

20世纪的法国学术界星光熠熠,米歇尔·福柯(Michel Foucault)无疑是此背景下最具研究价值的代表人物之一。他的研究极好地印证了法国史学从社会史走向文化史的重大转变,这也标志着划归在"福柯"名下的法国思想必然走在时代的前沿。福柯被称为"法兰西的尼采""萨特之后法国最重要的思想家",他的研究对哲学、历史学、政治学、文学、社会学、心理学等人文社会学科影响深远。由于受早先众多学术思想的影响,福柯的研究很难被纳入某一具体的学派中。这也使得他的理论和研究策略既力图发现被传统掩盖的结构,又具有破坏这种结构的力量。因此,他在法国20世纪60年代的结构主义阵营中仍有其重要的位置,且随之而来的后结构主义又将他视为先驱。作为法国当代思想界的异类人物,福柯的思想存在着难以定义的模糊性,无法将其简单地纳入法国三大思想潮流(现象学、马克思主义、结构主义)的任何一家。正如美国人类学家克利福德·吉尔茨(Clifford Geertz)对福柯曾有过极为经典的评论:"一个非历史的历史学家,一个反人文主义的人文科学家,一个反结构主义的结构主义者。"[①]

福柯曾对西方文化作出细致观察,其深邃迥异的思考不仅触及知识、理性和观念的哲学,也关涉体验、感觉和主体的哲学。他运用知识考古的方法考察"主体观念"下的西方认识传统,透过对疯狂主体、知识主体、犯罪主体、性主体的研究,逐一瓦解了人性、理性、真理等传统观念,并全面质疑以形而上学为指导的科学规划蓝图。这些被现代思想归属为"边缘"的问题使其学术风格呈现独特性和另类化。此后,由其开凿的相关话题汇聚于"福柯"名下,所激发的各类讨论层出不穷,至今仍持续不断。

福柯的文学思想极为复杂,但其中仍有可追溯的哲学关联性。他试图借尼采的思想来揭示和批判资本主义所设置的"现代"禁锢。在20世纪80年代,福柯最后一次接受采访时说:"简单地说,我是一个尼采主义者。"[②] 当然,福柯的思路并没有止步于尼采主义,其广阔的理论视野和独到的研究方式,极大地拓展了现代另类思想的可能性。他吸收了尼采的敢于向传统挑战的反叛精神,尤其关注西方文化领域中的边缘性问题,如"疯狂""性"等方面,并对

---

① Peter Burke,(1992)*Critical Essays on Michel Foucault*,London:Scolar Press,p.139.

② Michel Foucault,(1987)*Mental Illness and Psychology*,Oakland:University of California Press,p.xi.

其作出细致入微的全面考察。福柯的著作涉猎广泛，就《古典时代疯狂史》（*Histoire de la folie à l'âge classique*，后简称《疯狂史》）、《词与物》（*Les mots et les choses*）、《知识考古学》（*L'archéologie du savoir*）、《规训与惩罚》（*Surveiller et punir*）、《性史》（*Histoire de la sexuaite*）等作品而言，它们几乎涵盖了其对各个领域的创新性研究，如对话语的分析、对权力—知识内生性关系的考察，以及以考古学、谱系学来颠覆以往的研究范式。这些都对西方乃至全世界的学术研究产生了极为重要的影响。

透过文学，福柯感悟到一种不受超越性主导的语言用法，它仅对自身负责，且不遗余力地自我重复。他将其命名为"低语"（murmure），即一种"自我重塑、自我叙述、自我复制，永不停歇"[①]。在他看来，潜伏在语言深处的无尽低语是替代了纯粹思维和古典主义的沉默之物。语言并没有在揭示事物的多样性中获得新生，而是在无限的重复中不断耗损。[②] 于是，文学语言不再是重建一种经验或追寻一种原初的真理。他发现，在语言变动不安的内部，总是存在着被人不断阅读但却不透明的各种词语。尤其在写作中，这些靠近经验所生发的词语，以其自身语言结构的独特性，抵达了文学评论为其赋予的价值彼岸。

对福柯而言，文学为他辨认疯狂的形态提供了有效途径。通过文学，他将《疯狂史》[③] 中所洞察之物作了某种延伸，并把对疯狂因素的指认归功于阅读阿尔托[④]、巴塔耶[⑤]及布朗肖[⑥]著作的体验。他暗示了疯狂与文学的关联性，并认为两者在某种独特的语言经验中相互依附。这种隐秘的设定使得对一种无源之语（language sans oringine）的讨论成为可能，且文学就是其中最为重要的

---

① Michel Foucault，(1966) *Les mots et les choses*，Paris：Gallimard，p. 252.

② 福柯谈及福楼拜的《布瓦尔和佩库歇》："复制……是言语在自身身上的褶皱，是一种将暂时性的话语转移到无限中不可见的经验。"福柯认为图书馆揭示出这一"语言的空间"（《言与文》，第一卷，第260页），它把每一本文学作品都纳入"写作的无尽低语中"（《言与文》，第一卷，第299页）。

③ 指代《古典时代疯狂史》，为了使论述达至某种和谐，本书统一选取"疯狂"一词。就法语"la folie"应译作"疯狂"还是"疯癫"不作更多讨论。

④ 安托南·阿尔托（Antonin Artaud）：法国诗人，演员，剧作家，戏剧理论家。他是法国反戏剧理论的创始人，于1932年发表"残酷戏剧"宣言，提出以戏剧来破坏和粉碎现存的所有舞台形式。其作品和理论极大地影响了超现实主义的文艺作品。

⑤ 乔治·巴塔耶（Georges Bataille）：法国思想家，哲学家，社会学家。他主要活跃于20世纪上半叶，其作品涵盖领域广泛，包括哲学、经济学、美学、宗教学等。尤其对色情·暴力和死亡等问题有着深入的探讨。

⑥ 莫里斯·布朗肖（Maurice Blanchot）：法国作家，哲学家，文学理论家。他对20世纪法国文学的贡献在于，推动了文学和哲学这两种话语的相互穿插、诘难与交融，也影响了"纯小说"的先锋性实践。

实践，因为文学话语可以编织出疯狂者最初的妄想。可以看到，福柯对疯狂形成的历史研究，主要是基于文化现象的人文科学史研究。他从总体上考察了西方社会中的观念、制度、治安、司法及科学概念的普遍运作模式，而这些机制的相互协调会导致并加速本属于历史整体结构的那部分疯狂，并最终被逐渐排斥在历史整体之外，成为沉默中的"他者"。

在文学中，福柯指认出疯狂成为一种被文化及现代医学逐步分离出来的他者历程，这正反映了西方文化的历史建构特征。在此基础上，他切换了过去看待历史的角度，并思考疯狂成为一种非理性形态的现代命运。在现代文艺作品中，疯狂主义已与文艺精神融为一体，特别是在梵高、尼采、萨德、阿尔托、克洛索夫斯基、鲁塞尔等人的作品中体现得淋漓尽致。他们都意识到死亡和虚空主题的意义，从而在其创作中表现出自己的悲剧性体验，并抒发对现代世界抱有的苦闷情绪。福柯巧妙地抓取了这些微妙感觉所制造的文化氛围，并将其中的主题看作是一场大规模的文化反抗运动，其实质是公开地质疑遍布于西方现代社会中的理性建构。

以文学赋予的独有体验，福柯开启了一种独特的文化考古学研究。从根本上说，他所采用的考古学作为方法论的隐喻性说法，并非是一般意义上人们所理解的考古学，而是一种针对话语的分析方式。他通过探究被历史文化法则和理性思维所压缩的、处在边缘的历史文化现状，来颠覆传统文化史学所推崇的总体性、规律性和真理性，让史学以偶然的、断裂的、被深层社会结构控制的形象再次登场。这项工作所使用的主要资源是话语——它已成为历史文化的深层沉淀，被封存于"历史文化存档"之内。他的考古学研究就是以这种档案为基础，对同一个学科中构成某种文化档案的断裂性作详细的考察。这些语言考古方式有意识地避开了现象学、结构主义和阐释学，其主要分析对象也就形成了在专门的学科中，与语言相关的大量话语。这项研究要求对作者、语言、读者，以及个别文本等方面予以重新分析和解读。考古学作为他最主要的方法论之一，不仅被用来对疯狂史进行研究，还被用于他所实践的话语理论中。可见，重思福柯文学及话语相关理论十分必要，因为它们不仅是理解其内在思想的重要环节，更是勾勒其文学思想轮廓的关键前提。

在《知识考古学》中，福柯提出，"话语对于一定的社会、经济、地理和语言领域来说，是陈述功能运作的条件"①，且在某一时期中通常是稳定不变

---

① Michel Foucault, (1972 [2002]) *The Archaeology of Knowledge*, Alan Sheridan, trans., London & New York: Routledge, p.117.

的。因此，通过细致解读，人们可以很好地理解话语及其日常实践如何受制于"匿名的历史规则"。他认为，在个别话语的产生过程中，人类常以一些固定的规则来界定某个领域的认识对象，这便形成对某些基本的概念和理论深层次的解读。其中，话语建构的规则总是以不断变换的排列组合来塑造话语。于是，在社会话语的结构体系中，可借助考察分属于不同历史阶段的组合规则来把握话语。在《词与物》中，他把这种规则系统地称作"知识型"（épistémè，结构较稳定）①，并在《知识考古学》中将其更名为"历史前提"或"档案"。许多理论家指出，"知识型"与美国科学哲学家托马斯·库恩（Thomas Kuhn）在《科学革命的结构》中提出的"范型"（paradigm）类似。两者的概念都是当时科学研究领域尚未意识到的，且都是科学语言的重要组成部分。在此之后，这种认识直接影响了同时期的科学话语活动。但库恩的范型归属于科学研究的理论层次，而福柯的知识型属于更深层的人类社会内容，且后者更倾向于对时代的"文化代码"作解读。

借由知识型这一思路，福柯发现西方自 16 世纪以来，大致显现为四种"知识型"，即文艺复兴知识型、古典时期知识型、现代知识型和当代知识型。文艺复兴知识型把符号相似性作为建构西方文化的基本模式。直到 17 世纪，相似性知识型转换为再现知识型，符号不再是世界的表象形式，而是与其他符号互为"再现"。在现代，知识型的中心逐渐汇聚了"人"的身影。由于前两个时期的同时性秩序现在转换为新的历史连续性，这导致有关人的内容，如生产、生命、语言等都成为知识考察的中心。同时，围绕人展开的当代研究的核心在于分析人的"无意识结构"。由于人成为现代知识型的出发点和核心，于是人有着双重属性，兼具知识主体和知识对象的身份。他看到，正是"人"身上的这种双重性带来了其身份的不稳定状态。很明显，在当代知识型中，过去所建构的"人"之身份受到普遍的质疑。随着知识的不断演化，以人的无意识结构为研究对象的知识模式取代了过去考察人的方式。如果说当代以前的知识促成并导致了"人的诞生"，那么当代知识型则是预示并宣告了"人的死亡"。

知识型既制约着话语构成，也制约着话语的阐释系统。福柯认为，从古希腊到当代的阐释，贯穿着一个基本因素，即总在怀疑语言背后有一个实体，语言掩盖着"更深层次"的意义。因此，挖掘出"深层意义"成为知识建构的目标，阐释应运而生。他指出，每一时期的文化以及对文化的解读，都受制于一

---

① 也有译作"认识阈"，这一翻译更强调认识论层面所包含的话语形成方式，即指代话语的规律性层次上的科学分析过程中，所能发现的各种科学之间的关系的整体。

套严格的阐释系统。文艺复兴时期的阐释原则是根据相似性的原理。古典时代，再现系统取代了基于相似性的阐释原则。而到了现代，它的阐释核心不再是世界，而是人。这些阐释系统都是以寻找本体、寻找中心，进而建立某种单一稳定的阐释意义。

福柯对西方文化不同时期的方法论实践并非一成不变。在1968年的"五月风暴"之后，他改变了过去的研究策略，特别是在1971年的《尼采·谱系学·历史》（*Nietzsche，la généalogie，l'histoire*）中正式阐明了谱系学这一概念。谱系学是他从尼采处借用的一个概念〔尼采曾写作《论道德的谱系》（*Zur Genealogie der Moral*）〕，其范围比考古学更为广阔。这种研究方式主要围绕真理系统与权力形式之间的复杂关系。谱系学旨在挖掘历史的细节和偶然，聚焦那些常被忽略的事件，并以此牵出另一套完全相异的历史线索。它拒绝无条件地接受"起源"，但关注"出现"和"缘起"。与谱系学相比，考古学更强调分析局部话语内容与整体的关联，而谱系学则是在描述这种局部整体话语内容的基础上，对策性地把被放逐的话语意识重新激发出来。因此，考古学更偏重以整理历史档案为主要方式，而谱系学则不仅是一种史学研究方式，还是一种深入研究有关权力和知识的本体论，它与现实政治发展实践有着更为密切的联系。

福柯谈论的文学内在地与权力维度相关，且超越了一般性的权力认识，它必然与话语共生而存，具有更为特殊的含义。在他看来，权力是话语的动力和基础，不是获得的、夺取的，亦不是共享的，而是产生于各种复杂关系中的转替性游戏。在其中，这些关系牵涉着社会领域的各个方面，包括经济、知识、政治、情感等。他认为，认识权力的最大困难在于，过去的观点把它看作是一种自上而下的压制，这使得权力的可见度变得十分普通。在他看来，权力是基底而非上层建筑的产物，它几乎延伸到社会的各个角落。因此，权力是隐蔽、多变、复杂且是生产性的，不能将其看作是某一特定母题的显现。这样，政治权力就不再被单纯地认为是某一阶层、团体、个人所享有的特权，而应是一种权力运动的铺展：它依靠无限地行使来占有自身。由此可见，权力是一门"支配身体的政治艺术"。福柯借助尼采的"权力意志"学说，将权力欲望看成是身体的自然本性，它总是和人的生活息息相关。

因此，权力关系的实质是以人为核心的社会关系：有多少种社会关系，就有多少种权力关系。对身体而言，它不仅是权力施展的对象和场所，还是知识的对象。社会对身体实施规训、行使权力，依靠的便是与权力共生的关于身体的知识。用"权力知识"理论与谱系学相结合的方式，将极为有效地揭示出惩罚、监狱、性等"实际历史"的真正内涵。这便是福柯分析现代社会所得出的精辟结论。

福柯的权力理论与话语理论密切关联，其中特别强调历史与文本间的关系。从思想史脉络上看，他在尼采处意识到"权力意志"的重要，并由"知识是权力的工具"这一立场出发，创造出权力/知识的理论。这种观点很好地揭示出由于知识的不断膨胀而导致的人之异化。与传统理论（把知识限定在"真理和思想自由"的领域）不同，他解构了权力与知识彼此的独立性。通常的学说都认为，在政治权力不产生影响的地方，知识才能够产生和发展，即知识被赋予一种纯粹、客观的身份。对他而言，需要否认对知识客观性的固有认识，特别是在人文科学领域内。在他看来，科学的发展是与创新的权力机制相互促进的，真理仅是权力各种扩展形态中的一个。由于知识、真理均与权力共生相伴，彼此的结合便意味着这一状态会促成它们相互依存和永远推进。

总之，福柯思想的复杂多变给我们真正把握他的文学思想造成了极大的困难。他自己曾说：

> 我为自己准备了一个能在其中冒险的迷宫，在这里，我能推进我的话语，打开地底的通道，迫使话语远远地超出自身，发现捷径和曲径，在这里，我会失去自我，最终又出现在我再也不会遇到的目光前。无疑，我不是唯一因写作而毫无任何固定形象的人。不要问我是谁，也不要要求我始终如一。留着让那些官僚和警察来检查我们的文章是否规规矩矩吧，至少不要让他们的道德干扰我们的写作。[①]

显然，福柯自己也面临着言说的困境——写作与作者之间不可避免的分裂，是现代文学在不断演进中遭遇到的难题：作品脱离它的创作者所形成的距离。然而，他并未避开问题去维持某种同一性，而是不断尝试对自我作出否定，以便不断达成对自我的审视与修正。

二、福柯研究的国内外现状

福柯被认为是法国思想史上最重要且最富有争议的学术人物，其一生出版著作20余本，此外还有大量的学术访谈以及相关的法兰西学院的课程讲义。福柯的论著引起了广泛的学术研究讨论，并对学术界产生了巨大影响，就目前

---

① Michel Foucault,（1972）*The Archaeology of Knowledge*, Alan Sheridan, trans., New York: Harper Colopphon, p. 17.

看来，这种趋势将持续增强。近五十年来，福柯的作品和思考对不同学科的研究范围都产生了巨大影响，其中就有政治哲学、历史学、法学、社会学、医学、心理学、精神病学、文学、美学、艺术学、新闻学，甚至还有建筑学方面的研究。福柯已经成为当代人文科学研究引证度最高的研究者之一。福柯对当代众多批评理论家的著述发展都有直接影响，如吉奥乔·阿甘本（Giorgio Agamben）、霍米·巴巴（Homi Bhabha）、朱迪斯·巴特勒（Judith Butler）等。从对知识与话语的揭示到对权力运作的考古学挖掘，从对古代时期"性"的关注到对当代伦理问题的反思，福柯践行着其关于主体问题的谱系学研究。这种通过知识考古的方法去凿穿人类历史累积的固化思维的方法，不但为人文学科的发展提出了全新的理论范式，而且也为人文学科的发展贡献出大量宝贵的学术资源。

福柯的理论于20世纪70年代传入中国，引发国内学界的极大关注，并陆续出现相关的福柯译介及研究著述。最早在1978年，《哲学译丛》中介绍结构主义时，就将福柯的《文字和对象》（此为当时的译名，现指《词与物》）纳入20世纪60年代初期法国结构主义著作之列。1981年，《河北大学学报》第三期刊登了李宪如、石倬英的《结构主义概述》，该文把福柯置于结构主义的理论脉络中。在这份关于结构主义的列表上，有克洛德·列维－斯特劳斯（Claude Levi-Strauss）、雅克·拉康（Jacques Lacan）、罗兰·巴特（Roland Barthes）以及路易·阿尔都塞（Louis Althusser）等一众学者。可见，福柯在国内早期译介中，被划入了结构主义代表人物的阵营。此后，随着译介和研究工作的进一步深入，学界对福柯的认识也日趋清晰和系统。首先，20世纪60年代兴起的结构主义的逐渐退潮，使重新梳理思想史中有关内容的理论和方法成为可能；其次，越来越多的理论家及其思想进入研究视域中，为国内学界拓展了新的研究空间，也促成了其对福柯思想演化的清晰认识；再次，多种形式的学术交流活动持续开展，各类研究新成果和新方式不断涌现，使学界对福柯思想的探究不断细化和深入；最后，由于国内学者的对外交流活动不断扩大，海外访学人数也逐年攀升，推动研究者能身临福柯思想的"生发地"，更为直观地了解福柯的工作和生活。陈修斋在1983年发表了《法国哲学界情况杂谈》一文，谈到他当年在法国的学术考察情况。他十分坦率地指出，此前被国内学界普遍认为是盛极一时的结构主义思潮，早已不再占据主流学术的话语空间。这便可以解释，为何在1984年福柯去世的讣告中，他被誉为"法国最伟大的哲学家之一"，而并非一名结构主义者。对福柯本人而言，他也曾多次拒绝对其身份作明确的学术定位。在这个意义上，将福柯归入任何一个思想流派均存在着武断的风险。这也是福柯思想一直难以被定位且能持续激发研究活力的内在动因。

在20世纪90年代,中国学界对福柯的接受和阐释一直与国内当下的学术流行趋势密切相关。这一时期的理论家,基本是以"新历史主义""后现代主义"思潮所引发的学术问题为主要的讨论热点。特别是在当时译介出版的一系列丛书中,福柯的作品或被置于"新历史主义"行列[①],或被置于"后现代主义"理论队伍[②]。从结构主义到新历史主义、后现代主义,除了由理论本身产生的本土化特征之外,从另一个侧面看,恰恰验证了福柯思想的复杂性和丰富性。直到20世纪90年代末,国内对福柯的研究获得许多新的进展和突破。可以简要地对这一时期的研究成果作概括:刘北成于1995年编著出版的《福柯思想肖像》是中国大陆第一部介绍福柯生平及其思想的传记,其中包含有福柯生命历程及其思想演变的过程。作为理解福柯思想的重要著作,其内容朴实贴切、言简意赅。莫伟民于1996年完成的博士论文《主体的命运——福柯哲学思想研究》是中国大陆第一本探讨福柯哲学思想的专著,其中对福柯思想及其演变背景有着较为全面的梳理和解读。文中主要以主体问题作为考察福柯哲学思想的核心,并依据福柯哲学思想的发展脉络,仔细剖析了福柯知识—权力—主体的理论,着重探讨福柯反人类中心主义的主体思想。王治河于1999年发表的《福柯》,把福柯定位为后现代主义的大师。他从福柯的考古学、谱系学、非理性主义、权力哲学以及与海德格尔的关系出发,详细描述出福柯早中期思想的复杂演变轨迹,为理解福柯思想的转变提供了新的思路。总的来说,这些研究都反映出福柯研究在当时逐步走向不断深入化、全面化的建构性局面。

随着21世纪的到来,福柯研究进入全盛时期。福柯的著作均有中译本,其重要文章、访谈及讲座资料大都已译为中文。其中,英语及法语界已翻译了20余部福柯的研究专著,汉语界的福柯研究专著已达10余本。随着"福柯研究"热度的不断提升,福柯及其理论曾一度占据着学院内部热门话题的榜首,且这些讨论涵盖了社会科学和人文科学的主要领域。根据孙士聪的考察,截至2005年,福柯相关研究的专题论文有100余篇,2006年到2013年期间,数量升至接近500篇。事实上,这一时期所涉及福柯的论文,数量已从3900多篇

---

① 王逢振、尚水的《最新西方文论选》(1991年)将福柯的作品归入"新历史主义"的范畴。
② 王岳川、盛宁、李自修的《后现代主义文化与美学》(1992年)以及王潮的《后现代主义的突破》(1996年)把福柯及其理论划入后现代主义的阵营。

上升到15000多篇。相关专著方面，汪民安于2002年出版，2008年再版的《福柯的界限》从"理性/疯狂""话语/知识""权力/身体""伦理学/美学"四个方面描绘出福柯思想轮廓的三个阶段，是一部全面研究福柯整体思想的论著。于奇智于2002年出版的《凝视之爱：福柯医学历史哲学论稿》对福柯的《临床医学的诞生》（*Naissance de la clinique*）作了系统性的专题研究，其中对福柯关于疾病的思考及其运作机制进行了非常具体的阐述。余虹于2005年出版的《艺术与归家：尼采、海德格尔、福柯》是国内有关福柯思想之比较研究的第一部著作，他从艺术角度梳理了福柯、尼采、海德格尔思想的内在性联系。黄瑞祺于2008年主编的《再见福柯：福柯晚期思想研究》是第一部专门讨论福柯晚期思想的论文集，其中收集各类研究者关于福柯晚期思想的学术成果，对理解福柯思想的最后时期具有重要的参考价值。此外，还有刘永谋的《福柯的主体解构之旅——从知识考古学到"人之死"》（2009年）、赵福生的《福柯的微观政治哲学研究》（2011年）、杨凯麟的《分裂分析福柯：越界、褶曲与布置》（2011年）等研究著作。值得注意的是，2015年高宣扬的《福柯的生存美学》全面细致地梳理出福柯的思想脉络，将生存美学作为研究线索，将福柯后期所提出的"关怀自身"的核心思想予以突出。

此外，国内译介外国学者的研究福柯的著作也逐年增多，且其中的创新观点和理论成绩斐然，为解读福柯提供了新的视角。罗慧珍翻译法国当代哲学家阿兰·布罗萨（Alain Brossat）的《福柯：危险哲学家》（*Michel Foucault：Un Philosophe Dangereux？*）（译著于2014年出版），把福柯置于"危险"一词中，从而探究福柯政治言说背后的独特诉求，有助于以福柯的立场来重新思考当代西方政治的诸多议题。张金鹏翻译美国理论家马克·波斯特（Mark Poster）的《福柯、马克思主义与历史：生产方式与信息方式》（*Foucault, Marxism and History：Mode of Production Versus Mode of Information*）（译著于2015年出版）从生产方式与信息方式的对比，寻找福柯与马克思主义的关联，并对两者的社会批判效用作出了独特的得失评价。邵文实翻译的美国教育理论家林恩·范德勒（Lynn Fendler）的《米歇尔·福柯》（*Michel Foucault*）（译著于2016年出版）主要从福柯的思想传记、教育思想评述、著作影响及意义等方面来解读福柯，从而强调福柯理论对教育领域的重要意义。刘冰箐翻译的法国哲学家皮埃尔·马舍雷（Pierre Macherey）的《从康吉莱姆到福柯：规范的力量》（*De Canguilhem à Foucault：la force des normes*）（译著于2016年出版）从"规范的力量"这一问题式出发，比较了福柯与康吉莱姆思想的异同，揭示了两人对生命规范和社会规范的冲突关系史所作的思考和贡献。聂保平翻译的美国学者艾莉森·利·布朗（Alison Leigh Brown）的《福柯》（*On Foucault*）（译著于2019年出版，2021年重印）主要从真理—权力—自我、认识论、权力政治学、主体及自我关怀等方面立体地呈现出了福柯的重要研究问题，并指出福柯思想体系所具有的独特双重性。需要注意的是，布朗大量引用了福柯的原文，并采用细读法来逐段进行阐释，这种独特的研究方式尤其值得借鉴。庞弘翻译的美国哲学家狄安娜·泰勒（Dianna Taylor）的《福柯：关键概念》（*Michel Foucault：Key Concept*）（译著于2019年出版）从权力、自由、主体性等方面对福柯所涉及的论题作出"关键词"式的分析，肯定了福柯对"必然如此"的当下境况所作的质疑，从而为解读主体存在的多种可能性提供了新的思路。孙聪翻译的法国政治理论家、福柯研究专家弗雷德里克·格罗斯（Frédéric Gros）的《福柯与疯狂》（*Foucault et la folie*）（译著于2020年出版），选取从疯狂问题来介入福柯思想，主要以疯狂意义的历史性建构为研究对象，揭示了福柯早期所关注的重要内容：无主体之经验的存在，从而指认出这些内容与福柯的文学阅读经验的密切关联。

国外的众多思想家、学者对福柯的研究，主要是在历史观、哲学观、伦理观以及对权力、理性、科学、知识、身体等诸多方面与福柯思想有着较大关联，并在多个领域与其进行对话、交流和争论。这些思想家包括让—保罗·萨特（Jean-Paul Sartre）、路易·阿尔都塞（Louis Althusser）、莫里斯·布朗肖（Maurice Blanchot）、乔治·巴塔耶（Georges Bataille）、雅克·德里达（Jacques Derrida）、吉尔·德勒兹（Gilles Deleuze）、让—鲍德里亚（Jean-Baudrillard）、尤尔根·哈贝马斯（Jürgen Habermas）、诺姆·乔姆斯基（Noam Chomsky）、查尔斯·泰勒（Charles Taylor）等。福柯的著作除专著以外，他的演讲集也是其思想的重要呈现资料，是其个人著作的解释和扩充，这些资料都已有英译本。Colin Gordo 所编的 *Power/Knowledge* 收录了福柯1972—1977年的采访和其他文本；Jacques Lagrange 所编的 *Psychiatric Power* 收录了福柯1973—1974年的法兰西课程讲座；Valerio Machetti 等编的 *Society Must be Defended* 是福柯1975—1976年的法兰西课程讲座；Michel Senellart 编的 *Michel Foucault，Security，Territory，Population* 以及 *The Birth of Biopolitics* 分别收录了福柯1977—1978年和1978—1979年的法兰西讲座。此外，Lawrence D. Kritzman 编的 *Michel Foucault：Politics，Philosophy，Culture* 主要收录了福柯1977—1984年的一些访谈和文章；Joseph Pearson 编的 *Michel Foucault：Fearless Speech* 收录了福柯1983年在美国加州大学伯克利分校的6篇演讲；Frederic Gros 编的 *The Hermeneutics of the Subject* 和 *The Government of Self and Others* 分别收录了福柯 1981—1982 年和 1982—1983 年的演讲；Paul Rabinow 编的 *The Foucault Reader* 集中收录了福柯很多重要的文章；Luther H. Martin，Huck Gutman，Patrick H. Hutton 编的合集 *Technologies of the Self*：*A Seminar with Michel Foucault* 着重以福柯的"自我技术"为讨论内容。

相较于国内，国外介入福柯研究的时间普遍较早，且相关的研究成果较为新颖独特。从研究内容来看，这些成果大致分为五类：

1. 对福柯叙述观点及主要概念的指南性介绍；
2. 对福柯思想的专题性研究；
3. 将福柯思想与其他理论家的思想作对比研究；
4. 对福柯生平及思想作传记式研究；
5. 关于福柯思想的应用性研究。

以上相关福柯研究都互相涉及和彼此交汇，并非呈现割裂状态。就目前来看，学界对福柯的考察大多集中在前三类的研究中，以典型的思想比较研究为例，主要的著作有托马斯·弗林（Thomas Flynn）于 1977 年和 2005 年出版两卷本著作《萨特、福柯及历史理性：走向一种存在主义历史理论，第一卷》（*Sartre，Foucault，and Historical Reason：Toward an Existentialist Theory of History*，Vol. 1）和《萨特、福柯及历史理性：一种后结构主义历史图绘，第二卷》（*Sartre，Foucault，and Historical Reason：A Poststructuralist Mapping of History*，Vol. 2）。此外，萨曼莎·阿什登（Samantha Ashenden）与大卫·欧文（David Owen）的《福柯与哈贝马斯》（*Foucault Contra Habermas*）；克里斯托弗·法尔宗（Christopher Falzon）的《福柯与社会话语》（*Foucault and Social Dialogue*）；道格拉斯·凯尔纳（Douglas Kellner）的文集《政治历史视野：马克思、福柯及哈贝马斯》（*The Politics of Historical Vision：Marx，Foucault，Habermas*）；埃莉诺·考夫曼（Eleanor Kaufman）的《谵妄的赞歌：巴塔耶，布朗肖，德勒兹，福柯及克洛索夫斯基》（*The Delirium of Praise：Bataille，Blanchot，Deleuze，Foucault，Klossowski*）等著作都将福柯与其他思想家作出比较式的学术研究。随着《性史》第二、三卷和福柯在 20 世纪 80 年代初法兰西学院课程讲义的相继出版，福柯晚期的"生存美学""自我技术"等新概念，成为社会研究的热门话题。对福柯晚期思想的专题研究，最早的代表论著为赫尔曼·尼尔森（Herman Nilson）在 1988 年出版的《米歇尔·福柯：真理的游戏》（*Michel*

Foucault and the Game of Truth），其分别对福柯的《性史》第二卷《快感的享用》以及第三卷《自我的关注》展开了细致剖析，认为福柯通过对古代自我技术的考察和反思为现代人的"自我转变"与"生活创造"提供了理论可能性；蒂莫西·奥里瑞（Timothy O'Leary）在 2002 年出版的《福柯：关于伦理的艺术》（*Foucault：The Art of Ethics*）重点围绕福柯的"生存美学"的作伦理艺术的探讨，涉及伦理与美学的关系、文学的伦理维度以及幸福的哲学方法等内容。上述论著将福柯思想大致划分为知识考古学、权力谱系学及主体伦理学三个阶段，并试图阐释福柯三次思想转变的逻辑与局限。但是这些著作大多没有对福柯晚期集中思考主体问题的动机作出合理解释。因此，就目前而言，大多著作对福柯思想所作分段性研究，主要是将福柯晚期思想划归为某种早期社会诊断的断裂化演变，甚至将这种转变看作是对传统哲学的复归。而在 2007 年出版的爱德华·麦古欣（Edward McGushin）的《福柯的修行：哲学生活入门》（*Foucault's Askēsis：An Introduction to the Philosophical Life*），在研究策略上对福柯思想作出一种整体性的把握。

以目前的情况来看，福柯研究呈现一种经久不衰的发展态势，包括人文社科领域的研究论著、文章的持续出版，更重要的是，国内外的研究活动依然不断开展并保持活力。从 2004 年起，《福柯研究》（*Foucault Studies*）杂志开始发行，其中分为"福柯与阿甘本""福柯与宗教""福柯与女性主义""福柯与酷儿理论""福柯与种族""福柯与新实用主义"等专题来刊发研究者的最新研究成果。互联网有专门研究福柯的网站，详细的有克莱尔·奥·法雷尔（Clare O'Farrel）在 1997 年创办的 http://www.michel-foucault.com/，该网站收集众多关于福柯的言论以及福柯的相关研究资料，并对其作出分类和归整。此外，还有 Dr. Jeremy 的博客 https://foucaultblog.wordpress.com/，该网站汇集关于福柯的最新研究资讯和信息。此外，https://foucault.info/，https://foucaultsociety.wordpress.com/，https://foucault.siu.edu/ 等网站也有大量关于福柯文本及相关的研究内容。当前，世界各地专门研究福柯的机构也蓬勃发展，其中包括巴黎的"福柯研究中心"（Centre Michel Foucault）、美国的"福柯研究界"（Foucault Circle）、墨西哥的"福柯跨学科研究中心"（Centro de Estudios Multidiciplinarios）等。这些组织定期召开研讨会交流福柯研究在当代各学科领域的发展状况和新近的学术成果。

近年来，西方学术界有关福柯的整体性研究蓬勃发展，主要呈现出两大发展趋势。一方面，英美学界倾向于批判性地研究福柯的思想；另一方面，法国学界侧重于福柯理论相关资料的搜集和整理。可以说，除少数研究者持整体性的观点外，欧美学术界主要还是将福柯的思想看作是断裂形态，其较多地以问题为导向来解读福柯思想的内涵，将其与当下社会的文化、政治讨论作有效的联结。而在文学方面，关联最为密切的著作有西蒙·杜灵（Simon During）的《福柯与文学：通往一种谱写学的书写》（*Foucault and Literature：Towards a Genealogy of Writing*）。该书从题目上突出了"文学"主题，主要从书写角度来讨论福柯与文学的密切关联。然而，纵观全书我们可以发现，作者之意并不在于梳理和分析福柯的文学观念，正如其副标题所呈现的那样，杜灵希望从福柯的写作谱系中来把握他的整体思想（文学思想只是其中之一）。因此，杜灵对于全书主旨的定位是为学生提供"福柯对现代社会和文化的分析"，而不侧重于对福柯文学思想作具体研究。此外，一些涉及文学主题的期刊论文，如蒂莫西·奥里瑞（Timothy O'Leary）的《福柯，杜威以及文学经验》（*Foucault，Dewey，and the Experience of Literature*）采取对比分析的方式，分别论述了福柯和杜威对文学的各自理解；桑塔尼·席尔瓦诺（Santini Sylvano）与罗克安·拉普杜斯（Roxanne Lapidus）的《米歇尔·福柯：文学与艺术》（*Michel Foucault：Literature and the Arts*）论述福柯对布朗肖、巴塔耶、鲁塞尔等作家的解读；希尔卡·阿伦（Sirca Allen）的《福柯的文学观》（*Foucault's Views on Literature*）中对福柯文学观念在其前后期作品中的转变作出梳理和分析，从而对其思想进行合理化阐释。整体而言，这些研究都极大地推动了关于福柯思想及其文学面相的研究发展，但与国内的情况相似，它们都未对福柯的文学思想作全面的检视和系统性的梳理。因此，这些研究较难形成基于以文学整体的视角来解读福柯思想的学术范例。这种缺失并非仅是出于简单的问题忽视或某种学术偏好的选择，其关键原因大致为以下两方面：一是文学在福柯的学术思想的演进过程中占据时长较短，诚如托马斯·恩斯特所言："福柯并未研制出一套独立的文学理论"[①]，其评述文学的观念基本上都散见于不同的文章中，这就为后来的研究者造成极大的麻烦；二是必须承认，福柯在描述其文学经验时所使用的语言总是充满着反讽、隐喻的复杂意味，这使得基于文学方面的福柯研究容易走入其"巴洛克式"的语言迷宫中，较难看清福柯文学思想的真实面貌。

综上所述，国内外的福柯文学研究主要偏向于福柯思想中的社会学、政治学、历史学以及哲学等相关问题的分析。这些研究都只是把福柯对于文学的思

---

① 托马斯·恩斯特：《福柯、文学与反话语》，马文·克拉达等编《福柯的迷宫》，朱毅译，北京：商务印书馆，2005年版，第196页。

考和谈论置于其思想的某一方面，且并未予以更为严肃的对待和研究，因而缺乏相关的系统性研究。

事实上，就福柯思想的发展而言，在20世纪60年代的一段时间内，他曾一度非常关注法国的前卫文学，并致力于对这些作品作出独到的文学评论。在这一时期，除了写作和出版《疯狂史》《精神疾病与心理学》《临床医学的诞生》《词与物》等理论著作外，福柯还写下一本关于雷蒙·鲁塞尔（Raymond Roussel）的文学评论作品（1963年）。同时，他还在《新法兰西评论》《泰凯尔》以及由巴塔耶创办的《批评》杂志上发表多篇文学评论的文章。20世纪70年代以后，关于文学的话题在福柯的著作中逐渐减少，以《知识考古学》（1969年）的出版作为某种转向标志，文学似乎被放逐在其思想的框架之外。实际上，可以看到的是，在福柯的《词与物》中有着某种反"话语"潜能的文学被吸纳到同一个概念——"话语单位"中去。学者希尔卡·阿伦就这一问题曾明确指出，福柯的文学观念主要关涉两个相反的层面——解放与游戏。他认为，在福柯早期的作品中，文学（或更准确的是，现代主义文学）处于其研究兴趣的中心。其原因在于，福柯始终相信文学语言具有某种强大的解放潜能。然而，在他后来的著作中，情况恰恰相反，文学被认为是由现代资产阶级操控的社会中的一项政治游戏。这一认识抓住关于福柯文学转向的表象特征。但对福柯而言，文学并非话语的典型，也不全然属于社会和政治游戏中的策略筹码，更准确地说，福柯指认的应是话语而不是纯粹的文学。

本书不刻意探讨存在于福柯思想谱系中的文学"断裂"的历史原因，事实上，就福柯本人对文学的论述和使用而言，有时也难免呈现出暧昧模糊甚至是矛盾的面目。诚如福柯的研究所呈现的："中断"或者"矛盾"不仅是不可避免的，且这些特征本身就代表了他自己一直追求的思想褶曲的审美风格。出于同样的考虑，文学论域在20世纪70年代于福柯的讨论中突然退场并不意味着福柯思想的这一"断裂"是可有可无的。从另一个角度看，它恰恰构成我们理解福柯、反思福柯的一个非常重要的契机。事实上，已经陆续有学者开始关注并反思福柯文学思想的内涵和价值。就目前国内情况而言，最为深入地讨论相关主题的作品是杨凯麟的《分裂分析福柯》，作者尝试从福柯哲学思想的价值尺度来把握福柯的文学观念及美学价值，对福柯20世纪60年代文学批评的部分文本作出较为细致的解读。此外，国内基本没有完整介绍福柯文学思想的专著，对于该主题的探讨或是散见于各类福柯研究作品的章节，或是以论文、期刊的形式呈现部分评论观点。就前者而言，刘北成在《福柯思想肖像》的第六章《语言的迷宫》、第九章《作者是什么》中曾简要概括出福柯的文学生活；

高宣扬在《福柯的生存美学》中谈到了福柯的文学经验与生存美学之间的关联。在论文、期刊方面，除 30 多篇硕士、博士论文以外，相关文献还有刘成富的《米歇尔·福柯对雷蒙·鲁塞尔的解读》（《法国研究》2002 年第 2 期），张中的《文学的边界——福柯的文学"凝视"及其转折》（《法国研究》2011 年第 4 期），《空间、语言与生存——福柯生存美学的一个视角》（《武汉科技大学学报》2011 年第 4 期），《外部的思想，或外边逻辑——论福柯与德勒兹》（《文艺评论》2013 年第 7 期），汪民安的《友谊和语言中的沉默——福柯对布朗肖的解读》（《求是学刊》2014 年第 2 期），段建军、俞耕耘的《僭越与折返——论福柯的文学语言观》（《学术月刊》2014 年第 9 期），姚文放的《文学理论的话语转向与福柯的话语理论》（《社会科学辑刊》2014 年第 3 期），等等。从上述资料可以看出，国内对福柯文学思想的研究在不断深入，但在文学这一方面仍较为薄弱，尤其是在对福柯文学思想的整体性把握上，还需要更多的研究来支撑。值得欣慰的是，近几年越来越多的福柯文献译介陆续出版，福柯早期的理论研究也在继续扩充，这对丰富福柯文学思想方面的研究提供了极大的帮助。

本书将秉持一种开放视野来介入福柯文学思想研究，这并不是要陷入历史主义和相对主义的窠臼，而是任何研究都绕不开"言说"的理论困境，即"可说"与"不可说"的终极难题。近代西方哲学的语言论转向，激起关于语言问题的重思与推进，这种语言表述的多义性与理解的多种可能性交互生发，直指言说的本来质态。它又与两方面因素具有非此不可的关系：第一，言说语境；第二，言说本身的可能性。前者意味着言说对象、时代氛围和某种不自言明的共同预设，后者涉及可说/不可说的"终极性"的二项式对立。由于时代变迁，当下之置身语境已距离西方文本的讨论语境相去甚远，于是此研究只能尽量避开文本所具有的陷阱，竭力忠实于文本来促成某种关于福柯文学思想的言说可能性。当然，研究的目标需要在一开始就许诺，它将致力于去获取打开福柯文本的有效钥匙，以及找到文本意图在当下语境中的可能性所指。

本书通过文本细读来深入福柯文学思想内部，对其著作及相关文本进行中西跨语际的研究式阅读，仔细分析学界对其文本内部所形成的错综复杂的重要问题的争论。具体来说，即对福柯文本进行细读，并采取字句和哲理解释共同进行的方式，详细注解相关。从文字校勘、词句释义、历史考证以及哲理思索等方面进行，并逐步研究其文本的论证步骤、思想源流以及实际的论证评价。对于福柯而言，历史具有非统一、非连续的特点，其文本也旨在首先提出有关历史的问题，然后以"文学"（虚构）推进这个概念上的"历史"。这种思考方式使得福柯的语言具有"巴洛克"式重叠繁复的个人风格,这也在客观上造成理解其文本的难度。于是,本研究将着重以福柯的著作内容为依归,不借题发挥,不断章取义,力求避免文字解释的零碎狭隘以及意义解释的空洞无力。

本书将摒弃社会历史批评的方式来介入福柯研究,重点聚焦于福柯独特的文学论述与其言说本身的隐在关联,进而描摹其文学思想的生成图景。在对法语作家雷蒙·鲁塞尔作品的考察中,福柯发现语言的形态与含义之间的转换,可以制约着诗歌作品的语言结构。而这个控制即是语言的表现过程。在福柯这里,语言并非是一个完全闭合的体系,在它身边存在着无数极小的缝隙。语言表现与意义呈现的缝隙,也提醒着人们必须不断地去重复与描述,即所谓"无限定地讲述"。从福柯这里可以看到,鲁塞尔所试图去揭示的并非是语言的意义,而是话语符号本身。其特殊之处就在于,这个揭示过程是限制性的、区域性的,它始终表征着"我如何写"这一基本问题。当对符号作进一步说明时,福柯认为语言不仅是地域性的,而且是区域间性的,即问题现在扩展为"我们如何写"。可以说,在从"我如何写"走入"我们如何写"之时,语言的功能在一种书写策略上得到转变,这与文学的文本观念相关。简言之,这种文学观念的转变,也是本书所作的在阅读与书写间进行互动联结,并不断循环往复检验福柯文本与自身文本的一种思想尝试。从整体上看,福柯的文学思想不再仅仅是型塑其整体思想的重要面向,甚至它本身就位于福柯思想的核心处。从这个意义上看,深入考察福柯的观念、概念、逻辑、方法等诸多方面将必然以文学作为关键参照。基于此,本书拒绝将福柯思想作过度的实证化、工具化、论据化,避免由于论题需要,强行将福柯拉入限定好的理论预设中。换言之,本书不会采取目的论叙事方式来曲解福柯的意图,避免将其思想沦为某种研究目标的附属之物。

三、本研究的方法、价值及创新点

本书将重点关注福柯早期的文学"迷恋"时期,来重新发掘福柯文学思想所具有的重要价值。其中将涉及与福柯文学论域相关的诸多重要人物,包括让-保罗·萨特(Jean-Paul Sartre)、路易·阿尔都塞(Louis Althusser)、莫里斯·布朗肖(Maurice Blanchot)、乔治·巴塔耶(Georges Bataille)、雅克·德里达(Jacques Derrida)、吉尔·德勒兹(Gilles Deleuze)、罗兰·巴特(Roland Barthes)、让-鲍德里亚(Jean-Baudrillard)、尤尔根·哈贝马斯(Jürgen Habermas)、弗迪南·德·索绪尔(Ferdinand de Saussure)、艾弗拉姆·诺姆·乔姆斯基(Avram Noam Chomsky);同时,还有文本中一直闪现的萨德（Marquis de Sade）、弗里德里希·荷尔德林（Friedrich Hölderlin）、夏尔·皮埃尔·波德莱尔（Charles Pierre Baudelaire）、塞缪尔·贝克特（Samuel Beckett）、雷蒙·鲁塞尔（Raymond Roussel）、安托南·阿尔托（Antonin Artaud）、皮埃尔·克洛索夫斯基（Pierre Klossowski）。本研究将沿着这些人物线索并结合福柯的《疯癫与文明》《词与物》等重要文本，对其文学思想作细致的勾勒。本研究并非以一个单一片段或者某些早期逸事为论述目的，而是意图找出福柯的"言说"与其所思之间所可能具有的某种互文性。

本书将借鉴福柯考古学的策略来揭示其文本历史的潜在形式，并从表层开始逐步深入这些知识和实践的堆积层，将这些碎片化的部分予以重新排列，使其不可见的部分可见，从而使得这些尘封已久的材料去神秘化。同时，本研究还将采用谱系学的运作方式，从当前的问题出发，回溯它的历史，借助福柯去发现现在所是之物在曾经如何不是，进而去揭开那些脆弱的历史之隐在的可能性。事实上，福柯一直在寻找新的历史叙述方式，且不断转换其思考维度。从某种意义上说，福柯借用地质学术语言和考古学的方法主要是源于他对鲁塞尔的文学借鉴。在对鲁塞尔的解读中，福柯意识到某种知识的"区域间性"可被运用到关于人文科学的考古上。通过对各个时期的特质梳理，福柯发明出一套消解历史宏大叙事和解构传统知识的有效策略。这一从单一性到多样性、从简单性到复杂性、从宏观到微观的策略转变，与现代文学的种种特征具有极强的内在呼应性。

在语言方面，福柯所遭遇的"言说"困境与现代文学的模糊定位相互关联，并在现代性危机思想下不断呈现。于是，重新审视西方思想演进中关于语言问题的讨论以及沿着语言论转向所带来的福柯思想的转变，就成为一种不能回避的研究参照。这需要深入探寻文本中福柯关于语言的思考，并对其早期的文学经验作翔实细致的理论辨析。本书将不断激活福柯论述的潜在活力，并聚焦于关于思想家所谓的隐在"边缘"问题，这也是彻底践行"福柯式"的研究策略。于是，传统研究中普遍存在的对高贵起源的设定、对连续历史进步的笃信、对总体性核心的推崇以及对因果关系的滥用都将被置于这一研究的反思内部，并由此以"越界"作为贯穿始终的运思自觉，跟随福柯文本中的繁复思考作出各种标注，并试图从不同的角度来型塑新的福柯形象，具体方法如下：

首先，基于对福柯文本的细读，尝试理解福柯文本中的文学语言的建构，并着重研究福柯文本中的隐喻性语言、对小说的重新阐释以及戏剧人物的创生性塑造等方面。通过探寻其文本中的文学话语，解读福柯是如何打乱拘泥于词与物的固化关系以及怎样透过语言的巧妙配置将世界的无限性、开放性、张力性塑造在一起,且这种语建构方式是否实现了福柯的意图,最终追问福柯对于文学究竟抱有怎样的思考。

其次,将始终贯穿福柯文学思想的"主体"问题置于研究的中心。从整个思想脉络上看,福柯早先致力于借助考古学、谱系学来揭示主体性现状背后的隐秘运作机制,其研究重点在于对知识、权力等问题进行探查和分析;后期则着重探索我们自身如何成为主体的奥秘,为还原自身的自然状态而寻找出路。因此,本研究将福柯所重点关注的主体问题作为参照,意图还原其潜在的自我文学式的语言表征,即探寻自我言说的可能性空间。

再次,这一研究会涉及曾影响过福柯的荷尔德林、阿尔托、贝克特、萨德、马拉美(Stéphane Mallarmé)、鲁塞尔等人的论述,他们的作品普遍表达出作者的缺失和主体的死亡,这也是福柯关注的焦点。这些人所感受到的世界,与其说是以文学虚构手法建立起的书写介入,不如说是虚构用语言所抵达的越界之思。他们独特的文学书写对福柯的思考与实践产生过不同程度的影响,同时暗含着真实在经验世界的显现存留着自我实践的痕迹。

最后,本书将摒弃常规文学思想研究从文本的统一性特征来介入思想的方式,直接深入探究福柯主观精神的矛盾,从内向外探寻福柯所关注的问题领域。由于福柯的哲学素养极高,这项研究不可避免地将运用哲学思辨的方式来对思想史以及文化源流进行考察,以期达到对福柯的文学思想进行全方位梳理的效果,这也无疑将触及福柯对自我存在本质的洞悉,从而走入福柯对主体问题的沉思。

此外,本书的创新性在于,延续了福柯所面临的危机思想。在这一背景下探讨福柯的应对策略,这种探索以福柯所遭遇的西方"言说"困境为问题展开,并着重厘清福柯的文学思想与其整体学术历程演进的动态逻辑。透过福柯文学论述的踪迹探查来揭示其学术实践背后所隐匿的极限思维,从而拓展新的越界之思。此研究将尝试用福柯的研究方法去进行福柯研究,即考古学与谱系学的方法实践。研究重点聚焦在福柯思想处于断裂、转型、变动的危殆时刻,促使福柯所揭示的问题成为我们自身进行反思的标注。因此,此项研究不是对福柯文学思想作简单的重述和教条的归类,也不是作毫无意义的理论抄写,而是企图实施延续其思想所作出的一项实际行动。这项研究会在福柯思想所划出的言说空间处,不断向外扩展且不断向自身回返。

本书将采取思想比较的方法来进行创新性操作,特别是对福柯所关注的主体问题作详细的梳理和阐释。就内在性而言,这是以福柯的"言说"困境作为现实境遇的切入口，以其独特的研究方法论作为参照，重新审视这种理论建构下的主体经验，将其结论的合理与遗憾作细致审视。这将涉及福柯与萨特、德里达、布朗肖、德勒兹等人的问题比较，这种尝试的目的在于跳脱出传统的将福柯思想定型化的模式，以期以对比互看的开放视角来探寻福柯的真实面貌。

需要注意的是，福柯的文本如何传递信息这一问题，如何透过语言来显现信息，且这些信息是怎样编制出关于思想的差异图像的？这些信息的选取机制是什么？文本语言由文字组成，福柯关于这些文字选取的思考是什么？在何种意义上，与福柯所说的主体问题有关？不断迫使这些文本生成并敞开它所通往的可能性空间，是如何通过书写本身来实现的？这一目的显现出福柯怎样的文学思想？因此，本书将尝试进入福柯所一再强调的问题内部，将其作为人之本身所要面临的边缘化处境，来认真思索这些直至目前亦即在将来都始终是人不能回避的问题。

综上所述，本书聚焦福柯的文学论述以及早期福柯的文学话语叙事策略，从而揭示其"言说"困境的实质，即语言自身面对主体内在分裂的矛盾，如何承担这一内在言说的可能性重任？福柯从不承诺关于自身的同一性，且不断尝试去揭开主体永恒分裂的样态。他选取迥异的历史材料，不断重返和质疑这些历史的真实，是否在暗示我们，关于历史和我们自己，永远是一无所知？从这个意义上讲，关于历史，人们只是在不断重复着某种虚构。这种诡异和极端的观念也将映照出西方文化的独特影像——对"自我意识"持久不懈地追寻与逃离。

第一章 当代思想史视野下的福柯文学思想研究

第一章 当代思想史视野下的福柯文学思想研究

> The sculptor stands in the dark of night and gropes toward the forms of gods. The stories of the poets are before and in him.①
>
> 雕刻家站在漆黑之夜，摸索着神灵的形态。诗人的故事在他之前和之中。

20世纪的社会存在是一个诡谲多变的混合体，对文学而言，创作实践与理论建构都在其中不断被孕育。如果文学只是一个平静时代的自然产物，就不会引起那么多的争议，当然，能被不断讨论和重构也意味着文学是一段流逝、一种变动，抑或是一类记忆。可能当文学被置于当代这一时空节点时，它的独特性才显得如此重要，这迫使每一个与文学有着或多或少联系的人再次踏上审视文学的征途。福柯作为哲学家、史学家的身份被追随其后的人接受，但以现代学科体制的划分标准来看，他很难被算作是文学家或文学理论家，以至于他关于文学的评论也常被排除在学术的论域之外。然而，一旦将福柯对文学的判定置于当代西方思想史的脉络中加以观照，便会发现他的文学言说并非轻率或缺乏深刻性。由于福柯的思考总是以"物之序"与"人是什么"的问题为前提，本章尝试带着福柯的问题去重走文学与其所思的融汇之地，并试图挖掘福柯有关文学言说的可能性所指，期冀将这些散落在其文本中的文字安放在其短暂且重要的文学思想历程中。

第一节 语言学转向下的福柯文学思想难题

对文学作深入思考是福柯无法回避的难题，特别是在探讨文学本身的存在时，其所面临的诸多挑战与语言问题相互纠缠。对他而言，西方20世纪哲学与传统哲学的区别在于对语言的认识，哲学对语言认识转变的标志便是现代语言学的范式转型。对语言展开的讨论不再囿于其交际功能的达成，而是将其看作哲学反思自身演进的起点和基础。在这里，语言问题逐渐被人们重视，且作为特殊语言形态的文学也随这一问题的推进而不断演化。可以说，语言学转向使得过去关于文学的观念产生了较大异动。文学就其存在本身而言同样面临着

---

① Johann Gottfried Herder, (1985) *Herder Werke*, Gaier U, et al., eds., Frankfurt am Main: Deutscher Klassiker Verlag, p. 317.

诸多挑战，它迫切地要为自身的合法性找到根基。如何在思想的剧烈变动中找到某种可靠性，是文学面对思想本身时必须思考的问题。本书选取福柯文学思想作为一个重要的切入点，就是要将其作为某段思想进程中的特殊标记，尝试去翻动其思想演变中的万千泥土。因为，那些夹杂其中的闪烁尘埃或许会汇聚成解开福柯文学难题的一把钥匙。

一、福柯文学思想的语言学转向论域

由于语言与思维间的紧密联系，所以福柯的文学运思过程根本无法回避语言这一问题。可以说，语言不仅成为其哲学思考的症结所在，也是了解其文学思想必须要面对的根本性问题。因此，此处需要就语言学转向这一重要论域作出说明，以便更好地厘清福柯文学思想所依存的现实性脉络，从而准确地把握其思想的整体性。

（一）语言作为自身的确立

20世纪的"语言学转向"彰显了语言问题的迫切性，这使得语言需要以自身来奠立根基。这种对语言的深切关注早先源于西方哲学界对语言明晰性表达的要求。这一术语，最早由维也纳学者古斯塔夫·伯格曼（Gustav Bergman）在《逻辑与实在》（*Logic and Reality*）一书中提出。他认为，语言论哲学家要阐明世界的真理，必须透过叙述具体的语言来进行。这便会引发一个非常棘手的问题：如何让语言准确无误地把握世界？这一问题，过去的语言学家也曾对其作出过讨论，但却并未解决。实际上，语言学家注意到，语言学不仅面临外部世界的言说难题，其自身也很难去解释为何语言内在地具有含混和矛盾。在这一背景下，人们需要对语言研究方法作出转变，这在日常语言哲学家与理想语言哲学家这里尤为明显。他们分别在研究对象、研究方法两个方面为语言划定了特殊的范畴。此外，理查德·罗蒂（Richard Rorty）编撰的《语言学转向：哲学方法文集》（*The Lingusitic Turn：Essays in Philosophical Method*）一书同样收录并介绍了当时众多语言论者的相关语言问题论文。这就使得学术界内部的语言学转向问题日益凸显，并得到普遍的关注和认同。

西方众多学者极度关注语言问题，其目的在于用分析语言的方式来梳理人类历史的发展脉络，通过反思语言来为人类目前面临的困局寻找一套有效解决方案。实际上，前述两位学者对思想新动向的总结主要针对英美分析哲学及后来的逻辑实证主义。他们详细介绍了在哲学研究中语言分析的各种方式与各个阶段。然而，语言现在不能再被简单地看作是表象世界的镜子或社交交际的工具，它更多地指向承载文明、习俗、精神、知识的一套符码，并与思想本身紧密关联。诚如，一个社会中的大多数人都拥有相似的经验秩序和类同的思想观念，这一点必须借助语言的有效参与。于是，语言不仅只是说话的媒介手段，而是在各个领域中呈现人类经验秩序样态及其规则的特殊载体。因此，语言问题在西方绝大多数学术思想领域中愈加凸显，并成为研究重点。

对福柯而言，世界仍处于被理解的状态，语言与它始终纠缠并形成巨大的网络。他认为，至少在16世纪，语言并非是统一清晰的整体。语言是神秘莫测之物，它既向外延伸又自我封闭，充满了"秘密或指示的作用"[①]。这种观点并不把语言看作是一套具有任意性的人类社会符码系统，而是把语言放在世界的范围内部来考虑。语言一方面把词提供给人去认识和解读世界，另一方面又与其他万物待在一起隐藏着秘密。实际上，语言并非是其自身，其原因在于它具有意义。可见，在福柯这里，语言与世界的关系并非是意旨关系，而是类推的关系：

> 语言作为符号的价值和语言的复制功能是重叠在一起的；语言谈论天与地，语言是天地的形象；语言在自己最最有形的结构中……我们是在语言的存在中，在其与世界总体性的关系中，在它的空间与宇宙场所和形象的交叉处来探寻语言的功能。[②]

语言与石头、植物、动物等一样存在于世，却被赋予了阐明世间万物的使命。可见，在语言与世界共在的空间中，世界有着靠近、相似、类推和从属的形式规定。对福柯而言，语言学转向虽将语言确立为哲学思考的核心，但摒弃了把世界视作文本的阐释传统。换言之，当语言被看作是解读世界的最透明、有效方式时，它自身隐匿于世界的神秘性便消失了。这种看待语言的角度，促成了语言内部更精确、更细化的分析，却也切断了语言与世界所搭建的联系。当语言研究愈发专业、深入时，又极大地强化了现代思想把语言看作是首要研究对象的地位。

语言学转向并未有效批判那种将语言看作是一一对应世界之物的观念。显然，福柯并不完全同意索绪尔把语言从对世界的依附中独立出来的观点，即把语言看作是独立于外界的自足系统。相反，福柯看到语言被普遍视为一种客体

[①] 米歇尔·福柯：《词与物——人文科学的考古学》，莫伟民译，上海：上海三联书店，2016年版，第37页。

[②] 米歇尔·福柯：《词与物——人文科学的考古学》，莫伟民译，上海：上海三联书店，2016年版，第40页。

对应物的观念，也保留了语言作为物的根本属性。这在根本上与维特根斯坦前期的哲学思路完全相反。维氏想要构造一种图像的逻辑语言，此种语言的功能在于用名字去指称事物，彼此间联系构成一幅"描画出原子事实"[①]的图画。事实上，这样的逻辑性命题在日常语言的"游戏"中是不可能存在的。语言很难以符合逻辑方式与世界之物相对应。在这里，需要澄清的是，维氏早期坚持的图像语言并不是福柯所指的作为表征的图像（此处不作赘述，就这一问题将在第三章福柯对话语的论述中详细探讨）。

福柯发现，只有在知识的条件下，语言与语言的联系才有可能。在知识的助推下，词物的关系存在于同一个平面，且语言的标记使得次一等的话语能够得以延续。从这个意义上看，知识并非是在证明世界的正确，而是在为世界搭建秩序。他指出，在解释的链条上，各种评论只是在维系语言：

> 对《圣经》的评论，对古代作者的评论，对旅行者报道的评论，对传说和寓言的评论：人们并不要求自己正要解释的每一种这样的话语陈述一个真理；所要求的只是谈论这个真理的可能性。[②]

在他看来，语言根本不是与外部表象相对应的。语言内部存在着自我增生的要素，它需要依靠连续性来使言说得以维系。正如蒙田所说：

> 解释各种解释难于解释事物本身。评论书的书要比评论主题的书多，我们只是在互相评注。[③]

可见，西方以人文主义为中心，聚焦语言问题的发展趋势，走上的是一条"本体化"语言的理想之路。对福柯而言，这种布置（la disposition）带来了有关语言的新问题，即如何去确证符号实现了所指功能。[④] 中世纪之后的文艺复兴时期，符号组织也是三元，而其中的相似性把标记和被标记事物联系了起来。严格说来，这一时期的符号属于单一形式。因为，相似性处于符号的两级；既是符号内容，又是符号形式。他认为，从语言的原初形式看，它是书写形式的一种，类似于事物的"印痕"。它存在于世界各个角落且是不可被抹去

[①] 路德维希·维特根斯坦：《逻辑哲学论》，郭英译，北京：商务印书馆，1962年版，第47页。
[②] 米歇尔·福柯：《词与物——人文科学的考古学》，莫伟民译，上海：上海三联书店，2016年版，第43页。
[③] Michel de Montaigne, (1958) *The Complete Essays of Montaigne*, Donald M. Frame, trans., California: Stanford University Press, p. 865.
[④] 福柯指出西方从斯多葛主义到17世纪以前，其符号体系是三元，即能指、所指和关联（la conjoncture）；17世纪之后，符号缩减为二元。

的最基本标记。以这种角度看语言，话语为语言提供了形式：在其之上是评论，在其之下是文本。语言就处于评论与文本的中间，一方面，评论重复语言中被给定的符号；另一方面，文本的首先性由人们所见的符号以及评论来给定。无论是评论或者文本都是由书写的优先来保证的。

福柯认为，由于文化重组的问题与符号全新的布置与紧密联系，语言与世界的联系被打开。在此语境下，所见与所读、可见之物与所说之物过去纠缠在单一形式中的情况消失了。随之而来的是，话语所说的一切都不再指向任何其他之物，而只是"说"，是话语本身在打转。这不仅是语言的问题，还与古典时期最初的文化重组有关。他指出，恰恰是古典时代，将人与不存在任何意指的文化剥离开来。这是由于相似物（la semblable）吸收了各类意指，而符号神秘的、初始的身份，依然存在并悬浮在这一文化空间中。如何去揭开这些变动符号所覆盖的东西？能否重新看到这些符号过去存在的意涵？他认为，唯有文学才能唤起关于这些存在的记忆。

19世纪至今，文学的独特之处就在于：它是作为"反话语"（contre-discours）出现的。福柯指出，这是文学作为一种语言形式，为其自身的存在，走上一条与语言（其他非文学语言）形式相分离的道路。古典时期的文学本质，在于考察文学语言的能指形式。而在近现代，语言的意指功能由文学来补充，而不是由其来证实。就这一点来看，文学成为西方文化不能回避且必须深思的存在。因为它就处于其文化布置的重组形式内部。其困难在于文学不能单纯地思考其意指之物，甚至文学本身就不是意指所需要的产物。他认为，无论从语言的能指层面，还是所指层面，都不能对文学进行有效的分析。因为文学的所说之物，其所蕴含的一切观念、思考，甚至是提出的方案和行动，都是不能被分析的。

福柯认为，可以以两种方式来把握文学，即在语言的能指和所指之外找寻文学，这是针对西方文化而言的文学持续存在。一种是以17世纪的占主流地位的古典方式来解读文学，该方式基于符号的二元立场，将文学作为能指与所指的统一来看待。另一种是以19世纪由文学恢复的语言之存在来解读文学本身，这与前者完全不同。对他而言，尽管文学不能被很好地分析，但并不意味着文学不能被定位。而定位就需要首先对文学进行文化上的解放，因为原初、始源的言语不复存在，且它本身就是对话语的限制。从这个意义上说，语言从文学这里获得了自由，因为开端、终结以及许诺都被一笔勾销，剩下的仅是对这个虚空地带作无限重复书写的文学文本。

(二)"语言"问题——福柯意义上的"人"之确立

福柯在《词与物》中大量谈及"语言"问题。然而,他关注的重心不是经验秩序本身,而是这些秩序经验的形成过程,即它们如何在具体的语言、交流、认知和实践之前存在,以及它们如何相互混杂交错。换言之,福柯对语言问题的思考,并未完全以符号研究为核心,而是去思考目前的符号是如何形成的。他的目的在于考察符号秩序的原初性,即符号未进入秩序建构之前的状态。福柯认为,人被抛入语言世界之中,无时无刻不与语言为邻,是语言建构了人。人文科学研究"人是什么",并通过语言来介入这一问题看似非常合理。

福柯指出,现在的关键问题在于,当下对"人"的探索已经有了它自身的历史,并有其知识脉络的延续性。《词与物》通过揭开词与物之间关系的间断性演变来探讨人的问题,其目的就是要打破那种建构"大写的人"之历史的野心,即以无限性来绑架人作为有限存在的身份。他刻意避开去分析文化语言符码之具体对应物,而更多的是去探讨内在于物之秩序的隐秘机制,它处于语言之中,以话语系统的方式集结起来,他称其为"认识型"。对他而言,"人类学"(不是作为一门专业学科的人类学,而是基于人之有限性的知识体系)与语言成为独立的认识对象有关,语言的持有者的问题进入哲学的视野中,语言不再根植于物,而是根植于说语言的行动主体,语言的发生和发展都与人密切相关。然而,这只是一种话语实践方式上的转变,"人"出现在知识中心的地位并非牢不可破,随着认识型的转换,人最终会消失。

于是,问题将集中于物之秩序是自在的还是为人所编码。如何感知体验,决定了它具有怎样的内容。不管怎样,秩序总会显现出来,也总会被人感知到。在此基础上,对秩序的追求成为人对意义的探求,对世界奥秘的揭晓,因为生命无法容忍无序,正如语言不能没有意义。秩序取决于人看待它的方式,它也只是秩序经验的结果。这类似于阅读小说的体验:18世纪的小说关注人对世界的探索,聚焦于人与自然的斗争活动,而现代小说则主要关注人的内心,以及人对自身问题的思考。

"物之序"与"人是什么"成为互相映射的两端,互相融通。秩序是如何形成的?秩序之前的构建条件是怎样的?为何是这些条件形成了秩序,而另外的被排除掉?福柯的思考有着三个方向:一是社会中正常与非正常的纠缠;二是知识本身;三是权力。他不关心具体的文化符码的问题,因为它已然是秩序的构成物。他要关注的是秩序的条件问题,并对特定时期的知识体系展开了讨论。作为尼采的信徒，他对那种以人为中心的知识体系提出质疑，直指统一性世界的神话，并用断裂的思维打破连续性思维范式的牢笼。这使得他对另类和边缘（都是被刻意型塑为另类和边缘）的现象特别着迷。可以说，福柯考察了大量被现存主流社会抛弃的角色，疯人、罪犯、性倒错者、流浪汉等身份的划定原则在他看来是可疑的。他从这三个方向展开调查，发现了许多被掩盖的真相。这些看似特殊的个体或群体被普遍化的社会规则压抑，而社会就是以这种现存的规则来解释自身规则的合理性。

福柯非常善于将抽象观念对照于具体的现象之上，从而呈现两者的张力。他以博尔赫斯作品中谈到的中国的动物分类为例，认为看似可笑的无逻辑区分中，实际上映射了人类思维的差异。从某种意义上说，逻辑体现的是语言的统一性，与之相对的反逻辑或非逻辑呈现了语言的断裂性。一个统一的分类场域像一个乌托邦（其内形成了话语的统一体），而没有共同场域的分类就会显得滑稽可笑，甚至对前者造成某种威胁，福柯称其为异位移植（其形成异托邦），这会在暗处影响着命名。就现代知识型而言，它指向一种历史发展统一论的乌托邦，认为理性的进步会推动历史的发展，带来人类社会的进步。在福柯看来并非如此。他认为，世界的变化仅是在知识层面上体现秩序方式的变革，就如前述所说的中国式分类，变化不是连续的，而是基于不同分类场域之上的差异而已。

人们对历史言说秩序的体验是连续的、统一的，而福柯却迫切地想要把断裂的、独特的体验予以揭示。在《词与物》中，他以一种类似考古的工作方法，使不同秩序空间中的知识构型与经验知识得以显现，将它们各自的可能性状况呈现出来。这显然不是趋向统一的连续性历史。在他看来，对话语实践的研究不是作结构性的共时考察，共时考察与人这一主体以及社会本身关联不大。这种策略并不局限于结构的内部，而是扩展到各种使这一结构成立的可能性条件。特别是在后期的研究中，他对那些话语运用所涉及的权力问题的研究类似于谱系学研究。两者都是以考古的方式来突破历史的局限，这种研究方式可以使现在关涉的多重因果得以持续介入历史。

福柯的考古学方法与其写作风格相辅相成。他对断裂的起源和发展不感兴趣，只是想寻找一些与思想有关的现象去打开历史的缝隙，以便在新的秩序空间内捕获体验。在对 17 世纪委拉斯凯兹（Velazquez）的现实主义作品《宫娥》的分析中，他引入了表象的问题，并暗示古典时代认识型中"表象之表象"的句法系统的存在。他透过对小说《堂吉诃德》的解读揭开古典时代认识型的思维模式，又透过对萨德作品《朱斯蒂娜》和《朱莉埃特》的分析来指出古典时代话语和思想的终结。他不受具体事件时间和逻辑的限制，以自由的书写游戏开启思想冒险。福柯从不去论证具体的历史，而是由具体现象的介入牵引出世界变化的线段。这些变化在任何地方都可能存在，而福柯选择以文学艺术作品作为切入点，一方面源于他个人的思想偏好，另一方面出于让其观点更具可读性的考虑。

在《词与物》中，福柯专门批判了所谓的"人类学"[①]。以人为中心的知识结构，已在人身上内化，语言与人的对立和不相容性变得十分明显，认识语言的持有者，人的限定性分析在知识构型中占据主导地位，加强了传统的语言工具论，这使得我们很难从无主体的语言秩序中来理解世界。人的限定性分析最典型的莫过于伊曼努尔·康德（Immanuel Kant），此后的现象学、存在主义、马克思主义等，都在福柯所谓的"人类学"的范畴之内。

福柯认为主宰人的是一种无主体的话语秩序，即权力话语对人的空洞建构。可见，"人类学"也没有扎实的根基。福柯怀疑个人的言说，就像维特根斯坦认为的"私人语言不存在"一样，个人言说很难突破潜在的话语模式的控制，更何况是具有历史先验色彩的"认识型"（保罗·利科称福柯的这种思想是"没有超验主体的一种康德主义"[②]）。比如生活在文艺复兴时期的人，应该如何说话、如何思考？这一切是否已经被固定在既定的模式中了。可以看到，人无不在语言（及话语）的机制中，人只是参与到众声喧哗之中，所有的言说和作品都离不开集体性的特质，且在无意识中遵循设定好的规则。那么，福柯自己是谁？从哪里来？以什么身份说话？或许他的回答是：我并不代表一个声音，也不完全属于某种模式。

福柯对同时代的人充满戒备，对语言的牢笼保持警觉，与规则也保持距离。他尝试去研究规则背后的建构规律，借此打破意识形态的偏见。这种怀疑个体知识之建构的态度，使得他一直为个体寻找出路。倘若个体必然处于模式化之中，不论跨越多少牢笼都是如此。那么，是否存在着某条出路？他在晚期的研究中回到古希腊、古罗马的享乐主义，探究欲望，并在《快感的享用》和

---

① 福柯在《疯狂史》的第五章《人类学圈环》中围绕疯狂的问题批判了理性所建构的精确逻辑将个人的自由压缩到最低限度，因为这里并不存在任何中性化的言说机制。这种在 18 世纪末出现的对疯人的解放现象，在他看来并不真实，即它仅是人类学发展下对"疯人自由概念的客观化"，这使得疯狂问题转向自由视角，且其客观性在事实和观察层面上被看作是否定的或罪恶的。可见，疯狂不再标识人和真理（La vérité）的某种关联，它以含混的态度，用人类学语言揭示出现代世界的目标：疯狂的力量，人的真相及这个真相的缺失。相关内容可参见：米歇尔·福柯：《古典时代疯狂史》，林志明译，北京：生活·读书·新知三联书店，2016 年版，第 785—790 页。

② Paul Ricoeur, (1985) *Temps et récit*, Paris: Seuil, p.112.

《自我的呵护》中提出关涉身体方面的问题。这显然是其意图在欲望中发现个体存在的真相,无论这种存在被称作是自然还是堕落。

二、西方现代文学的语言本体建构

要探究福柯的文学思想,需要就其所处时代的文学观念作一定的梳理,从而将其文学思考置于一个有效的时空中来予以解释。可以看到,20世纪的西方,无论是文学理论的推陈出新,还是文本阐释的方法应用都达到了任何一个时代难以比拟的发达程度。在一段时期内,围绕"文学"展开的纷繁复杂讨论总是暗含两种不同的路径:一种可归为文本阐释;另一种可归为文学理论。无论朝哪个方向突进,都无法回避语言问题。实际上,从柏拉图(Plato)写作《理想国》至今,从未有一个时期能像20世纪这样对"语言"进行如此深刻的反思,几乎所有关于文学的讨论都逃不开语言学的影子,也都以建立语言本体为核心。

(一)作为文学外部的语言形式

在文学领域,西方现代文学与传统文学之间产生了裂隙,前者借助创新文学语言来实现自亚里士多德以来真正的文学革命,文学的关涉对象从外部世界转移到人的内心世界,叙述语言从社会外部移接到个人内部,时间观念从物理时间迁移到心理时间。伴随着语言学转向,语言不再仅是描述世界的工具,语言形式成为主要的思考对象。语言不再仅是人与人之间的交流工具,而是建立任何交流的工具。[①] 当关注语言时,文本被打开新的空间,文字之间的意义和力量得到了新的呈现。先前对一首诗、一部小说或一部戏剧进行阐释是为了寻找某种实际意义,而之后的文学理论研究逐渐偏离了对意义的关注,这极大地威胁着个人对诗歌、小说和其他文本所展开的阅读,追求排除心理因素的纯形式结构使得理论具有极强的还原特质。换言之,对文学的思考不再是挖掘建构其形态之词语的所指意义,而是去分析能指与能指之间的组成逻辑。

对于文学而言,无论是文本阐释还是文学理论都关涉着文学的语言本体问题,这使得语言的外在形式愈发凸显。这里涉及本体论的两种含义:一是指形而上学的存在论;二是指特殊的理论形态。后者使文学研究的实体化趋势愈发明显,且逐渐导向西方形而上学的问题。就这一思路来说,关于文学的语言讨

---

① Nicolas Ruwet,(1973) *Péface aux essais de linguistiques générales de Roman Jakobson*, Paris: Editions de Minuit Press, p. 21.

论显得十分可疑。需要注意的是,一旦仔细去考察西方传统形而上学的演变过程,就能发现其内容不可能真正避开具体事物,它总是以形而上学之思来关照具体的形而下之物,并试图揭示其独特本质。

当关注的目光转向语言时,文学理论便与关涉语言的方法论研究迅速联结。文学试图通过理论来找到自身的立基之本,各种文学研究向内变化且着重体现在形式、结构、体系等方面,为方便起见,此处以"形式"一词来将其统括。20世纪初,俄国形式主义文学理论在这一点上表现得尤为突出。这种文学观点把文学更多地看作是一种思维或认知方式,它试图摆脱认识范畴的奴役,以期获得某种异于常规的效果,因而具有将事物从思维对象的位置上解救出来的野心。这一方式具体体现在它对语言形式技巧的关注上——不断创新性地使用非日常语言来使事物摆脱概念程式,通过延长感受时间和加强感受难度来重塑对事物的全新体验。

这一时期,俄国形式主义接触到结构主义语言学,索绪尔的语言学理论也开始在欧洲传播。在此之前,语言被看作是社会交流的工具,与现实世界是对应关系,语言用来指涉事物、理念等。对于语言是否及物这个问题,索绪尔并不把语言看作是反映客观事物的镜子或传递思想的透明介质,而是不断生成的人类表意体系。能指和所指共同组成的语言符号具有任意性。语言学对符号系统的建构十分重要,虽然能指与所指之间不具有特别的规定性,但有着相对稳定的规则,因而语言不仅可以操作,还可以进行分析。

从语言的诗学效果层面来看,文学文本中的语言所产生的文学性问题是其关注重点。罗曼·雅各布森(Roman Jakobson)、维克托·什克洛夫斯基(Viktor Shklovsky)、乔纳森·卡勒(Jonathan Culler)都特别在意一个文学文本应以怎样的语言形式或结构来构建"文学能力",借助"陌生化"手法来凸显文学文本的诗歌功能,进而深入思考文本的结构关系。在此基础上,理论家对语言文本的侧重使其分化出两种不同的研究模式:一是以生产意义的符号为核心的诗学研究;二是以操控意义的符号为核心的政治学研究。两者都含有对社会压制问题的关注,只是以一隐一显的样态出现。

从具体的理论分析来看,政治学途径下的女性主义、后殖民主义、身份政治理论等,其目的都是争得政治权利。一方面,它们为文学理论领域带来了极为丰富的内容,并拓宽了文学的疆界;另一方面,对文学文本的分析是以理论手法来置换政治效果,应更多地归入政治学领域。鉴于它们始终立足于文本本身的语言符号,仍可被归入20世纪文学理论的范围之内。然而,也正是因为文学理论无法回避语言文本,使得这些理论遭遇到普遍的质疑,问题在于:这些研究不同程度地偏离了文学理论最该关注的核心,即文学性这一命题。

卡勒曾指出,在讨论种族、性身份、法律等问题上,文学与之毫不相关,对问题的关注,使得文学和文学性被忽视,理论并未奔着文学这个核心去展开,而诗性也失去了它所应有的位置。于是,他呼吁在理论之后,应该更多地回归到文学文本的自我反身性上来,在文学中去奠定其根基,也即真正去关注语言符号的诗学问题。

此外,语言学在政治学领域的效果可在福柯的权力理论中一窥究竟。话语实践中所蕴藏的关于个人与群体的压制,都可看作是语言符号精心设计下的结果,他对监狱制度、性经验史以及疯狂立场的考古学研究,展示出社会话语变迁对社会各领域的潜在作用,进而使得语言对人之言行和思想的操控力量被重新审视。语言与身份问题的勾连,使得其他的政治理论流派纷纷转而投入话语分析的研究中,它们以语言为视角来质疑身份建构,如性别、阶级、种族、性取向等的合法性,并以后殖民主义的理论为旗帜,揭开语言符号的政治倾向所带来的对他者的倾轧。

大多文论家把结构主义诗学时期视作文学理论发展的黄金期,他们认为雅各布森聚焦于文学文本的"诗歌功能"的研究路径是正确的,应延续并精进这一研究领域。然而,文学理论的各式主张开启了关于"理论之后"的文学遐想,当下的关键问题是:未来应如何落实围绕"文学"二字的研究呢?其内容、方法、方向应该如何确立?是回归传统的文学经典,还是像一些"新批评"学者所提倡的那样进行文本细读?或是将研究重点放在对版本、目录的考察上?甚至遵照"新审美主义"的态度,在一种开放对待"他者"的社会中,去寻获新的阅读及生活方式?此外,特里·伊格尔顿(Terry Eagleton)提出,后理论时期的理论不应是对文学性的单一回归,还应是一种"政治批判",需要站在新的高度来介入后现代主义试图逃避的问题,以便重新审视那些早已深入人心的价值观。从这个意义上说,文学需要承担比以往更艰巨的文化研究责任,而不应轻易草率地推倒对"主义"的研究。

对福柯而言,结构主义否定了这种关于文学的说法,因为话语并不局限于再现。即便文学的局限被发现,也依然有人相信语言能再现人认定"为真"的事物,且认为词语在一定程度上反映了客观真实。这是由于语言的作用不是对客体作表征,而是产生"差异"。柏拉图、施莱格尔(Friedrich Schlegel)、柯勒律治(Sanuel Taylor Coleridge)都赞同"艺术再现世界之真实"的看法。可以看到,这种观点指向对文学性的持续思考,它看似是一种难以割舍的"怀旧",也预示着文学拓展自身的某种可能。难道文学研究应回归文学,回到被理论所抛掉的传统文本细读之方法的原因,就在于作为现代学科的文学应与追求真理、价值指涉作密切的联系?这一问题关乎对文学的再现论说法,即文学是"再现"客观外在世界的工具。

(二)探寻语言形式之后的文论诉求

参照"语言学转向"这一学术现实可知,20世纪文学所关注的语言符号这一核心已被呈现出来。其间,形式主义、结构主义、解构主义等理论思潮相互渗透、演化,形成激荡的学术图景。如今,对现代主义及其之后的文学理论进行反思,已成为"理论之后"文论家们共同关注的议题。如果现在被称作"后理论"时代,这意味着什么?还能做什么?当中心、主体和意义取消之后,文学的核心还存在吗?它应该走向何方?它是否能有一个起点,并能指向可能性的终点?这些问题目前还在持续,也将生成无数的可能性路径。

诚然,语言学转向后的文学理论具有强大的生命力和广泛的影响力,但它并非无懈可击,尤其在当下还遭受到诸多"理论"之后的学者的质疑。文学理论是否能更多地承担起文本阐释的工作?福柯及其影响下的政治学倾向是否能有充分的理由被划入文学理论的领域?这里可参照约翰·克罗·兰色姆(John Crowe Ransom)的本体论研究策略。在《文学批评公司》[①]中,他指出非本体论的文学批评的几类特征:①批评家所记录阅读文学后的个人感受;②归纳和复述文学作品的内容;③对文学的写作背景、作者的生平及相关文献作考究和校正;④研究文学作品中的习语、典故等;⑤伦理道德研究;⑥其他特殊研究,如对作品的地理、法律、历史等作专门考察。这些均不是针对作品的客观本体论研究。真正的本体论研究,需要在形而上学框架中进行"实体化"和"本体化"的思考,并试图获得非历史、非时间、非语境的静观讨论。此外,诗意的独特性应看成是对实际社会生活的这个世界中生活状态的完全复刻。它是现代作家经由自己的感受与记忆,把复杂的现实生活(局部地)复原出来的图像。对"本体论"的思考始终充满矛盾:倘若将文学仅作为某一完全封闭、独立自主的客体,它便会独立于外部世界,这显然削弱了文学与外部世界的交融性。实际上,我们应回归传统形而上学的视角来看待文学的本体论批评。西方的文学创作及理论,不可避免地与形而上学理论存在密切关联,特别是在诗歌中,更是主张以体现人类高远的理想为目标。正因如此,马拉美在纯诗论

---

① 戴维·洛奇:《二十世纪文学评论》(上册),葛林等译,上海:上海译文出版社,1987年版,第398页。

中，将语词和理想世界进行了比照对应，把诗歌的语词秩序当作理想世界可见性的标识。也正因为这样，诗歌所言之物并非指向外部的可感世界，而是隐在地指向传统形而上学所探究的"本原世界"。

任何文论、诗学都难逃形而上学之衍生物的宿命，它们都无法回避形而上学的问题。即使现代反形而上学和实证主义的风潮甚嚣尘上，但本体论批评理论与文学的关联仍然不可切断。于是，某种"本体论的承诺"（ontological commitment）① 在现代分析哲学内部依然存在，如在蒯因（Quine）处，便为其保留了位置。可以说，"何物存在"这一核心命题一直贯穿在每一种话语体系中。文学本体论及其相关考量在研究内占据着位置，需进一步考虑如何来拟订文学本体论之确切含义。如前所述，通常所谈的文学本体论，其确切含义指的是文学存在论，与传统的形而上学之历史形成性一样，这种文学本体论保留了那种以传统的知性化来搭建文学实体的方式，这在20世纪形式主义文论和新批评文论中尤为明显。

为何需要区分和提出文学存在论？其意义大致可从两方面来探寻。首先，澄清这一问题可以推动在始基之处敞开福柯文学思想的路径，这也将改变传统的研究福柯文学的方法。以往针对福柯文学问题的研究，首先会预设一个超时空、永恒不变的福柯文学的实体"本质"，然后从抽象的观念来考察其文学的论述的内涵，并对这些内容作摘录、分析和解释。这实际上已经偏离了福柯关于文学的基本态度。文学存在论的提出，改变了这种思路，它首先将文学看作是一种感性流动的精神存在，在丰富的文学现象背后，并没有一个先在的、超越时空的实体化"本质"存在。文学更像是一种"现象学"描述之物，它具有特定的时空语境，其本身的存在具有无限的可能性。其次，厘清这一思路可以帮助寻找研究与福柯文学相关新的理论模式。不能简单地将福柯对文学的思考与现成的研究范式进行同质比对和理论嵌套。那种由反映论转换为审美论，把文学问题简化为审美问题的观点极易遮蔽福柯哲学思考的切近和深度，也可能会导致福柯对真理问题的言说流于表面。

要深入讨论这一问题，还需重新思考福柯所处时代的文学阐释和文学理论彼此关联的问题。两者的纠缠和模糊判定使得更深层次的文学研究内部极难统一，特别是在20世纪早期的个人文学作品中，文学描述和理论阐释总是不可避免地联系在一起。20世纪30年代之后，美国新批评理论的出现极大地改变

---

① 威拉德·蒯因：《从逻辑的观点看》，江天骥、宋文淦、张家龙、陈启伟译，上海：上海译文出版社，1987年版，第4页。

了前述局面，且所带来的影响在西方社会一直持续到 20 世纪 70 年代以后。这里可以借助新批评主义来帮助研究者更好地理解福柯文学思想的阐释方式。同样的，对结构主义的整体理解可以使后结构主义的理论复杂性逐步减少，这为思考福柯所谈论的现代文学提供了途径。在 20 世纪 70 年代之后，随着阐释理论的不断演进，文学阐释和文学理论间的距离开始拉近。对从事文学研究的人而言，两者是密不可分的。无论如何，对于文本的阐释都需要从理论的角度出发；而倘若没有阐释的话，理论会显得空洞且寸步难行。

在福柯所关注的哲学论域中，英国晚期观念论者怀特海（Alfred North Whitehead）的看法较为中肯，即将西方哲学史看作是对柏拉图的脚注延伸。在怀特海眼中，西方思想这种整齐划一的总体性规划力量强大且持续久远。人们要反驳这种看法，需要借助另一种思想，即找到那些脱离了柏拉图式的，致力于远离肇始于古代欧洲的关于形而上学本质的科学规划。福柯的思考及其学术研究的动力便始于这一深远的历史背景下。从 18 世纪后期资产阶级社会建立以来，各种思潮都在助推一场关于思维方式的革命。在青年黑格尔派这里，朝向实体哲学进行自上而下的探索依然处于同一个思想体系中，它或是劳动人类学，或是唯物论的本能说，或是存在主义的转向。诚然，这些领域的拓延预示着文学研究的范式转型：为文学认识的现代进程提供恰当的思维工具。然而，这种"自上而下"的研究方式更多地意味着在 20 世纪的进程中，文学被全然地转化为一种外在思想。于是，当柏拉图被尼采颠覆，当"开端"由海德格尔所重启，福柯才能更加明确地认识到：有关文学的思考，一旦它的创生性中心走出形而上学的涵盖范围之外，它带来的将会是什么？这必然关涉一种新的文学思想，它以足够的力量摆脱了埃利亚学派的诱惑，并自知以何种方式来投入到全然时间化和未定的此在之冒险活动中，而不是以超然主体或绝对客体的经典虚构来开凿世界的时空。

三、语言"言说"困境下的福柯文学思想

福柯的文学思想始终无法逃离西方哲学的语言"言说"困境。哲学作为一种言说，已从本体论转向认识论，再由认识论转向语言论，哲学在退至语言论之时，不得不面对自身的语言极限。对福柯而言，必须正视这一"言说"困境，并迎向哲学自身的对象化循环，一旦传统的认识论问题开始转向对词汇、句法、语义、语用等的细致分析，"言说"的困境将不得不再次呼应思的窘迫。

（一）沉默与远离言词的时代

众所周知，语言是人类区别于其他动物的一个重要因素。在西方，语言的高贵属性被人加之于身，那些沉默不语的植物和咕哝而叫的动物就不在此列。这一观念可以追溯到古希腊，亚里士多德把人看作是语言的动物，苏格拉底（Socrates）在《克拉底鲁篇》（*Cratylus*）中将语言的产生视为未解之谜。语言寄居在人的身体之上，人以语言之声划破沉寂。过去的静寂意味着人类的声音只是无意义的回声，只能是声音的重复与耗散。

福柯认为任何语言的身份都印刻在生活和世界中，是其宣称自己发言权的方式。① 语言部署各种事物，将它们予以并置并打开了不可思议的空间。在博尔赫斯（Borges）引用中国百科全书的段落中，福柯指出这种看似井然有序的事物排列对于西方文化的冲击极为巨大，即在阅读中所引发出笑声：

> 将长时间地动摇并让我们担忧我们关于同（le Même）与异（l'Autre）的上千年实践经验。②

这种迥异于西方文化及其经验的事物分类，使得"共有"（commun）变得不可能，至少是无法回避的异质存在了。这是导致失场症（atopie）和失语症的原因。在他看来，博尔赫斯文本揭示出的非连续空间的神秘"图表"（tableau）③，恰恰使得西方人必须面对一种乌托邦的储藏地。福柯认为，事物具有不规则性，词语仅是暂时地将其进行归类和放置，然而这个安放的空间并非一成不变，这使得人们总是期待去建立一个永恒的"同"之场所——乌托邦（Les utopies）：

> 尽管它们没有真正的所在地，但是，还是存在着一个它们可以在其中展露自身的奇异的、平静的区域；它们开发了拥有康庄大道和优美花园的城市，展现了生活轻松自如的国家，虽然通向这些城市和国家的道路是虚幻的。④

---

① 米歇尔·福柯：《词与物——人文科学的考古学》，莫伟民译，上海：上海三联书店，2016年版，第18页。
② 米歇尔·福柯：《词与物——人文科学的考古学》，莫伟民译，上海：上海三联书店，2016年版，前言第1页。
③ 福柯以table一词来表达双重意义：一是实指的桌台；二是抽象意义上的作用于存在物的思想"台面"，在其上的事物井然有序。此处福柯更偏向于后一意思。
④ 米歇尔·福柯：《词与物——人文科学的考古学》，莫伟民译，上海：上海三联书店，2016年版，前言第4页。

诚如福柯所言，乌托邦虽然为人们提供了一个具有安慰性的共同场所，但却极为虚幻且不切实际。他随后引入了"异托邦"（les hétérotopies）这一概念，即一种搅乱心绪、揭发事物命名之不稳定性的命名。异托邦的出现极大地损害了语言的显明性功能，把那些日常通用词语中潜藏的秘密翻动出来，从而打破人们构建句子的句法，以及损毁词（les mots）与物（les choses）结成一体的秩序。他在语言层面进一步对乌托邦和异托邦作出如下比较：

> 这就是为什么乌托邦允许语言和话语：因为乌托邦是处于语言的经纬方向的，并且是处在寓言（la fabula）的基本维度内的；而异托邦（诸如我们通常在博尔赫斯那里发现的那些异托邦）则使语言枯竭，使词语停滞于自身，并质疑语法自起源始的任何可能性；异托邦揭开了我们的神话，并使我们的语句的抒情性枯燥无味。①

这种以异托邦来认识语言的方式，表明了福柯在语言之根本处撕裂开一个巨大的缺口，即倘若语言自身具有不稳定、不确定的特征，那么语言还能确证、显明什么呢？难道语言只能是一种沉默抑或自说自话？这便是语言进退两难的困窘之处。这不仅是来自中国百科全书命名背后的差异性挑战，更是语言去命名、讲话，思考之停放、安置、陈列词语的最大难题。

回到语言之声最初响起的地方，它的出现让人再也无法回到与动物为伍的时代，人必须与动物划界、隔离以致决裂。这种划分使得过去与人为伴的动物成为会说话的人的奴仆和对手，人们既疏离了与动物的沟通，也远离了某种创造者的召唤。在阅读赫西俄德（Hesiod）的《神谱》（Theogony）时，西方人能够深刻理解人马神、森林神和斯芬克斯的故事，这意味着在其文化早期，动物曾与人类为伴且密切相依：动物与人类的本质难以分离。换言之，动物身体的直觉本能和形体构造与人类几近相同。希腊神话曾隐约暗示人类与动物的突然割裂，并制造出不可弥补的创痕。在列维-斯特劳斯这里，人类盗取天火，之后掌握了语言，便真正踏上一条与动物之态完全不同的欲望流放之旅。

对福柯而言，古典时代的语言是沉默的，是一种原始的语言。因此，古典

---

① 米歇尔·福柯：《词与物——人文科学的考古学》，莫伟民译，上海：上海三联书店，2016年版，前言第4页。

时代的文学作品不属于真正的文学。① 在古希腊故事中，人类借原始语言来反抗神的特权，坦塔罗斯（Tantalus）用语言将诸神之秘密带回大地不正是人以语言之手来跨越神的领地？在古希腊，"逻各斯"是保证语言得以交流的秘密。它创造出自身的理念，也指向真实的存在。这些言词带来了人对世界的疏离和背叛，人作为会说话的动物，应该如何解读？因为人不但掌握了语言，而且还运用语言完成了创造。的确，语言隔绝了人与动物。要言说是如此困难，因为说话必得承受创造的沉默和人类的独特孤独。

在福柯这里，语言并未在与神斗争的同时达成对人的超越。他指出，创造者之语是至尊、克制的，人类的语言要想成为一部作品就必须不断重复、转译、转写它，以至于从根本上恢复它。然而，这种语言（关涉上帝的、真理的）因其隐秘性难以被直接地转写，需要借助词语的滑动、扭曲和重塑。这样就无可避免地会涉及语言的修辞体系。隐喻、转喻以及提喻等修辞手法试图言说作品的意义，从而恢复和还原沉默的语言。由此可见，语言的悖论在于，这些试图言说的东西究竟是隐蔽者的话，还是隐蔽者尝试以委婉的方式间接说出的神的话？在众多的言说者中，世间唯有诗人还保持着某种谦逊与狂妄并存的暧昧之态。诗人以其独特的语词进行言说是在跨越危险。

福柯认为，文学语言便是对这种言说危险的尝试和挑战。语言有其自身的边界，与其他两种形式——光线、沉默连接。也正是因为这样，在世界中有一种超验的存在。语言抛下了人，使人们无法继续前行，但能在其中体验到一种高于人的神义：

> 某种意义上，这沉默的语言是最初者，是每一部作品曾经寄居其中并应随后从中脱离的绝对根源。这沉默的语言，这在语言之前的语言，是上帝的言语，真理的言语，模型的言语，它是古语，是圣经，它是其绝对的意义，也就是，其普遍的意义，赋予了圣经一词。有一部先行存在的作品，那就是真理，那就是自然，那就是上帝之言，并且它藏在上帝的内部，同时宣告了全部的真理。②

---

① 福柯区分了语言、文学作品和文学：语言停留于自身并建构它自身的空间；文学作品起源于语言空间中的低语流动，这些低语加强了符号和词语的透明度，同时也建构起了一个不透明的体积，而文学作品由此构成；文学是第三项，既非文学作品，也不是语言，它处于三角形的顶端（在这里经过的是从语言到作品的关系和从作品到语言的关系）。福柯更强调文学不是全部语言作品的一般化形式，也不是语言作品所处的普遍位置。

② 米歇尔·福柯等：《文字即垃圾：危机之后的文学》，赵子龙等译，重庆：重庆大学出版社，2016年版，第100页。

人类语言之外有着神的有力雄辩，具有神秘义的语言暗示着人言之上的神义。在新柏拉图主义和诺斯替主义哲学中，但丁《神曲》中的《天堂篇》被赋予了神意运动的轨迹。其中丰富的暗喻和极具想象的明喻使读者在句法的变换中倾听到人内心的祈祷。可以说，但丁的成功在于让阅读者触及他内心的超验体会，这属于语言的修辞和意义的巧妙融合。正如福柯所指出的那样：

> 如果我们随同贝克莱和18世纪的哲学家，把符号定义为自然或上帝所说的东西，那么，我们可以十分简单地说，古典作品以这样的事实为特点，即它通过形象，通过修辞格的相互作用，把语言的稠密、模糊、隐晦，转变为符号的透彻和明晰。①

无论是中世纪的拉丁诗歌、马拉美的作品还是象征主义诗歌，人类语言不可回避的缺陷都常作为母题出现。这不仅预设了语言之于世界的非透明性，而且强调超越语言之物的存在。换言之，就语言技巧性来看，只有等到诗人的出现，语言才被激活，并超越了日常语言的界限。然而，诗人要怀有谨慎态度，不使自己超出浮士德博士的界限。倘若诗歌语言触及都上帝之城的堡垒，诗人必须低头、后退并沉默，否则他会因不懂克制而陷入自我毁灭。

福柯认为，对西方世界而言，文学源于千年来不断被人觉察的，不断被人听见的沉默语言之时。在古希腊，沉默在恩培多克勒（Empedocles）的母题中不断出现，它还渗入赫拉克利特（Heraclitus）的警言妙句中。然而，最具语言天赋的人选择沉默是晚近的事：

> 从19世纪开始，我们停止倾听这种本源的言语，在它的位置上，我们听见了无限的喃喃低语，已被言说的词语的累积。在这样的条件下，作品再也不必化身为那些充当沉默的绝对语言之符号的修辞格。作品从此只是作为这样一种语言而言说，它重复已被说出的东西，并通过重复的力量，同时抹除了已被说出的一切，让它更加接近自身，以便持有文学的本质。②

语言的另一种超越性便是面对沉默。最具沉默表现力的人，当属荷尔德林和让·尼古拉·阿蒂尔·兰波（Jean Nicolas Arthur Rimbaud），他们是现代

---

① 米歇尔·福柯等：《文字即垃圾：危机之后的文学》，赵子龙等译，重庆：重庆大学出版社，2016年版，第100页。
② 米歇尔·福柯等：《文字即垃圾：危机之后的文学》，赵子龙等译，重庆：重庆大学出版社，2016年版，第100—101页。

精神的践行者，并竭力把书写语言带入句法和认知的极限。在荷尔德林笔下，德国诗歌的语言呈现出前所未有的干净、简练，它们不仅意义纯粹，而且形式完美。在凝聚松散语言、摒除平庸字句方面，荷尔德林几乎超越了同时代的欧洲诗人。其诗作以独有的方式弥补了人类语言的空白。这些特征很难让人相信它们是属于这一时期，反而呈现出20世纪文学所具有的面貌。

对福柯来说，当拿笔写东西时，把约束词语的规则悬置起来，并使词语打破那些绑在其身上的束缚时，语言才是文学。文学作为特殊的言语现象，不仅需要遵循所属语言系统的规则，也在最初阶段威胁着定位它的那些规则。值得注意的是，如何把握突破规则的限度，即倘若书写者将词语的束缚完全打散，不再遵循过去的语言规则，那么这些语言将难以被理解，最后成为某种"疯癫的言语"[①]。在他看来，文学显然是与疯癫相关联的。荷尔德林一生都与沉默、疯癫的经历相伴。然而，他在30岁以前就已写成全部的作品，之后悄然发疯，一疯就是36年。在此期间，诗性的偶然火花只属于其之后的零散创作。很难将这些突转的创作方式理解为是对诗歌的否定。在这些沉默（放弃创作）之后是真正的"死亡"生活。

事实上，荷尔德林的沉默并非反叛诗歌，而是要让诗歌成为展演的出口，以获得诗歌的神秘延伸。这些诗让人感到语言积蓄的沉默创造力，就像空白如此明确地进入现代绘画和雕塑的组成要素中。在他那凝重的沉默中，尤其是后期的断篇残章中，其巧妙的留白恰是其完整诗艺的不可或缺。正如卡莱尔指出的那样，荷氏的语言是无法付诸行动的言辞，"那种甚至阻碍行动的言辞，是世上的负累"[②]。

沉默诗人表达情感的方式及其理论模式，都产生了极大的影响。在福柯对文艺精髓的把握中，重估沉默是现代文化精神内在最具独创性的体现。在很多现代诗作中，沉默都代表了对完整理念的要求。言说，就意味着要少言或者不说话。因为沉默的魅力与诗学活动本身的危险紧密相联，一旦艺术作品被赋予了某一种语言形式，就会立即陷入既静止又公开的无望境地。这种由语言去击穿世界万物的行动，意味着在西方文明的晚期阶段，语言表现形式那些过去的辉煌与成功，已经彻底消除了现时代成就的可能性。文学语言和体裁不再熠熠生辉，而是被玷污和耗损。这也是由浪漫主义开启的以弗洛伊德的理论来分析

[①] 米歇尔·福柯等：《文字即垃圾：危机之后的文学》，赵子龙等译，重庆：重庆大学出版社，2016年版，第107页。

[②] Thomas Carlyle, (1935) *On Heroes, Hero-Worship and the Heroic in History*, London: Oxford University Press, pp. 32—35.

和认识世界的一种方式。一旦文学艺术成为公共领域的交流工具，就必然会建立一套能够分享表层意义的共有符号。于是，文学艺术使得个体独特的无意识创造性逐渐耗竭、泛化。可见，最不该走入的困窘境地是，诗人只拥有属于自己的语言，独自表达他个人的需求。然而，鉴于人类交流行为的本性，那样的语言只能归为沉默。

（二）危险的"沉默"之语

当代人类情感生活中最现实的无声魅力，既不是将沉默当作诗歌话语的逻辑终点，也不是将行动提升到话语层面（这在浪漫的存在主义中颇为推崇）。对福柯而言，这一问题需要混合，正如他自己的身份。虽然很难找到关于福柯的某种定位，但可以肯定的是，这些混合的身份表明了他面临着危险的"沉默"之语。选择沉默的第三种路径将如同比克尔夫人[①]所说的那样："我不会与此时此地的作家相类似。"[②] 随着现代政治的非人道以及新技术化社会的来临，那些被破坏的文化价值也开始波及了语言。换言之，语词正丧失掉其人性化的气质。对于作家而言，他有两个选择：一种是努力使自己的语言更具模范性，表现出普遍性的危机或者维持交流的脆弱；另一种则是选择自杀性的修辞，走向沉默。福柯自知身份的不可能性会阻碍他完成对自我的塑造，但他依靠回返语言问题的核心，来重思人之自由的议题。这是一种语言实践，但却不再从哲学之解放神话或以异化理论的路径去探寻。福柯关于自由的言说，可被看作是一个事件——个体如何被事件所释放，站在危险边缘去夺得自身。从福柯对其亡友——莫里斯·克拉维尔（Maurice Clavel）[③]的悼词中，可以解读出他对自身工作的某种认知：

> 他处在我们这个时代看起来最重要的东西的核心处。我想说，在西方国家从历史和时间上逐渐塑造出来的那种意识中，发生着一场非常广泛且深刻的变局。所有建立起这种意识的东西，所有给予这种意识连续性的东西，以及所有向这种意识承诺其圆满完成的东西，都已经被撕裂了。某些人或许会乐意将这些东西拼凑起来，相反他却对我们说："人们——今天

[①] 詹姆斯·普迪黑色幽默小说《卡博特·赖特》中的人物。可参见乔治·斯坦纳：《语言与沉默——论语言、文学与非人道》，李小均译，上海：上海人民出版社，2013年版，第60页。

[②] James Purdy, (1964) *Cabot Wright Begins*, New York: Farrar, Straus & Giroux, Hardcover, p.220.

[③] 与福柯和萨特等知识分子交好，同为1968年法国五月风暴的积极参与分子。

并且尤其是在今天——必须以不同的方式说话。"①

事实上，福柯的勇气在于他以他的方式实施了"沉默"。在思想的后形而上学转换中，尼采的事业由福柯来延续。如果说尼采揭示了狄奥尼索斯的哲学家气质，那么在福柯这里，狄奥尼索斯成为档案管理员。在精神病院、监狱、诊所都有一位年轻学者忙碌的身影，他翻开那些早被遗忘的重要文件，以其独特的眼光扫荡里面那些密密麻麻的文字，惊人地发现被掩盖的人类面向：

> 他受着这样一种决心——尽管是在过去年代的管理语言的乏味中，也要去感知事件闪电（das Blitz des Ereignisses）的驱使，而这种事件只是从自主的诗（autonomen Gedicht）的语言存在方式被晚期超现实主义的文学本体论（die Literaturontologie）所涉及。②

福柯将这种源自狄奥尼索斯的情绪倾注到他那"巴洛克式"的繁复研究中，为后来的知识分子打开了新的探索空间，甚至引发了关于学术研究规范的激烈讨论。对他而言，正式的哲学问题早已结束在尼采的时代，当前的紧迫工作应该是去翻动那些沉积下来的"材料之海"，在里面去抽丝剥茧出理性压制下的沉默之声（或许福柯的沉默之声也在其中）。这些档案以其庞大的体量象征着人类科学和规训工程的浩大与广博，它们是知识的汇集与增殖，而知识正是他既凭借又攻击的对象。在其著作中，很难有对被哲学同行称作基本问题的贡献，他几乎不会对经典著作进行任何诠释。可以说，福柯早已远离了正统形而上学思想的关注领域，而将目光投向了别处。倘若一种思想力图以对实体进行超越，并努力克服主体与客体的共谋游戏的话，很少有人像他那样能清醒地意识到，究竟该避免什么和克服什么。福柯认为：

> 不是一个而是许多沉默，它们是构成话语基础和渗透话语的战略的组成部分。③

对他而言，沉默是普遍的，其意指始终伴随在话语周围。然而，沉默作为某种无声的形态，很难被发现，且对其进行真正的分析和解读极为困难，因为话语与沉默本身是彼此纠缠的：

---

① Michel Foucault, (1979) "Virve autrement le temps", *Le Novel Observateur*, Nr. 755, 30.4. —6.5. S. 88, 此处引自：*Dits et Ecrits*, Bd. III., Paris 1944, S. 790.

② 彼得·斯洛特戴克：《哲学气质：从柏拉图到福柯》，谢永康、丁儒亢译，桂林：漓江出版社，2018年版，第123页。

③ Michel Foucault, (1978) "Politics and the Study of Discourse", *Ideology and Consciousness*, 3, pp. 7—26.

在话语中所表述的一切都已经在"之前的半沉默"中表达出来,而这种沉默继续顽固地进行着,但它是涵盖和沉默。①

事实上,"话语"并非仅仅是一种语言操作,还代表着知识体系的构建和发展,但它却受到社会机构的封锁,如社会机构通过教育达成对"话语"的某种控制目的。沉默是识字的基础。正如帕特·贝兰诺夫所言:"假如没有充满沉默的反思,识字根本不可能存在"②。此外,正如福柯传记作家詹姆斯·米勒(James Miller)所说:"沉默和缓慢时间交汇的空间包括博物馆和画廊。"③

对福柯来说,博物馆和图书馆自19世纪以来已经成为一种异托邦,或是一种另外的空间。其特点是有限性,即一切累积的思想构成了所有时代的场所。它们处于自身之中,又位于时间之外,且无法实施对时间的掠夺。博物馆、图书馆和画廊是与时间积累有关的异托邦形态。空间影响人的感知,阿兰·德·波顿(Alain de Button)简洁地表达了这一观点:"政治和伦理思想可以被写在窗框和门把手上。"④

沉默文学的一个特点是其丰富的多学科性。福柯认为,关于不同类型的沉默的研究包括视觉和空间沉默,以及沉默之间的关系,还有声音。最近的学术研究表明,沉默与其他交流方式(口头、书面、视觉和音乐)联系紧密,以这种观点来看,沉默是一种潜在的强大的沟通工具。关于沉默的研究与对时间的看法密切相关,以至于沉默和缓慢的时间是相互联系的。沉默可以使人在倾听和观看上更为敏感,在这个意义上,沉默不是缺席,而是强大的存在。正如安妮·鲁格尔斯·盖尔(Anne Ruggles Gere)也谈及:

沉默可被看作是言语的对立面,而不被看作是言语的一部分,它位于一个连续体之上,使人与他者进行对话。⑤

福柯指出,要表达某些含义,必须不表达其他某些含义。对于这一问题的研究,弗洛伊德无疑是第一人。他赋予了这个词语的缺失性以新的地位,并不无矛盾地称之为无意识。因为为了要说出来,所有的语言都把自己置于了一个不可说的状态。而应该追问的是,在语言中为何不提这种禁令?也很难去找到

---

① Michel Foucault,(1969) *L'archéologie du savoir*,Paris:Gallimard,p. 28.
② Pat Belanoff,(2001)"Silence:Reflection, Literacy, Learning, and Teaching", *College Composition and Communication*,52(3):416.
③ James Miller,(1993) *The Passion of Michel Foucault*,New York:Simon&Schuster,p. 122.
④ Alain De Button,(2004) *Status Anxiety*,London:Penguin,p. 93.
⑤ Anne R. Gere,(2001)"Revealing Silence:Rethinking Personal Writing", *College Composition and Communication*,p. 206.

某种现象去说明言语中不能说的和也许无法说的含义究竟是什么。一些禁忌词汇总是被语言筛查、淘汰，但这不能被认为是语言的不足。在此意义上，言说源于一种沉默，而沉默也被赋予形象。在此基础上，作品把对形象的追溯一直延续，且成为某种时空的缺失。福柯认为：

> 在西方的经验中，有一段历史，人们不能不注意到时间与空间的这种不可避免的联系。①

要思考一部文学作品，就不应对这种缺失刻意回避。实际上，探寻沉默的含义和尚未说出的话至关重要，因为在说出的意思之四周及背面，总是有着隐含的意义。通常情况下，对于一部文学作品之特殊性进行准确的描述看似是对其的尊重，然而，这种系统化地去表述内容是真的揭示文学作品了吗？描述文学作品只能停留在作品之内。要想走出作品，比如去找寻文学作品为了说出它想说的意思而不得不说出一些话来（文学作品定有不愿说之物），是否可从外部引入一种历史的解释？可以看到，这些问题涉及作品内部的分裂，属于作品之无意识的问题。如果存在无意识的形态，它便是历史。在文学作品的边缘之外，历史在产生效果，也侵蚀着作品的边缘。这些被萦绕作品并不是关键，只有文学作品所萦绕的东西才应被看到。这并非是用无意识来建构作品的内在性，而是在表达态度背后来理解不表达的因由。换言之，另一面的书写，才可能存在真的历史。

从福柯意义上讲，文学作品是"对其矛盾条件的表达"，因而必定独立地"反映"了它那破碎不堪的现实。由于文学作品产生于矛盾条件，它同时既是反映，也是反映的缺失。它自身所具有矛盾，也源于此。可见，历史的矛盾并不全在文学作品上有所反映。因为，文学作品的社会生活冲突也的确是这种反映方法所产生的必然结果。由此看来，艺术有一个无需补偿的而自足的含义，它产生于对艺术中的不完整反映的处理，以及某些反映的不可能性。事实上，文学批评试图达成去揭示其中所隐藏之物的功能。但是，在批评客体与它的"形象"之间并非是机械式的一一对应。应该说，文学语言表达并不是直接复制现实，而是在缺陷所导致的空间中，不断以重复的方法为其间接地赋形。

（三）以事件来敞现言说

"作为范围的世界，作为圆规的自我和作为圆心的上帝——这就是事件—

---

① Michel Foucault，(1966) *Les mots et les choses*：*Une* archéologie *des sciences humaines*，Paris：Gallimard，p. 31.

思想（Ereignis—Denken）的三重阻碍。"① 这段冷静的旁注，促使福柯从形而上学的古典主义、现象学运动和弗洛伊德－马克思主义的社会哲学中跳脱出来，开始寻找新的思想。在他看来，这一新的思想应该首先表现在对那些确定的区域和时间内的话语机制和权力制度所作的微观检验中。

在某些学者眼中，福柯被认定为走向了先验哲学的歧途，且在某些历史学家那里，他的艰辛探索被看成一种"历史—虚构"式的野蛮创作。这种看法既不尊重福柯的努力，也遮蔽了福柯作品的深意。这些领域的专家都很难以常规的标准将其纳入自己的学术领地之内，这种身份的模糊感恰恰反证了福柯对于真理积累工程的嗤之以鼻，他更着迷于成为一位写出惊世骇俗故事的作者。倘若福柯对本体论抱有一丝期待，那么他就是以自身的行动展示出了真实的存在者身上所具有的闪电般的本质。他所理解的存在意义落在了诸多事件的发生、视野的拓展以及暂时的秩序生成中。在他这里，那种对持存的幻想以及对本质的无时间的占有换来的只会是一次次沮丧和失望。于是，当尼采和海德格尔的德国追随者都还热衷于对沉思产生崇拜之情时，福柯已开始着手以事件哲学来开启一项"奠基式"的工程，并以一个颇具讽刺意味的词语——考古学来命名自己的任务。在当时，能真正理解这种考古学的原则及意图之人恐怕只有德勒兹了。德勒兹的工作重心与福柯的任务密切关联，且前者以"偶然事物的普遍历史"这一恰如其分的表达道出了这项任务的意图指向。

探寻历史的真理这项西方漫长岁月中的接力赛，一直到古典时期依然经久不衰。15世纪的新柏拉图主义的代表人物之一马尔西利奥·费奇诺（Marsilio Ficino）在《〈会饮篇〉评注》（*De amore*）的"导言"中把柏拉图称作"哲学之父"②，因为欧洲哲学的历史由柏拉图开始延续着对其的思考。此后，在巴门尼德（Parmenides of Elea）和赫拉克利特等人的努力下，雅典学园的薪火世代相传。继康德、马克思和费尔巴哈（Ludwig Andreas Feuerbach）之后，尼采曾以"我们能虔诚到何种程度"③来质疑柏拉图及其追随者所缔造的思想纪念丰碑，他提出需重新审视有关真理的历史：

> 据说人们已经领悟（我也早就认为），我们对科学的信仰始终还是基于一种形而上学的信仰。我们，当今的求知者、无神论者和反形而上学者，也是从那个古老的信仰，亦即从基督徒的和柏拉图的信仰所点燃的千

---

① Chris Jenks, (2003) *Transgression*, London: Routlege, pp. 87-88.
② Marsilio Ficino, (1984) *Über die Liebe oder Platons Gastmahl*, Hamburg, S. 11.
③ 尼采：《快乐的科学》，黄明嘉译，上海：华东师范大学出版社，2007年版，第324页。

万火堆中取自己的火的,认为上帝即真理,真理是神圣的……可是,倘若这信仰越来越不可信……①

对尼采而言,欧洲形而上学的历史是一部关于非真理和准真理(Halbwahrheit)的成功史,思想的竞赛中充斥着各种彼此对立的极端观点。人们通常把这个过程理解为真理的历史,或者把它看作是一种问题的历史。而在尼采看来,这分明是一段最为漫长的错误的历史。这一看法在20世纪得到了更为深刻和广泛的拓展。马丁·海德格尔(Martin Heidegger)认为,在西方形而上学史和技术史中可看到"存在之遗忘"(Seinsvergessenheit)的一个无可救药的实现命运的过程;西奥多·阿多诺(Theodor Wiesengrund Adorno)在其中看到的是一条强制的、极度偏执的同一性逻辑(Identitätslogik)之路;赫尔曼·施密茨(Hermann Schmitz)诊断出自哲学诞生之初就蕴含着一种由权力主导的理性的发展运作模式,且这类理性以抽象的二元论误解了肉体、情感和主体性问题;女权主义者将大多数哲学家批判为利用权力来掌舵的船长,即是男权社会的首席代言人;在奥托·兰克(Otto Rank)、彼得·斯洛特戴克(Peter Sloterdijk)那里,他们努力将古典哲学当作一种"出身之遗忘"(Geburtsvergessenheit)的批判的方法,这种做法体现在英雄主义的、技术的和唯心主义——自发的补偿中。这些理解将欧洲哲学带入了一种对破坏性的合理性形式的激烈批判中。可以说,主流的欧洲哲学观念论走在由柏拉图开掘的道路上,并逐渐发展为以一种定理和绝对命令为核心的复合体。从这个意义上说,柏拉图可被看作是教父学(Patristik)的创始人。他孕育了跨越时间和文化的理智典范,以雅典学园为原版复刻出一批批不计其数的学院,播奏和传递着其学说千年不断的弦歌。

福柯认为,由此衍生的柏拉图主义,将对真理的追求锚定在对理性主义的虔诚信仰上,即使想要借助非理性的力量也难以拔除——因为一切可言说之物都只是换个词汇来进行同义反复。那些艰辛的尝试包括:叔本华关于盲目世界意志的形而上学、尼采的视角主义和虚构主义、自然科学和社会科学中的唯物主义进化论,甚至还有混沌理论。从某种意义上说,柏拉图学说的某些面向显示出一种思想宗教的特征,即倡导以自身的研究与修身统一起来。在今天看来,这种做法类似于将思想升华为理念,从而完成其现代化的灵魂净化之旅。于是,高贵的认知主义和自觉生活的伦理学逐渐成为不断追求理性的"超我"

---

① 尼采:《快乐的科学》,黄明嘉译,上海:华东师范大学出版社,2007年版,第327页。

实践，以便在良好的共同体中顺利抵达纯善的境界。

　　这一柏拉图式的高尚诉求锻造了遥不可及的完美乌托邦，也给哲学绘制出朝觐的方向和尺度：与真理为邻，将自身理解为从自我认识的精神出发，持续地重建这一和平之塔。尼采曾把哲学家喻为文化医生，从这个意义来看，柏拉图是完全称职的。实现理想的手段曾被视为极端炽烈的疯狂而被众人搁置在旁，因为人们已能鉴别20世纪所出现的极权主义诱惑所带来的危害。尽管如此，柏拉图的发现仍是有效的，因为在个人智慧与公共秩序间存在着一种尚需解决的关联。在整个古代晚期，准确地说，自亚历山大大帝时代就已是如此：哲学回缩到一种深刻的去政治化状态中。此时的哲学仍是解决内心宁静问题的解药，只是这种内心宁静似乎成为确保外在和平的预先准备，如同矗立在喧嚣之上的平静灯塔。于是，哲学家可被定义为研究灵魂宁静的专家，以这一点来看，不论是柏拉图传统，还是斯多葛学派，或是之后的伊壁鸠鲁学派都是殊途同归。

　　在试图建立新的教育理念这一点上，苏格拉底与柏拉图站在一起，他们都反对修辞学教师和智者的约定主义（Konventionalismus），主张人的全面发展和淬炼。教化（Paideia）人才成为服务于城邦以及帝国世界（Imperiale Großwelt）的一项伟大工程，它不仅是西方古代哲学活动的基本要务，也是其哲学规划中的政治实践。因此，一个新的、危险的且承载着权力的世界形态（Weltform）成为哲学出现的条件。这一形态滋养出新的驯化方式来配合帝国的建立。于是，古典哲学不失为一种成人礼，即年轻男子（少数时候也适用于女子）在逻辑和伦理上所必须经历的。在此意义上，由一位具有前瞻性的大师所开创的，依托单纯的家庭和部族来塑造（Prägung）益于帝国的普遍人性这一行为得以可能。可见，哲学在最初担负通向大者直至最大者的重任，它以汇聚综合性的学派这一目的来获得普遍，并号称要在善的整体性思考中来将各种非同寻常之物囊括于麾下。这必将导致人们的生活进入理智的持续增长和道德的持续加码这一循环运动中去，只有借助不断扩展的灵魂，才能应对世界日益增长的复杂性和身居高位的神圣性。在教化与人性的诸价值中，只剩一些非政治性的标志性理想是缺乏考虑的。因此，哲学向人们发出进入最宏伟的建筑里去的邀请，这便是"存在"（Sein）之家。在这里，人们为求完成任务就得接受希腊传统所提出的"节制"建议，而拉丁传统给出的是"人性"（Humanitas）。倘若西方古代的哲学是Paideia，即引人进入一种成熟、充裕的人性之慎思，那么它就是以培育城邦和帝国之"具有伟大灵魂的"人的绝对中介。①

在福柯职业生涯早期，他主张批判性地质疑知识体系之间的"差距"："不连续、破裂、阈值、极限、级数和变换的概念"②。贝兰诺夫认为，这是理解沉默给教化带来的丰富潜力的关键。贝兰诺夫写道：

> 界限处（边缘）的独特性，正是我们处于向后和向前中间的那个点上。我们已经"转向"或"弯曲"（它的表象本体）远离我们的位置，但还没有到达我们要去的地方。③

就意识形态而言，其存在本身就具有各种矛盾纷争，而它的指向性在于对所有矛盾作无止境地抹除。所以只有面临实际窘境之时，政治意识形态才会破产。而只要政治意识形态对实际政治斗争产生了错误的判断，它就绝不可能产生一个自足的结果。表达思想与表现意识形态的作品间的存在，并不是抽象的典雅风格的天然产物。因为人类生存在其间的自发性意志（实际上，意识形态不是自发地产生）绝不是被书籍中的镜子所单纯地反映的，而是意识形态被打破、被破坏、被转移的。艺术，甚至文化也是如此，它将神话与幻想确定为看得见的客观性，并顺其自然地谴责不足为信的世界观。

福柯竭力揭开在意义统一性中那些特殊事物被掩盖的一切幻象，它们自豪地指明了一些构词。因此，思想的形成阶段逐步演变为对思想巅峰目标的追逐，这是那个由尼采、布朗肖和巴塔耶共同缔造的时代。这些作家、这些作品、这些反叛成为福柯时代同一感性的有力保障，这些时代感性对沉醉于界限、专注于分析等倾向保持了距离，并由此敞开了自身。这些作者试图通过向读者灌输疯狂、不寻常的惊人之物来扬弃形而上学，并以诗性的方式来缔造一种超现实主义的场景，这充当了福柯的思考路径上不可缺少的思想参照物。对他而言，观念论的本质科学向结构主义的转变将成为其思想转变的决定性一环，且在人类科学及其哲学的时代历史中为法国思想谋求到极为耀眼的优势地位。

这种后形而上学的思想挑战，在20世纪的西方激起了一系列独特的回应。

---

① Wener Jaeger, (1989) *Paideia—Die Formung des griechischen Menschen*, Berlin/New York: (zuerst 1933), p. 56.

② Michel Foucault, (1969) *L'archéologie du savoir*, Paris: Gallimard, p. 23.

③ Pat Belanoff, (2001) "Silence: Reflection, Literacy, Learning, and Teaching", *College Composition and Communication*, p. 421.

这些回应不仅引起了大众的共鸣，还对文学领域产生了学术层面的影响。其中首当其冲的包括相对主义的新实用主义、后马克思主义的交往行为理论、新现象学学派的身体哲学、解构主义的文本批判、社会学的系统论和新犬儒主义的日常美学。这些广泛且相互关联的理性实践模式，将映照出福柯文学思想的特异性，并使其过人的"顽固"和极端性得以显现。这将促使我们突破过去对他的刻板印象，去重新思考福柯意义上的"上帝之死"对"人"而言究竟意味着什么。因而，在福柯这里，为柏拉图书写注脚的使命戛然而止了，这使得新的文学艺术或许能走向另外的典范样式。他以炽烈的理智，将高度狂热的潜能带入文学研究的路径上，但这种潜能在某个时刻将难以避免地充当"一"之思想的战袍，并由此变得切实有效。这使其在尼采的意义上，用准柏拉图式的热情以类似的方式重复着反柏拉图的思想练习。

第二节　现代性语境中的福柯文学思想问题域

探寻福柯文学思想的缘起需要介入其身处的现代性语境中，这里不是简单去回溯他所处的社会历史环境，从而找到一种与其思想相匹配的滋养土壤，进而自圆其说地认为其思考与时代相契合，而是去寻获那些促成其思考之可能性的要素。简言之，要去尝试接近福柯所面对的文学情境。这些问题需要再次翻动，再次审视，再次思考。这里主要涉及福柯所质疑的两个方面：一是启蒙的问题；二是历史叙事的问题。基于福柯对前述问题的回应，理论家通常会将福柯的思想予以定位，即将其放在后现代理论家的位置上，或者直接把他看作是后现代思潮的鼻祖。关于福柯文学思想究竟属于后现代还是现代，理论家的结论背后有着各自的价值旨趣选择。实际上，很难准确地界定出福柯的位置，如果预先将其思想划入某一阵营反而会使得其思考的某些面向被长久地遮蔽。与其如此，倒不如将他看作是现代与后现代（倘若真的有这样泾渭分明的划分）问题的一个重要节点，福柯身处于这一点上，而重新拉开由此点所集结的激励争论或可促成接近其走过路径的某项必要条件。

一、现代理性主义危机及其问题指向

在现代西方思想界，德法之间的差异尤为明显，特别是在对思想者的选取上。通常而言，德国理论家对崇尚非理性的尼采和海德格尔都竭力回避。这就为思想领域推崇现代理性主义的法兰克福学派腾出了理论空间。在第二次世界

大战之后，由于法兰西是被占领国，且法兰西知识界也在正义运动中积极参与，其思想领域的气息较为宽松和自由。因此，法国哲学家们可以对尼采和海德格尔的哲学思路进行毫无顾忌地开掘，这也促使法国成为反思现代性问题的重镇。

有必要追溯福柯反思现代性思想的生成线索，这涉及理性主义哲学体系的不断塑造，也关乎着其文学思想的根本问题。从勒内·笛卡尔（René Descartes）的理性主义开始，现代哲学有了其赖以生存的重要锚定之点。笛卡尔致力于在牢固的形而上学基础上建立科学。他所采用的怀疑方法揭示出启蒙运动的态度及方向。在他看来，怀疑一切是哲学研究者应该秉持的立场，即通过构建一个假的命题来确定该命题是否可决断。因此，只有对产生权威知识的感官进行怀疑，才能保证知识的可靠性。在发现人们对那些天生的思想、神和非物质的灵魂的熟知超越感官对象之后，他把身、心看作是两种截然不同的物质，并提出了著名的身心二元论学说。在笛卡尔这里，"外部"世界是被感觉的已知的物质世界，它处于一个人的意识观念之外。这一处于启蒙运动内部的认识论问题颇具现代性特征——关联人经验知识中的客观性问题。倘若人对关于外在的物质现实的命题（关涉真相的证据）总是限于心理内容、限于心理活动之前，那么，人如何可能去确定外在的心理现实不是人们所表象的事物？在笛卡尔处，问题的答案取决于人对上帝有先在的了解。简言之，笛卡尔把一切人类知识（不仅仅是借助感官产生的对物质世界的知识）都划在上帝的形而上学范围之内。

笛卡尔不仅在上帝的形而上学中奠定了一切科学知识的基础，也让这一体系为自然科学的发展作出了贡献。在他看来，亚里士多德主义者长期的假设以及那些不加怀疑的知识，阻碍了新科学的发展。他提出的物质概念主要是用机械方法来解释物理现象，特别是他用代数方程式来解决几何问题，以简明的数学公式来精确解释物理领域的现象。于是，在理性主义者看来，以物理学为基础的形而上学完全可以为世俗知识体系提供一套严格而完整的模型。

此外，笛卡尔哲学还引发了17世纪后几十年的各种争议，这些争议提供了启蒙运动从中涌现出来的知识分子动荡的背景。在这些争议中，包括以下内容：心灵和身体真的是两种截然不同的物质吗？如果是，两者的本质是什么，以及它们在人类中是如何相互关联于（两者都可能"具有"）身心的？它们在统一的世界体系中吗？如果物质是惰性的（如笛卡尔所说），那么物质世界中的运动来源和因果关系的本质是什么？当然还有各种认识论问题，包括客观性问题、上帝在保护人们的知识中的作用、先天思想的教义等。

巴鲁赫·德·斯宾诺莎（Baruch de Spinoza）的理性主义形而上学，是他对笛卡尔体系中问题的回应，这一理论在其《伦理学》中得到发展，这也是启蒙思想的重要基础。与笛卡尔二元论相反，斯宾诺莎发展出一种本体论一元论。根据该理论，只有一种物质（上帝或自然）具有对应身心的两种属性。斯宾诺莎在严谨的哲学推理的基础上否认存在一个至高无上的存在，他对上帝与自然的认同极大地推动了贯穿于启蒙哲学之中的无神论和自然主义。斯宾诺莎的理性主义原则也使他主张严密的决定论，并否认最终原因或目的论在解释中的任何作用。

戈特弗里德·威廉·莱布尼茨（Gottfried Wihelm Leibniz）的理性主义形而上学也是启蒙运动的基础，特别是德国启蒙运动，其中最具代表性的是沃尔夫的莱布尼茨理性主义体系。莱布尼茨阐明了伟大的理性主义原则，即充分理由原则，并将其置于形而上学的顶端。该原则指出存在的一切都有其存在的充分理由。这个原理体现了启蒙运动的独特信念，即宇宙是完全理性、可理解的。这里产生了一个问题，即如何才能知道或扎根这一原理。沃尔夫试图从无矛盾的逻辑原理中得出它，在《第一哲学或本体论》中，他对这种所谓的推论的批评引起了一个普遍的问题，即形式逻辑的原理如何可能有助于扎实的现实知识。莱布尼茨通过散布各种主题的著作来发挥他的影响力，其中一些是其本人从未执行过的系统形而上学的详尽计划。而沃尔夫则以先验原理来证明科学的所有命题以发展他的理性主义知识体系，这对德国的启蒙运动产生了极大的影响。

克里斯蒂安·沃尔夫（Christian Wolff）的理性主义形而上学是启蒙运动的特征，这是因为启蒙运动是人类理性的自夸，而不是理性在确立其主张中的成功。对于17世纪伟大的理性主义哲学家来说，的确是这样。他们试图以理想的表达，即以先验优先原理论证得出的命题来组成科学论，从而构建完整的现实科学，这些哲学家对启蒙运动影响重大。但是他们却未能实现这一理想，这项任务非常艰巨。相反，用康德的话说，他们在18世纪留下的就是形而上学，它是"无休止的争论之战场"。但是不得不承认，这些关于上帝的本质、思想、事物、实质、原因等的争论本身，以及它们彼此之间的关系，为启蒙思想提供了巨大的动力。

尽管在启蒙运动中对人的理性充满信心和热情（有时被称为"理性时代"），但在科学实践和知识理论中，经验主义的兴起都是这一时期的特征。在启蒙运动中，对理性的热情主要不是为了将理性当作一个独立的知识资源（这一时期已陷入困境），而是为了人类的认知体系。理性时代与宗教信仰时代形成鲜明对比，而不是与感觉体验时代形成鲜明对比。尽管在 17 世纪的启蒙运动中，伟大的理性主义者笛卡尔、斯宾诺莎和莱布尼茨的形而上学系统对哲学产生了巨大影响，同时还有 18 世纪的启蒙运动中的理性主义倾向（也许最好的例子是基督教沃尔夫体系），然而，狄德罗和达朗贝尔的百科全书是献给三位经验主义者（弗朗西斯·培根、约翰·洛克和艾萨克·牛顿）的，这标志着经验主义在这一时期的兴起。

如果说启蒙运动的理性主义派系的创始人是笛卡尔，那么经验主义派系的创始人就是弗朗西斯·培根（Francis Bacon）。尽管培根的作品属于文艺复兴时期，但他所进行的科学革命启发并影响了后来的启蒙思想家。随着自然实验科学的成熟和发展，启蒙运动赞叹培根是"实验哲学之父"。培根的革命涉及将新科学构想为：①建立在经验观察和实验的基础上；②通过归纳法得出的；③最终针对并得到增强的实践能力的证实（因此，培根的座右铭是"知识就是力量"）。在培根革命的这些要素中，关于方法的观点特别值得强调。艾萨克·牛顿（Isaac Newton）的作品是 18 世纪自然科学成就的杰出典范，就像培根的作品一样，它也是基于归纳法的。鉴于 17 世纪的理性主义者倾向于将自然科学知识构想为一个系统，在该系统中推导了表达可观察到的自然现象的陈述，牛顿方法从已知的先验原理开始，从观察到的自然现象开始，并通过归纳法，即通过观察到的现象来从中得出数学定律或原理，将其多样性降低到统一。牛顿"自下而上"程序的明显成功与哲学家们关于第一理性原理的含义和有效性的看似无休止且毫无结果的冲突形成鲜明对比，这使得牛顿（或培根）在自然研究方面所使用的方法更易于接受和传播。

福柯认为，自然科学在 18 世纪逐渐脱离形而上学的趋势与方法论问题相关联。现代科学在 16 世纪和 17 世纪的兴起是通过将其与神学的前提、学说和方法论分离开来的。18 世纪的自然科学也将自己与形而上学分开。因为，牛顿证明了自然科学有能力独立于先验、明确和特定的第一原理而成功。所有据称是权威主张的启蒙性被怀疑其有效性都是晦涩的，这主要是针对宗教教义的，也延伸到关于形而上学的主张。虽然有许多重要的启蒙思想家是形而上学家，但是，约翰·洛克（John Locke）在 1690 年发表的《关于人类理解的论文》(*Essay Concerning Human Understanding*) 是《启蒙运动》的另一基本文本。其影响力的主要来源是它表现出的认识论上的严谨性，这至少是隐含的反形而上学。洛克在这项工作中致力于检验人类的理解，以确定人类知识的局限性。因此，他建立了启蒙认识论的突出模式。对福柯而言，洛克从某种意义上找到了所有思想的源头，这些思想构成了人类知识的基础，并有力地反对了理性主义者的先天思想学说。洛克的耸人听闻的思想主要是通过哲学家阿贝·德·孔狄亚克（Abbéde Condillac）被接受，并激进地推动其在法国启蒙运动中造成了巨大的声势。孔狄亚克在《感性论》（1754年）中试图解释所有人类知识是如何从感官体验中产生的。

受约翰·洛克影响的经验主义哲学家乔治·伯克利（George Berkeley）断言了唯心主义的形而上学问题：知觉的对象不过是思想之前的思想。苏格兰启蒙运动的杰出成员托马斯·里德（Thomas Reid）攻击观念方式，并认为对天真现实主义的辩护是对常识的辩护，是对哲学理论的辩护。

事实上，怀疑论之所以在启蒙哲学中占有非常重要的地位，是因为该时代对人们获取自然系统知识的能力抱有信心。启蒙运动对传统上具有充分根据的学说持质疑和批判的态度，启蒙思想家运用怀疑论来攻击形而上学和宗教的传统教条变得愈发合理。怀疑主义不仅是启蒙思想家手中的一种方法论工具，由此生发的怀疑心态更是启蒙精神的重要体现。启蒙运动的另一个创始人物比埃尔·培尔（Pierre Bayle）的影响就证明了这一点。培尔曾是法国的新教徒，与当时的许多欧洲哲学家一样，他被迫在政治自由和宽容的荷兰生活和工作，以避免审查和监禁。他的《历史批判辞典》（*Historical and Critical Dictionary*）是一本奇特而精彩的书，对时代产生了重大影响。这本书的形式令人生畏：一部传记字典，上面有很多关于文化历史上晦涩人物的学术文章。它通过对宗教、形而上学和科学教条的质疑来施加这种影响。培尔的折衷主义以及他在不事先确定结论的情况下遵循论点的倾向，使他的思想难以归类。在质疑一切教条时，他无所畏惧，自以为是。他的询问态度既类似于笛卡尔的沉思者态度，也类似于康德在启蒙意义上的人的态度，即自己思考，大胆获知的态度。这种认识论立场表现为对权威的不信任和对自身判断能力的依赖，体现出个人主义和自我决断的启蒙价值。

这种怀疑/批判的态度是这个时代产生巨大思想张力的基础。虽然通常认为启蒙运动是用理性的权威取代了传统和宗教教义的权威，但实际上，启蒙运动的特征在于它导致了任何信仰权威的危机。这也许最好地印证了大卫·休谟（David Hume）的怀疑论，如《人性论》（*A Treatise of Human Nature*）和《关于人类理解的询问》（*Enquiries Concerning Human Understanding*）中所讲述的那样。尽管休谟的怀疑主义可能暗示他在启蒙运动方面与众不同，但更令人信服的是，将休谟的怀疑主义看作是一场关于启蒙运动内部信仰权威的危机之源。他的"关于感官的怀疑论"是由认识论问题构成的，它与上述思想的方式紧密相连。休谟也在一个由培尔预计的论点中阐明了对理性的怀疑。他首先指出，尽管指示科学中的规则或原则是确定的或绝对正确的，但考虑到人的能力的错误性，在演绎推理中应用这些规则或原则得出的结论不能被认为是确定的或绝对正确的。因此，休谟写道，"所有的知识都退化为概率"（Treatise，I.iv.i）。在福柯看来，鉴于这种退化状态，对于任何判断、人们犯错误可能性的评估，以及相应结论确定性的降低，实则构成对原有判断作进一步评估的另一种判断。这种循环性评估将导致人们最初结论的确定性进一步降低，最终可能引发信仰的彻底崩塌。因此，必须质疑归纳推理和因果推理的合理性。

根据休谟的论证，在因果推理中，人们以过去的观察结果作为判断未来在类似情况下会发生什么的依据，因此，因果推理取决于以下假设：自然的未来过程将与过去相似。而且这个基本假设没有非循环的理由。休谟得出结论为，我们没有因果关系或归纳判断的合理理由。休谟关于因果推理的怀疑论据比他对这种原因的怀疑论证更为激进，他甚至质疑以自己的体验作为知识的基础，并隐晦地挑战了牛顿关于科学本身的本质，即启蒙运动的骄傲。这种最强有力的怀疑论隐晦地提出的问题是，任何认识论权威是否都可以经受严格的审查。启蒙运动首先是对有限的受限目标发动怀疑，但一旦怀疑的灵魔从瓶子里出来，就很难在任何权威机构中维持信念。因此，在《论著》一书的结论中所表达的绝望态度，是这种认识论探究的结果。对福柯来说，尽管这一结果与人们所联想到的启蒙运动的自信和乐观态度相冲突，但它实际上反映出在与信仰权威有关的独特启蒙运动中的一种基本可能性。

二、启蒙时代的人类科学与主体主义

对福柯而言，启蒙时代的知识建构充斥着矛盾和怀疑，在这些对人类理性和科学的信心背后总是无法从根本上回避主体主义的问题。这实际上涉及了福柯在后期所积极讨论的关于人自己的"技术"问题。返回到休谟，他在《论著》一书的结论处，发现自己在怀疑主义中挣扎，但他概述的工作计划不是提出怀疑的观点，而是建立思想科学。休谟是许多渴望成为"心灵牛顿"的启蒙思想家之一。他渴望建立管理人类思维活动的基本定律。亚历山大·蒲柏（Alexander Pope）在《论人》（*An Essay on Man*）中认为，对认识自己，不要去依赖上帝的审视，只有人才能对人类作出正确的判断。这种观点表达了由启蒙运动掀起了对人的关注，而对上帝和超验领域的传统兴趣被逐渐消解了。正如太阳取代地球成为哥白尼系统中宇宙的中心一样，在启蒙运动中，上帝的消解是由人类本身来取代的，这是人类意识的中心。由于启蒙运动表现出极大的科学热情，指导自我的思想自然会以该时期人类科学研究的兴起为形式。

由于在启蒙哲学和科学的背景下重新构想了宇宙，此时人类科学研究的热情中涵盖着人类在宇宙中地位的张力。牛顿借助简单的数学公式表达普遍运动定律的成功做法，属于早期启蒙运动的自然现象研究，极大地推动了把自然界看作是一个高度复杂的机器这一观念的形成。该机器的主要组成部分是物质，其运动特性完全由因果法则来解释。以朱里安·奥弗鲁·德·拉梅特里（Julien Offray de La Mettrie）的《机器的人》（*Man a Machine*）一书为例，其特别的标题似乎旨在缩小人类的自我观念，这是启蒙运动"人的科学"的特征。启蒙运动的许多作品都是如此，尤其是在更为激进的法国启蒙运动中，值得注意的是克洛德·阿德里安·爱尔维修（Claude Adrien Helvétius）的《关于精神》（*Of the Spirit*）和霍尔巴赫男爵（Baron d'Holbach）的《自然体系》（*System of Nature*），它们表达了启蒙运动的科学志向是对具有非凡人性主义的自我的肯定，同时描绘了一幅人性化的肖像，这极大地贬低了传统的人的自我形象，即人在自然界中占据特权地位的形象。

这一时期的认识论和方法论也反映出类似的张力。考虑到笛卡尔的著名的"我思，故我在"（cogito, ergo sum）在其知识体系中的认识论作用，人们可能会认为笛卡尔的认识论已经标志着从在认识论上剥夺了上帝的知识到特权与自我知识的知识的过渡。然而，在笛卡尔的认识论中，关于上帝的知识是所有人类知识的必要基础，这仍然是事实。休谟的论文显示了这样一种不再含糊不清的重新定位。如前所述，休谟指出他的工作包括思想或人的科学。休谟在引言中将人的科学描述为所有科学的有效基础，因为所有科学都以人的认知为前提，并由其能力来作出判断。换言之，既然所有的科学都是人类的知识，人类的科学知识就应是科学的基础。这种将人类科学置于所有科学的基础上的观点，既体现了启蒙运动中"人类对人类研究"的特权，又对其进行了解释。但是休谟在科学体系中对人性的方法论特权与他在关于人性的科学体系中所说的形成鲜明对比。在他看来，在人的科学中，理性作为一种知识能力受到怀疑的攻击和边缘化；理性也被归因于其他动物；信仰被证明是建立在习俗和习惯之上的；自由意志被否定。因此，即使人类知识取代了上帝知识作为知识体系的基石，科学的人性观也对人类在自然秩序中占据特权地位的自我概念提出了严峻的挑战。

以哥白尼为楷模，康德明确地发起一场认识论革命。作为启蒙认识论的特征，康德在《纯粹理性批判》（*Critique of Pure Reason*）中既要致力于确定知识的极限，又要为自然科学知识提供基础。他试图通过批判人类的知识能力来做到这一点。尽管他对理性知识作出严格的限制，但他仍试图捍卫理性作为一种知识能力在自然科学中所扮演的不可或缺的角色，以此来回应理性在这一时期所面临的怀疑挑战。康德认为，对自然的科学认识不仅是对自然中事实发生的认识，而且是对自然的因果规律的认识，根据这些规律，事实发生的事情必须发生。但是，对自然界中必然的因果关系的认识如何可能呢？休谟对因果概念的研究表明：人们不能通过经验来了解因果必然性；经验至多教会我们事实上发生了什么，而不是必须发生什么。此外，康德早先对理性主义原则的批判使他自己相信：逻辑的"一般"原则也不能证明（本质上）对真正必要联系的认识是正当的；不矛盾的形式原则充其量只能建立在从一个命题到另一个命题的推论上，但不是说一个特性或事件在自然过程中必须于另一个特性或事件继承。康德在《纯粹理性批判》中提出的广义认识论问题是：科学如何可能（包括自然科学、数学、形而上学），因为所有这些知识必须是（或包括）现实的、实质的（不仅是逻辑的或形式的）必要性的知识。用康德定义的术语来说，问题是：先验知识是如何综合的？

对康德而言，这一哥白尼革命式的认识论问题的重点是：对象必须符合人类知识，而不是知识符合对象。某些认知形式已经存在于人类的大脑中，其中最突出的便例子是实质和原因的纯概念，以及空间和时间的直觉形式。为了使人类的经验（作为对自然的经验知识）成为可能，给定的感性表象必须符合这些形式。我们之所以能够获得关于自然界的科学认识，是因为我们根据一定的认知形式先验地构成了自然界。例如，我们之所以能够将自然理解为因果有序的领域，是因为我们最初根据因果关系的范畴先验地综合了给定的多种感性，而因果关系来源于人类的思想。

康德通过把理性认识局限于自然而拯救了对自然的理性认识。根据康德的论证，我们只能对可能经验的领域有理性的认识，而不能对上帝和灵魂等超理性的对象有理性的认识。此外，康德的解决方案带来了一种唯心主义：考虑到心灵在构成经验对象中的作用，我们只知道对象是表象，只知道它们是根据我们的能力出现的，而不是它们本身。这是康德认识论的主观主义，即以人类中心论取代了理性主义传统中的以神为中心的知识观，体现了启蒙思想。

对福柯来说，如果人的自然概念是唯一的物质领域，受确定性的机械定律支配，并且如果人同时否认宇宙中超自然的地位，那么人自身该如何适应宇宙呢？一方面，一般来说，自然科学的成功是启蒙运动的骄傲，体现了人类独特的探索能力。在启蒙运动中，人类的骄傲和自我主张在人类使对自身的研究成为其中心关注的问题中表达了自己。另一方面，对启蒙运动中人性的研究通常会产生关于人自己的肖像,这与引发崇奉或发人深省相反。人类不是像上帝的形象那样被描述为在自然界中占据着特权地位,而是在启蒙运动中将人类典型地描述为一种完全自然的生物,没有自由意志、不朽的灵魂和非自然的才能智力或理性。

三、现代性与福柯论域中的批判问题

对于启蒙思想家而言,启蒙不是一个历史时期,而是一个社会、心理或精神发展的过程,它不受时间或地点的限制。康德在题为《对问题的答案:什么是启蒙?》的文章中重新定义了"启蒙"。在他看来,摆脱了自身的不成熟状态的人类处于历史的分叉口,不成熟更多地意味着因缺乏他人指引而迷失自身。在普遍的教义分歧下,他表达了启蒙思想家的信念,即通过自我思考,依靠和运用自己的智力来决定如何在行动的过程中识别启蒙。可以说,启蒙开启了有关现代性问题的思考。大多数的启蒙哲学家倾向于对人类的知识能力充满信心。在他们看来,启蒙既可获取系统的自然知识,又可作为实践生活中的权威指南。可以看到,其他的形式或权威是与自己的理性和经验的权威相互竞争。因此,启蒙思想趋向于与既定的宗教保持张力,即在这个时代从自我生出的不成熟中释放出来,敢于为自己思考,唤醒自己的智力,这种思想通常需要反对既定的宗教在指导思想和行动方面的作用。

显然,自然科学的推进被看作是这种进步的主要例证和动力,这是促进人类进步的时代。牛顿在《数学原理》中把时代成就描述为:对于各种物理现象的研究,特别是在天体运动以及副月球体的运动方面,运用一些相对简单、普遍适用的数学定律来予以解释。这些成果极大地刺激了18世纪的智力活动,并为许多启蒙思想家的研究提供了榜样和灵感。牛顿的体系极大地鼓励着以启蒙运动来探究自然界这一有条理的领域,在这里,一切都受制于严格的数学-动力学定律和人类自己的观念支配,只要能了解这些定律并通过行使人的独立能力,就能找到自然界的秘密。随着现代科学的兴起,自然的概念以及人类对自然的了解发生了巨大变化。它主要属于启蒙哲学的议程,通过为自然的新知识添砖加瓦,来构建出放置和解释这一新知识的形而上学的框架。

对福柯而言,启蒙现代性极为可疑,特别是在理性主导的情况下。他认为康德的《纯粹理性批判》一书是对理性的第一次质疑:

> 第一次,理性的思想不仅在它的本质、基础、力量和权利方面,而且在它的历史和地理,它的最近经历和当前实际,它的时间和地点诸方面,

都受到了质疑。①

福柯认为，整体的道德内容及其变化在文艺复兴之前均呈现出稳定同一的形态。然而，自18世纪以来，这种稳定性被打破，同一性被侵犯和摧毁。原因在于理性与非理性开始有了界线划分：

> 世界的道德危机由此开始，它挑起理性与非理性间难以调和的冲突，加倍强化了善恶之间的重大裂隙。②

在福柯这里，疯狂以及其他反常行为被与不道德、精神病等称谓联系在一起，并逐步演变为一种特殊的社会类型，以"人类事实"的常态被加以强化和固定。从这个意义上讲，他的研究是要对这些被放逐的边缘化问题进行重启，为非理性说话，并给予非理性表达自身的权利。现在，非理性被抛弃，且逐步沦为更为隐秘的体验性区域。这导致它"得不到应有的表达权利"③，使人类根本无法用透彻的语言来谈论它。福柯在1966年说：

> 最令我们这些"冷冰冰的"分类者快乐的作家，便是萨德和尼采，即那些实际上就是在谈论"人身上的邪恶"的人。难道他们不也是最富于情感的作家吗？④

可见，应对非理性经验进行追踪和考察，并由此使其从文学文本中找寻思考的楔子。在萨德的文本中，福柯发现了欲望的野蛮发泄，它代表着一种"神秘意识"的复苏，它是新意识方式的一个入口。他这样评价萨德的作品：

> 在他之后，暴力、生与死、欲与性，将在表象的下面延展出一块广袤的阴影，而这阴影，正是我们现在力图用我们的论述、我们的自由和我们的思想加以阐明的东西。⑤

福柯意识到，这一阴影是非理性，是酒神精神，它在长达几个世纪的时间中，被理性竭力抑制和遮蔽，被日神阿波罗的光芒所掩盖。于是，萨德开启了一个新的时代，同时他也为福柯找到了审视现代文学问题的参照点，因为萨德就站在现代文学的门槛处。他的身上存在着双重性：哀叹理性时代以及开启它之后的时代。福柯想要强调的这一点正是由萨德的作品开启的，只要是现代性

---

① 詹姆斯·米勒：《福柯的生死爱欲》，高毅译，上海：上海人民出版社，2018年版，第86页。
② 詹姆斯·米勒：《福柯的生死爱欲》，高毅译，上海：上海人民出版社，2018年版，第89页。
③ 詹姆斯·米勒：《福柯的生死爱欲》，高毅译，上海：上海人民出版社，2018年版，第182页。
④ 詹姆斯·米勒：《福柯的生死爱欲》，高毅译，上海：上海人民出版社，2018年版，第246页。
⑤ 詹姆斯·米勒：《福柯的生死爱欲》，高毅译，上海：上海人民出版社，2018年版，第250页。

的代表作品都具有了"非理性的因素"①。在他看来,通过阅读这些作品:

> 人可以同他内心最深处、最孤独的东西进行交流,发现最内在的,同时又是最自由奔放的力量。②

对福柯而言,现代的大门由萨德打开,在他身上有一种前所未有的怀旧情绪。对现代文化的抗议在萨德激动心神的书写中回荡,这是对"凶暴、独裁甚至血腥权力"的怀旧表达。福柯认为,这些作品体现了"归根到底是一种'回顾'"③。在萨德处,世界上最自由奔放的力量源自性——不受约束、随心所欲。福柯谈道:

> 现在浮士德式的契约(它的诱惑已透过性能力的部署渗入了我们的肌体)表现为如下形式:用整个生命去换取性爱本身,换取真实和性爱的统治权。性爱是值得为它去死的。正是在这个(具有严格历史性的)意义上,性爱的确感染上了死亡本能。④

在西方文化中,水被看作是非理性的象征(相比较而言,土更多地与理性相关联)。福柯的传记作家米勒谈道:

> 穿过大海,这个非理性的象征,就是以一些新的方式在体验的混乱状态中航行,就是冒险向捉摸不定的目的地进行一次前途叵测的旅行,就是探讨由萨德首次探测过的那片广袤无垠的阴影。⑤

从这个意义上看,福柯对性的谈论,无疑是以学术行动来回应萨德写作的艰辛。他认为,狂乱的萨德式写作背后,暗藏着去人的基本冲动力量。这些力量可能导致(最为极端化)的行为,是现代文明所拒绝和禁止的,因为它们极易成为社会治理的障碍。他在1954年继续谈非理性被削弱之后的情况:

> 就连现代文化中最文明的人们都能够而且必须把人变成一种消极体验,让他们在仇恨和侵犯的形式中存活。⑥

---

① 詹姆斯·米勒:《福柯的生死爱欲》,高毅译,上海:上海人民出版社,2018年版,第250页。
② 詹姆斯·米勒:《福柯的生死爱欲》,高毅译,上海:上海人民出版社,2018年版,第182—183页。
③ 詹姆斯·米勒:《福柯的生死爱欲》,高毅译,上海:上海人民出版社,2018年版,第407页。
④ 米歇尔·福柯:《性经验史》,佘碧平译,上海:上海人民出版社,2000年版,第113页。
⑤ 詹姆斯·米勒:《福柯的生死爱欲》,高毅译,上海:上海人民出版社,2018年版,第253页。
⑥ 詹姆斯·米勒:《福柯的生死爱欲》,高毅译,上海:上海人民出版社,2018年版,第136—137页。

在福柯看来，非理性被排斥和挤压，恰恰使尼采、萨德等敏锐之人产生了相似的直觉感受。他们身上的快乐和痛苦相互混杂、渗透，特别是承认在这种狄奥尼索斯的癫狂体验中，勇敢之人应该去认真感受痛苦与快乐、恨与爱的交织的伴随，而不是否认、消灭它。诚如德勒兹所言，这才是智慧的开端：

> 我们事实上已知道权力意志就是受苦受难，但权力意志还是未知喜悦，未知的幸福，未知的上帝。①

在尼采和萨德之后，巴塔耶和布朗肖两位文学家对福柯影响极大。事实上，他们同样在看待人性时将注意力放在非理性方面。巴塔耶像尼采一样，终其一生都着迷于那些兴奋、幻想、癫狂、沉醉和销魂的狄奥尼索斯时刻：

> 从恶魔存有的根源处激动我们，使我们有足够的力量去放任自然本性的纵欲时刻，一直高唱着赞歌。②

对于巴塔耶，福柯是这样来定位其书写特质的，即他的越界是一种含有欲望之极限的行为。这种欲望的试探，它所挑战的对象是将传统的常规法律加在性上的道德约束。这也是曾让萨德生动地幻想过的"非自然化的"情欲的激活状态。福柯认为，只有在欲望越界的过程中才能让人加强对自己的体验，在自己痛苦的冲动中被抑制的同时，却又在一场残酷的情欲剧中自我驰骋。人也只有在这种状况下，才会第一次发现了自己。

福柯认为，行为本身及其形式都能够使人情感的样态得以转换，如苦痛与喜悦、痛苦与销魂，又或者是死的愿望与爱的情感等。人们从这里可以感受到"一种神秘的狂喜"③。可以说，巴塔耶对越界体验的书写给福柯带来了关于人本身及其感受限度的思考。另外，巴塔耶还进一步表达出对一切资产阶级日常生活方式或工作方法的否定，并强调去理解"异质成分"，如那些行为不尽于人的艺术者、非正统的知识分子，还有在社会规范之外自由游荡的边缘群体，如流浪汉、无产者、疯人、反抗者、革命者等。其作品有较强的鼓动作用，要求用全力去抵抗"同质社会"，而想要解放人本身就必须瓦解目前被加诸身上的种种规条。他力图冲破现代性的牢笼：

---

① 詹姆斯·米勒：《福柯的生死爱欲》，高毅译，上海：上海人民出版社，2018年版，第140页。
② 詹姆斯·米勒：《福柯的生死爱欲》，高毅译，上海：上海人民出版社，2018年版，第135页。
③ 詹姆斯·米勒：《福柯的生死爱欲》，高毅译，上海：上海人民出版社，2018年版，第137—139页。

冲破在世界历史范围凯歌高奏的西方理性主义的封闭宇宙。①

福柯也颇为推崇布朗肖。作为推动法国新小说运动的理论家,布朗肖认为:

> 现在世人崇尚的是目的、分寸、严肃、秩序,是科学、技术、国家,是价值的意义和可靠性,是真与善的理想。艺术则"适得其反":无目的、无分寸、轻浮、无知、邪恶、荒谬,这广大的领域都属于艺术。②

在布朗肖这里,真正感人的文学作品并不在于形式本身,而是更多出自谵妄、幻想和激情。③ 正如福柯所言,"在萨德与戈雅之后",现代的世界与艺术作品都由非理性因素来决定。④ 正是福柯对非理性的极度重视,使其思想总是保有持续的创造力,且这种创造力脱胎于非理性狂想的氛围中,有别于严苛、拘谨的理性的约束。在阿波罗的理性光辉映照下,非理性遭遇了压抑,逐渐失去该有的说话权利,进而成为角落的沉默。所以,福柯竭力倡导,要消除强加于社会文化中的各种束缚,尤其是在"存在与非存在的两难处境"⑤。在当时,《等待戈多》的上演在巴黎知识界掀起了广泛的讨论,人们纷纷以海德格尔的存在主义哲学来解释它。福柯看到"最重要的、正等待破解的神秘事物,吸引巴黎的观众"⑥。他认为,这出寓言戏剧将现代人的迷茫和焦虑表现得淋漓尽致。特别是其中那些令人着迷的暗示再度展现了过去隐藏的深奥。这表明了在贝克特的戏剧中,同样有一种对非理性思想的推崇与追求。

四、现代性与福柯思想中的文学意涵

人类历史中充斥着"野蛮和政治暴行"⑦的流行病,没有任何时代可以幸免。对福柯而言,有着"现代"这一称谓的时代并不指向某种进步或者发展。围绕"现代"概念而来的语义的指向,其中最为重要便是在其之后形成的"现

---

① 米歇尔·福柯:《疯癫与文明》,刘北成、杨远婴,译,上海:上海三联书店,2009年版,第45—46页。
② 莫里斯·布朗肖:《艺术的前途及问题》,见周宪等编《当代西方艺术文化学》,北京:北京大学出版社,1988年版,第355页。
③ 米歇尔·福柯:《疯癫与文明》,刘北成、杨远婴译,上海:上海三联书店,2009年版,第43—44页。
④ 詹姆斯·米勒:《福柯的生死爱欲》,高毅译,上海:上海人民出版社,2018年版,第127页。
⑤ 詹姆斯·米勒:《福柯的生死爱欲》,高毅译,上海:上海人民出版社,2018年版,第379页。
⑥ 詹姆斯·米勒:《福柯的生死爱欲》,高毅译,上海:上海人民出版社,2018年版,第93页。
⑦ 乔治·斯坦纳:《语言与沉默——论语言、文学与非人道》,李小均译,上海:上海人民出版社,2013年版,第2页。

代性"一词。广义地说,现代性意味着一种"变得现代"的过程,也即去匹配当下所确立的新奇和潮流。在法国,其历史字典中的"当代性"(modernité)在19世纪前半期才被广泛采用。法国新古典主义传统文化中更多是强调法语语言的纯正性和规范化,这也可能是造成这一新词被延后使用的重要因素之一。但是,由于《法兰西学院词典》并未包含"现代性"的概念,在其中只能找到"现代化"(moderniser)和"现代主义"(modernisme),而后一词使用范围较广,除了用在宗教文化意义上,还被用在更广泛的艺术意义上。①

在《达朗贝尔词典》中,夏多布里昂(Chateaubriand)的《墓畔回忆录》(*Memoirs from Beyond the Grare*)也表明了现代性的意义。对于福柯来说,他描述的是在暴风雨气候里的浪漫派式的山景(加上诗意的急流和远方响起的羊角号)。在给出了一座乏味海上建筑的"粗俗与现代化"以后,夏多布里昂描绘出"哥特式大门"所蕴含的壮与美。十多年后,夏尔·皮埃尔·波德莱尔也给出了一个广义、精微的(艺术)现代化定义,这种定义以某种启发性的方法将"现代日常生活"与"现代艺术"的观念微妙地联系了起来。波德莱尔的大致评述为:现代化不仅是在其现时性、短暂特殊性和瞬息存在性中被掌握的现时,或《现代日常生活的美术家》的作者带着些许悖论所称的"现时记忆"(la mémoire du présent)。

在艺术上,它既是美的一个更普遍的特征,也能泛化到从邪恶或者恐怖事件中能看到的美。换言之,现代性开启了与过去迥异的感知审美方式。凭借感觉的敏锐性和对事物纯粹的好奇,人们将发现艺术的另外面相:在现实生活中提取"变化无常"的东西。对福柯而言,波德莱尔是现代文学的第一人。他以波德莱尔对现代性的解读为例说:"现代性并非是对稍纵即逝的感性事实,而是使现在时刻进行'英雄化'的意志。"② 波德莱尔认为现代艺术家像英雄一样去投身于一场冒险,去开启想象的空间。波德莱尔以贡斯当丹·居伊为例:

> 他所寻求的这种"别的东西"我们也许可以称为"现代性"……他的任务就是独立于当代的时尚,而不管它在历史上包含了什么属于诗歌的东西;是从转瞬即逝中提取永恒……现代性是转瞬即逝、捉摸不定和随机偶发的;它的艺术的一半,艺术的另一半是永恒和不可改变的……总之,为

---

① 马泰·卡林内斯库:《现代性的五副面孔——现代主义、先锋派、颓废、媚俗主义、后现代主义》,顾爱彬、李瑞华译,北京:商务印书馆,2002年版,第931页。

② Michel Foucault, (2008) "Qu'est-ce que les lumières?", dans Dits et écrits 1954—1980 II, Paris: Gallimard, p. 1388.

了使任何现代性都值得最终变成古老性，人类生活无意识地给予它的那种神秘的美就必须从中蒸馏出来。①

波德莱尔对法兰西文学当代性的定义与他作为现代性第一人的位置不谋而合，尤其是在主要的文学研究理论家面前。在《波德莱尔的处境》一文中，保罗·瓦莱里（Paul Valéry）提出，那些或许比波德莱尔更崇高的现代诗人（浪漫主义派的拉马丁、缪塞、雨果）只在法国被广泛阅读：

> 波德莱尔之后，法国诗歌使自己被全世界阅读；它把自己作为现代性的诗歌而强加于人。②

当代批评上的权威之见通常将波德莱尔看成是现代诗人的形象，特别在福柯对波德莱尔的诠释中，居于核心地位就是这个形象。他还发现，波德莱尔将现代诗歌中的创新聚焦在"形式"上，且诉诸词和物间的断裂。在这种破碎的缝隙中，波德莱尔的诗作最为激动人心，因为它是以"危机"的形式建立起的经验。这种经验被普鲁斯特称作是某种"气息"。这些非自主的回忆，就成就了诗的功能：它在于暗示，并激发精神的痴迷状态。对福柯而言，词可能不能真正激发什么现实：

> 波德莱尔肯定有某种指向外部自然的超意向性，不是把自然当作自在和自为的存在，而是作为类比的存储和激发想象的刺激之物。③

这个说法与瓦尔特·本雅明（Walter Benjamin）现代性概念中的某些元素很相似，波德莱尔的元素指向现代世界无时无刻的"变幻无常"。本雅明的现代化定义的某些重要元素，在波德莱尔的诗作中得到了典型的文化例证（比如"寓言""碎片化""浪荡子"的异化、"物化"、沦为产品的事物等）。事实上，波德莱尔身上融合着现代与恶魔的形象，他对此进行了补充说明：

> 当人们从诗人的天主教观点来看待现代性时，恶魔的概念就极为清晰地浮现了出来。④

---

① Charles Baudelaire, (1983) *Intimate Journals*, Christopher Isherwood, trans., San Francisco: City Lights Books, pp. 1163-1164.
② 保罗·瓦莱里：《文艺杂谈》，段映红译，北京：生活·读书·新知三联书店，2017年版，第182-183页。
③ Marchel Raymond, (1950) *From Baudelaire to Surrealism*, New York: Wiltern born Schultz lnc., p. 15.
④ 瓦尔特·本雅明：《巴黎，19世纪的首都》，刘北成译，北京：商务印书馆，2013年版，第223页。

福柯意识到波德莱尔的异端式宗教言说将导致他的美在邪恶中产生悖谬之感。此外，在波德莱尔之后，现代性观念已展示出包容了所有对现时世界及其历史意义的哲学理解的力量。不论是文化精神的、文艺的、道德的、科学的，也不论是正面的（现代性之好、之善）、负面的（现代性之坏、之恶），这种包含都将其一并收入囊中。

必须对现代性的各类含义和它的理性起源进行解释。因为现代性在许多时候都是从语词中发展出来，并逐步被概念化的（特别是启蒙的一些先进文化的思想）。这就表明了它比过去的历史阶段更加"先进"。但人类为这些所谓的进步性付出的代价值得重新考量——因而各种"反现代"或者"与现代对抗"的观点也随之而来了。从启蒙主义出发，现代性与先进性这两个概念间的联姻在双重含义上更加牢靠了。这两种概念内部均产生出乐观和悲观的倾向，这主要表现在：一是在革命乐观主义主导的发展进程观上；二是在革命悲观主义主导的发展进程观上。尤其是在历史哲学的新悲观主义中，左右两方面都在不断扩大和拓展自己的认识空间：左的主要方面是尼采和斯宾格勒（Oswald Arnold Gottfried Spengler）；右的主要方面则是指阿多诺和霍克海默（Max Horkheimer）在《启蒙辩证法》（*The Dialectic of Enlightenment*）中对现代化思潮的全面批评与总体否决。正是这些分歧所造成的人们对史学态度的无定与游移，导致了在一百多年来产生了难以理解的政治含混与悖论。

启蒙的前进信念更偏好于向社会政治标尺的中的右翼/保守派/传统自由主义方面倾斜。而罗伯特·尼斯比特（Robert Nisbet）的《进步概念的社会历史》（*History of the Idea of Progress*）以更坚定的方式站到了保守主义的阵线上。针对这些境况，左派学者对现代性学说进一步扩充和革新。如哈贝马斯在《现代化的哲学话语》（*The Philosophical Discourse of Modernity*）中，将现代性的理性胜利归于纯粹"意识形态权力意志"的所有政治哲学力量。哈贝马斯主义从人类交往行为论的哲学观开始专注于为这些思想激进的评论家（从尼采到福柯，从阿多诺/霍克海默到德里达）的严厉批评找到调和方案。他试图为受诋毁的理性概念正名，从而打造现代性的规范路径，并以此来促进恢复对话和达成共识。

两种严重对立的审美观的现代性表现在：一方面，整个社会范围的审美观进程是随现代化的发展开启的，属于工业革命和技术改革，以及资本主义对西方社会文化的全面胜利；另一方面，在实质意义上属于政治论战性质的审美现代性发展，它的起源可回溯至法国人波德莱尔这里。实际上，这两个观点的现代性都存在于探讨人类经济社会发展与历史问题的所有学科中，且都包含了对现代化的分裂观点——一面是理性主义的；另一面若不是公然的非理性主义，则至少是强烈地攻击并批判理性。前者充满了信心并怀揣着积极自信的态度；而后者则是强烈的质疑，并致力对自信与乐观主义实行去神秘化。

福柯对此问题有过反思，他曾提出，可不可能拥有一种对现在的批判，却不导致对过去的自动赞成？就这一问题，他并未给出具体的答案。客观地说，现代性运动在释放批判精神的同时，也产生了对他们的文化/政治思想信条和不可控结果的各种批评性声音。关于现代性问题的这些评论中常常充满了激进，并针对它所提出的史无前例的大灾难而进行了激进（往往想要一劳永逸，却最终导致某种极权式）的解决。以自相冲突的方式，现代性文化从乐观进步的途径上产生了其对立面物，而这个对立面物则是为排遣不满情绪对人类历史文化作反动的（通常是极其保守的）推进。甚至可以说，它是由一种对现代化发展的悲观主义或虚无主义的批评来实现的。

第三节　福柯文学思想的逻辑起点——去主体性

从理论层面看，主体问题是福柯文学思想的逻辑起点和理论的核心。他对主体的思考主要集中在现代作者的话语功能方面，这涉及作者及其意图的问题讨论。这一问题历来都极为重要，一般是以"意图"的名义来说明作者与文本的关系，这里面包含有作者对文本意义的责任。实际上它涉及两种观念的互动与竞争——传统与现代的作者观。

一、主体消解下的现代话语理论

西方文化的传统理论家曾给尼采、福柯、德里达等人贴上"反人文主义"的标签，直指他们瓦解了哲学的根基——主体。他们认为激进的观点只会让自由和责任无所依凭，这毫不留情地冲击着现代文明社会的基本架构。[①] 作为解构主义者的德里达曾为尼采辩护，认为他并非是一位虚无主义者，其继承者——后结构主义者从未终结主体这一概念，而是把它放到更为复杂的历史语境中去考察，探讨其生成机制的独特性。尼采曾自问：

> 单一主体的预设或许是不必要的？或许同样可设想一种多元的主体，

---

① Luc Ferry, Alain Renaut, (1990) *French Philosophy of the Sixties: An Essay on Antihumanism*, Mary S. Cattni, trans., Amherst: Amherst U of Massachustts Press, p. xvi.

它各部分的相互作用和相互斗争构成了我们的思想和意识整体的基础？就像某种多个"细胞"的贵族统治？当然，执政的贵族地位平等，联合执政，一起理解发号施令的艺术。我的假设，主体是多元的。①

在此处，尼采主要质疑的对象是以自身邻近与自己所拥有为特征的同一主体。随着20世纪西方思想的"语言转向"，以往聚焦在作者身上的文论研究开始式微，取而代之的是以语言为核心的文本结构分析。这种"去个人化""去主体化"的倾向，直到罗兰·巴特和福柯这里才最终完成了对作者中心论的彻底颠覆。作者的概念并非古已有之，它是自近代以来逐渐从模糊到清晰的过程。在西方古典文论的作者观里，几乎不能摆脱与神灵联系的宿命。源自古希腊"poisis"一词的"poetry"，指向的是由神性支配的造物，而诗人只有在神灵附体之时才能创作出伟大的作品。在古希腊早期的诗人那里，对"理性—知识"的审美追求逐步转化为古典主义中"崇尚理性"的部分，作者成为传达意义的载体，以准确反映外在世界为职责，从而遮蔽了个人内在情感的感性诉求。

随着启蒙时代的到来，康德以其激进的主体观挑战了古典主义的文学成规，"崇尚自我"的主体精神彰显了其独特的价值魅力，直到赞颂个性和天才论的浪漫主义时期，作者成为文学创作的焦点，并占据了文学世界的最高领地，由此作者中心论得以确立。实际上，以作者作为绝对的权威，其根源在于这种文艺观确信人的理性能认识和支配艺术世界，即在"逻各斯主义"的统摄下，一切都能被认识且被语言清晰地予以表达。

从福柯对作者问题的解答中可以窥见他在某种意义上已经脱离了传统的作者观寄予在作者身上的某种神性关联。在完成《知识考古学》之际，他向法兰西学院提交了他的论文，并很快进入该学院。这篇名为《什么是作者？》的文章，随后在《话语的秩序》中重新出版了。书中清楚地呈现了他是如何通过摒弃越界或文学传统理论来摆脱自己的考古学的束缚。《什么是作者？》一开始就间接地与那些认为语言创造了"在写作主体之无休止消失处创造开放的空间"的理论拉开了距离。② 福柯认为，这样的概念是"合乎道德的"，因为它不能实现它的目的，并要求能实践而不是分析。"作者之死"也是写作与死亡关系

---

① Friedrich Nietzsche,（1968）*The Will to Power*，Walter Kaufmann, Hollingdale R J, trans., New York: Vintage Books, p. 270.

② Michel Foucault,（1980）*Language, Counter - Memory, Practice: Selected Essays and Interviews*, New York: Cornell University Press, p. 116.

在历史上的一个时刻：文学一旦有了史诗般英雄气概，它就获得了个体的不朽，但在现代世界中，它分散了作者——它甚至成为自杀的一种形式。这最后一个命题涉及鲁塞尔的书，福柯意识到鲁塞尔写书的目的是使自己解体，或者说是去个体化。因为，现代的作者也试图接受其他的声音。正如他在别处所说的：

> 文学的任务是最难说的，最坏的，最秘密的，最不能容忍的，最无耻的。①

福柯坚持认为，最近关于"écriture"（并且显然地，他考虑德里达的观点）的概念，并未真正理解这一点。"écriture"的概念承诺会帮助我们把握语言本身的可能性（或可操作性）条件，而不是具体的文本。不过他也认为，早期的马克思主义理论家们总是偏向于把"作者的经验特征转化为先验的匿名性"②。更有甚者，就解构主义（福柯不会使用这个词）而言，语言和文字背后还隐藏着的一种法则，机械的"晦涩的内容"和"宣布生存之审美原则"的工作，成为"作者超越自己死亡"之后的一种神秘补充。解构主义通过消除作者的存在，否定了文学代表世界或表达主观性的主张，从而确保了文学的不朽。

福柯的论点对于德里达来说，是不公平的。德里达可以反驳说，他既不认为语言有其特有的先验条件，也不认为语言已经以"énoncés"的形式被给出。对德里达而言，语言恰恰是超越的事业失败的地方，这并不是说这项事业可能会完全消失，语言的影响和先入为主也不能用考古学的术语，或者通过对权力关系的描述来分析。语言，就其本身而言，它本身的基础——一个指向奇怪的折叠或双重性的概念，它限制了对话语实践的前提条件的任何描述。德里达也可以反对，尽管我们通常有死亡的感觉，对他而言，它并不完全停留在生命的另一边。它不仅仅是一个终结。德里达对确保不朽不感兴趣，而是致力于打破凡人与不朽之间的对立——一种最关键的对立。在德里达看来，有许多种死亡，如身体、记忆、名望造成的，缺席本身就带有死亡的痕迹。如果不是这样，就不会有写作，因为写作被认为是对缺席的一种重大替代，而不是试图将缺席纳入其中。对德里达而言，写作是一种行为，虽然不一定是有意的，或善

---

① Meaghan Morris, Paul Patton, "The Lives of Infamous Men", in *Michel Foucault: Power, Truth, Strategy*, Paul Foss, Meaghan Morris, trans., Sydney: Feral Publications, p. 91.

② Meaghan Morris, Paul Patton, "The Lives of Infamous Men", in *Michel Foucault: Power, Truth, Strategy*, Paul Foss, Meaghan Morris, trans., Sydney: Feral Publications, p. 120.

意的，但它是死亡的微弱庇护。这种死亡的结合是写作生存能力的正面体现，但这也意味着写作总是已经有空虚，有心不在焉的成分了。

当然，这种描述使德里达与福柯对鲁塞尔的描述显得颇为接近。总体上看，福柯面对德里达的攻击似乎包含了一个隐藏的议程和一些尴尬，因为他拒绝了将"写作理论化"，在福柯职业生涯的这一阶段，这种观点对他的思想而言是非此不可的。因为这一理论将扼杀了作为一部"作品"的意义表达之奠基人的作者，只有当作者在这一意义上死了，写作才能被固化为话语，从而成为分析体制和权力的有效工具。奇怪的是，《话语的秩序》的第一段以"非话语的语言"作为欲望对象：

> 我本想偷偷地谈论我今天要讲的话题，以及今后几年可能在这里讲的话题。与其开始演讲，我更希望自己被演讲所包围，并被所有可能的开端远远超越。在我说话的时候，我很想知道在我之前的久远之处，有一个无名的声音早已开始了。那时候，我有足够的理由去理解它的措辞，藏在它的空隙里而不被任何人发现——仿佛它使我产生了一种暗示，使我有了片刻的悬疑。那就不会有一个开始：我不会是话语的来源，而是任由它展开，一个微小的空白，它可能消失的小点。①

这是一种微妙而深刻的讽刺，颇具争议的福柯在就职演讲中表示，就职于法国学术体系中最负盛名的机构中，他希望在演讲厅里"偷偷地演讲"，这几乎是不可能的。而这正是重点。这种不可能的欲望与《什么是作者？》中对德里达的隐含攻击有着相同的目的：两者都导致了去接受语言天生所具有不可挽回的社会性和制度性。当然，这里仍存在着某种模棱两可性。

福柯看到作为话语规则形式的语言，似乎对由物质性、偶然性和可逆性主导的写作实施了暴力，甚至是压制。正如福柯在《什么是作者？》中所说，这减少了"威胁我们世界的小说的巨大危险"②。倘若如此，什么是生产力、话语形式构成的肯定力量呢？对福柯而言，他坚持话语是按照有序模式产生的，因为"énoncés"（言说）是离散的、稀少的，只有当它们打开到一个已经有模式的、可见的（或者说可感知的）外部或非话语世界时，它们才会被引入存在。在《话语的秩序》中，通过将话语分析的任务一分为二，福柯解决了两种观点之间的矛盾：一种观点认为制度上认可的知识削弱了写作的力量，另一种

---

① Michel Foucault，(1971) *L'ordre du discours*，Paris: Gallimard, p. 7.
② Michel Foucault，(1980) *Language, Counter-Memory, Practice: Selected Essays and Interviews*，New York: Cornell University Press, pp. 126—128.

观点认为这种知识的规则约束是一种生产力。一方面，话语分析是"批判性的"，考察话语的排除、限制或恰当的方式；另一方面，它是"系谱的"，检查话语产生的变化规律。

20世纪70年代，批判性的一面不断消失，就好像权力话语和社会机构没有在"排斥"或"约束"等词恰当描述的模式下工作，或者没有"真实"可以忽略，或由社会或话语实践所包含。比如，似乎没有"真实的性"，它被忽视或表现为失败，或者"性"的谈论和行为以拒绝的方式被对待。换言之，在福柯关于权力的作品中，话语持续具有控制、殖民或约束他者的作用——只要这里没有差异性。这不同于说没有其他方式来恢复或表现他者的差异。假设没有现实存在，我们可以测试意义的社会建构或个体生活的社会秩序，福柯不承认在本体论层面上使用"压抑假说"这一（虚假的）名字能使大家相信社会已经压抑了性。然而，在80年代早期，批判依然是作为福柯式的纲领而出现的，因为他再次受到国家权力的威胁，即被要求使用所有知识的价值，而没有被提供一个依据边缘性需求来表达的框架。

因此，福柯在20世纪70年代初问"什么是作者？"时，竭力不去用违反理论中常见的术语来回答。"作者"存在于一个特定的领域中。首先，这个领域是针对实际的作者而定义的（即使在特定的文本中，作者也可能在很多的论述中写作）；其次，反对语言上的"发音主体"，即"here"或"I"（"移位者"，其指称根据上下文或说话者的身份而变化）；最后，他/她被定义为与叙事角色对立，即那种可能在任何特定的作品中出现，也可能不出现的角色。相反，"作者"这个概念是分组和评价写作的一种方法："荷马"或"希波克拉底"是作者，尽管他们的实际存在受到质疑。这个概念必须首先从它的效果来考虑，它不是一个历史常数。并不是所有的作者都被认为或曾经被认为与他们的文本有着相同的关系，但这些关系的确有规律可循。例如，在特定的体裁和特定的"作者—功能"之间存在着联系，这就是福柯给"作者"这个概念的结构起的名字，在不同的写作类型中，"作者"的概念可以有不同的使用。有些流派的作者的名字（通常）是作者的名字（高于文学文本），有些则不是（日常新闻、笑话等）；还有一些流派的名字不是写作者的名字（米尔斯以及布恩/浪漫滑稽派）。他认为只有当写作被审查，且个人因为他们的写作而遭遇惩罚时，"作者"才具有历史意义。

同样，作者的权威在不同的学科中是不同的：科学的定义部分成为权威并不是因为一篇科学论文是"真"或是"假"，而是因为它们的名字是科学论文的标志。福柯揭示了整个真理的政权起源于古希腊，柏拉图在那时寻求一个

"真理"来定义赫西奥德的"神学"并认为这是对神话起源的启发性复述。在现代性中,作者的功能发生了转变:作者的名字已经成为一种财产,可以通过研究版权法的历史来追溯这个过程。虽然福柯没有阐明它,但重要的是需要注意到现代可执行的版权始于英国1709年的《著作权法》[①],与伟大作者的文学经典的构建有着密切的联系。一方面,著作权在很大程度上是可执行的;另一方面,著作权是受限的。1709年以前,某些印刷者拥有印刷作者作品的永久权利,尽管这些权利无法实现。例如,以雅各布·汤姆森(Jacob Thomson)对弥尔顿作品的兴趣为例。1709年之后,尽管这一权利仅有21年,且它在整个18世纪都受到法律的质疑,但它的原则得到了维护。一旦版权失效,对于市场而言,作者成为开放的,他的名字就成为商品和广告。正是在这样的背景下,现代规范才有了它的起源。这个过程与另一过程是同时发生的,即一个差异化的网络开始在文本、体裁和作者之间组织主体性的流动中进行。

18世纪的小说作者被认为是缺乏智慧和深刻的主体性的,而浪漫主义诗人则深深地汲取了前者缺乏的感性主体。福柯认为,文学批评的目标是创造反映其文本的深刻性和独特性的"作者",然后相反地,把"作者"作为文本的起源(正如在对古代批评学的描述中提到了这一点)。这种特殊的策略是圣·杰罗姆(Saint Jerome)早期基督教的文本批评所期待的,因为文本作者(常常是假定的)的个人圣洁性构成了进入经典的终极目的地,即制定了规则来决定一部作品是否构成一部作品的一部分,也就是说,是"真实的"。在这一过程中的顶点,尽管福柯没有提到它,但作者的效应可能会将生活和书混为一谈:在普鲁斯特的情况下,生活变成了书,反之亦然。

福柯在他那篇长篇的、突破性的、坚决抵制文学的论文最后,宣称在其分析的背后:

  我们只能听到漠不关心的喃喃低语:"谁在说话有什么关系?"[②]

这并不是对《话语的秩序》开头所表达的匿名的、间隔的、看似讽刺的写作的渴望(或是对1972年《疯狂史》第二版的序言的渴望)。福柯调用的是人身处的社会中生产的大量词汇,其中一些储备在图书馆和档案馆中,他宣称最值得关注的是它们被分为文本、体裁、经典的分类方式。在他看来,这样做是

[①] 1709年,英国的安娜女王颁布了一个法案,以保护出版商和作者的利益,后来的人们就将这部法律命名为《安娜女王法》。该法全称为《为鼓励知识创作而授予作者及购买者就其已印刷成册的图书在一定时期内之权利的法》,是世界上第一部著作权法,也算是最早的知识产权法。

[②] Paul Rabinow, (1984) *The Foucault Reader*, New York: Pantheon Book, p.138.

为了创建关于社会的特定政治影响。因此，对社会的治理工作就是从这种冷静的态度中一步步展开的。关于话语的历史分析是一种合法的延伸，他要做的便是去检视主体的特权。

显然，在对一个小说进行内容或结构分类的时候，就必须对写作心理学和传统参照系加以限制。从这点出发，人们就对社会主体的绝对性质和创造功能产生了怀疑。对于福柯而言，彻底放弃自然主体是不可取的，主体只是需要被重新予以考虑。其目的并非去恢复"创造性主体"这一论题，而是去重视并把握它所具备的功用、它对话语的介入程度及其他所依赖的体系。几个经典的问题现在需要被悬搁起来：从一个自由主体怎样同惰性的、稳固的事件进行联系，并赋予事件意义？从激励话语的规则怎样在主体内起作用而进行某项规划？在此基础上，福柯认为所提出的基本问题是：在什么条件下，以什么形态，完整的主体能出现在话语的秩序之中？在这里，主体处于什么地位？显示出何种功能？在话语的运作上，主要坚持什么准则？其实，要对上述问题作出正确回答，都必须建立在对说话主体及其替代物身上的创造功能进行剥离的基础上。在福柯看来，话语总是会在普遍的作者和意义不明的条件下进行，而无关系话语的地位、价值及其处理话语的方法。

因此，与其直接提出"谁在说话？"的提问，还不如直接提出"谁在说话有哪些差别？"这一问题，前者的回答并非主体。"谁？"这一提问对尼采而言，就是《善恶的彼岸》中所提及的发展形态学和"权力意志理论"。说话者是权力意志的体现，但并非"主体"。只是借助对在谈话和解释中表现自己的那种能力（确定或否定生命的）进行谱系学研究，"谁？"这一问题才可能得到解决。福柯意识到，尼采确认的主体，是一个阐释，一个被再创造的客体。

对于"谁在讲话？"的问题时，德里达曾对古典主体概念进行批判，但他选择了完全不同的策略。同样的，德里达也对古典主体概念中的权力统治非常敏感，并反对将主体看成是话语的绝对中心。不过，德里达和福柯最大的区别就在于，他将对文学主题所作的摧毁性批评，聚焦于对文学的绝对权威之上。在德里达的《写作话语学》中，身为书籍最高权力的撰稿人地位被完全破坏了，"撰写主体"崩溃了，撰写者优先的传统主体在撰写的关系体制内消散了，取而代之的是尼采式的"主体"。在《书写与差异》中，德里达曾提到，世上最独特的小说家的写作"主体"实际上并不存在，创作主体主要是与神秘世界、心灵、社会世界之间的关系体系。主体分布于文本关系的结构之中。可见，德里达和尼采一班人都抗拒于把主体人格化，其原因就是加强了有关内容的主体及其所影响系统内部各种联系的内在流动性。① 而德里达则通过上下文说，主张个人写作与阅览时所处的文章网络中断然不会遭到绝对宰制。他还指出，尼采为确证人类写作之非中心性的意义提供了道路，并由此摧毁了主宰逻各斯中心主义的在场形而上学，因为这种确证方法不仅面向人类起源，还确证了人类写作的中心意义，是超越人和人道主义的。德里达曾说，人的名字就是这样一种存在的名字，他在形而上学或存在神学发展的整个历程中，已梦到了丰富的出场、令人放心的基础以及力量的起源与终结。②

可见，在对"谁在讲话？"这个问题的回答上，德里达和福柯有相似的哲学倾向，他们都承袭尼采在伦理学范畴中对权威的抗议精神，但在各种角度上侧重不一。由此出发，他们对人的未来作出结论。福柯以对新意识型的发现，断言了在此含义上的"人之死"。而德里达则否定接受这些启蒙式的宗教文化论调，转而讨论在场形而上学之内的"人之界限"。这表明了他们分别对尼采的人之未来所作出的不同解读。福柯着重关注到的是尼采的"末人"，而德里关注的是"较高的人"。从一定含义上看，这两种"人"的未来命运都可能集中体现在超人身份上。对于福柯来说，最末人的结束就是人类成为屈从和战胜自然之场所的哲学主体的结束，伴随而来的是超人的产生。与此恰恰相反，德里达所谓的"较高的人"的局限性，则在于强调了人类要彻底脱离这个局限性是不可能的，因此哪怕是很小的人也将最终进入历史的轮回。

二、现代作者的文学话语奠立

福柯对于现代作者的考察主要是放在整个社会的话语－权力关系基础之上的。其论述的不仅是语言，还有语言本身所牵涉的话语体系。在这里，话语概念不仅具有语言学意义上的效用，而且关乎语言和实践的互动，这指向以语言来构筑对知识的生产的机制。他指出：

> 在每一个社会中，话语的生产是根据一定数量的程序而被控制、选择、组织和再分配的。这些程序的功能就在于消除话语的力量和危险，处

---

① 戴维·法雷尔·克雷尔、戴维·伍德：《超越尼采》，牛津：劳特利奇出版社，1988年版，第143—145页。转引自莫伟民：《主体的命运——福柯哲学思想研究》，上海：上海三联书店，1996年版，第172页。

② 可参见雅克·德里达所著《书写与差异》（1967年）中的《人文科学话语中的结构、符号和游戏》一文。

理偶然事件，避开它沉重而恐怖的物质性。①

对福柯而言，话语不仅制造了话题，而且还界定着知识的对象。话语可以操控一个话题应该以怎样的方式被谈论，即它将各种观念及其实践行为规范在一定的范围之内，阻止任何越界思想和行为。当然，话语受制于社会程序的规约，这些程序本身是以禁止的形式出现的。换言之，人们所谈论的东西，并不是完全自由的，都是在规约之下才被允许出现的。正如福柯所言：

> 一组陈述为谈论或表征有关某一历史时刻的特有话题提供一种语言和方法。话语涉及的是通过语言对知识的生产。但是……由于所有的社会实践都包含有意义，而意义塑造和影响我们的所作所为——我们的操行，所以所有的实践都有一个话语的方面。②

文本的实践生产使得我们对于自身以及生活的世界拥有意义。意义理论与意义实践都在语言范畴内发生与运作，这也被福柯认为是语言中对知识与意义的重新建构。他认为，"在话语之外，事物没有任何意义"③。这说明人们所生活的物质世界并非是唯一空间，抑或话语和文本所构成的世界将所有事物纳入其中。

由此可见，"作者"问题的凸显，并不仅仅指向人们对作家身份的重视，而是由于在所有权制度与版权规范系统的建立以后，作家成为文本所有者而被广泛关注。因此，"作者-功能"并不会在所有的语言、所有的时间和所有的文明中恒定不变。例如，古典文学、民间故事、历史小说等，往往不会标注出作品的作者。在西方，直到中世纪，所有的科学文章都需要确认作家的身份之后才可视为真实。福柯认为，到了十七八世纪，由于文学语言需要有作家的署名才能被广泛认可，因此文字的重要性与价值都有赖于作家、撰写日期、地点和环境等决定要素。相反，科学文章并没有涉及作家，而只是将发明者的姓名保存下来即可。"作者-功能"和特定文本之间的联系，必须经历各种严密而繁复的过程才能最后确立，亦即经由判断作者的神圣性来判断一个文本的功能。此外，作者的功能并不仅是单纯地代表着一种实际的个人地位，同时还代表着一系列的"我"和"主体地位"。于是，所有人都可以来取得这些主体地

---

① 汪民安：《福柯的界限》，北京：中国社会科学出版社，2002年版，第149－150页。可参见Foucault,"*The Discourse on Language*"（《论语言的话语》），此文以附录形式收入 *The Archaeology of Knowledge* 第216页。英文题目与法文题目 "*L'ordre du discours*"（《话语的秩序》）不同。
② 汪民安：《福柯的界限》，北京：中国社会科学出版社，2002年版，第44页。
③ 汪民安：《福柯的界限》，北京：中国社会科学出版社，2002年版，第45页。

位。因此，在第一人称的作品中，以第一人所代表的"第二个我"或虚构的叙述者和作品虽然具有相近性质，但内容并非完全相同。作者的功能，也体现在自己与叙述者间的裂缝之中。

传统文学研究过分强调作者身份的做法把文本意义与作者身份作强力联系，把对于文本的阐释放在对行为中人的意图作出某种揣测，这一点是否客观？19 世纪开始，被当作文化解释之准绳的作者意图与作品本体相互一致，到 20 世纪 60 时代，逐渐形成了新派（新批评）与旧派（文学史）斗争的重要战场。1969 年，福柯发表了著名演说"什么是作者？"；1968 年，罗兰·巴特提笔撰写的文章《作者之死》（*The Death of the Author*）让学术界惊呼，不论是其拥戴者或是其反感者，均把本文的标题视为是文化领域反人本主义的号召。对于传统文学概念与文本创作意义的讨论，大多围绕作者进行，这主要是因为基于任何传统文化的概念都离不开作者的意图，甚至是对其演绎的结果。当然，现代文学理论的反概念先锋巴特也将以"作者之死"为立论基调：

> "作者"很可能是我们社会生造的一个现代人物。走出中世纪的社会，在英国经验主义、法国理性主义和宗教改革个人信仰的影响下，发现了个人的魅力，或者用一句更高雅的话来说，发现了"人性的光辉"。①

在新批评看来，布尔乔亚就是作者，身上披着资本主义意识所包裹的精致外套。在巴特看来，整个文学教育以及一切文学教材均围绕这个核心，即"人们自始至终都去作者那里寻找对作品的'解释'"②。这极大地强化了以创作者之名来规约文学意义的正当性，其原因在于他是第一人。这种观点把作品看作是作者的内心情感的倾诉，其作品承载着人之心灵的内容，是人心灵的延续空间。对于作者——文学的生产者和解释者，巴特用无人称的、匿名的语言来将其取代。而马拉美、瓦雷里、普鲁斯特以及超现实主义作家们都曾先后谈及语言乃文学的唯一材料。以语言学的角度看，认为"作者、书写之人而已；我，口中言'我'之人而已"③。马拉美还主张更为独特的说法，即"诗人隐，无言，让词汇自行创作"④。书写者成为一个在语法或语言学意义上的"主语"，他存在于纸上，而不再是心理学意义上的"人"：它是陈述主体，不可能先于

---

① Roland Barthes，(1981) *Le Grain de la Voix：Entretiens* 1962—1980，Paris：Seuil，pp. 61-62.
② Roland Barthes，(1981) *Le Grain de la Voix：Entretiens* 1962—1980，Paris：Seuil，p. 62.
③ Roland Barthes，(1981) *Le Grain de la Voix：Entretiens* 1962—1980，Paris：Seuil，p. 36.
④ 夏尔·波德莱尔：《波德莱尔美学论文选》，郭宏安译，北京：人民文学出版社，1987 年版，第 366 页。

陈述而在，主体随着陈述发生，此地当下（ici et maintenant）。这些观点将作者看成第一人称，正如埃米尔·本维尼斯特（Émile Benveniste）在《代词的性质》（*Nature of Pronouns*）中所言，作者把舞台的前台让位给了书写、文本，或曰书写者。

文字无法描述、再现一切先于陈述活动的自然发生之物，但其根源却与人类话语的起源相一致。因此，在作者这一源头被剥离之后，文中遂形成了各种各样引词的相互交织之物，以网状的形态不断联结、生成。类似的，互文性的概念也是源于"作者之死"。人们对于文字的理解由于作者的消失而消失，文本中所谓深刻的、原初的单一意义也不再。从读者的意义上来说，"作者之死"（Pierre Menard）也构造出了文学新体系的最后一个环节，即读者代替作者成为文字统一性的生发地。换言之，文字流向的终结代替了文字统一产生的起始地。与作者相比，读者又并非真人，更多指向一种功能：

> 那个在同一场地收集构成书写作品的所有印迹的家伙。①

巴特借助文学和"作者之死"在这一前提之间进行的联系，试图颠覆文学史的霸权地位。这包括对意识形态的批评，其对于写作或文本采取了一种精神解放行动，即是对神学进行反抗的一场革命。反对意义终止是对上帝及其最终含义的否定，是指"拒绝理性，拒绝科学，拒绝法则"②。

1968年春天，拒绝权威的运动尘嚣甚上，在理论界与之呼应的便是由系统结构主义朝向后结构之解构的潮流。为解决作者问题中所谓的"绝对化"，部分理论家先把作者认为是资产阶级的个人，是有着不同心灵活动方式的人，而之后的主要操作就是把作者问题等同于用某种生平和传记研究方法来解释历史文本的问题。其实，在文学史方面它也确实显示出了上述的局限性，但这种简化方式根本难以囊括所有的意图问题，也无法对其进行解决。

在《什么是作者?》中，福柯的论述也建立在与当时文学史理论和实证主义的对垒上。当时，人们都曾指责过他在《词与物》中表现出的在所有词语和作者姓名问题上的"个性"，在这里福柯能找到比某人（达尔文、马克思、弗洛伊德）文字还要宽泛、模糊的"语言构形"。从马拉美的"赞同没有书上署名"③，到贝克特的不可感知的创作，再到布朗肖把现代文学书写当作"自我

---

① Roland Barthes，(1981) *Le Grain de la Voix*：*Entretiens* 1962—1980，Paris：Seuil，p. 67.
② Roland Barthes，(1981) *Le Grain de la Voix*：*Entretiens* 1962—1980，Paris：Seuil，p. 66.
③ 夏尔·波德莱尔：《波德莱尔美学论文选》，郭宏安译，北京：人民文学出版社，1987年版，第378页。

涂抹的运动",现代文学作品勾勒出了作家隐退的基本轮廓。于是,福柯将现代文学书写功能界定为文化的历史结构,即一个人在对待文字时,或多或少地会形成心理投射。由此可见,"作者之死"开辟了文本多义性的生存空间,也提高了文学读者的社会地位和自由度。不过,对于作者意愿与阐释间关系的厘清却绝非易事。因为作者还无法简单地得到阅读权威的体现,而且毕竟阅读无法替代作者这个问题仍然是悬而未决的,但作者却总会有的,或是塞万提斯(Miguel de Cervantes Saavedra),或是皮埃尔·梅纳尔(Pierre Menard)。

为何从形式主义开始,特别是在新批评那里,关于作者的概念都备受文学理论的非难?作者难道不应在文本中保有其独特性的地位吗?新批评学派则指出,意图概念本身就是一个误导,而他们的所谓"意图谬误"(intentianal fallacy),即是一个"意图幻觉"(illusion intentionnelle)或"意向谬误"(erreur intentionnelle)。这种争论还可以被认为是文学中"解读"论与"解释"论相互之间的矛盾。以阅读-接受的角度看,探究文学的目的是在文本中寻找作者的意图;而在阐释方面,更多地指向写出作品的意义,以获得脱离作者意图的文本之意。此外,还有另一条道路是以读者的角度来判读文本意义的标准。前两种实质上是古已有之,而第三种则是现代之后才形成的观念,此处不过多讨论。

在新批评和文学史这两者的思辨争论中,为了避免后续理论走上前理论的歧途,需要重新考虑作者的问题,即不能把作者简化为一种起因之源,且把对作者消灭当作是对某种起源论信仰的克服。如果离开这样的争论,作者将不会被彻底否定。其实,避开或谈论原作者的意图并非是否定一切意图。就社会学而言,即使作者是一个现代人,其意图仍然无法算是一个理性主义、经验主义,或是资本主义时代的社会问题。换言之,作者自身也并非与历史具有绝对的同构性。在有关"作者之死"的观点中,人类往往将现代社会学研究意义上有着生平、在史学典籍中占据一席之处的小说家,和作为某种历史阐释标准的作家之意图及本意给混淆了。

借助尼采,可推进对这一问题的思考。当尼采设法对自己加以毁灭之时,他所面临的敌人就是其本人成为一位作者与权力之间的主体。在《曙光》(Morgenröte)的第二版前言中,尼采指出,在一切权力之前,人类都不被允许思考,只能服从。就作者在传统阐释学内占有的重要地位,尼采对其也是存疑的。在《人性的,太人性的》(Menschliches, Allzumenschliches Ein Buch Für freie Geister)中,尼采告诫人们不能把小说和作者化为同一存在。从小说完成书写那刻起,作者就需要三缄其口。在《瞧,这个人!》(Ecce Homo)

和《善恶的彼岸》（Begond Good and Evil）中，尼采重申了他自己和小说本身并非一回事，并担心读者将他的小说当作真理。当人们进一步追问"谁在解释"时，尼采会说，这种问题已经措置了注释的步骤。随后，人们可能继续追问"解释什么"，尼采给出的回答是，由于释义步骤既不根植于现实主体，也不产生于客体，而只是产生在主客体间的空位中。在这种空缺处，主体与客体之间的唯一价值就在于保持了限度。

对于福柯和德里达来说，尼采的哲学问题"谁在说话"至关重要，且两人都对此作了答复。福柯从两个地方提出了有关尼采语言的问题。在《词与物》中，福柯提出，尼采把语言看成一种必须加以把握的未知之谜。他认为，对尼采而言，这不是一个认识善恶本身的事，而是一件当一个人言说善神（Agathos）来指明自己或者言说恶神（Deilos）来说明别人时，究竟是谁被说明或谁正在讲话的事情。因此，在语言获得者那里，以及在更久远的词汇的掌握者那里，语言才被完全地联系在一起。对尼采而言，讲话的主体是权威的，首先是来自上帝的权威，然后是来自人的权利。而福柯把"上帝之死"和"人之死"进行了重新的统一就意味着这些权威的讲话者被取消了资格。但是，尼采所说的"超人"却不同于前两者，他以抗拒对权威服从为特征。

此后，福柯又重审过这个问题，并认为主体本身存在着双重意义：一是把限制与依附别人看作重要特征；二是因良心与自身意识而维系在自己的主体身份上。这也表明，权力形态都在由权力、威严与屈从构成的联结网中起着重要作用，其崇高性和人类主体地位都在其中，而只有"超人"是不屈服于任何之事物的。这就有必要重新看待主体问题，且以新的视角来看待主体的地位问题。由此可见，现代主体是文化发展阶段的特定产物，具有现代话语的功能原则，而不是话语的特定来源。从尼采和福柯处，都能发现主体权力的脆弱性，它可以被轻易破坏。很显然，正是这种对于主体的创造者的破坏导致了主体的解释，而对于话语和权力之变化和功能的重新解释也就成为可能了。为了消解他人对其著作的误读，解决作者的难题是必要的。

福柯提出设问：在《词与物》中，为何要使用作者的名称呢？为什么对它们的使用方式不作出任何限定？他自己的答案是：当研究历史时，相对于作者及其作品的稳定和基本作用而言，这些问题只能被放在次要位置。他指出，在贝克特这里，谁说话有什么关系。因为写作早已摆脱了传统的"表达"情感的必要性，写作的本质不再与写作行为相关的崇高情感内涵有关，也不是把某个个体塞入语言错综复杂的网络中，而是要去关注创作的那个开端。这个开端看似在声称语言，实际是以消解写作主体过程为代价来延续自身。在福柯这里，是写作与死亡之间的纠缠，让作品负有责任去创造不朽。因为，作品获得了刺杀作者的权利，它成为作者的第一刺杀人。

三、现代文学文本的生成与作品的缺席

对于福柯来说，"消解作者""上帝与人共同死去"等口号无疑是既宏大又空洞的。在他看来，现在不是应该去重新检视作者消失留下的空白之处吗？不是应该沿着它形成的鸿沟和错误的界限，去考察新的界限在这一空间上的分配吗？简言之，他认为有必要去等待由作者消失释放的流变功能。作家的名称并不像专名一般，指的是从语言的内部移到生产语言中的、生活在外面的真正的人，而只是指某几组语言的共同存在，尤其指涉在语言所在社会和文明中的特殊地位。"作者的名字是什么？""作者如何发生作用？"这些问题只有在这种上下文中才能得到恰当的考虑。①

作家的名称并不意味着某种公民地位，亦并非虚构的指称对象，只是一种带有间断性特点的可变之物，只伴随着一些文字以排除其他的文本：

> 一封私人信件可能具有一个署名，但它并不拥有一个作者；一份合同可能有一个署名，但没有作者；同样的，张贴在墙上的无名海报可能是一个撰写者，但他绝不是作者；在此意义上，作者的作用就是描述某些话语在社会内的存在、传播和运作。②

这里将借助三个文本来延续对上述问题的思考，其与现代文学文本的生成问题密切相关。第一个文本是弗朗索瓦·拉伯雷（Francois Rabelais）的《巨人传》（Gargantua et Pantagruel）的前言。文中的拉伯雷似乎在鼓励读者根据传统寓意影射法去探究《巨人传》的隐含意，即最高意（altior sensus），这是一种让人在荷马（Homer）、维吉尔（Publius Vergilius Maro）、奥维德（Publius Ovidius Naso）的作品中解读基督教含义的思路，然而当人们真要去践行中世纪的方法时，拉伯雷又开始对人们报以嘲笑。这难道不是在要求读者自己负责，并有权对手里的书进行任何可能的颠覆性阐释吗？然而，关于文本意图的问题，目前尚无统一定论。

第二个需要注意的文本是马塞尔·普鲁斯特（Marcel Proust）的《驳圣

---

① Michel Foucault, (1978) *Language, Counter-Memory, Practice: Selected Essays and Interviews*, New York: Cornell University Press, p. 121.

② Michel Foucault, (1978) *Language, Counter-Memory, Practice: Selected Essays and Interviews*, New York: Cornell University Press, p. 124.

伯夫》（*Contre Sainte-Beuve*），该标题成为法国讨论意识问题的现代名称。普鲁斯特在文中驳斥圣伯夫，并指出传记这种"文学肖像"根本无法解释作品。因为，作品生于另一个自我，一个与其社会形象有别的更为深刻的自我，这个自我不可能被简化为一个有意识的企图。普鲁斯特的论据动摇了朗松，导致后者对其文本的解释体系作出了适当的调整。

第三个文本是豪尔赫·路易斯·博尔赫斯（Jorge Luis Borges）的短篇小说《皮埃尔·梅纳尔：〈堂吉诃德〉的作者》（*Pierre Menard, autor del Quijote*），收录于理论性寓言集《虚构》（*Ficciones*）。同一题材出现在两个间隔数世纪的作者笔下，形成两个语境和意图都不甚相同的文本。谈及这篇小说，就无法回避阿瑟·丹托（Arthur Danto）在《艺术世界》（*The Art World*）中的谈论。在这篇被广泛引用的文章中，他巧妙地勾勒出鉴赏艺术的方式，这使得无法区分的绘画画布成为具有各种标题且审美品质截然不同的艺术作品的载体。对他而言，油画本身并非艺术作品，除非"存在"拥有某种特殊的意义。在回答斯巴肖特（Francis Edward Sparshott）所提出的问题时，丹托声称，当他开始探索不可分辨性对美学问题的影响时，他正在"松散地遵循了一个著名的感知哲学模式"。然而，在1981年出版的《平凡的变形》（*The Transfiguration of the Commonplace*）第二章开始时，丹托评论道，博尔赫斯在文学作品中首先认识到了这种可能性，并有幸在他的代表作《象征诗人皮埃尔·梅纳尔》（*Pierre Menard, Symbolist Poet*）中发现了这种可能性。

许多哲学家在《皮埃尔·梅纳尔：〈堂吉诃德〉的作者》中找到了灵感。这篇短篇小说不太容易总结，但其中一个相关的部分涉及法国象征主义者的尝试，即以重写的方式而非简单地抄袭塞万提斯的杰作来创作一部小说。故事的叙述者观察了梅纳尔与塞万提斯的作品的不同之处，即使梅纳尔设法写出与塞万提斯"语言上完全相同"的东西。

在西方哲学中，这个故事及其对艺术本体论的影响最早出现在安东尼·萨维尔（Anthoy Savile）关于尼尔逊·古德曼（Nelson Goodman）艺术语言的论文中。随后提到此故事哲学含义的人包括肯德尔·沃尔顿（Kendall Walton, 1973）、理查德·沃尔海姆（Richard Wollheim, 1978）、大卫·凯洛格·刘易斯（David Kellogg Lewis, 1978）、保罗·莱文森（Paul Levison, 1980）、本·蒂尔格曼（Ben Tilghman, 1982）、苏珊·威尔斯莫尔（Susan Wilesmore, 1987）、加布里埃尔·库里（Gabriel Kuri, 1989）、让-玛丽·谢弗（Jean-Marie Schaeffer, 1989）、迈克·弗雷恩（Michael Frayn, 1990）、大卫·戴维斯（David Davis, 1991）、克里斯托弗·贾纳韦（Christopher

Janaway，1992)、让·巴蒂斯特·拉马克 (Jean-Baptiste Lamarck，1998)、雅克·莫里佐 (Jacques Morizot，1999)。

萨维尔提出了他所称的"博尔赫斯悖论"，以反驳古德曼关于文学作品个性化的一些主张。更具体地说，萨维尔认为区分"亲笔"和"异体"的作品极为重要，两者的不同之处在于后者容易被伪造。虽然较为成功地伪造一幅特定的绘画作品，但不可能对文学作品进行欺骗性的复制，因为任何口头上相同的文本都是对作品的良好复制，或者用古德曼的话来说，一个符合符号系统的例子。萨维尔提出的皮埃尔·梅纳尔案是古德曼的论点的反例。古德曼的论点是，异体书作品的身份条件是由一个符号系统决定的。

这与福柯所谈论的作者问题关联密切。事实上，文学作者梅纳尔和塞万提斯在明显不同的艺术背景下工作，可以产生两个数字上不同的符号，它们是相同的"口头的"文本类型。因此，这些可能是两个艺术上不同的作品的文本。于是，作品不是文本。从文学转向音乐，萨维尔要求人们想象这样的例子：卡尔海因兹·斯托克豪森 (Karlheinz Stockhausen) 独立地创作了一首与卡尔·斯塔米兹 (Carl Stamitz) 的作品在语义上和意义上完全相同的颂歌。福柯认为，"我们当然不应该说他们写了同样的作品，因为听他们的方式会完全不同"①。

博尔赫斯式的叙述者还提出一个观点，即一件作品可以有两个艺术上不同的文本，这可以被视为加强博尔赫斯对文本与作品双重条件的攻击。概括地说，需要最终在艺术作品和它们的"对象"或载体之间给出一个广泛的区别。不出所料，人们对手法和工作的区别都持怀疑态度，认为支持这种区别的有力推理确实可以在博尔赫斯的故事中找到。例如，蒂尔格曼和拉马克提出了关于博尔赫斯故事的可理解性和连贯性的问题，这一部分涉及皮埃尔·梅纳尔关于"他的"堂吉诃德的不寻常意图和假定。该如何看待梅纳尔的雄心壮志，即"重写"而不是抄袭塞万提斯的小说文本？这是一个心理上一致的项目吗？更何况，有什么好的理由认为他的文本是一个新的作品？② 关于文本—作品的区别和支持它的普遍性论点，有人提出了各种疑问。在这件作品中，这个概念在1993年的应用中没有引起证据价值的质疑，但只有一些宽泛的假设很容易被思维实验的结果所"违背"。十年前，蒂尔格曼曾抱怨丹托没有具体说明任何

---

① Michel Foucault, (1970) *L'ordre du discours*, Paris: Gallimard. p.23.
② 关于否定的观点，可参见古德曼和凯瑟琳·埃尔金 (Catherine Elgin) 的文章，后者主张梅纳尔的文本一旦完成，将只是塞万提斯的"复制品"。

作品的章程标准。蒂尔格曼补充说，在任何情况下，构造的本体论问题都不是批判和赞颂这一问题的关键。

对福柯而言，在这个没有作品的空间里，疯狂、语言和上帝之死的真理被表达出来，他将在很长一段时间内探寻出控制疯人和作家关系的异同。首先，他们的两种声音并不重叠，因为这里的每一部分都是在"相互排斥"的共享中被定义的：没有一方能够真正掌握对方的真相。当作品被起诉为不真实时，它就会得以修复，从而不断缺席。通过可阅读，甚至再次阅读作品，一些生动的东西被撤销、被物化、被困住。根据布朗肖的说法，作品具有使人疯狂的力量，即使它成为艺术和知识："它给人以声音，对人，对不说话之人，对不可言说之人，对不人道之人，对无真理之人，对无正义之人，对无权利之人，对不认识自己之人。"① 但是，赋予词以疯狂，作品就失去了它的真理：如果疯狂是一种难以捉摸的低语，是一种可移动的、不可指认的思想，它就不能成为对象，就不能成为不再疯狂的痛苦，就不能成为一种独特的语言。这种具体化的语言很可能是按古典时代所划分的种类来成册排列的。

这就是巴塔耶在"邪恶"一词下的聚集，把"邪恶"放在他关于文学史的文章的原则上，且总是把它与至关重要的过度联系在一起，并与"回应过度的道德高峰"的旺盛之力联系起来：

"它"具有最悲剧性的强度。它束缚了不计算任何费用的开支，侵犯了人的正直。因此，它更接近恶而不是善。衰弱是对疲惫时刻所作出反应，这充分体现了人对保存和丰富生命的关注。道德准则便是从它那里形成。②

因此，对真理的关注就利用了这个过渡的时刻来冲淡"疲惫"的思想。正如巴塔耶所说，哲学是这无限性的保证，它必须保持这种建基式的状态，而永远不能成为某种家园。如果以不同的方式思考，这不是简单地重新解释存在的东西，而是真正担心人们所搭建的理性模型，并迫使理性本身必须发挥作用。这种通过文学作品而进入西方思想界的"缺位"模式，像一张纸一样铺开，牵动着思想的各个层面。如果删除对"我不能疯"的根本排斥，这座大楼底部将重新开放："我可以疯，我会处理好这个根本的空白，写一篇没完没了的作品，因为它只是过境，因为它永远都在逃离。"③

---

① Maurice Blanchot，(1955) *L'espace littéraire*，Paris：Gallimard (Folio essais)，p. 309.
② Conférence de Bataille, citée dans *L'Arc*, n° 44, p. 38.
③ Conférence de Bataille, citée dans *L'Arc*, n° 44, p. 38.

福柯不会满足于只谈论"缺席"这一不可能的问题。疯狂的历史会立刻威胁此处,即它的方法、它的知识、它的实践和它的力量。《疯狂史》将面临这样一种疯狂的可能性:它没有任何东西支持它,它处理的档案之重量是四个世纪历史的重量,这些还不足以锚定它,直到最后也没有完全着陆,从而一无所获。但它却毫不意外地破坏了知识的传统性地位,使一个对象的主题成为焦点。在未经授权的情况下,写作跨越了一个仍然是临时席位的危险浪潮。没有保护,没有主体/客体的支撑,它只把一部分留与身体——那个不停书写的勤奋劳作者。

　　也许正是在这点上,写作所具有的身体指向性表明,文本材料构成了福柯著作得以生长的唯一的可能性土壤。我们还可以注意到,《疯狂史》的许多读者如今正对一些阅读的基本公理(包括所有事物的巨大限制)进行质疑或调适。此外,福柯的行文风格在所有的一致性意见中具有绝对的冲击力,即他在批判那些权威定论者时,会将自己置于越轨者的立场。所有这些如同是在老师桌子上划出的金属般尖锐刺耳的异常声音。

　　对社会而言,如果这种定位和号召具有如此这般的必要性,它在福柯的风格中是异常强烈,那并不是因为它存在,或者是因为它被构成,而是因为非理性的分界线贯穿了每个人,非理性的悲剧意识的觉醒不能由理性所激发。因此,福柯书中的这些论断和冲动,并不一定要说服他的敌人,也不一定要通过历史分析证明这样一个对象是非法的,从而使其消失。用理性来说服任何人都是不可能的,因为没有理性就没有真理。因此,这是一种集聚的姿态,也是一种分裂的姿态,福柯在他充满争议的段落中刻上了"不可调和"的疯狂。"我们"是疯狂历史强加给读者的一个未经选择的中介。实际上,无论其内容如何,都需要选择究竟是要站在我们这边,还是要与我们作对。

　　简言之,福柯并不坚持或巩固他的学术参考方法,也不实施他采用的这种新颖方法的性质,并且他的论文或书中也都没有构成沟通的基础,即由思想者的作品所作的各种各样的解读和解释所证明。相反,它可能是没有答案,一个不断更新的不满,"对问题的坚持"[①],它甚至逐渐成为文学的空洞中心,这预示着一个矛盾共同体的集结。

[①] Jean-Luc Nancy,(1986) *C'est l'objet du livre. La communauté désœuvrée*,Paris: Christian Bourgois (Détroits),p. 36.

第二章 福柯后现代主义的文本观与文学阐释学

Whither is fled the visonary gleam?
Where is it now, the glory and the dream?①
到哪儿去了,那种幻象的微光?
现在在哪儿,那种荣耀和梦想?

在西方,后现代主义体现着文化主导性的根本变化,且不断颠覆着现代性常设的各类神话,由此引发了文化实践过程中意义的迷失和普遍价值的解体。福柯的文学思想在后现代主义的理论实践中重新激活了文学观念的话语可能性,且有关文学文本的意义阐释也在不断推进。可以说,后现代主义以某种激进的话语策略解构了一种被理性凝固的传统,且企图复活另外的传统。对文学而言,阐释学的发展促成了文本意义的不断变化和重构,这使得关于文本的讨论集中于意义是什么以及其由何处产生的问题。针对福柯,可考察其对文学相关问题的探讨,从而打开后现代意义上文学建构的新思路,或许在一定程度上,这种方式能勾勒出福柯心中的文学样貌。

第一节　文学文本的交互生成与文学阐释活动

福柯着重思考文本具有的不确定性和内在矛盾性,从结构主义的内部细究走向文本与文本之间的关系探讨。他为文本提供了更为多元的阐释,为意义的生成铺展出新的可能性路径。这一方法也和互文理论有关,并存于当代文学理论与文化理论中谈论的"间性"问题内部。其产生正处于由结构主义向后结构主义过渡的转型期,而其间又以结构主义与后结构主义为主的思潮形式为指引。过去,对作者、作品的理解始终处于某种颇具共识的确定性之中,即便批评家的观点充满着争议,也不会在根本上形成对文本如此巨大且难以弥合的理解鸿沟。一旦文学活动专注于结构研究,就需要对"文本间性"这个关键问题作出回应。

对福柯而言,作为一个对文学文本的解释理论,互文性理论将文字从一个完全封闭的独立结构中解放了出来,从文字的符号性质出发,来探索文字的开放性与指涉性特点,将研究重点从"作者－作品－读者"(基于文本创作、形

---

① William Wordsworth, (2008) *The Complete Poetical Works of William Wordsworth, in Ten Volumes.* — Vol. V: 1806–1815, New York: Cosimo clasics, p.109.

成和阅读的线性观）的传统模式转向"文本－话语－文化"这样复杂的关系网络。

一、互文本与文学文本的阐释意义

互文学说主要出现在当代学术界由结构主义向后结构主义过渡的转型期中。这一学说的主张者指出，由于语言是存在的基础，所以世界是作为一个无限的文本而存在的。福柯认为，在任何语境下，不论是政治的、经济的、社会的、心理学的、史学的甚至神学的，都成为相互文本。这就说明了文本之外的内容及其影响均能在更广泛意义上被文本化。这样，互文本就取代了文学，互文性取代了传统。

事实上，理论家试图通过互文理论来颠覆传统的将文字看成是作者自主自足的观点。但现在，由于文字的作者——过去的文字创作者和天才的功能已经大为减弱，作家个人的主动性以及他们对文字的权力消失了，其功能也降低以致只能为文字之间的互相游戏（interplay）创造场所或空间，正如批评家哈罗德·布鲁姆（Harold Bloom）所宣称，"根本不可能存在文字，而只是文字间的互相关系"[①]。

在福柯看来，互文所涵盖的阐释知识存在于文本语言的相互流通中。在16世纪，语言与自身关系的限定是必然的，由于不断的互相解释，语言的增生无限地积累，其原因在于：

> 它从不停止发展，从不停止修饰自己，从不停止把自己的连续形式重叠在一起。[②]

在这一时期，语言向度是完全打开的，没有任何有限性能够对其予以包裹，即让它在将来话语的可能性上不断说出将会说的一切。这是由于语言是存在的基础，世界是作为一种无限的文本而出现的。所能涉及的一切语境，无论政治的、经济的、社会的、心理学的、历史的或神学的，都成为互文本。福柯看到，对世界的评论被压制在话语之下，有更为原初的话语期待被激活，因为有原初大文本的存在，

> 一个原初的大文本（un Texte Primitif）享有绝对权力，否则，就不

[①] Harold Bloom, (1975) *A Map of Misreading*, New York: Oxford University Press, p. 3.
[②] 米歇尔·福柯:《词与物——人文科学的考古学》，莫伟民译，上海：上海三联书店，2016年版，第43页。

可能有评论。正是这一文本，因向评论提供了一个基础，所以才把自己的最终发言权当作对评论的补充。①

关于互文问题，福柯还针对非理性体验所寓居的不同形式来发现文本与绘画的相互指涉。在他看来，文本是绘画的评论，绘画作为文本的插图，两者具有共同的主题——"愚人舞"（Narrentanz）。在德西德里乌斯·伊拉斯谟（Desiderius Erasmus）的《愚人颂》（*Moriae Encomium*）的结尾处，疯人以大段的舞蹈来表象某种结构：

> 每一个职业、每一身份轮番出现，联结为非理性的伟大圈舞。博斯所绘，现藏于里斯本的《[圣安东尼的]诱惑》（Tentation），入侵画面的许多造型奇诡的想象动物，有可能取材于传统面具；另一些则可能转借自《[巫婆的]槌头》（Malleus）。至于他著名的《疯人船》（Nef des fous）一画，不就是布兰特同名的《疯人船》（Nareenschiff）的直接翻译吗？不就是其中第二十七章诗的明确插图吗？不也同样是在痛斥"暴饮暴食"（potatores et edaces）吗？人们甚至做出假设，认为由一整个绘画系列在为布兰特作品中的主要诗歌作插图，而博斯的画只是其中的一幅。②

对福柯而言，过去集中在作者身上的创造性问题，现在转向了文本本身，应该去关注文本间的相互游戏所产生的生动图景。在他看来，文本的边界是模糊的，文本的开放性在于把边界打开，并与其他文本产生关联。文本与其他文本只是互文本性的平等关系。需要注意的是，把握这些文本所敞现的意义变得极为困难。因为，文本不再有环环相扣的情节，也不再有互为依附的联系。他指出，尤其不能被文本主题的连续性所欺骗，也不该在历史真实记载之外作臆想。粗浅看来，文本的主题可能具有一些共同点，然而就绘画而言，其是以造型的独特来拉远与语言的距离的。因此，在语言与表象之间缺乏的是所谓的高度联结，而不是统一意义的消解。

福柯所言的语言问题与索绪尔的语言符号理论有着密切关联。在索绪尔这里，他将语言的认识推进到符号层面，符号本身没有意义，其意义决定于能指和所指的任意结合。

---

① 米歇尔·福柯：《词与物——人文科学的考古学》，莫伟民译，上海：上海三联书店，2016年版，第44页。

② 米歇尔·福柯：《古典时代疯狂史》，林志明译，北京：生活·读书·新知三联书店，2016年版，第100页。福柯指出这一主张由 Desmont 在《卢浮宫中的两张早期荷兰绘画》（"Deux Primitifs Hollandais au Musée du Louvre"）这篇文章中提出。

这一语言问题就处于西方文化的核心处，福柯点明其中的疯狂体验出现了重大的分歧。语言的经验在于考古学的网络中，即属于与自然物认识同构的形态内。在相同的道德世界中，表象与语言都述说着相同的疯狂寓言，但两者的路径朝相反的路线行进。语言不再能说出它过去所试图说出的事物，且它越是努力去表达或说明，越是离它所要抓住的事物真理更为遥远。

索绪尔依托对语言能指和所指间的关系界定，尝试用语言自身来化解这一难题。福柯认为，这种语言符号的划分意味着一旦符号本身没有意义，就需要依赖于与其他符号的差异才能具有意义。因此，就符号而言，它自身就具有不完整、不稳定和不能独立存在的特性。事实上，单纯谈论文本符号是无法解决语言这一悖论性难题的，需要在西方文化中找到某个参照来理解语言之言说的可能性。显然，在福柯处，疯狂具有这种作用：

> 疯狂在文艺复兴时代地平线上蹿升，首先可由哥特风格象征体系的破败看出端倪。这个世界过去的精神意义网络十分紧密，如今则开始模糊起来，使得某些形象得以显现：它们只有被当作是非理性的表象来看，才能得到意义。哥特风格的形式仍然持续存在了一段时间，但它们渐渐地变得沉寂，不再对人说话，不再唤醒人的回忆，也不能给人教诲。①

福柯想要表明，语言的脱离仍未走出人们的视线，即语言现在仅是展示它自身的诡谲存在。这一现象，一方面使得事物间的交织生成了更为丰富、众多的文本；另一方面使得事物身上过多地承载了各种属性、标明和暗示，从而变得模糊不清。这样就很难从直接的知觉中获得意义，表象也变得晦暗不明，即便知识为表象注入情意、渲染神气，可表象仍然在形式中游离滑动。随着知识和形式之间距离的加大，表象愈发自由自在。他认为，意义的增殖是显而易见的：

> 有一本书可作哥特世界末期，意义增衍的明证，那便是《人类解悉宝鉴》(Speculum Humanæ Salvationis)。这本书在基督教早期神父传统建立的整套新、旧约对应解读之外，还强调了一个非属预言范围，一个对等性想象的象征体系。基督受难不只预示亚伯拉罕的牺牲，它还召唤了酷刑的所有荣耀和其中无数的梦想。铁匠突拔（Tubal）和以赛亚（Isaïe）的转轮出现在十字架四周，超出了牺牲的所有教训范围，为执意施暴、苦刑

---

① 米歇尔·福柯：《古典时代疯狂史》，林志明译，北京：生活·读书·新知三联书店，2016年版，第101页。

和痛苦中的身躯画出奇幻的图画。这就是过度负荷附带意义的形象,而且还是被强迫去表达它们。①

显然,意义的产生就在于文本中大量语言符号的互动,而表达过程应被理解为书写者对阅读过的、留存在记忆中的文字的参考、引用和抄袭。他们通过追忆、复述、重写或改写的方式,把对当下的感受和对过去的回忆记载在所写的文本中,而此时形成的文本与被复述或重写的文本间就形成了某种互文关系。这些关系指向着意义的过剩,它们是由意义的显明与暗示之间的不稳定性互动生成的。对福柯而言,非理性、梦想恰好划入到过剩的意义中,可以看到德国艺术中就有这种古老形象:

> 在德国的版画里,智慧经常被转译为一只长颈鸟,它的思想由心里一直慢慢地上升到头部时,可以有时间接受考量和反省;这个象征的价值,因太受强调而变得沉重:长程思索,在细微知识蒸馏器的形象之中,变成了精炼萃华的工具。这位古特门希(Gutemensch,字面义为"好人")的脖子无限地延长,以便除了象征智慧以外,还能成为所有知识实际媒介的对象;这个象征性的人物,于是化为一只神奇的鸟,超长的脖子被折叠千次——这个半兽半物的怪诞东西,它拥有的更多是表象本身的魅力,而非意念上的严谨。象征的智慧,已为疯狂梦想所俘。②

福柯所使用的互文本中的长颈鸟形象,正是理性在外在世界中的表象之一。画作借助对其的视觉感受,使读者明确地体悟到理性对事物特征的捕捉,从而借其表象来传递精神。在视觉给出的互文体验中,这些都留存于人们记忆内部,且构成了与当下文本的先在关系。正如法国学者蒂费纳·萨莫瓦约(Tiphaine Samoyault)所说,互文是:

> 读者能够抓住的、有助于他明确文本组织风格的所有迹象,诸如含蓄的引用、若隐若现的暗示,或是暂时流淌的记忆。③

读者在阅读当下文本时,过去的文本会不断出现并被读者加以识别和运用。如果说互文性是关于过去文本与当下文本间的关系,那么是否存在着一个

---

① 米歇尔·福柯:《古典时代疯狂史》,林志明译,北京:生活·读书·新知三联书店,2016年版,第102页。
② 米歇尔·福柯:《古典时代疯狂史》,林志明译,北京:生活·读书·新知三联书店,2016年版,第103页。
③ 蒂费纳·萨莫瓦约:《互文性研究》,邵炜译,天津:天津人民出版社,2003年版,第14页。

源头文本，而这个源头文本中统合了世界的意义？

福柯对基督教故事以及德国长颈鸟形象的论述，是否暗示着西方文化从基督教时期，直至德国启蒙时期，世界表象所包蕴的多重意义，把文本意义的单一性消解了。可见，互文本造成了文本意义的单一与多重之间的此消彼长。此外，他还进一步以格里尔怪面（grylle）来说明表象在教育方面的失效。格里尔怪面所具有的教育意义在于，它彰显了一种在灵魂上的兽性：

> 这些被安放在怪物肚子上的怪诞面孔乃是一种柏拉图式的伟大隐喻，它揭发精神如何堕落于原罪的疯狂之中。然而，到了 15 世纪，原来象征人类疯狂的格里尔面具，却演变为不计其数的《［圣安东尼的］诱惑》画作中最受重用的形象之一。画面上干扰隐士寂静心灵的，不再是欲望的对象；而是这些精神狂乱、掩盖于秘密中的形象，这些形象乘着梦幻之翼上升，却是停留不去，盘踞于世界的表层，寂静悄然。①

福柯认为耶罗尼米勒·博斯（Hieronymus Bosch）自己就隐藏在里斯本的《［圣安东尼的］诱惑》这一文本中，圣安东尼对面的怪物指涉的就是画家本人②，且这个怪物源自圣徒的狂乱、迷途与焦虑：

> 在这张没有身体的脸庞上，绽放着一个轻浅的微笑；在它那灵敏的鬼脸之下出现的，乃是纯粹的焦虑。然而，这梦魇般的侧影，既是诱惑的主体，同时又是诱惑的客体；这张侧影迷乱了苦行者的眼神——两者便像镜像互问之因，而这个提问永无答案，停顿沉寂之心，就像暴风之眼，为邪恶蠢动团团围绕。怪面不再以讽刺的形式使人想起他在欲望疯狂中遗忘的精神职责。③

福柯指出，恰恰是在 15 世纪，梦里出现的对自由的恐惧以及狂乱时的幻想把肉体的实在性给销毁了。疯狂在这个时期所造成的影响是史无前例的，这便是疯狂突显的源头。在这样的镜像倒置中，格里尔怪面意味着它显现为福柯所称之为"圣徒之诱惑"的疯狂倾向。这种疯狂所包蕴的不可能、非理性、幻想等成为一种奇特的力量。这与萨莫瓦约在论及文学作品的源头和文本之间的

---

① 米歇尔·福柯：《古典时代疯狂史》，林志明译，北京：生活·读书·新知三联书店，2016 年版，第 103 页。
② 福柯认为《［圣安东尼的］诱惑》这幅画中央的"腿上人头"（la tête à jambes）极可能是杰罗姆·博斯（Jérôme Bosch）的自画像。
③ 米歇尔·福柯：《古典时代疯狂史》，林志明译，北京：生活·读书·新知三联书店，2016 年版，第 104 页。

关系时所谈及的要素极为类似：

> 如果说文学作品是它自己的源头（即其个性，originalité），那它同时又是一个大家族的成员，而它又多多少少地反映了这一存在。文本的性质大同小异，它们在原则上有意识地互相孕育，互相滋养，互相影响；同时又从来不是单纯而又简单的相互复制或全盘接受。借鉴已有的文本可能是偶然或默许的，是来自一段模糊的记忆，是表达一种敬意，或是屈从一种模式，推翻一个经典或心甘情愿地受其启发。①

福柯从各种文献中寻找的都是在15世纪这段时代的疯狂形象及其所产生的鼓动性。在人与这些奇妙动物形象的互动中，更加透彻地看清了本属于自己天性和使命的奥秘。而中世纪宗教思想蕴含以亚当命名的动物世界，它也体现着人类的基本价值。② 作为一个例子，疯狂是某些特定类型作品中的隐藏结构；它试图减少由第一视角产生的无数多样化特征（即我们在绘画或小说中看到的一些有限的角色，他们总是在与他人的固定关系中出现）；或者它可以研究文本（以及电影、历史写作、商业和使叙事成为可能的其他文化产品）的叙事方面，以便使系统化叙事成为可能，并且这些叙事策略可供作家去使用。巴特非常贴切地谈到"结构主义的特征是追求阐释的模型"③，它们可对大量的文献数据进行分类和解释。

福柯认为，文艺复兴时期的社会关系实现了倒转——人与兽之间的关系被消解，野兽脱离了说教的道德场所，开始沉浸在自己的幻想世界中。从结构主义的立场出发，这种结构性的颠倒与福柯的基本思想不谋而合，即动物在窥视人。动物是镜像性的存在，它们向人揭示并展露人自己的本质。但这并不是人类可以想象的，即所有动物的存在状态都源自疯狂。他指出，在末日审判之时，有罪的人就是狂乱的怪物：

> 在第艾里·布特（Thierry Bouts）所绘的《地狱》（L'Enfer）里，具有蟾蜍躯体的嚎叫之猫和下地狱者的裸体混杂相处；或是史蒂芬·罗克纳（Stefan Lochner）的画风中，那带有翅膀的昆虫，长有猫头的蝴蝶，长着鳃金龟的鞘翅的狮身人面兽，双翅像是令人不安且有贪婪的双手的鸟

---

① 蒂费纳·萨莫瓦约：《互文性研究》，邵炜译，天津：天津人民出版社，2003年版，第1页。
② 福柯以15世纪中期的René d'Anjou的《骑士比武之书》（Livre des Tournois）来揭示这种道德性的动物园。
③ Roland Barthes, (2000) "The Death of the Author", in David Lodge, Nigel Wood, *Modern Criticism and theory*, Harlow: Longman, p.137.

儿。或是出现在格吕内瓦尔德（Grünewald）的《［圣安东尼的］诱惑》画面上，以疠曲手指抓取猎物的巨兽。兽性不再为人的象征和价值所驯化；反过来，现在是人对它的狂乱、愤怒、层出不穷、鬼鬼怪怪的荒诞性，感到无比地着迷。现在是它在揭露人心之中的阴森巨怒和荒凉疯狂。①

这些荒诞的形象属于某个秘而不宣的知识空间，正如圣安东尼被诱惑的原因在于其受到了好奇心的驱使，他是被"近在眼前的知识所惑"②。在这些文本中，福柯指出疯狂并未随文化的排斥而消失在中世纪，它展示的阴暗也并不意味着它身上知识的匮乏。疯人以天真纯洁的行为来获得知识的全部，而理性的人因只能得到知识的片段而陷于焦虑。由此可见，正是疯狂身上的知识使其存在。

福柯对文本中的"疯狂"语词的理解与克里斯蒂娃（Julia Kristeva）的理解类似，即语词理解的基础在于每一个语词都拥有自己的语义、用法和规范。因此，以短语和句子作为基本表述单位的文本，在遇到其他语词时，其中语词的语义、用法和规范会因受到新的语境影响而产生新的变化。克里斯蒂娃在《诗性语言的革命》（*La révolution du langage poétique*）中指出：

> 无论一个文本的语义是什么，它作为表意实践的条件在于它话语的存在……换言之，每一个文本从一开始就处于其他话语的管辖之下，那些话语把一个宇宙加在这个文本之上。③

这对理解文学文本中的"疯狂"尤为关键，若以小说为例，则作家完成小说的写作并不意味着文本就具有了确定和完全独立的封闭结构，而是以一种开放的方式被投入自身的命运中。而福柯深刻地认识到，对作品的解读不仅需要关注它的确指意义，还应关注作品的产生过程以及意义的生成过程。换言之，文本是人类用语言媒介生产出的所有超语言实体，是交往活动中当前话语与过去各类话语间所形成的关系互动。这种互动不同于日常语言的工具性，即把语言看作是能指与所指连接所要达到的信息传递效用。因此，在文学中，可能性

---

① 米歇尔·福柯：《古典时代疯狂史》，林志明译，北京：生活·读书·新知三联书店，2016年版，第105页。

② 米歇尔·福柯：《古典时代疯狂史》，林志明译，北京：生活·读书·新知三联书店，2016年版，第105页。

③ Julia Kristeva，(1984) *Revolution in Poetic Language*，Margaret Waller，trans.，New York：Columbia University Press，p.15.

和不确定性承担了让文本诗性语言生发出无限意义的责任。

从阐释学的角度看,对文本意义的持续理解在结构主义阶段和后结构主义阶段具有不同的含义。前者所思考的文本是内部封闭的符号体系,具有固定不变的意义;而后者介入的文本由开放式的关系所界定,即意义具有变动性。从这个意义上看,很难把福柯划归到上述的任何一个阵营。用文学理论家格拉汉姆·艾伦(Graham Allen)的话说:

> 互文理论自20世纪60年代晚期在后结构主义著作中出现以来,就一直被颇有结构主义倾向的理论家们所采纳。后结构主义者否认文本具有确定性的意义以及阐释的客观性;而结构主义者则坚信,尽管意义来源于文本与其他文本之间的互文关系,但文学批评能够追寻、描述并确定文本的意义。①

事实上,从语言学、文化和制度以及结构主义人类学中可以得出结论:结构主义关注的是使意义成为可能的条件,而不是意义本身。它试图绘制当前意义上的结构以及这些结构中要素之间的各种关系。热拉尔·热奈特(Gerard Genette)的"结构主义诗学"和麦克尔·里法泰尔(Michael Riffaterre)的"结构主义阐释学"②都采取互文性方式来挖掘文本的意义,且坚称文学文本的意义是可以确定的。

福柯常抱怨关于文学作品的阐释或者所谓的文学"评论"。当他批评这些"评论"时,就把自己从一个接近现代人文学科核心的进程中分离了出来,或许这可被称作是历史主义和阐释学的阐释方法论之间的分歧。阐释学认为阐释是必要的,因为它们假定文本或事件随着时间的推移在交流过程中失去了它们原来的意义。历史决定论从事阐释是因为它假定文本或事件被隐藏起来,并被不在场的结构("语境"或政治"无意识")所操纵,而聪明的读者可以对其予以揭示。即便它不一定是作为"意义"的历史,但也存在着一种历史的可能性条件。福柯反对阐释的论点在于:把文本分析设置为起源和文本间的游戏的话,将导致无限的回溯。不仅仅是每一次阐释,作为文本本身,也需要进一步的评论;当文本在此刻呈现自身时,它并不能拥有自身。福柯直截了当地说:

---

① Graham Allen,(2000) *Intertextuality*,London and New York:Routledge,p. 95.
② 最好的叙事批评著作仍是热拉尔·热奈特的《叙事话语》(*Narrative Discourse*)。具体的结构主义分析实例是茨维坦·托多洛夫(Tzvetan Todoror)的《侦探小说类型学》(*The Typology of Detective Fiction*),还可参见他的《散文诗学》(*The Poetics of Prose*)、《幻想:文学体裁的结构方法》(*The Fantastic:A Structural Approach to a Literary Genre*),以及威尔·赖特(Will Wright)的《六支枪与社会:西方的结构研究》(*Six Guns and Society:A Structural Study of the Western*)。

"如果阐释永远无法实现,那只是因为它没有什么可以阐释。"①

对"原初意义"以及稳定的"语境"的揭示总是滞后,正如福柯所写:"一切都已经被阐释过了。"② 同时,对文本起源和真正意义的探索是制度性的结果:它允许"好的读者"聚集在专业领域或学院之内,以便发展认可制度的程序而把他人排斥在外。在阐释范式的支配下,文学和文化教育以及相关的研究倾向于重建过去和著作的真相,从而使得文化得以传承。事实上,这并非是在传播信息、揭露被遗忘的声音及论辩、解开复杂的难题或理论问题。阐释学的兴起导致了关于误解和简化阐释的困境,即一种形式化的操作使得对作品的阐释愈发贫乏。因为它的形式化因素极大抹杀了各种灵感的生成。

福柯指出,人们所看到的文本并非是孤绝于世的独立个体,而是思考文本运作于此刻的呈递信号背后的诡谲复杂性。与德里达不同,他认为,这背后不仅有着语言符号的抽象本性,而且还涉及文本自身与文本之外的众多现实牵连。看似封闭、清白、静止的文本其实是各种权力话语的织体,它总是生产并服务于某一特定集团的利益。正如爱德华·萨义德(Edward Said)所言:

> 福柯对于文本性的兴趣在于去展示一个被剥去那些神秘难解或封闭性元素的文本,其方法是让文本肩负起它与各种制度、机构、代理、阶级、学术圈、公司、行会、有着明确意识形态的党派和职业等的联系。③

这种理解文本的方法通常是开放性的,因为那些在某个社区中的主导语言始终带有其控制社区的目的。可见,语言所营造的关于真理、常识、法则和理性等看似客观的公正形象,将逐一被打破和重思。从启蒙时代开始,现代理性学者就倾向于将知识和真理看作中立、客观和普遍的,并相信它是促使社会进步、支持人类获得自我解脱的巨大动力。但是,福柯使人们开始关注这背后的政治运作企图,把它还原为统治权力的基本成分。所有自明和常识的知识/文本(如历史著作和文学批评等)中都隐含了权力的基本特征。福柯告诫道:

> 应该完全抛弃那些传统想象,即只有在权力关系暂不发生作用的地方知识才能存在,只有在命令、要求和利益之外知识才能发展……相反,我

---

① John K. Simon, (1971) "A Conversation with Michel Foucault", *Partisan Review*, Vol. 38, No. 2, p. 187.

② John K. Simon, (1971) "A Conversation with Michel Foucault", *Partisan Review*, Vol. 38, No. 2, pp. 187—189.

③ Edward W. Said, (1978) "The Problem of Textuality: Two Exemplary Positions", *Critical Inquiry*, Vol. 4, No. 4, p. 701.

们应该承认，权力制造知识；权力和知识是直接相互连带的；不相应地建构一种知识领域就不可能有权力关系，不同时预设和建构权力关系就不会有任何知识。①

对于福柯来说，假如人们将知识文本当作无立场偏袒的客观内容而加以接受的话，那么权力的控制结构就将混合着新的因子而不断再生。在某种意义上讲，进行着人文、自然科学研究的知识分子，那些专家、研究者、教授、教员以及学校都加入了这种控制系统的建造。他们都在利用着知识与真理的制造、传递模式行使着话语权利，并以此重塑了整个人类的生活世界。这就指向了福柯所说的那个"真理游戏"，而所有人也都将不可避免地介入其中。由于每个参与者自身立场、旨趣、意图的差异性，所以其当下进行的策略选择各不相同。这项对利益既维护又破坏活动的悖论在于，参与者既可能是规则和利益的受益者，也可能是规则和利益的受损者。

倘若福柯自身也是游戏的参与者，他如何可能去探究这场充满诡异特征的真理游戏？福柯巧妙地转换了思考方向，他不试图以建构宏大学术体系去完成解构的野心，而是毅然决然地利用这些现成的学术话语去言说权力在社会文化微观层面的运作方式。这是一种与过去学院式的研究方法（甚至是那种激进的学院批判者的方法）完全不同的策略。他试图以知识考古来探讨社会生活中人们的各种活动，即揭示"真理游戏"是在现实中的可能性形象。这不再是以还原式的思维去反推出因果联系中的要素，而是更倾向于立足当下去考量变型后的权力与现代生活究竟是如何联结的。更确切地说，是以理解权力当下的合理化来实施对权力真相的言说。

因此，福柯更愿意去思考究竟什么样的条件可以让这场"游戏"一直延续，或者说需要付出怎样的代价来换取这一结果。同时，批判和研究各种权力的复杂关系才是揭露游戏实质的最可能性途径。这一策略致力于研究的是，在整体社会中权力是如何以毛细血管般的存在连通了它可以到达的各个角落。值得注意的是，这几乎不再把权力与权力的实施对象看作是对立的两极，而是理解彼此的生产与融合。这直指权力的微观层面，即权力现在不是作为象征意义来统摄人的精神，而是透过细致入微的策略来"呵护"社会中的个体，并继续延伸着它对人的控制，从而使自身合法性得以长久维系。

与尼采一样，福柯大胆地以怀疑的眼光来看待号称"真理"之物。他认为

---

① 米歇尔·福柯：《规训与惩罚》，刘北成、杨远婴译，北京：生活·读书·新知三联书店，2003年版，第29页。

真理从不存在，至少在知识产生之后根本不存在绝对独立的、纯粹的真理。对真理的讨论不是去验证它是否为真，而是去思考今天人们号称的具有普遍性和客观性的"真理"由谁说出。换言之，是由谁掌控着言说"真理"的权力，这似乎更印证了真理的"权力"只对产生它的来源所负责的这一思路。以这样的角度来看，客观世界中也许根本不存在"真理"，这并非是把人引入相对主义和虚无主义的立场，而是去思考那些在特定社会历史条件下被称为"真理"的永恒之物，是由什么人以怎样的话语"被迫"讲出的：

> 在我们这样的社会中，真正的政治任务应该是去批判那些表面上看上去似乎既中立又独立的制度运作；应该用批判的方法，揭去通过这些制度隐蔽地发挥作用的政治暴力的假面具。唯有如此，我们才能战胜它。①

福柯认为，从启蒙时代出发，所有对现代科学技术的研究，如历史学和临床医学等，都存在着以下的基本构成和功能。一是它们都作为某一专门认识活动，在其自身的逻辑构造和特点下发展，即一般所说的行言方法、用语构成和部门特征等；二是它们都是在特定社会权力关系的基础上形成和运作的理论体系，其内在地含有社会意志、实施策略和潜规则等。面对这样的局面，他进一步对现代的知识分子们提出了这样的问题：

> 假如不谈及科学家自身——当然，我不是指某个具体称谓所代表的具体个人，而是强调他的工作和思想的特殊方式——我们还能否谈论科学及其历史？如果自始至终都脱离一个知识体的全部自发性活动，那么，是否还可能有一个可靠的科学史？用一个类似"一般认为……"这样的表述来替代传统上的"某某认为……"是否合法，甚至是否有用？……我不打算否认思想传记的可靠性，或者关于理论、概念或主题的历史的可能性。我只是疑惑这些描述自身是否已足够？它们是否公正对待了科学话语的巨大体量？在它们传统的疆域之外，难道就不存在某些在科学史中扮演决定性角色的规则系统？我想知道那些对科学话语负责的主体在他们的处境、功能、观察能力以及实践的可能性中，难道不是被那些控制甚至是彻底制服他们的条件所决定的吗？②

---

① Michel Foucault, (1974) "Human Nature: Justice Versus Power", in Fons Elders, *Reflective Water: The Basic Concerns of Mankind*, London: Souvenir Press, p.171.

② Michel Foucault, (1994) "Foreword to the English Edition", *The Order of Things: An Archaeology of the Human Science*, New York: Random House Inc., pp. xiii–xiv.

任何科学话语或文本清白之下的复杂性在于，所谓客观、公正的话语表述方式实际上仍是具有主观色彩的话语控制。文本作为思考社会复杂关系的一个窗口，当它被赋予可能真理的时候，其意义不在于重复这些真理的价值，而在于通过发生实际效用揭示真理的形成条件。这需要一种持续的文化反思精神，因为历史作为一种连续性系统，其内部的各要素，特别是"疯狂"的演变并非自然，需要一直观察和追踪它们的运动形态，以警惕理性无时无刻不对思想领域的占领。当然，或许科学家及作者本人也不一定能完全察觉到自身的处境，他们自以为献身于人类的客观真理和普遍价值文本的编制，却仍无法避免成为权力链上不可或缺的一环。

二、文学文本的意义显现与隐匿性

文学文本的意义，就是在文学文字的表面含义下预设了一种蕴藏着深刻意义的寓意结构。对这些深层意义作探索，往往需要依靠理解读者所认识的文字中所存在的密码来完成。实际上，意义并不会因作者权威的消弭而消失，它会成为文本与文本间引用、转换的某一指向。对福柯来说，从《疯狂史》开始，他发现对非理性的压抑使得西方文明的延续以一种奇特的趋势向前推进。换言之，福柯一开始便直指理性对非理性的压制问题（关于写作疯狂之历史是否可能的问题，在第三章会引入德里达的质疑来讨论）。

在1964年4月的一次采访中，罗兰·巴特指出"眩晕的感觉"与"米歇尔·福柯已经开始谈论理性/非理性的结合"将是"最终成为所有文学理论工作的基本主题"[①]。这不仅得益于福柯自身的文学修养，更重要的是，他在文本中实施了对言说之意义的双重思考。福柯意识到文学文本根本无法保持自身的清白，且它自身的意义必然处于显现与隐匿的暧昧关系之中。

在福柯的作品中，即使是非文学的医学史也对文学性有所保留。对《临床医学的诞生》的介绍成为关于文学理论的经典之作：福柯正是在那里把他的方法论和"评论"（即训诂）区分开来，而"评论"也成为法国批评的支柱之一。然而，当他面对文学时，尤其是1962年至1964年间，他在一个与其早期作品截然不同的工作范式下写作。福柯职业生涯中这一文学阶段的中心时刻，主要体现在他的《雷蒙·鲁塞尔》（*Raymond Roussel*）一书中，这本书的英译本为《死亡与迷宫》（*Death and the Labyrinth*）。

在1962年出版的《卢梭评判让－雅克：对话录》（*Rousseau Juge de*

---

① Roland Barthes，(1981) *Le Grain de la Voix: Entretiens* 1962—1980，Paris: Seuil，p.33.

Jean-Jacques: Dialogues)一书中,福柯对卢梭晚年的文本作出了简要的介绍,指出了这一项文学转变的进步。这一文字简短、内容丰富的文本,不仅开创了福柯自身语言的转向,而且极为超前地将他后期对权力问题的关注予以提及。在文本结尾处,福柯回到讨论文学与疯狂的关系问题上来。在这里,他写了一段简短的对话(以卢梭作品的形式)。对话者问道:"对话难道不是疯子的工作吗?"他对这一问题的回答是:"这个问题如果有意义的话就是重要的;但是工作,从定义上来说,并不是疯狂的。"① 在《疯狂史》中,福柯已经认识到,工作作为工作,不是简单的"疯狂",而现在他继续宣称,通过一个工作的"场所",语言与疯狂建立了联系。这是如何建立的?作品与语言间具有双重关系:作品的语言构成作品所说的,但它也构成了"它所说的"②。在第二层次上,语言是"纯粹的越界"(与巴塔耶那种松散的联系相类似),它不是谵妄之类的心理-病理的范畴,因为谵妄具有一个没有根据的、不可动摇的结构。语言是疯狂的,且在原则上,它不能解释它自己。

福柯的目标是历史化,并更详细地阐述这种越界语言的形式。例如,在他关于荷尔德林的文章中,他将其书写为:"诗歌语言被描绘成自我毁灭的虚空,正是这种虚空授权了一种语言的文本(工作和疯狂)的共同之处。"③ 同时他特别补充:"这些不是抽象,而是历史关系,如果我们的文化希望找到自我,它最终必须检验这些历史关系。"④ 有一个时刻对当代语言"疯狂"消解的研究特别重要。在《疯狂:作为作品的缺席》(1964年的一篇文章,附在1972年出版的《疯狂史》一书中)中,福柯认为,疯狂指的是继荷尔德林和马拉美之后的语言(即在"现代主义时刻")所定位的自身的空虚。矛盾的是,当这种空虚开始定位于福柯所称的海德格尔存在之后⑤,诗歌就向它表明并实施了这种空虚。诗歌是如何在存在中形成的?首先,当它被书写出来的时候,它不仅成为一组符号,而且成为一件事物;其次,它不与受社会、政治或历史形态限制的生存条件相联系。在为这些目的而写的文本中,语言奇怪地存在于事物

---

① Michel Foucault, (1962) "Introduction", *Rousseau Juge de Jean-Jacques: Dialogues*, Paris: Librairie Armand Colin, pp. vii-xxiv.

② Michel Foucault, (1962) "Introduction", *Rousseau Juge de Jean-Jacques: Dialogues*, Paris: Librairie Armand Colin, p. xiv.

③ Michel Foucault, (1977) *Language, Counter-Memory, Practice: Selected Essays and Interviews*, New York: Cornell University Press, p. 84.

④ Michel Foucault, (1977) *Language, Counter-Memory, Practice: Selected Essays and Interviews*, New York: Cornell University Press, p. 85.

⑤ Michel Foucault, (1964) "La folie, l'absence d'oeuvre", *La table ronde*, pp. 11-21.

的边缘——不完全是事物，也不完全是"意义"——它把自己当作存在的构成部分。存在于这个世界上的无凭无据只能被理解为语言本身：符号的"奇异存在"提供了一种存在的奇异感，而不是相反。因此，要分析这些陌生化和"疯狂"，必须分析语言结构，尤其是福柯所说的"小说"的语言结构。

这就解释了为何卢梭帮助福柯开启了在语言转向上的旅程〔在后来，卢梭也成为后结构主义的关注焦点，尤其是在德里达和保罗·德·曼（Paul de Man）的《阅读的寓言》（*Alleqories of Reading*）中〕，这里的原因不在于卢梭是讲话先于书写的主要理论倡导者，而在于他在文学史上所占据的特殊位置，他是最有力地阐述了文学生产之现代问题的人。如何通过写作重建社会及其制度的合法性？如何在文本中做到真实、真诚、道德、透明、自然、独特，使其在市场上成功流通，且如何打造作家的公众形象、明星形象？[①] 在这种困境中，卢梭被迫以特别强烈的语气强调了第一套规范，因为第二套规范让他倍感压力。卢梭试图通过限制文本的流通来解决透明度与其障碍之间的紧张关系。《忏悔录》（*Les Confessions*）在他有生之年从未出版过，但卢梭向他的朋友和仰慕者大声地朗读了这本书。然而，这一解决方案的创立者在朗读之后保持沉默，这一沉默使未经传播的作品及其作者再次成为未经证实的闲言碎语者的对象。在这种无法控制的语言谣言的传播中，作者再次失去了真实性。

此外，对话被书写，在这里，卢梭原告者的沉默被赋予了这样的声音：卢梭作为公众人物，审判了让-雅克，这位私密之人。然而，现在出现的问题是：文本再次失去了权威的控制，因为它可被任何人阅读，它的"父权制被质疑"，且作者无法控制这些对作品的解释。[②] 解决或结束这种双重束缚的方法，只能是使书写和声音一劳永逸地融合在一起。让-雅克和卢梭（在福柯这里更为复杂的是，让-雅克代表卢梭，卢梭代表让-雅克）可能是统一的。然而，在文学作品的结构中，这一刻被无止境地转移和推迟。事实上，对福柯来说，这一情况只发生在缺席、死亡的时刻。在缺乏自我能力的条件下，卢梭的自我呈现涉及两个制度，但两者都不受其控制。第一个是"监视制度"，卢梭是周围对象，但他的行为是他罪行和失败的迹象；第二个是"审判制度"，他的行为并没有被解读为隐含的意图，它们是被动的或"纯粹"地被观察和被记录下的。但他的第二个系统联系着折磨——在酷刑中被拖出来的受害者是真实的，

[①] 可参见卢梭研究专家查尔斯·亨德尔（Charles Hendel）在其著作《让-雅克·卢梭：道德家》中对其道德层面的阐述。

[②] Michel Foucault，(1962) "Un si cruel savoir", *Critique* 182, p. viii.

不是因为它与事实的相符，而是由于它与痛苦的联系。在一定程度上，折磨者接受了被折磨的词：当一个人到达死亡边缘时，说谎的意义是什么？福柯认为，相较于监视/符号，卢梭更喜欢审判/酷刑的制度。历史议程出现在这里，就好像在权威性的审判/酷刑制度中。相较于现代性，卢梭更倾向于前现代性所缔造的秩序。

正如福柯关于疯狂的书在很大程度上归功于他对心理现象学家路德维希·宾斯万格（Ludwig Binswanger）的阅读（这是他介入文学思考的一部极为重要的文本），也在很大程度上归功于现象学文学批评这一被严重低估的流派。实际上，这对法国20世纪60年代的文学影响极为重要。具体来说，这篇关于卢梭的文章要感谢让·斯塔罗宾斯基（Jean Starobinski）的《透明与障碍：论让-雅克·卢梭》（*Jean-Jacques Rousseau: la transparence et l'obstacle*）（1957年）以及《活眼》（*L'œil Vivant*）（1961年）的文章。福柯并没有重复斯塔罗宾斯基的方法和发现，他致力于超越它们。举例来说，首先，对斯塔罗宾斯基而言，卢梭的"感觉"是一个自然的"符号"——至少卢梭是可以读懂的，而其他人不能读懂；对福柯而言，在监视的作用下，感觉会变成一个"符号"：卢梭不希望说出既不可解释也不可曲解的话，但事实就是如此，作为一个事件，刑讯逼供逃避了解释的命运，以至于当受害者处于死亡边缘时，再没有什么可失去之时，刑讯逼供成为最后一句话。其次，他在颇具影响力的关于斯塔罗宾斯基的《活眼》的序言中发现，话语处于我们与世界相关的"需求凝视"与事物向我们的视觉呈现自己的被动性（即欲望与存在之间）之间的鸿沟中。福柯在卢梭这里发现了一种结构，其中除了死亡和乌托邦之外，符号（监视和评论的对象）和词语（判断对象）永远不会重合。

福柯并没有评论卢梭，他没有对文本的意义给出一个真实而清晰的解释，也没有像斯塔罗宾斯基那样，对保罗·德·曼所说的卢梭的"心理诡计"给出解释。[①] 有人可能会说，福柯在保罗·德·曼和雅克·德里达（雅克·德里达对这场运动的部分定义是反对斯塔奥宾斯基的）关于卢梭的辩论中预见了解构主义，但这是一种沉淀。因为，与德里达不同，福柯在这里并不是说卢梭的束缚和紧张是某种基本结构的产物，这种结构的效果（然而它自身不是语言的）与语言本身的效果是一致的。福柯不是说卢梭的作品是某种广泛但有限的文化或形而上学的，或那种类似德里达的逻各斯中心主义的概念，而是可被定义为

---

① Paul De Man,（1983）*Blindness and Insight: Essays in the Rhetoric of Contemporary Criticism*（New Edition），Minneapolis: University of Minnesota Press，p. 114.

是一种存在的特权。对福柯而言，在卢梭的作品中，语言与谵妄有着特定而非普遍性的联系。与此同时，与德里达对卢梭的叙述不同，福柯当然不想在卢梭身上找到一个"语言让他变得模糊"的作家，但卢梭已经被对于他的（以逻各斯为中心）批评系统性地削弱了。①

三、文学文本的断裂式阐释及其延续

对于文学文本的阐释而言，它并非能达到一种真正连续性的意义传递，应该说文学文本总是以一种断裂式的阐释方式来延续自身的。在福柯关于卢梭的文章中可以较清楚地看到这一点。对于卢梭，福柯集中论述了现象学批评家所称的作家的"精神宇宙"的问题。这是一个有点误导性的术语，因为它不是指一种传记性的精神状态，也不是指一种额外的文学或心理创作意图，而是读者（或评论家）阅读行为的对象。"精神宇宙"是读者在阅读某一特定作者的作品时所接触到的结构或（使用一个更模糊的术语）倾向，在阅读特定作家的作品时，读者是与之发生联结和交流。它不能简单地被一个文本或一组文本区分开。正如让-皮埃尔·理查德（Jean-Pierre Richard）在他的《马拉美》中谈道：

> 理解马拉美，并不是在诗歌背后，找到这首诗所掩盖的目的陈述；恰恰相反，它揭示了它的存在理由，揭示了它的晦涩难懂的计划……我们希望的是写一个句法，而不是马拉美想象的词汇。②

至少在理论上，现象学上的"写作"-"想象"的句法，与其说是对作者模糊意识的有力把握，不如说是通过文本这一中介，使一种自我反思（批评家的）与另一种自我反思（作家的）相遇。然而，在对理查德的书进行评论时，福柯采用了一种截然不同的语气，一种对英美新批评而言更为熟悉的语气。对他来讲，批评不是检验关系：

> 一个人面对世界，并不是一个成年人面对他的幻想或童年，不是一个文学家面对语言，而是说话主体面对一种独特的、困难的、复杂的、极其含糊不清的存在（因为他把自己的存在，包括自己在内，指定给所有其他的存在），这就是语言。③

---

① Paul De Man, (1983) *Blindness and Insight: Essays in the Rhetoric of Contemporary Criticism* (New Edition), Minneapolis: University of Minnesota Press, p.139.

② Jean-Pierre Richard, (1961) *L'Univers imaginaire de Mallarmé*, Paris: Seuil, pp.17-18.

③ Michel Foucault, (1964) "Le Mallarmé de J.-P. Richard", *Annales* 19, p.1004.

尽管如此，当福柯以一种现象学家的精神来写作时，其观点又有所不同。例如，他在评论文章《残忍的知识》（*Un si cruel savoir*）中认为，语言和主体性并不是关键所在。在这篇极为精妙和细致的文章中，他比较了18世纪早期的小说家克劳德·格雷彼隆（Claude Grébillon）的《心灵的平等》（*Les Égarements du Cœur et de L'esprit*）与雅克·圣东尼·雷沃尼·圣西尔（Jacques Antoine Reveroni Saintcyr）的《波利斯卡或现代堕落》（*Paulisk ou la perversité moderne*）。福柯集中分析现象学批评家所称的"母题"，这种母题是指作家的想象主题中那些被具体化和组织化的私人之物，或者，如他所说的"具象体验"①。

对福柯而言，格雷彼隆和雷沃尼属于此列，他们都属于每一个"违禁之事都会发光"的启蒙运动。② 一方面，格雷彼隆的文本呈现了一个由面纱、镜子和药物组成的世界：这里充斥着一系列促进交流、沟通、伪装和转换的物件。他们的工作依照逻辑，事情的材料厚度降低到了促成这种逻辑关系的地步。这是一个没有头脑的世界，格雷彼隆描述的世界的开始是学习一种语言；它的语言表达，促进了社会交流和价值。他的文本世界不是指向确定性和掌控，用福柯的话来说，是一个欲望永远不会叠加在知识之上的绝对的求知欲，或绝对的欲望知识。因此，在这个世界中，重要的是成为局内人。另一方面，瑞沃罗尼的文本通过笼子、机器和"地下世界"来塑造它们的"体验"。

福柯对这两个文本的简短描述可以证明，他含蓄地关注了从革命前到革命后的历史转变，且这种思维方式预示了他后来关于权力的著作。值得注意的是，在这篇文章中，福柯并没有站在渲染欧洲古老社会种种诱惑和欲望的陷阱一边，而是站在了雷沃尼笔下女主人公波利斯卡和她"现代堕落"的一边，她的"奇怪开始"发生在她成为一个折磨机器之电路的一部分，为取悦残酷男人而被设计之时。在这些男人的地下房间里，她体验了笼子和机器的全部暴力。福柯认为：

> 牢笼……开启了一个工具知识的时代，它不再与意识的模糊相联系，而是与技术迫害的细致顺序相联系。③

针对雷沃尼的文本，福柯寻找到了一种如何将她的痛苦、她的欲望以及她的启蒙区别开来的阅读模式。他所呈现的"精神宇宙"不是一个人或全部作品

---

① Michel Foucault，（1962）"Un si cruel savoir"，*Critique* 182，p. 609.
② Michel Foucault，（1962）"Un si cruel savoir"，*Critique* 182，p. 609.
③ Michel Foucault，（1962）"Un si cruel savoir"，*Critique* 182，p. 603.

的宇宙，而是一个社会事件的宇宙。

福柯认为，要想进入雷沃尼的文学世界，就不能适应那些用狡诈和讽刺来获得声望的社会习俗，这些习俗的存在是为了获得知识的主权。在这些文本中，内外之间的界限是明确的，没有什么能超过暴徒地下"强烈的兽性"与澄澈的理性之光之间的显明对比。从表面上看，知识的主人和它的对象之间存在着绝对的差别。然而，即使在一个秩序井然，但其间混杂着光明与黑暗的差异世界里，也会发生奇怪的变化——特别是当光是由对传统的僭越所发出时。最后，文本中显现的是欲望控制了欲望，被认知的东西、秘密、隐藏的知识，由于知识的目的是为了理解和秩序、自然和社会与统治欲望相结合。

第二节 语言的散播功能与文学阐释体验

文学指向沉默的我思，这一沉默的我思向人表明言语的不可能性，而却没有向人说明言语何以可能。打破了沉默的语言总是期盼没能得到之物，而沉默则与语言永远互相包裹，使得绝对语言只能流于沉默。二者的辩证关系逐渐发展为一个原初精神的学说和一个现实精神的学说。与其他所有的社会实践活动相似，语言假设了一个毋庸置疑的社会构成性，它的这种构成指向的是终极创造的创造。其问题在于，如何借助阐释言说主体的连续性和一致性，去真正捕捉到究竟是什么在期望、在言说以及在思考。

一、语言的无意识与语境主义

西方现代思潮经历了从意识哲学到语言哲学的范式转变。语言学的转向最令人关注的动机在于，人们认为人类的精神历史和文化表现是以语言为中介的，在对精神活动进行可靠的分析时，不应以意向现象本身为基础，而要从表达那些现象的语言入手。因此需要从两个方面来审视这一精神领域：一是从一般语言、文化和历史的角度；二是从特殊的民族语言、文化和历史的角度。这实际上暗含着关于"一"和"多"的古老哲学话题。如果哲学和科学能够穿透自然语言的厚墙，对于世界的描述统合为单一语言的逻辑规则时，那么理性的概念将长久延续；反之，当理性自身的反思活动受制于各种特殊语法的限制时，它将会分解为杂多、无法通约的表现形式。

对于福柯而言，通过赋予各个不可通约的标准或观点以同等的地位，他的语境主义避免了相对主义结论。他指出了在西方传统文化之外的真理是何以被认为逐渐产生了透视主义的论点。因此，激进化的语境主义必须对其自身进行谨慎的描述。语境主义者总是小心翼翼地避免把某个特殊的历史语言之共同体所断言的东西，说成是第三人称角度的陈述。激进的语境主义者声称，区分知识和意见（从柏拉图开始就有这种区分）是没有意义的。"真理"意味着人们认可按照特殊情形来为某种东西进行有力的辩护。

考虑语言问题时，与其对它的历史进行时间追溯（显然这很难进行），不如将其纳入与人的关系问题上。这不是所谓的折衷选择，而是说必须承认语言对人产生的巨大支配作用，以至于人们很难对这些深刻性产生有效的反思。人如何用另一种语言反思语言本身？因为另一种语言不也是一种语言吗？事实上，思考某种语言与人的关系是可能的，因为语言是无所不在的，且任何人对它都习以为常。正是这种语言与人如影随形的状况，使得我们对语言的认识模糊不清。事实上，在人类漫长的岁月中，语言默默伴随着所有人，并不断成为人的一部分，且已经内在地嵌入人的无意识层面。那么，是否可以摆脱无意识层面去抵达对语言的澄澈理解呢？

首先，需要对语言与无意识的同构性关系作一些澄清。福柯认为，语言的位置在古典时代的地位至高无上，其原因在于这一时期是词与表象的统一。语言是思想的表象，且表象能够被理解。从这个意义上看，语言与无意识的同构结构是可以把握的：

> 构造一种语言或者从内部激活语言，并不需要基本的和初始的指称活动，而只需在表象的核心处表象拥有一种表象的力量，即表象凭着在反思的目光下，一步步把自己与自己并置在一起，来分析自身，并且在一种延伸自己的取代中来给自己授权。①

可见，语言需要依赖某个独立的实在，将各种表象向这一实在汇聚，从而最终达到符合客观的目的。在古典时代，这种表象的无所不在、无所不包暗含的观念坚信表象与真实的、完善的世界可以对应。在福柯看来，表象不是去获得意义世界，而是在不断复制、反映自身的过程中，重复涌现。在这里，话语、命题及它们所涉及的内容都是以表象对自身的敞现来搭建意义世界的。语言就存在于表象与它自身所创之物的距离上。此外，词并不表象思想，而是从内部对表象的不断扩展中去回顾思想的。因此，古典时期的思想可以由语言来

---

① 米歇尔·福柯：《词与物——人文科学的考古学》，莫伟民译，上海：上海三联书店，2016年版，第81页。

进行表达。在这个空间中，语言不是与思想平行，而是被捕捉到思想之网，成为思想的同构物。

然而，对思想而言，它仍然需要建构有关真理的社会化理论。语言必然被放在一种语境主义的立场中，在其寓居的表象上来延伸自己。以这样的方式来看，每一个可能的描述都只是对实在的某个特殊构造的反映，且从语法角度看，在各个语言世界观的某一个当中，这个构造是存在的。同时，在各个话语领域的局部承诺之外没有其他的合理性准则。可以说，这两种立场都无法摆脱自身的困境。对客观主义者而言，他们必须在语言与实在之间采用一个观点来捍卫自己的论点，即在自己所用语言的语境之内部来为这一所谓的"零语境"辩护。然而，由语言构成的每一个世界观都拥有某种透视权利，可是它们依然无法规避行为上的相互矛盾。因此，作为理性的语言中介的两个方面，无论是普遍性还是特殊性，一旦被绝对化，都会难摆脱这种局面。

福柯认为，那些合理性的标准与西方文化中的其他任何标准在类型上都不应被简单地区别。于是，辩护实践与其他社会行为一样，都依赖传统观念、生活习俗及语言模式。"真理"不表示陈述符合某个先于一切解释的结论。真理仅表示赞成。即福柯借此建议那些与他说同一种语言的人接受他认为可辩护的观念。从某种意义上看，这类似于理查德·罗蒂（Richard Rorty）所说的那种以同意的主体间性来说明知识客观性。而这个同意的基础就是人共同的语言和人们实际所共享的生活方式（这与维特根斯坦的风格接近）。在福柯那里，个人对自身偶然归属的语言共同体之内部团结的追求取代了对客观性的追求。可见，作为一名持谨慎态度的语境主义者，福柯不打算把自己的生活世界延伸到抽象的领域当中，他不去幻想那些的交往者都摆脱了各自的狭隘性，从而构建起一个理想的共同体。于是，他避免了一切的理想化原则，而且也不愿意再去使用"合理性"这个观念。因为，"合理性"是一个具有规范内容的极限概念，它试图超越一切局部共同体而指向一个普遍的"一"。在这里，真理在某些严格条件下立足于理由的可接受性，它构成的观点会反过来超越偶然出现在人们中间的辩护实践。这将使得人们逐渐脱离实践，于是，福柯需要再次退回到客观主义。

福柯的语境使用是为了帮助自己保持参与者的视野，即便这样做是以民族中心主义为代价的。在他看来，必须承认我们身上被赋予了语言共同体的解释域之优先性，虽然很难对其进行不循环的辩护。换言之，以民族中心主义的立场来看，人们只能根据自身的标准来检验一切异域的观念。从这个意义上说，如何去界定一个理想化的一般真理或合法性概念显得迫在眉睫。在一些理论家看来，一个理想化的概念结构是不可能避免的。因为倘若取消了一个就是真的观念（即一个在理想条件下可接受的观念）和一个在此时此刻被认定为真的观念之间的区别，就很难说明为何人们能反思地学习，换言之，应该基于什么来改进这些合理性标准。对于这样的问题，他提出的观点为，我们总会在任何时候获得新的证据、遇到新的想法和新的词汇，为了把它们都考虑进来，恰恰不应在某种客观主义的意义上将观念看作是真的，因为那些观念只能得到局部的支撑。或许，这种看法说明了，在福柯这里，追求客观性不是为了逃离个人的语言共同体，而仅是基于实现更多的主体间的一致，也就是将"对我们而言"的指称者扩展到最大限度。因此，要扩展对某一事物的解释域，需要与某种达成共识的主体间性建立联系。只有这样，才可以说批评的可能性是存在的。也正是在这一点上，主体间性让我们能够辨认出对我们自身而言可行的事物，与对他们而言可行的事物之间存在的差异。

二、无人称的写作与文本阐释

福柯在1969年以《什么是作者？》一文对巴特的《作者之死》予以回应，他指出巴特以及结构主义者宣判了"作者之死"的论断并不代表作者的完全缺席。就作者这一身份来看，它自身就是一个背负着历史重任的千古难题。"作者之死"指向的寓意为作者所具有的权威性被消解了，权威性本身还存在，仍有其他的东西（"作品"和"书写"）会取代作者重新登上权威的宝座。在此，福柯认为，历史中"作者之死"本身并未消解权威，只是在传统理论中把狭隘的作者概念（即合法生产一部作品的人）予以了澄清，但话语范围内，作者仍具有着重要的作用。

就这一点而言，福柯主要以无人称的写作来界定写作的两个功能。在他看来，写作首先要让自身从自我表达的需要中脱离出来，其关键不在于表现书写行为，不在于将主体固定在语言中，而是要创造出可供书写主体永远消失的空间。其次，写作把自身与死亡之间的血缘关系展现了出来。这直指两者永不可脱离的宿命。在传统理论中，写作的功能是让作者以及文本中的英雄永垂不朽，让人以语言来实现自身的永恒。然而，现代写作的要务已经抛弃了这一诉求，更多是去强调某种必要的空置，以越过作者而走入文本。

关于作者的问题，福柯以对作者的名字和专有名称的区分来展开的。他指出很难用同构关系来对作者的名字与所指示之物进行解释。他还举出了一个假说来阐释问题：人们论证了莎士比亚曾编写过培根的《新工具》（*Novum Organum*）一书，而这个叫作莎士比亚的小说作者既写了培根的短篇小说，又写了莎士比亚的长篇小说,那么,这个叫作莎士比亚的小说作者名称产生的功用也就大大不同。此外,在专有名称和被指示的个人,以及作者名字与被指示之物上,区别远不止于此。这实际上更说明了作者名字涵盖着的自相矛盾的特性。福柯举例,说皮埃尔·杜邦不存在(专有名称,表明没有任何人拥有皮埃尔·杜邦这个名字)并不是说荷马和赫尔姆斯·特里斯墨吉斯修斯不存在(作者名字,意味着几个人混杂在同一个名字之下或者真正的作者根本不具有传统意义上属于荷马和赫尔姆斯这个角色的特征)。说某人的真名实际上是雅克·杜朗德而非皮埃尔(专有名称的例子)与说司汤达的名字就是亨利·贝勒(作者名字的例子,司汤达是亨利·贝勒的笔名)不是一回事。可见,专有名称与作者名字并不是对等的,两者具有较大的区别。

针对这些看法,福柯认为一位作者的姓名并没有被简单地看作是语言中的一种成分。例如作者的姓名既可以作主语又可以作宾语,也可以被一个代词所替换之类。他指出,作者的姓名扮演着和叙述语言有关的一个角色。首先,作家的姓名要担负起部分分类的功能,一个作者名字在某种意义上是为了对某些文本进行分类而出现的。其次,作者的名字能将各种文本归置到名下,并与文本建立某种同源性的关系。因此,从这一点来看,作者的名字是有效概括某类话语之存在形式的标记。在他看来,作者名字与专有名称不同,话语是带着作者的名字来使其成为一种可被接受的特殊形式,这样它才能在某一特定文化中成为有地位的言语。因此,作者的名字不是从话语结构的主语位置向作为作者的个人移动的。相反,作者的名字描述其存在方式,作者的名字不具有合法身份,也不存在于作品的虚构中。它应存在于构筑话语的某种构成物与其存在的独特形式的断裂之中。在这个意义上,福柯更在意让这些作者功能发挥作用,而不是以作者身份来限制住自由思考。

正如福柯所言,在西方文明的进程中,存在着某些被赋予了"作者功能"的话语,而这是相对那些被剥夺此种功能的话语来展开的。也就是说,借助对作者功能的探究,福柯解构了主体性这一在文学理论中极为重要的命题,从而建立起他自己的现代作者观。以往的作者观基于对作者"主体性"地位的确认,强调作者是作品及其意义的生产者。在作者的创造中,无论其采取何种方式都是在传达真理性的意义,因而对作者所构建的世界并不怀疑,且以此为基础尝试着去领会作品的真正意义。于是,作者既是作品的第一创造者,也是意义的最初来源。然而,面对虚构的文学作品,作者要怎样才能使读者相信这样的虚构具有表面上的权威?希利斯·米勒(Hillis Miller)在《文学死了吗》一书中谈道:

>作者巧妙地、有意地操纵词语，使它们成为具有施行效果的魔法，如此而来，它们就在读者心中产生了信任。①

施行（performative）在这里更多是突出作者对语言的掌控，以便使其发挥言语行为的作用。因此，作家自身并不产生意义，而只是因为作家在话语上施展了魔力，才使话语在意指之间的运作达成意义的生产。

语言学的转向，特别是在语言形式要素上的精确分析，使得文学研究从关注经验世界转而关注语言本身。作为对客观现实的模仿的语言观已经过时。在索绪尔这里，语言是某种形式，而非实质的东西。如果以这样的观点来介入文学语言，近现代文学理论的发展路径显然与其格格不入。自柏拉图起，经由古典主义直至浪漫主义，文学的核心问题都是围绕作者来探讨的，作者意图是文学作品意义的关键。文学中有关"去主体性"的作者理论的产生，推进了现代主义文学的理论发展。如果要理解"去主体性"的现代文学之核心问题，需要重新思考巴特和福柯关于作者地位的探讨。借助两人对作者问题的颠覆性思考，可帮助我们理解为何传统的作者观在现代遭遇到如此激烈的抵制和反叛。

传统的文学观念总是在作者意图与作品意义之间划立等号，特别是在客观历史主义、实证主义、语文学盛行的年代，这种观念占据着重要位置。相反，现代作者观更多是站在否认作者意图对作品意义的独断解释权的立场之上，并在形式主义、新批评以及结构主义的兴起下日渐普及。可以说，福柯是赞同这样的文本认识路径的，因为他想要恢复某种"激情"的文本。他发现在相当具体的领域中存在着细微的差异，需要将这些细微的差异置于更大的历史时刻的支架之上。毫无疑问，这种方法涉及一系列的遗忘现象：其一，部分过去的内容被遗忘，而这种遗忘是通过博学和争论的途径发生的，同时这一过程也为未来预留了发展空间；其二，例子和更广泛的形式之间关系的部分或比喻性质被遗忘；其三，时代之间的连续性被遗忘；其四，作家的历史地位及其有限的观点被遗忘；其五，文本本身所产生的"疯狂"效应（这是一种不考量自身结构的特殊方式）被遗忘。显然，这种系统性的健忘症将使文本更具洞察力和活力。

福柯对作者权威的抵牾，与其对文学以及文学研究的效用看法有关，即在现代社会里，文学及其研究应被置于何种位置，或者说该如何看待现在的文学位置之历史形成？实际上，文学研究并不仅仅属于生产温顺社会的工具，尽管它们也并非完全地置身这些工具之外。这给文学研究留下了一个问题，如何解

---

① 希利斯·米勒：《文学死了吗》，秦立彦译，桂林：广西师范大学出版社，2007年版，第159页。

释它们与现代权力的关系？是什么内在属性使文学与社会秩序、个体产生复杂的相互作用？要回应上述问题，需要通过分析一个比文学本身更大的范畴——表象，来进行思考。第一个原因是文学长期以来被视为是表象的亚种。正如德里达所说的那样，如果文学是在一个相对最近的突破中诞生/消亡的，这样看来，"整个对艺术解释的历史确实在模仿概念所开启的各种逻辑可能性中发生了移动和转换"①。至少在传统上，"表象"的概念使"文学"的概念合法化和广泛化，它允许文学被置于"表象世界"的内外，以避开"真实话语"的逻辑。② 也就是说，它允许文本具有在现实世界中的魅力和伦理潜力。即使是"浪漫主义"也声称文学最终超越了像信仰和思想这样的表象性范畴，它的力量来自表象范式。它的能量来对表象的不断否定。因此，我们可以追问，一种既不是从表象范式的角度看，也不从它的否定角度来看待的书写，看起来像什么？

三、语言表象与模仿的谵妄

从福柯的角度出发，在政府立场上，文学的使用也取决于另一种意义上的表象。文化教育试图在一个统一的、连贯的文化传统中来型塑个体——在这个传统中，每个个体都是一个位置的持有者。尽管这与父权曾经是君权的位置持有者不是完全一样的，但当政府与更广泛的社会需求和集体协商时，它就以这种方式开始运作。马修·阿诺德（Matthew Arnold）和乔治·艾略特（George Eliot）等作家认为，代议制民主的稳定取决于一种信念，即规范和传统是共享的，每个人都代表着它们。正是这些规范和传统要求教育的产生和复制，从而形成在一系列变化中代表着一个单一实体的个人，即文化及其价值。个人无形地体现和代表着文化；政治领域代表着（群体）个人。正是在这些术语中，教育、文化（包括文学）和政治相互联系的复杂系统，建立在"代表"概念的有效性和对其有效性的接受之上。在这个系统正受到政治上的质疑的地方，正如海德格尔最初意识到的那样，这个概念也必定会受到质疑。

此外，福柯和其他文学理论家已经证明，表象和模仿本质上是不稳定或"疯狂"的范畴，从一开始就被描述为"疯狂"。正是这种疯狂使表象成为一个

---

① Jacques Derrida,（1982）*Dissemination*, Barbara Johnson, trans., Chicago: University of Chicago Press, p.187. 关于这一问题，保罗·德·曼（Paul de Man）以略微不同的压力重复评论道："不可能设想一种不会模仿的现象体验，因为不可能设想一种不依赖于模仿作为构成类别的审美判断，康德的情况也是如此，涉及主体内在的分析意识。"

② 这是为了把西方思想对非表象或"非反思性"思维模式攻击的历史延续下去，这些攻击大约从17世纪开始被妖魔化，尤其针对女性和非欧洲人，认为他们不能知晓并反映任何思想。

强大的概念，难以超越。需要说明的是，表象是一个如此强大的范畴，可以说，只要它在现代政府对文化传统的掌控中，不让过去的死亡企图得偿所愿，要放弃表象作为分析文化的工具就是困难的。然而，这并不是要摒弃非代表性的政治来实践福柯所倡导的东西，也不是要回归旧的文学阐释模式，而是旨在培养敏感的、具有警惕性思维的创作者和解读者。

走向一种被"模仿"概念控制的文学思维模式时，首先必须要问：模仿、写作和疯狂是怎么回事？在更详细地定义模仿之前，在回到柏拉图的《裴德罗篇》(*Phaedrus*)，在那里，西方对表象的狂热得以确立。裴德罗假定两种疯狂：世俗的和神圣的。世俗的狂谲无趣，毫无价值，但正如柏拉图笔下的苏格拉底所宣称的那样，神圣的疯狂在以前被认为是一件好事，现在也应该被认为是一件好事（柏拉图已经在讲福柯的疯狂世俗化的故事了，也就是说，神经错乱与疯狂之间的分裂）。神的疯狂是神与人沟通的渠道。神志不清的人在缪斯的启发下喜爱并表达自己，通过阅读符号来预测未来，把世界看作是柏拉图式的形式和本质的象征。与此相反，写作消除了现实与神性疯狂最密切接触的区别，它仅仅是书写表象。从写作中学习是机械地学习，是间接地了解。像绘画一样，写作不能回答问题。

争论的转变可能看起来很模糊，但似乎柏拉图对写作的恐惧可以从他的教学方法、他的个人的或者说是制度的角度来理解。需要保持劝诫（protreptic）的力量，这是一种旨在说服听众相信老师适合教授美德和真理的修辞。对于真理的讲述问题，苏格拉底说：

> 真理应该被看作是一个人的合法儿子，如果这些儿子起源于它自己，但在一个次要的层面看，如果我们可以称为它们的孩子和亲属诞生了，正如它们所是那样，是在他人处诞生的。①

写作，把语言从老师的嘴里移开，破坏了直观的基础，使学生成为私生子。而神性的疯狂，仅仅是个人的占有和权威洞察力的绝对保证，是不可传授的，这就给教师——辩证法专家，留下了一个小小的余地来练习他的技巧——把他的声望建立在一个消失点上。当然，比起课本，柏拉图更喜欢老师的实际存在，这一点被埃奇沃斯等人反复提及，就像"自发模仿"或"教得自主"的问题是在他对写作的攻击中被预示出来的一样。

---

① Plato, (1973) *Phaedrus and the Seventh and Eighth Letters*, Walter Hamilton, trans., Harmondsworth: Penguin, p. 101.

在现代思想中，没有什么比德里达的论文《柏拉图的药》（*La pharmacie de platon*）的第一节更清楚地考察了这些关系。对德里达而言，当一件事被重复，一个物体被复制，一种感觉被表达，或者一种语言被认为与世界相连时，柏拉图式的"mimesis"可能就有问题了。当一种文化产品被解释为一种社会形态时，无论这种社会形态是如何被取代的，它也是可疑的。例如，在这种情况下，文本被解读为一种特殊的社会政治紧张的"症状"，或作为一种特殊意识形态矛盾的表现。

一般来说，模仿对象要么与原初相同，要么与原初不同。如果它们相同，那么复制品和原始物的区别就消失了。这就进入了拟像的危险世界：福柯在《这不是一只烟斗》（*Ceci n'est pas une pipe*）中用"相似性"来说明这种模仿的否定版本。① 然而，模拟越接近原初的存在，它就越能揭示这个物体的本质。因此，作为揭示的真理（海德格尔的"aletheia"）已经在它里面埋下了一个模仿的时刻。揭示就是模仿地揭下一个内在本质的外在方面。在这里，一个模仿的物体与它原来的物体没有区别的潜力被积极地改变，并建立了一个完整的美学理论，就像亚里士多德的《诗学》（*Peri Poietikes*）一样。在《这不是一只烟斗》中，福柯并没有把这种重复性形式称之为"相似"。② 此外，如果模仿的对象与其原初对象不同，那么它是错误的，尽管在这里又有可能出现积极的变化。对于新古典主义和古典现实主义来说，艺术本身不是真实的，但它可以揭示更深层的自然或社会的真理。事实上，"表象"的概念指向对重复范畴（拟像）的统摄，和对绝对单一性范畴（以及其他事物的扩散）的控制，但它这样做的代价是，一旦它被分析和概念化，可见的是，"坏的模仿"形式将被曝光。同时，由于在模拟的范式下，世界经历了现实和它的表象之间的双重分裂，因此也就变得更难以确认出福柯和越界理论家在本体论处发现它的超越性了。

抛开这些复杂性和困难来说，模仿范畴看上去如此"自然"，部分原因是它们含蓄地诉诸一种层次化的"表象"观。一个原初的、站在小层次的顶点，作为一个比较的标准，反映着它的形象。然而，正如德里达所指出的，相似性背后的原初性——信任，也就是逻各斯中的信任，只有在原初性受到威胁时才会出现。逻各斯作为表象之前或之后的"真实"载体，其矛盾之处在于，它并不比模仿更古老，而是与模仿处于相同的时代。因为"真实"的问题只能出现

---

① Michel Foucault，(1982) *This is Not a Pipe. With Illustrations and Letters by René Magritte*, James Harkness, trans., Berkeley: University of California Press, p. 44.

② Michel Foucault，(1982) *This is Not a Pipe. With Illustrations and Letters by René Magritte*, James Harkness, trans., Berkeley: University of California Press, p. 44.

在真实存在的事物、事物所面向的对象，以及真实存在的对象的时候。德里达重复了柏拉图的观点，认为这是必要的，这是一个关于母系繁殖的故事。逻各斯不仅仅是"父"——话语中真理的坚实基础——而是一个"子"，从本源转移而来的，他身边有一个父亲，他为父亲说话。这种以符号为中心的结构既存在着儿子先于父亲的可能性，也存在着儿子和父亲之间关系已经具有相似性的可能性。在这个命题处，把一个复制品看得更像原作而不是原作，就等于在任何时候、任何地方都不可避免地引起一种非神性的疯狂。自我呈现，即真理所对应的自我呈现，充其量不过是一种模仿善的系统结果。在其中，再现（或镜像）既与表现不同，又与表现一致。

对福柯而言，无论是自我存在，还是好的或坏的模仿结构，都能从表象系统中单独地抽出。确实，糟糕的模仿不仅存在于拟像或纯粹的重复中，也存在于在自主幻影破裂处的表象与客体之间的关系里。在现代性中，自主性是一种倾向于否定模仿的形式。正是在这里，现代文学本身被困在模仿的断裂逻辑中。只有假设一个原作及其形象彼此分离，自主才能被表现、归因或想象，就好像镜子在被反射时会被打碎一样，让镜像本身成为原物。打碎镜子的力量通常被想象成危险的，与疯狂有关，尤其是当它向激进的主观性推进时，青年的黑格尔用这些术语来斥责费希特："有时在听到别人努力产生纯粹的意志行为和智慧直觉时，我们会发起疯来。"[1] 当然，这种对自主性的追求并不总是或必然指向主观性，它也可以追溯到注定要把语言的物质性与其所指和反映的力量分离开来，以使"能指"与"所指"分离。这种理论所要表达的希望是，如果除了所指之外还有能指这样的东西，那么语言将从对世界的模仿依赖中解放出来，但无论如何，仍然是语言。

尽管表象作为一个概念必然是不稳定的，但这种不稳定的形式排除了任何先验的可能性。简单地说，模仿的可能性条件是无法描述的，因为这些条件总是与它们建立的条件成了一种模仿关系。因此，关于模仿的思考或理论是平淡的、琐碎的。虽然这是某些早期运动的目的，尤其是结构主义，它试图摆脱模仿的范式，但不可能解释象征系统是如何产生表象效果的。我们面临的挑战是要分析一段在这样的方式之外的写作历史，而不是试图用非模仿的方式解释"意义"。

总而言之，福柯这个自我实践、话语结构、真理游戏和权力关系的理论

---

[1] G. W. F. Hegel, (1977) *Phenomenology of Spirit*, A. V. Miller, trans., Oxford: Oxford University Press, p. 157.

第二章 / 福柯后现代主义的文本观与文学阐释学

家，必须对模仿的学生说些什么呢？他试图把西方思想从模仿的逻辑中拉出来。首先，依照内在规则的顺序呈现话语和其他表象领域，即不反映世界；其次，坚持它们的"稀有性"——坚持特定元素的物质特性及其特定的"énoncés"配置渠道；再次，严格拒绝寻找文化产品中反映的特定和固定的人类本质；最后，接受"表象"也是一种事件，如果它是一场特殊的事件。更"形而上学"地说，他还认为，话语进入了表象的范式，当它试图组织不能被组织的东西时，比如疯狂，或者试图替换不能被替换的东西时，如死亡，它就进入了表象的方式。这是一个无法避免的尝试。福柯的策略是，通过摒弃历史观念，即那种认为历史是由大的进步运动所席卷而来的并扫除过去的一切（如合理化或解放，甚至是对影响的焦虑）的观念，他鼓励我们在事件之间的局部关系上持续地工作。

以这样的方式来思考福柯，就会导致不同的意义得以生发，而不是像早前的文学评论家或历史学家那样去接受和阐述他对现代权力的具体分析，去梳理这种力量是如何通过特定的文本或作品反映出来的，或者在结构上是如何体现出来的。例如，维多利亚现实主义小说的叙述，结合它不可能完美的结尾，成为一种全景敞视的媒介；或伊丽莎白戏剧的狂欢化的一面不是为了颠覆，而是为了指称君主权力和荣耀。① 尽管这样的作品可能是有用的和感性的，但这种方法自知，它从一开始就是通过历史的自信来书写过去的。尤其当一个人从一个历史时代的理论出发，以模仿的方式审视其产品时，很难解释文本和体裁的特殊性，也很难解释社会文化互动的特殊性，一些有力的新历史主义批评，如大卫·米勒（David Miller）的《小说与警察》（*The Novel and the Police*）和凯瑟琳·加拉赫（Catherine Gallagher）的《生物的经济学——我们共同的朋友》（*The Bio-Econmics of Our Mutual Friend*），就着重在现代权力流及其交换循环中，以文学文本间性作为一种策略来抵制现代权力。② 从一个社会理论开始并向外展开的分析，把文本看作一种表达、一个寓言或一种症状。简言

---

① 可参见 Jonathan Arac, (1979) *Commissioned Spirits: The Shaping of Social Motion in Dickens*, Carlyle, Melville, Hawthorne, New Brunswick: Rutgers University Press, p.76. & Jonathan Goldberg, (1983) *James I and the Politics of Literature: Jonson, Shakespeare, Donne and their Contemporaries*, Baltimore: John Hopkins Press, p.54. & John Bender, (1987) *Imagining the Penitentiary: Fiction and the Architecture of Mind in Eighteenth-Centuiy England*, Chicago: University of Chicago Press, pp.106-107.

② 可参见 D. A. Miller, (1988) *The Novel and the Police*, Berkeley: University of California Press & Catherine Gallagher, (1989) "The Bio-Economics of Our Mutual Friend", in Michel Feher, *Fragments for the History of the Human Body*, Cambridge: MIT Press, pp.127-148.

之，表象在它们所在的社会中已被写下，并且留下一个被敞开的问题：为什么现在它们是重要的了？或许，需要注意的是，福柯的大多数叙述都没有充分地探索出"究竟什么是危险"。当分析在模仿和非模仿范式之间摇摆不定时，他试图以所有可能的严谨和力量来研究后者。从这里看来，便开始涉及历史修正主义的漫长生涯，特别是在研究文献的方法上。

那么，存在着将审查产生图像和文字（罕见的元素"énoncés"）的技术；它们通过的电路；它们与表面化、愉悦、权力、诱惑和秩序的关系；它们在文化、社会和法律上的使用和流通的限制；永远存在着失和可能性和循环机制的制约，以及它们对个人生活的复杂影响，这些影响不仅仅是伦理上的或模仿性的，它会对管理人口的制度以及在政治秩序、文化和公民社会之间的旧分歧的产生摩擦。这样做是因为它对自己的社会和制度地位和作用有强烈的意识，并且有一种不抱着最利于规范化历史的倾向。如果可能的话，所有这些不要回到对他者和同一事物的简单区分上，特别是在他者是过去，同一事物是现在的情况下；不要假设，不要太急于在"我们"和"他们"——过去文化的生产者和消费者——设立共同的倾向。可见，在斯蒂芬·格林布拉特（Stephen Greenblatt）这里，这种对文学谱系的研究，尤其是在以《莎士比亚谈判》①（"Shakesrpearean Negotiations"）为题出版的相关论文中，最为细致和巧妙地展开了这一研究。正是在他的作品中，福柯所面临的困难才最为公开地暴露出来。

第三节　后现代主义的文学文本观

关于文本的问题，解构主义打破了原有的固化观念，为思考文学文本提供了新的思路。从某种意义上讲，由于语言作为人类沟通宇宙本来面目的桥梁地位正在慢慢消解，人们很难再把人类语言的真实看成是对宇宙本真的描摹。于是，语言、世界、文本三者的空间被打开，那些曾经联结文本与世界的语言成为漂浮不定的空洞能指。这种"文本之外，别无他物"的视野，促使人开始转回到文本自身，进而否认外部事实的存在。因此，文本与世界之间充满着难以回避的界限。在德里达看来，不要再去迷恋那种现实主义的文本观，即将文本

---

① 这并不是说福柯的工作落后于格林布拉特，格林布拉特也以解读现代民族志及其理论为研究方向。

（词）与世界（物）之间关系看作是直接的对应指涉关系。事实上，解构式的文本观并非是要消解文本与世界的关系，而是帮助文本摆脱外部世界的束缚，从而焕发新的活力。这意味着既无法将文本等同于世界，又无法彻底将文本隔离于世，而应看到两者间纷繁复杂的关联。正是在这里，福柯的工作变得更加细致和微妙。在他看来，这些关联充斥着大量以自由人文主义出发来设定的常识和惯例，且它们本身来自知识和权力、意识形态与政治的彼此交织。然而，通常的历史研究始终在这个大框架内活动，期冀以超越时空的永恒真理，来实现史实的客观与独立。事实上，这些历史书写不可能摆脱主观化的倾向，它们仍是以人文主义的意识形态为预设前提的。

一、后结构主义的文学文本生成及塑造

在后结构主义论者这里，历史不仅是关于过去的客观认识，而且是被社会语境所决定的当下阐释。人们总是围绕历史真实这一问题进行着长久的争论，而忽视了历史文本叙事中的文学话语形式。这种把历史奉为由某些真理对人的经验予以固定的做法，肇始于人们对历史文本能够"再现历史事实"这一观念的迷信。正如当代文学评论家琳达·哈钦（Linda Hutcheon）所说：

> 没有哪种再现的形式能够将"事实"与构成事实的阐释和叙述行为分开，因为事实正是通过这些行为产生的。而哪些最终会成为事实和其他任何事物一样有赖于历史学家所处的社会和文化语境。[①]

在后结构主义的推进下，可以看到关于历史文本的其他塑造可能。这需要对世界中的社会、政治等方面问题的再现形式进行反思。也就是说，需要重新考虑历史知识的客观性、稳定性和构成性的决定性地位，以便应对临时的、不稳定的、待建构的当下状况。更进一步说，临时的、不确定的，以至于在党派性的纷争中，都在凸显着对历史再现的阐释性能力的质疑，并直接导致对某些隐含价值判断的抵牾。

历史书写中的叙事话语问题逐渐显现出来，历史学家需从依时间顺序排列的事件中进行文学话语形式的创作。这一做法意味着历史叙事被赋予人造的结构，而不是所谓的"自然化"形成。我们可以发现，一旦涉及再现世界，历史的或小说的，或牵涉开端、中间和终结等最常见的叙述方式时，文本生成通常

[①] Linda Hutcheon，（1988）*A Politics of Postmodernism: History, Theory, Fiction*, London: Routledge, p.146.

都指向了某种意义和秩序的建立。因此，不管的是爱德华·霍列特·卡尔（Edward Halleff Carr）、海登·怀特（Hayden White）还是琳达·哈钦（Linda Hutcheon），他们都对事件（event）和事实（fact）作出了区分。在哈钦看来，被人们赋予了意义的事实便是事件：

> 一切过去的"事件"都是潜在的历史"事实"，但真正成为"事实"的只能是那些被挑选出来并得以叙述的。①

从严格意义上讲，没有作品的缺失。因为作品首先是在作家、哲学家和非理性画家的支配下来呈现事件的爆发。它们存在于失去世界之锚定的"疯狂时刻"。这可在福柯有关"疯狂"的论述中找到模型，随后在一系列小的物件中得以呈现。其中之一是他在1964年的一本专门研究精神病学的杂志上发表的，题为是《疯狂，作品的缺席》的文章。

福柯认为，"缺席"的指标，首先是作品的不完整性，或者说是材料的不完整性，作者因为无法继续下去而被中止。但如果我们把所有的结果都画出来，这个将写作倾注到非写作中的"时刻"似乎更像是一个隐喻：作品中会有一个共同体的空白，整个现代写作似乎注定会出现空白。因此，这种作品缺席的观念将逐渐脱离具体的事件，写作停止成为现代文学思想的一个方面。夜之核心（不可知、不可说、不可恢复）将从一开始就深深植根于思想和写作之中。

福柯的假设是，西方社会已经挣扎了近两个世纪，不可能想象一个没有担保人的世界，每个容器都会被刺穿，任何东西都无法发现、保存、培养或积累。因此，他并不希望通过封存来保护他的疯狂文本，反而是想借助他的方法来污染整个科学体系。如果西方文化的大厦是建立在一种包含疯狂的姿态之上，那么一个与非理性并立的文本又将如何运作呢？在这个空间里，文学作品将居于何处？它们既不是世界的居民，也不是纯粹的"疯狂者"？

福柯认为，没有作品可以深化这种形式，同时，他在虚幻和疯狂之间划清界限，找到了建立现代文学史的基础因素，从而找到了思想史的新分布。疯狂与非理性，正是在这两个词的交叉点上，福柯将其放在他的第一本书中，然后决定删除这个标题和他的抒情指控，只留下冷静的副标题——古典时代疯狂史。疯狂指的是差异和疏离的游戏，非理性则表示思维顺序的退步。疯狂表现

---

① Linda Hutcheon,（1992）*The Politics of Postmodernism*, *Politics Today*, London: Routledge, p. 75.

为与历史、物种及其症状的联系，非理性则表现为与永恒真理、自然和语言表象的联系。这两张不同的面孔从19世纪逐渐分离开来，一张是出现并肯定了对疯狂的临床和时间解读，另一张是文学现象的扩展和"眩晕"思想的出现：

> 然后疯狂进入一个新的周期。它现在已经脱离了非理性，非理性将长期存在，作为萨德对荷尔德林、奈瓦尔和尼采的严格重复的诗学或哲学经验，这是一种语言的纯粹潜水，它废除了历史表面上的闪闪发光。迫在眉睫的远古真理是更不稳定的理性。对于19世纪来说，疯狂有着不同的含义：它将……非常接近历史。①

因此，要创造疯狂的历史，就必须在空洞中创造非理性存在的可能性历史条件之历史，并从这个立场出发，在精神病学的考古背景下，审视已经成为现代真理的体验构成。在重印时，书名中的"非理性"一词消失了，并从书的前言被划去，它由此得到一个秘密的角色：也许正是因为它被抹杀，反而使其更为活跃。在这场充满空洞的游戏中（可在福柯不止一本书内发现），将见证社会反对这一有可能使其本质消失的具有保护姿态的历史，这也是它真理的一个方面。因此，非理性将与这一孤独真理的开放联系在一起，并与文学空间中同时开放的任何其他领域和好。在迫切的真理面前，揭幕和打开眼界等术语都很好地说明了福柯此时对文学产生兴趣的实质，这也表明他选择参考文献之来源的某种共性。

由于福柯也不可避免地受现实因素的影响，在历史事件中选择的材料需要与预先设想的叙事框架相匹配。因而，筛选出来的现实参照，总有协助文本释放出更多的意义的目的。的确，事件曾在过去存在过，它带有过去的经验内容，必须经过筛选、组合、固定来为事件命名，并重塑历史事实。福柯认为，需要注意那些随时间流逝却未能真正变动的东西，追索它们因何种力量才能保留至今并持续影响着当下人们的思想。从这个意义上说，历史不是被发现，而是被构造，叙事话语总是某种意识形态的制作手法，福柯也无法以客观性来逃避他或隐或显的意识形态倾向。

事实上，福柯后来对鲁塞尔产生兴趣，主要是因为鲁塞尔的作品比其本人更受关注。但在1959年，令福柯着迷的文学似乎是与世界接触的文学，更接近理性与非理性共享的冲突时刻。这一构成是分享疯狂的姿态，而不是建立起

---

① Michel Foucault, (1961 [1976]) *Histoire de la folie à l'âge classique*, Paris: Plon, Réédition Gallimard, p. 472.

来的科学，它一旦完成就会分裂，并从容地回归原位。这是引发建立理性和非理性之间距离的中断。① 正是从分享中诞生、定义和限制了疯狂。禁闭并没有使它消失，相反，禁闭给它一个中心地位和爆炸的虚拟性：它只是一个被隐藏的信息，一种被压制的姿态，"不是通过包围邻居来让自己相信自己的常识"②。诗歌艺术的必由之路是打破意象的魅力，以想象开辟其自由之路，以绝对的真理进入梦境，进入其夜之核心。③

这个"夜核"是福柯多次使用的表达方式，这是图像背后的结合原理，它是不能说的默认，或者指那种在弗洛伊德看来是无法追溯的原始。因此，制图领域是客观的、单调的和不规则的阅读，当梦境的真实体验允许与"从身体中解放出来的灵魂渗透到宇宙中"的任何部位结合时④；而图像是视觉摄影，想象力打开了一个未知的空间："图像模仿彼得的存在，想象力迎接着它，拥有图像是放弃想象。"⑤ 因为文学作品都是在空白纸页上创作的，它拥有自己的游戏规则，梦是一种关于世界的体验，它总是"按部就班"，或者更确切地说，总是"原始的"：

> 梦揭示了最初的运动。通过这一运动，生活在其无法弥补的孤独中，梦揭示了它的原则，这个世界的歧义指的是客观存在的存在和体验。通过打破对良知的警惕和恢复人的自由之客观性，梦矛盾地揭示了自由向世界的运动，自由从这里成为世界的原始起点。⑥

福柯从宾斯万格处回到自己身上，解读的态度并不影响梦，而是激发出与梦相关的更多理解。同样，正如在悲剧中所看到的，命运也扮演着英雄，并希望通过解读和调查来控制它。因此，几年后，福柯顽固地拒绝在他的作品中区

---

① Michel Foucault,（1961）"Préface à l'édition originale de folie et déraison", *Histoire de la folie à l'âge classique*, Paris: Plon, *DE I*, p. 187.

② 福柯对绘画作为图像，符号或世界表示的集合不感兴趣，而是利用包含这些元素的站点（作为"操作表"）进行绘画。他对绘画的兴趣（从莱斯梅尼涅斯到马奈和马格利特）体现在通过指定其外部（证人、情节、飞行路线、倒车路线等）而使图像泛滥。

③ 夏尔利用这种自下而上的方法，在"正式分享"中将梦描绘为越来越多的无效投入，拥有独特的回收权力。据说，福柯在瑞典担任乌普萨拉法国众议院院长期间，对于夏尔所召唤的"夜色中的夜光"并不感到疲倦。

④ Michel Foucault,（1961［1976］）*Histoire de la folie à l'âge classique*, Paris: Plon, Réédition Gallimard, p. 114.

⑤ Michel Foucault,（1961［1976］）*Histoire de la folie à l'âge classique*, Paris: Plon, Réédition Gallimard, p. 143.

⑥ Michel Foucault,（1961［1976］）*Histoire de la folie à l'âge classique*, Paris: Plon, Réédition Gallimard, p. 143.

分文学自由和个人病理学的内容。在文学中,客观与主观是不可能共享的,因为客观与主观是平等、混淆、沟通的恰当场所。

梦和写作有着相同的特征:它是一种极其孤独的习俗,一个没有任何可比性的地方,一种无所不能或绝对的分离。在福柯的序言中,诗歌被看作是一种姐妹性的分析活动("诗歌"是"表达"的升华,它试图掌握自己,但绝非任何猜测。这是一所免费学校,也就是说,是自上而下的活动)。可见,这是福柯痴迷于心理学的第一起点(从弗洛伊德之后的宾斯万格处),逐步展开一项救治"语言疾病"的医疗活动。① 然而,福柯的序言是一种信仰的产物,这种信仰以"语言的力量"为标志,它以对理解的渴望在未来带来一种下降的力量。这一序言以"仅有幸福的表达"这句话得出结论,并力图克服求知的意志。

由于诗人对精神分析家/理论家/梦想家的反应,福柯实际上是演讲者的临时助手和忠诚的合作者。他的第一篇文章有多种声音,既没有诗歌,也没有理论叛徒,只是在昼夜的歌颂中,于抒情诗中占有一席之地。但在福柯处甚为罕见的是,那些被引用的文章本身占有一席之地。这第一次尝试表明,福柯不再是一名作家,而是一位诗歌导演。他批评了上帝,并在他自己的小剧场保留着神圣的干预作用。这种存在的声音消除了话语的困境。

"人类的自然语言"② 这一主题与让-皮埃尔·布里塞特(Jean-Pierre Brisset)的作品相呼应,这是福柯两篇文章的主题。但这种兴趣变得遥不可及:布里塞特或卢梭的忏悔③从自然纯净的原始语言中凝聚了共同而坚定的目光,将以疯狂且神秘的体验来传播疾病,却远离智慧的向导和载体。福柯在为宾斯万格的《梦与存在》(Dream and Existence)撰写序言时,也对海德格尔对其的影响颇为认同。福柯在序言中谈及这种"原始语言"被不断地使用:当哲学倾向于诗歌时,将以最直接的讲真话的方式予以呈现。然而,诗歌这个词,加上海德格尔的指称和夏尔的名字,将从随后的文本中完全消失。直到20世纪80年代,这些文字才再次出现。在这种模式的连续性下(从哲学和精

---

① 这是来自法兰西学院的米歇尔·福柯的名言,并于1971年4月21日在加拿大广播电台播出。文字如下:福柯将其心理分析的初恋与初恋本身联系在一起。由于拥有医学背景,"医学凝视"或诊断是他童年时代的基础之一。之后,心理分析代表了福柯闻所未闻的好奇心对象,它是对"言语疾病"的治疗,这是传统沉默医学所忽视的领域。

② 约翰·戈特弗里德·冯·赫尔德(Johann Gottfried von Herder)的《人类历史哲学思想》中也有这样的说法。

③ Michel Foucault, (1962) "Introduction", à Rousseau Juge de Jean-Jacques, Dialogues, Paris: Librairie Armand, pp. vii-xxiv.

神分析到不能继续的诗歌),我们有理由认为福柯已经取代了尼采风格中最令人兴奋和疯狂的统治,哲学同样扮演着看护者的角色,而文学是暴力的源泉。

具有讽刺意味的是,在1954年福柯谈论宾斯万格的文章发表的那一年,被罗杰·凯洛斯(Roger Caillois)称之为"优秀的科学实证"①的初级技术书《精神疾病与人格》(*Maladie mentale et personnalité*)也出现了。值得一提的是,它来自一个对文学持积极态度并保持最热情姿态的人,这就是为何福柯曾一度参加并最终又被布列东逐出超现实主义运动的原因。

这是历史上第一次出现关于疯狂史的游戏,这使它成为一本了不起的书。作为一种里程碑式的存在,福柯一手挥舞着某种"科学的实证主义",另一手却把这种悲剧性意识,这种"夜核"或诗意的能量作为一种隐藏的储备之物给点燃了。可以说,这种做法在某个时候就开始了,现在它正困扰和侵蚀着西方文化最隐秘的部分。正如宾斯万格的梦之描述,福柯的"非理性"更接近主体性的根源。在《疯狂史》中,福柯多次将梦视为接近疯狂的经历②,因为两者都是最原始的:

> 疯狂本身的意思是,对于19世纪初期的思想和诗歌,梦中的混沌图像也说出同样的话:人类的真相很古老,非常接近,非常沉默,非常危险:真相比所有真理都隐蔽,是最接近于主体的诞生。③

福柯认为,文学中的梦与疯狂的体验涉及客体和主体的根源("而不是幻想,也不是幻想与幻想的偶然强化"),即"疯狂与梦想之间没有矛盾,这不仅是极端主体的时刻,而且是讽刺客体的时刻"④。宾斯万格在《梦的体验》的序言中写道:"梦的体验是对道德内容的绝对揭示,充满着自由的真实运动,这是对责任感或对自由的遗忘,以及因果关系的倒退。"⑤ 之后,他又进一步

---

① Caillois R., (1955) *Michel Foucault*, *Maladie Mentale et Personnalité*, *Critique*, n° 93, pp. 189–190, cité dans la Chronologie de D. Defert, *DE* I, p. 24.
② 德里达对福柯进行了批判,并质疑了这个梦与疯狂的地方。他认为,笛卡尔在为形而上学思想打下基础的那一刻,并没有利用梦的假设来忽视疯狂的可能性。相反,根据福柯的观点,笛卡尔只能有限地对梦进行利用:梦给了他一种幻想或寓言的价值,且"也许我疯了"的想法属于形而上学的范畴。(参见 Cogito et histoire de la folie, *Revue de métaphysique et de morale*, n° 3–4, 1963.)
③ Michel Foucault, (1961 [1976]) *Histoire de la folie à l'âge classique*, Paris: Plon, Réédition Gallimard, p. 638.
④ Michel Foucault, (1961 [1976]) *Histoire de la folie à l'âge classique*, Paris: Plon, Réédition Gallimard, p. 639.
⑤ Ludwig Binswanger, (1963) *Selected Papers of Ludwig Binswanger: Being in the World*, Jacob Needleman, trans., New York: Basic Books, p. 119.

补充:"梦是道德内涵赤裸裸的绝对揭示。"① 这种关于自由的运动,即夏尔所谓的"逐渐裸露的梯子",是大地到天空的轴,是上升和下降的轴,是垂直于地球的轴。这是两种不同的古代文学模式,它们的对立将限制人们对疯狂的接受:悲剧定义了英雄的扬升与失职的垂直轴线,这是《奥德赛》回归故事中的经典抒情诗。

此处,垂直性是"世界的自由之路"与"堕落之路"之间的另一种选择。在福柯看来,"超越"是替代"命运"的轴心。可以说,这个垂直轴体现了福柯整个文学时期的丰富性,首先是在疯狂体验的过程中,然后是在对语言或书籍垂直空间的描述中。他提到人文主义者伊拉斯谟并没有使疯狂占据重要地位,而是促使疯狂成为可逆的体验,这是一段可以折返并可以叙述的冒险之旅。福柯对垂直的,伊卡里亚的疯狂维度满怀兴趣。在这种情况下,文学秩序可以被称为神话,但这不是隐喻或象征性的补救措施("它位于俄狄浦斯情结"中),而是揭露世界真相的一种手段:

> 虚构的纵轴所指的超越性可以被认为是对存在本身基础的剥夺。然后,它将成为所有关于永恒、生存与纯粹之爱的主题。相反,随着危机顶点的到来,它可以被视为超越后代的存在。现在很危险,因为虚构的世界将在灾难性的幻想中展开,这是"世界末日"体验的组成部分。②

《疯狂史》将在博斯和勃鲁盖尔(Pieter Brueghel)的地狱中恢复这种悲惨的经历。这里的悲剧轴是俄狄浦斯穿越的那条悲剧轴,是驯服怪物的超人力量,然而却无法知晓自己谜团的解法。通过长期避开"俄狄浦斯的质询",福柯描绘出这一力量逃离轨道并跌落到人类地位之下的道路,且它最终为进行某种救赎而牺牲掉自己。这一独特的穿越关系将在文学与命运的交叉处被文学史发掘。胡塞尔写道:"说话者不仅产生单词,也产生整个表达。"③ 正是在这里,现象学,即福柯职业生涯中的开创性经历将停止并让位于文学阶段的到来。这就是《疯狂史》应被阅读的地方,从现象学中学到的知识将被新的参考

---

① Ludwig Binswanger, (1963) *Selected Papers of Ludwig Binswanger: Being in the World*, Jacob Needleman, trans., New York: Basic Books, p. 120.
② Michel Foucault, (1961 [1976]) *Histoire de la folie à l'âge classique*, Paris: Plon, Réédition Gallimard, pp. 136—137.
③ 胡塞尔(Edmund Husserl)的 *Die Idee der Phänomenologie*(《现象学的观念》)。在 1907 年的五次演讲中,胡塞尔首先提出了"现象学还原"的具体概念,即哲学知识对意识"现象"的方法性局限。胡塞尔认为哲学的基础在于它是一门严谨的科学,从根本上摆脱了超越意识之客体知识的"自然"态度,并转向了意识的"自给自足"。

文献取代，它是夏尔所设想的"体验"概念以及巴塔耶和布朗肖的思想。

梦与文学之间的相似之处在于它们都是隐喻的顺序，而不是主题的领域。福柯从未提及写作的经历，如超现实主义者的梦境写作，或那种谵妄状态下的写作（"但是，这是福柯不相信的阿尔托的基本维度"①）。福柯在 1966 年写道：

> 今天，我们的体验与它的思想正处在聚集，分散的境地，它拥有的空前的丰富性使过去建立的边界得以清除。②

该术语的含义与科学的意义完全不同，也与产生"合适的"结果的含义完全不同。③ 从纵向上讲，体验贯穿了整个主体参与的悲惨生活的深度。因此，正如德里达所说的那样，"内部"冲突的体验使话题不再是其本身：

> 它基本上不是内部的：它看起来与任何其他事物无关的，除了保密和断裂的方式以外，它也完全暴露于外，没有任何保留或内部……④

在福柯撰写宾斯万格的《梦与存在》序言和《疯狂史》之间，福柯的意图发生了变化，因此他的作品也发生了变化。如果这个悲剧性的垂直轴线首先是通过上升的方式设计的（"夏尔的良好形象，运用智慧来进行分析，用诗歌来摆脱自我的炼金术"），福柯将放弃这片领地⑤，转而投入对另一垂直极性，即悲剧性的失范、混乱以及自我丧失。这就是巴塔耶所说的邪恶体验，或者是在《疯狂史》中被称作文学愚人的体验。

随着从梦到疯狂的过渡，以及它们所描绘的文学领域，福柯已酝酿出他的主体起点，更为关键的是，它是一种力量储备。因此，福柯认为，从某种意义

---

① 福柯只是引用阿尔托（Artaud）的名字。作为精神病院的殉难者，阿尔托并没有真正思考体验的特殊性。这与皮埃尔·让内（Pierre Janet）研究过的鲁塞尔（Roussel）不同，因为鲁塞尔从未为自己的"疯狂"自言自语，但阿尔托的作品展现了对精神病学做出的反应，并成为精神病患者的绝对独特性。此外，福柯从未引用过阿尔托本人的文字（除了福柯称之为"撒旦之火的生与死"的一个非常小的片段）。

② Michel Foucault, (1966) *C'était un nageur entre deux mots*, entretien avec Claude Bonnefoy, *Arts et loisirs*, n°54, pp. 5–11. octobre, *DE I*, pp. 584–585.

③ 沃尔特·本雅明（Walter Benjamin）的一篇关于尼古拉斯·莱斯科夫（Nikolas Leskov）的文章提到 20 世纪体验内容的流失。尽管它唤起第一次世界大战幸存者的证词，却不知道第二次世界大战后如何精确地拟定整个文学话语的重量和规则："士兵从前线回来时，并没有太多的交流经验"（*Le narrateur*, *réflexions à propos de l'œuvre de Nikolas Leskov*, traduction de l'auteur, *Mercure de France*, t. 315, n°1067, mai–août 1952). Je souligne.

④ Jacques Derrida, (1979) *L'écriture et la différence*, Paris: Seuil (Points), Chapitre. L'économie générale, p. 400.

⑤ 福柯将在 1980 年代返回，在那里将看到勒内·夏尔的名字再次出现。

上说，文学是反现象学的，巴塔耶是反对萨特的。① 这也是一个由哲学方向决定的选择，但通过选择引用文学来予以表达。疯人携带着令人不安和难以理解的尊严力量，威胁着人们对现实的理解，这是唯一让人看到"极限英雄"的力量。② 在此意义上，皮埃尔·里维埃（Pierre Riviére）这个历史人物的经历是至关重要的。换言之，像博斯和勃鲁盖尔的启示一样，里维埃的疯狂不是来自日常生活，而是来自怪兽的爆发，它正从危机中崛起。对福柯而言，这一吸引力并不缺乏逻辑，缺失的是其他逻辑。它将被指控为对疯狂的热爱，然而这是对不可辩驳的事实的捍卫，这是让·热内（Jean Genet）文学作品的真实而顽固的目的。

福柯看到，疯狂和激进的诱惑比梦想更具侵略性，所以总是有可能以无辜的谎言或幻想来指责别人。他的注意力将集中在社会内部"夜核"的存在上。结果，梦将消失，或融合为愚蠢的，妄想的，性的和文学的体验，它们都在"打破意识着迷的客观性"③。可以看到，这一经验概念所引发的误解。这不是自相矛盾，而是一种获得的品质，福柯的《序言》是通往世界的"自由之路"，需要在医院和书籍中寻找它的踪迹和线索：在个人梦的体验中，原始的、更高的自由被放置在狭窄的庇护所和图书馆中，对那些爱冒险的人来说，这些狭窄的空间在不确定的维度上包围和对应着它的另一边。正如哈钦所言：

> 从经验论上看，过去的事件存在着；但从争论上看，今天只能通过文本来知晓它。历史再现只能给予过去的事件以意义，却并非存在。④

对于福柯来说，历史和叙述语言之间的关联可以总结为：历史并非完全虚构，但它却不同于历史事实，也不仅是对过去事件的简单叙述，而是受到历史实际的影响后才得出的阐释结论。叙事语言并不能简单地反映整个历史，也不能完全脱离历史，它更多是意识形态主导下的一种话语策略。可见，历史的困难在于，它难以成为一个可以还原、可触及的实体。然而，抛开虚构来理解历

---

① 现象学与我们在日常生活中的经历有关：这是关于自我的例子（胡塞尔称为"雪中的鸟之痕迹""生活中的咖啡男孩"以及"虚无"）。然而，基于《精神疾病与人格》，福柯将以另一种方式来关注这一概念。萨特对巴塔耶的攻击正是基于这种观念而发生的，这对于思考福柯至关重要，并且将证明福柯的策略具有决定性的意义（参见 J. －P. Sartre, (1943) *Un nouveau mystique*, *Cahiers du Sud*, n° 260-262, octobre-décembre, repris dans *Situations*, t. I; *Essais critiques*, Paris: Gallimard, 1947, pp.133-174.）

② Ghérasim Luca, (1985) *Héros limite*, Paris: José Corti Editions, pp.1-14.

③ D. Defert 记录了截至 1954 年的情况：福柯在《精神疾病与人格》之后写了一篇从未发表过的关于尼采的文章，涉及"三种相邻的体验：梦、醉酒和非理性"。

④ Linda Hutcheon, (1992) *The Politics of Postmodernism*, London: Routledge, p.81.

史是困难的,且把历史简化为文本充满了武断,但文本的确是能够靠近历史的唯一途径。

二、新历史主义的虚构书写实践

20世纪60年代,史学理论界的"叙事转向"颇引人关注,且语言问题同时在文学和历史学领域激起了广泛讨论。对于语言,人类开始怀疑它作为表达思想的准确性,并延伸至史学范畴内,即人们开始反思语言或叙述规律在史学研究中到底具有什么样的意义?对于历史学家的无意识层面,对专业术语的运用是不是存在着更为隐蔽的深层语言或叙述规律?它又是不是存在着关于历史事实的特定表现形式?上述问题所牵涉的不纯粹是史学的问题,它几乎是与知识本身有关。对福柯而言,真正的问题在于:以何种方式得出了这样的历史真理性?从某种意义上说,新历史主义的虚构书写为上述问题提供了一种参照,它以"知识"的再启蒙态度来敞现这些问题,且这一过程显然比纠结于历史的真相本身更为重要。

福柯对虚构概念的使用常被误认为是学术挑衅,而不涉及任何一种真正的认知操作。就虚构而言,福柯重申想象力在历史、哲学中的作用以及政治本体论的重要价值。如果有可能,发明一种词源学之想象术语,而不是由占主导地位的权力来传达真理,这或许可以构建一个新的世界和一个新的社会。虚构绝不是谎言或寓言,它是变革动力的名称。通过它,历史成为哲学真理的"现实检验"[①](福柯的政治现实)。倘若福柯式的话语是要创造具有"新的政治想象"[②]的人才,并帮助人类获得把握社会未来的能力,那么虚构则是最重要的工具。在1980年的一次访谈中,福柯指出:

> 我不是真正的历史学家,也不是小说家。我实践着一种历史虚构。从某种意义上讲,我非常清楚我所说的话并非正确……我试图在我们的现实与我们对过去历史的了解间制造干扰。倘若得以成功,这种干扰将对我们目前的历史产生实际的影响。我的希望是,我的书一旦写成,它们的真实

---

① Michel Foucault,(2008) *Le gouvernement de soi et des autres. Cours au Collège de France* (1982—1983),Paris:Seuil-Gallimard, p. 211.

② Michel Foucault,(1972)*Méthodologie pour la Connaissance du Monde:Comment se Débarrasser du Marxisme*,in *Dits et écrits*,op. cit.,t. II,texte nº 235,p. 599.

性就被接受。①

在福柯的陈述中有三个基本术语：虚构，现实，真理。也就是说，他用"历史虚构"的"实践"来识别自己的方法。福柯坚称他的作品会产生"真实的效果"，并积极回应现实。尽管他也承认这些书在某种程度上不是"真实的"，但并没有为它们预设真理问题的出路。他只是希望书一旦写成就成为被"接受的真理"。可见，这三个概念的复杂交织（这三个与历史问题有关）确实与福柯的思想以及他今天的分析有重要的联系。

为了理解小说概念的哲学重要性，首先需要以福柯的术语意义来重构其问题化的领域：了解这一概念是如何在福柯那里产生的，其中进行了怎样的转变，以及它在福柯语料库中的不同用法和关键时刻。实际上，该术语首次假定了在 20 世纪 60 年代福柯著作中关于文学问题的特定思考维度。他在思想运动的第一阶段，主要是围绕语言，尤其针对文学语词作出论述，这些与尼采的去主体性权力类似。文学作品对福柯尤为重要，它们标志着其事业上的决定性突破：对当代文学语言匿名性的研究渴望使其走上了与现象学分离的道路，这是拒绝文学起源神话、拒绝绝对主题意图的道路。这也使得词语自身与它要表达的现实之间的距离被拉远。正如福柯本人承认的那样，他借助巴塔耶和布朗肖抵达了尼采。② 在他看来，文学是一种经验（这一概念在纷繁复杂的文化实践中尤为重要），它使我们能够从某种学术性的、封闭的哲学观念转向一种新的思维方式。因此，这是一种已包含政治行动种子的经验，因为它推动了自身的转变③，同时它表达了渴望改变的紧迫感。

文学作品中诞生的虚构概念成为福柯对历史进行反思和实践的关键要素，继续这一实践对福柯拉开与自身传统思维模式的距离至关重要。在 1963 年的文章中，福柯说：

> 如果我最后被要求定义虚构的话，我会说，没有地址：不存在言语的静脉，因为它是虚拟的，这是对语言的距离之疏远，它在自身占有一席之地，但同时也传播它，分散它，布置它，打开它。虚构并不存在，因为语

---

① Michel Foucault，(1994) *Foucault étudie la raison d'état*, in *Dits et écrits*, 4 vol., D. Defert et F. Ewald éd., Paris: Gallimard, 1994 (nouvelle éd. en 2 vol., Paris: Gallimard, 2001), t. II, texte n° 280, p. 859.

② Michel Foucault，(1994) *Structuralisme et poststructuralisme*, in *Dits et écrits*, op. cit., t. II, texte n° 330, p. 1256.

③ Michel Foucault，(1994) *Entretien avec Michel Foucault*, (entretien avec Duccio Trombadori), in *Dits et écrits*, op. cit., t. II, texte n°281, p. 868.

言与事物相距遥远。但语言是它们的距离,是它们无法接近的光明之所在,存在的只是它们的模像。模像代替了距离并使其被遗忘,该距离被保持在它自身以及它自身所处的任何语言中,就推进这个距离而言,所有的语言都是虚构的语言。①

因此,对福柯而言,虚构是被遗弃的语言进程。它负责搭建人与人之间的距离,是一个不可逾越的空白,在其上建构了所有作为历史事实的话语,而单凭虚构的写作强度,文学完全可以启迪现实。虚构是语言与语言中心之间的距离,它使我们的语词及其含义不断地重新开放。福柯说,这就像一条"箭头之路":差异运动使真实存在的虚无之力全部显现,其固有的本质和可变性都存于其中。这种分散显然也增加了言说者的地位。虚构使作者在语言和历史的非个性化作用中得以现身,且是与人自身的根本距离:"说话的主体消失于外部。"②

在福柯看来,虚构显示了所有现实与虚幻、真与假之界限的岌岌可危。这是真理和现实的双重形式,即它们的模拟:恐惧所有破坏身份的力量以及颠倒原件与复制品之间的传统关系。③ 正如福柯在《雷蒙·鲁塞尔》中断言的那样,重复是双重的,是对所声称的复制品的争夺和更改。通过模仿他们的模型,重复地复制游戏实际上关闭了可理解性之共同空间的可能性,从而产生了断裂。这就是为何虚构的现实哑剧具有颠覆性批评价值的原因。文学虚构跨越自己的现在,通过行使"垂直和树立关系"④ 来激发空间的变化。他认为,对谱系学过程的真正期待⑤,文学虚构可以打开对其现实状态的内在转化的过程⑥。

如果小说的概念是在文学背景下诞生的,那么它的价值将远远超出艺术和

---

① Michel Foucault, (1994) *Distance, aspect, origine*, in *Dits et écrits*, op. cit., t. I, texte nº 17, pp. 308–309.
② Michel Foucault, (1972) *La pensée du dehors*, in *Dits et écrits*, op. cit., t. I, texte nº 38, p. 548.
③ Michel Foucault, (1994) *Distance, aspect, origine*, art. cit., p. 311.
④ Michel Foucault, (1994) *Distance, aspect, origine*, art. cit., p. 311.
⑤ Paltrinieri L., (2012) *Fabriquer des fictions*, in *L'expérience du concept*, Paris: Publications de la Sorbonne, p. 203.
⑥ 参见 Pierre Machery, (1992) *Présentation*, in Michel Foucault, *Raymond Roussel*, Paris: Folio-Essais, pp. xi–x. 对福柯来说,文学无疑是一个特权的地方,在那里详细展现了这种经验的地位,并可以从他的模型中以某种方式体会其他"经验":排斥,知识,惩罚或性行为。有观点解释为何福柯将他的理论工作与对文学的反思如此紧密地联系在一起,即正是由于它的边缘性,它包含着对边缘的探索。

美学范畴，并在谱系学中发挥非常特殊的作用，这种"思想的历史政治有可能刻画出整个福柯知识考古学的面貌"①。直到生命的终结，虚构的观念对福柯仍然是核心。它本身仍然保留着一种分解思想的能力，并且逐渐变得不仅能够通过放弃语言的匿名性来表达这种转变，而且还能够起到对主导力量的抵抗作用，这是即时的批判性颠覆工具和积极的主观想象技术。从这个角度来看，为了跟随 1970 年代初从文学语言的小说集到虚构成为政治家谱系学的核心价值这一事实，需要回到福柯在 1954 年翻译的重要文本，即宾斯万格的《梦与存在》。② 除了其语言之外，受现象学和存在主义语境的影响，该文本突显了所有福柯作品中必不可少的维度：赋予想象和虚构极为重要的地位。梦境是虚构条件的可能性，想象力将自己展现为一种本体论和伦理实践：它拥有承担过去历史的能力，并以不同方式塑造自身存在的适应条件。想象力具有一种超越内在的力量，也就是说，它以垂直化的力量来改变束缚我们的关系。

想象力具有同样的创造力，同样的体验能力，同样的开启新存在标准的潜力。此外，因为能够动态化存在的维度，虚构作为一种内在性能超越思想，这已朝着福柯 1980 年代的分析方向在不断发展。它走向一种能证明自身之与众不同的自由实践：在不脱离现实的情况下，回到现实中去对它采取行动：将其予以变形，再接着改变它。想象力赋予人们思考历史的自由力量。换言之，这种力量牢固地植根于历史及其物质环境中，正是出于这一原因，它能够对现实起作用并因此创造历史。虚构的不是虚幻的模式，而是新闻的模式。③ 这一变革的虚拟性成为"人类将来的真正任务：承担必要的历史道德"④。就像在博尔赫斯的虚构中那样，这是通过虚设焦虑来检验真实的问题，虚构的空间在其思想的核心处暴露出来。⑤ 我们可以用福柯所说的话来描述博尔赫斯文学的"关键力量"："在描述知识或文明的同时，它凸显了围绕这些知识所建立在现

---

① 值得注意的是，福柯说他的大部分虚构书写是在 1980 年代，除开篇所引用的段落外，福柯还在 1981 年对杜齐奥·特隆巴多里（Duccio Trombadori）表示支持。参见 *Entretien avec Michel Foucault*, art. cit., p. 864.

② Michel Foucault, (1954) *Introduction*, in Ludwig Binswanger, *Le rêve et l'existence*, Paris: Desclée de Brouwer, pp. 93-147 ; in *Dits et écrits*, op. cit., tome. I, texte n° 1, pp. 128-129.

③ Michel Foucault, (1954) *Introduction*, in Ludwig Binswanger, *Le rêve et l'existence*, Paris: Desclée de Brouwer, p. 142.

④ Michel Foucault, (1954) *Introduction*, in Ludwig Binswanger, *Le rêve et l'existence*, Paris: Desclée de Brouwer, pp. 146-147.

⑤ Jorge Luis Borges, (1960) *Ficciones*, *Buenos Aires*, *Émecé*, Paris: Gallimard, p. 17.

代文明中的焦虑以及焦虑的重要性。"① 重要的是，福柯越来越明确地将这种变革性的虚构要求与政治实践联系起来，并通过强调历史在他的工作方法中的作用来做到这一点。

根据福柯的观点，知识分子的真正政治行动是表明，总是有可能以不同的方式思考世界。正如他在 1954 年所写的那样，"一项道德任务"作为谱系学的历史是特权引擎，因为它通过在过去和现在之间产生干扰，来对我们的类别进行严格检验，从而成为可能的思想。哲学家错误地忽视"档案"，而他却开辟出新的思想领域，进而开启新的行动。在权力的关系网中，知识存在的具体条件始终隐而不显，但它却构成概念的真实空间。因此，核心问题是：如何理解福柯使这种新的问题化（或政治化）在权力关系中以反抗的方式发挥出来，即透过历史来了解关于政治的新的真理是否是可能的。②

正如福柯在各种分析中完美描述的那样，他致力于写下具有象征意义的文本《什么是启蒙？》③，这符合哲学现代性的特征，即在对自己当下条件的质疑下出现的，哲学现代性的特征就是对一个人现在的状况之质疑的形成。④ 作为思想态度的启蒙精神，是对我们现实的偶然性提出质疑的能力，而又不将其简化为历史的神学或目的论视野。我们无非是我们今天的样子，这首先是一种道德态度：选择使所有真理经受内在意义和现实的永恒考验，这是属于人们自己的礼物。因此，当下的哲学选择是将超越的缺失视为不断重开的行动的虚拟性。

如果我们真的想对"我们今天是什么"这一复杂问题作出回应的话，那么我们必须同意以某种方式去理解这个故事，深入研究它，通过与非历史性事物进行比较来揭示我们的概念和真理的奇异之处，了解并回答它们不再是什么。因此，福柯的哲学实践可以构成一种历史实践，因为历史最终被认为是对当下的批判实践。关注过去的新闻（字面意思是：做事的时间，行动的时间），是

---

① Michel Foucault, (1994) Le savoir comme crime, in *Dits et écrits*, op. cit., t. II, texte nº 174, p. 85.

② Michel Foucault, (1994) Entretien avec Michel Foucault, par A. Fontana et P. Pasquino, in *Dits et écrits*, op. cit., t. II, texte nº 192, p. 160.

③ Michel Foucault, (1994) *Qu'est—ce que la critique?*, conférence du 27 Maggio 1978, in: Bulletin de la Société Française de Philosophie 2, 1990, *What is Enlightenment?*, in *Dits et écrits*, op. cit., t. II, texte nº 339, p. 1381—1397; *Qu'est—ce que les Lumières?* (Extrait de la leçon du 5 janvier 1983 au Collège de France), in *Dits et écrits*, op. cit., t. II, texte nº 351, pp. 1498—1507.

④ Immanuel Kant, (1985) *Réponse à la question: qu'est—ce que les Lumières?*, trad. H. Wismann, in *Œuvres*, Paris: Gallimard, coll. Bibliothèque de la Pléiade, t. II., pp. 209—217.

一种对所处历史的局限性进行偶然性检验的方法，看看它们是否可以被修改，修改的程度如何。相反，历史数据在现实中并未被否定，深入研究它，将它们与不是、不再是的概念进行比较，以揭示我们的概念及真理的独特性。① 正是因为它在物质性上保持一种不可还原的事件特征，才使人们感到担忧并模糊着今天的考察范畴。然而，它的运作方式在新闻领域中是一种策略，这一策略绝不是纯粹的描述，而是始终是伦理政治的。在其构成的历史性中思考现实是一项困难的任务，通过其（总是可能的）自由变形来应对当前偶然性所带来的挑战。

这就是为什么今天的哲学全盘是政治的，也是历史的。它是历史内在的政治，是政治不可或缺的历史。②

当福柯声称要建立"一个当下的本体论，一个时事的本体论，一个现代性的本体论，一个我们自己的本体论"③ 时，他希望强调的是这一对政治质疑的正当性和生产性方面。谱系学具有本体论的深度，因为它们产生了关于存在讨论以及存在的新形式，这使得真理的虚构游戏不断循环，这既是一种关于"话语秩序"的批评方式，又是一种抵抗真理之语并建立另一个真理主体的自由。

因此，"虚构"一词保留了福柯所有词源的丰富性：它同时是一个指法、一副面相、一场"行动"，能够从历史数据中创造出以前不存在的东西。福柯赋予这个术语极重要的意义，这是一种体验的虚构性④：集体实践的创造和改造。正是因为超越了真实与虚假，虚构才能够最好地表达出这种由我们对现实游戏的质疑所引发的创造力。福柯设想了一种哲学：

任何本体论……都被分析为虚构。这仍然意味着：思想史必须始终是单一发明的历史。或者再次重申：思想史必须被视为一部与自由原则相关的本体论史，在自由的定义中，自由不是被定义为生存的权利，而是被定

---

① Davidson A. I., (2002) *Épistémologie des preuves déformées*, in *The Emergence of Sexualit：Historical Epistemology and the Formation of Concepts*：Cambridge，Harvard University Press；tr. fr. par P. —E. Dauzat, L'Émergence de la sexualité: épistémologie historique et formation des concepts，Paris：Albin Michel，2005，pp. 245-302.

② Michel Foucault, (1994) *Non au sexe roi*, in *Dits et écrits*, vol. II, texte n° 200, p. 266.

③ Michel Foucault, (2008) *Le gouvernement de soi et des autres. Cours au Collège de France* (1982—1983), op. cit., p. 22. C'est moi qui souligne.

④ Michel Foucault, (2001) *Entretien avec Michel Foucault* (avec D. Trombadori), art. cit., p. 864；*Une* expérience *est toujours une fiction, c'est quelque chose qu'on se fabrique à soi-même, qui n'existe pas avant et qui se trouvera exister après*.

义为行动的能力。①

对福柯来说，本体论是发展其历史、考古和系谱方法的积极性和建设性价值的一种方式。这是一种自由的实践，自由在于历史数据与其可能的转换之间的这种最小但无限强大的距离。② 从这个意义上说，今天的本体论有一种政治形式：虚构"不判断本应缺乏的现实，而是它允许做什么和允许改变什么"③。

对于一个将自身定义为虚构书写的文本而言，其意义并非局限于表面的虚假呈现，而是以独特的方式揭示现实的复杂性。从福柯的理论视角出发，这样的虚构性可被视作对既有权力结构与知识体系的一种挑战与反思。它能够通过对事实数据的重新编排与诠释，以一种不同于常规认知的方式展现隐藏在日常话语观念背后的权力运作逻辑。例如，虚构书写可以设定一个与现实社会权力结构相反的情境，将那些在现实中被边缘化的群体置于主导地位，通过对这种情境下事件发展的叙述，让读者反观现实中权力分配的不合理性，从而促使人们反思社会现状。

尼采思想对福柯的虚构书写有着重要影响，这有助于揭示真理与权力的关系。福柯借助尼采认识到，所有真理的遗传位置远远超出或低于所谓的纯粹知识，真理也有一段历史，真理言语是行使权力的一种手段。正如尼采所言：

> 真理是一群移动的隐喻、换喻和拟人说，总之是人类关系的总结。人们正从诗学和修辞学上对这些人类关系加以理想化、更换和美化，直至长期反复运用之后，人们感到它们已经可靠、规范和不能废除。真理是其假象性已被遗忘的假象，是已被用尽、丧失其特征、现在仅作为金属品而不再作为硬币起作用的隐喻。④

这种对真理本质的重新审视，为虚构在政治想象力中的运用提供了理论基础，因为虚构可以通过对真理的重新塑造来影响权力关系。可以说，这种观点打破了对真理的绝对化和神圣化的传统认知，真理并非固定不变，而是具有历史性和相对性。这为虚构作为一种新的政治想象力形式提供了可能，因为虚构

---

① Michel Foucault, (2008) *Le gouvernement de soi et des autres. Cours au Collège de France* (1982—1983), op. cit., pp. 285-286.

② Michel Foucault, (2004) *Naissance de la biopolitique. Cours au Collège de France* (1978—1979), Paris: Seuil-Gallimard, p. 35.

③ Michel De Certeau, (1987 [2002²]) *L'histoire, science et fiction*, in *Histoire et psychanalyse*, Paris: Gallimard, p. 55.

④ 尼采：《论道德感之外的真理与谎言》，转引自保尔·德·曼：《阅读的寓言——卢梭、尼采、里尔克和普鲁斯特的比喻语言》，沈勇译，天津：天津人民出版社，2008年版，第117页。

可构建新的真理话语，从而对现实的权力结构产生影响。它让我们能从不同角度去思考和理解政治现象，不再局限于传统的真理观框架，为政治想象开辟了新的空间。

与小说相比，将自己定义为虚构书写虽同属虚构范畴，但在侧重点上存在差异。小说通常更注重构建一个完整且自洽的虚构世界，强调情节的连贯性、人物的塑造以及情感的表达，以吸引读者沉浸其中，获得审美体验。而此类虚构书写可能更倾向于借虚构的形式来传达对现实世界的批判性思考，其情节和人物设定或许是为了服务于对特定社会现象或权力关系的揭示，并不一定追求传统小说式的全面与精细。在福柯理论的语境下，它更像是一种对知识与权力进行剖析的载体，而非单纯为了文学审美创作。

相较于更广泛意义上的不真实叙述，这类明确将自身定义为虚构书写的文本具有更强的自觉性和目的性。一些不真实叙述可能是出于误解、欺骗或随意编造，缺乏对背后深层意义的挖掘。而该虚构书写则是有意识地利用虚构性，把事实数据转化为事件，将其作为武器、战略和战术工具，在真理的战场中展开斗争。它试图打破常规的真理认知模式，通过对事实的重新组合与解读，揭示那些被主流话语掩盖的真理，或者说不同的真相可能性。

在福柯的虚构书写中，尽管存在对传统历史叙述方式的突破，但并非是在历史中走弯路，更不是疯狂或单纯制造虚构。福柯以历史学家的话语和问题来审视当下现实处境，这一过程中，他的叙述模糊了历史与寓言之间的界限，而传统历史学家往往压制这种关联。福柯通过独特的"缝制"策略，即对历史资料的选择、编排与阐释，遵循着一种不同于传统史学的方法，展现历史中被忽视或被有意遮蔽的部分。他并非否定真理的重要性，而是认为真理并非单一、绝对的存在，它是在不同的权力关系和话语体系中被建构出来的。重读福柯的作品十分必要，因为这有助于我们透过他的叙述，重新思考历史与现实的关系，以及权力、知识在这一过程中的复杂作用，从而更好地理解当下的社会结构与自身所处的位置。

三、文学文本及其阐释活动的权力向度

对在社会文化领域进行深耕的福柯而言，任何文本都不会远离政治的辐射。文学文本及其阐释者难以置身于权力场之外。文学研究看似是关于事实的纯粹科学话题，实质上却是与政治权力博弈的结果。于是，研究不可能像文学家所宣称或期待的那样，去公正地还原与自身没有任何利益关联的真实进程。早先的理论家往往刻意回避研究中的自我的存在，从而满足一种令人信服的客

观化"假象",然而抹除了理论家自身的时代和地域痕迹,并未使问题的呈现更为中立。可以说,这种做法难道不是再一次使得视角偏颇?因为隐去的自我与话语的关联性始终存在,那些所涉的利益并未真正消失。

福柯关注个人的创作及读者的想象,而就文本真实性的讨论还主要集中在历史领域。1971年,福柯发表了《尼采、谱系学与历史》一文,其中表明了与那些以实证为使命的历史学家的不同立场、态度以及方式。在福柯看来,传统的实证主义研究,总是去探寻具有不变本质的历史真相,这犯了一种方向上的错误。他认为,由于真相是由话语组织的,而我们也身处其中,那些把历史的超然性作为研究准则的研究者使得真相不断被遮蔽,倘若一定要说出某个"真相"的话。

正如福柯在与杰奎琳·维多（Jacqueline Verdeaux,曾与他合译《梦与存在》）的信中,谈到写作《疯狂史》的一些想法：

> 我已写了将近175页,到了300页,我便会停下来。总之,我觉得我们除了说一些祖鲁族和南比卡瓦拉族的轶事之外,已经别无他语。为何不由侧面来谈论这一题目呢？——谈谈由希腊思想开启的关于疯狂和非理性的空间。为什么不谈谈那拥有古老护墙的欧洲?……特别是谈谈非理性体验在《疯狂颂》和《精神现象学》（非理性）之间——在（博尔赫斯的）乐园和（戈雅的）聋人院之间——所产生的滑移——谈西方在它的理性主义和实证主义的结尾之处,如何遭遇它们自身的极限。它以一种暧昧的戏剧性夸张（pathos）形式出现,因为它同时既是悲怆（pathétique）元素,又是病理学（pathologie）的诞生。由伊拉斯谟到弗洛伊德,由人文主义到人类学,疯狂曾触及世界的根柢：需要去衡量的,便是这一段差距,但是有什么尺规可以运用呢？您将会失望：您所期望的是希腊悲剧,以及由麦克白的煮水壶中所冒出的几道魔烟。但您又能要求什么,既然这方面似乎并不存在任何前人的作品,我便得多处理细节,以免少说笨话。这三百年是我们疯狂的生成过程,这样已经很不错了。①

要体会这些深意并不简单,很难在理性与非理性之间划出思想的分界线。福柯竭力寻求非理性体验在文学文本（其他文本的欠缺）中的显现,尽管文学文本中的词汇所显现的含义总是屈服于某种效用逻辑。这些现象在文学领域中的兴起可追溯到19世纪的理论家马修·阿诺德这里,他是一个很好的参照对

---

① Didier Eribon,（1989）*Michel Foucault*（1926—1984）,Paris: Flammarion,pp. 356-357.

象。作为英国教育家、诗人以及牛津大学诗歌教授，阿诺德曾经以相当令人沮丧但又印象深刻的《多佛海滩》（可以发现福柯在《词与物》最后所营造的海滩意象与此有一定的关联）而闻名。在阿诺德看来，文学被赋予了一个非常特殊的角色，进而文学具有极高的威望。在他心中，文学除了具备令人愉悦的美学品质外，还给人们带来了更为重要的东西，尤其是在古代时期，文学意味着在过去的岁月里不断重复着时间。因此，美国的总统托马斯·杰斐逊（Thomas Jefferson）在1771年的一封信中指出，读了《李尔王》，儿子或女儿的脑子里更能感受到活力持久的孝道，而不是那些枯燥乏味的伦理和神性恩赐。然而，阿诺德对这些实际效用作出了进一步超越。在他看来，文学是一个教学来源，即文学作为一套书籍，应该设法把它放置在整个精神背景之下。

19世纪下半叶，阿诺德认为英国文化受到世俗化进程的严重威胁，其根源在于科学思维的说服力越来越强以及存在着一种"哲学主义"，它们在大众中产阶级的世界中蔓延，一种以金钱为导向的自我重视营造了社会崛起的假象。由于宗教在精神上的舒适性越来越令人怀疑，科学，尤其是达尔文的进化论，似乎开始破坏《圣经》和教会的权威，阿诺德预见到诗歌扮演着一个重要的半宗教角色：

> 越来越多的人会发现，我们必须求助于诗歌来解释我们的生活，安慰我们，支持我们。没有诗歌，我们的科学就会显得不完整；而现在大多数伴随我们的宗教和哲学流逝的东西将被诗歌所取代。[①]

阿诺德告诉读者，"（诗歌的未来）是很巨大的，因为在诗歌中随着时间的增长，我们的种族将会得到一个越来越有把握、越来越确定的归宿"[②]。在1880年的一篇名为《诗歌研究》的文章中，阿诺德表示这种对诗歌的主张实际上是他几十年来代表所谓的"文化"主义提出的激进思路。在一本名为《文化与无政府》的书中，他把这本书定义为"世界上最好的思想和言论"[③]。在福柯的立场上，历史便在这样的博弈中持续：

> 历史可以为政治服务，而政治活动反过来也可以为历史服务，只要历史学家们的任务在于揭露人的一切行为举止、社会条件、生活方式和权力

[①] 在《批评的功能》（*The Function of Criticism*，1865）和《诗歌研究》（*The Study of Poetry*，1880）中，阿诺德呼吁创作新史诗：一首能满足读者道德需求的诗歌，使他们活跃起来，使他们高尚。阿诺德的论点是重新树立宗教信仰，采纳维多利亚时代的主流知识分子的古典美学和道德观。

[②] Matthew Arnold，(1869) *Culture and Anarchy*，Oxford：Oxford University Press，p.6.

[③] Matthew Arnold，(1869) *Culture and Anarchy*，Oxford：Oxford University Press，p.6.

关系的基础和连续性。①

事实上，文学应更多地被看作是生活于特定政治环境中的文学家与混杂在社会中的各种力量进行权力博弈产生的知识体系。这意味着，人文学者生产的关于学科的知识受到特定的政治文化氛围的影响，且他们以及学科的合法性需要某种权力上的保证。

福柯文本的阐释确实证明了虚构可能产生的影响是多么真实和具体。福柯自己也喜欢回忆起他的《疯狂史》与多起反精神病的运动潮流遥相呼应。②《规训与惩罚》在1970年代监狱暴动期间建立起社会关于此事件的直接和富有成效的对话。③ 今天，人文科学不得不评论和使用（即使有时是有争议的）福柯的分析方法。他作品中最令人惊讶的可能正是这种将自己的兴趣和个人经历转化为集体变革运动的非凡能力。面对哲学现代性特有的本体论和人类学确定性的崩溃，福柯认识到要为新的存在形式开辟一个空间。他通过在历史中构建游戏与权力的创造性想象，为当下的政治本体论提供"虚构"这一有力的工具：

> 至于虚构，对我而言，是一个非常重要的问题；我意识到，除了虚构以外，我什么也没写。我并非是说它不真实。我看到，让虚构在真理中起作用是可能的。用虚构的话语来诱导真理的效果，并确保真理话语被唤起，进而制造出一些目前还不存在的东西。面对这一"虚构"的历史，可从政治现实中令其真实，至于我们的"虚构"政策，它尚不存在任何的历史真相。④

从这个意义上说，考古学和谱系学无疑是双重虚构的新历史主义的话语面相。但正是因为它具有讽刺性的变化力量，虚构人物才在现实的激动人心的框架中扮演着创意舞者的角色。福柯深知这只是虚构，因为他的哲学从来没有提出要描述现实，而是要去做、去经历、去修改现实。⑤ 对他来说，历史写作的价值在于，它是对真理的一种检验，是对政治力量的检验：检验真理本身，而

---

① 转引自高宣扬：《福柯的生存美学》，北京：中国人民大学出版社，2005年版，第104页。
② 参见 AA. VV., (2011) *Histoire de la folie à l'âge classique de Michel Foucault. Regards critiques* 1961—2011, Caen, Presses Universitaires de Caen.
③ 参见 AA. VV., (2010) *Surveiller et punir de Michel Foucault. Regards critiques* 1975—1979, op. cit.
④ Michel Foucault, (1994) *Les rapports de pouvoir passent à l'intérieur des corps*, in *Dits et écrits*, op. cit., t. II, texte nº 197, p. 236.
⑤ Michel Foucault, (1979) *Foucault étudie la raison d'état*, art. cit., p. 860.

真理是由其文本能够产生的现实力量来衡量的。

　　以福柯的视角来看，文本中隐藏着复杂的社会权力关系。在此意义上，他也提请人们关注，任何文本的产生和流传都与社会政治机制的正当化建立之间具有密切性。这些问题要从掌握科学话语权的学者与掌握政治话语权的领导者之间的互动中去寻找，因为所有的知识都是双方权力运作的产物。这也是福柯所要揭示的，文学文本与阐释活动与生俱来的潜规则。因而，文本的话语显现在明面，而权力的操作隐匿于暗处。或许，福柯的这项工作便是去打破各种文本自身的清白无辜，让隐在的权力规则暴露出来，从这一点来说，萨义德认为："德里达的批评把我们带进文本，福柯的批评却把我们带进又带出文本。"①

---

①　Edward W. Said, (1984) "*Michel Foucault*, 1927—1984", *Raritan*: *A Quarterly Review* (4/2), pp. 1—11. 也可参见赛义德的《文本性问题：两种典型立场》("The Problem of Textuality: Two Exemplary Positions", *Critical Inquiry*, 1978, p. 674.

第三章 福柯后现代视阈中的文学再现与修辞

本章试图以前人对相关再现理论的讨论为指引,在后现代视阈中深入分析福柯的反讽和隐喻实践,破译它们在其整个文学思想中的积极作用。需要澄清的是,福柯的思考有其特殊的生成背景,且与他所谈论的权力问题密切相关。显然,需要对这一背景进行有效的阐释,并借助对权力问题的分析,才可能挖掘出福柯再现问题与其修辞手法具有的真正深意。

反讽和隐喻的修辞法是福柯文学思想所关涉的重要范畴。从古希腊开始,这两个修辞话题就一直有大量的学者对其作出过深入的研究。在福柯处,修辞术被赋予了非常丰富且复杂的理论内涵,并在后现代语境中表现得极为突出。他对后现代文化中的反讽和隐喻有着深刻的理解和娴熟的使用,这使得他对后现代状况的认识独树一帜。可见,福柯对修辞问题的思考是其与传统展开对话的实践策略。

第一节　现实主义文学与再现问题

从福柯的立场来看,现实主义文学所关涉的再现理论源于哲学构筑知识目标的野心。在近代,文学把心灵比作一面可以反映实在的镜子,文学所蕴含的知识就是要将实在对象毫无偏差地予以再现。这就呼应了知识论的哲学意图,也使得文学的任务发生变化。当文学从认识论出发,并被看作是修护心灵的明镜,那么,所有的文学都会被无形地加上如何去反映客观现实这一命题。可以说,语言学转向使得文学的目标也得到了改变:使塑造人们内心情感的话语和人类世界的终极结构正确对应。在这里,文学再现理论遇到的主要挑战是:它如何真正跨越历史语境去寻找人类认识的基本条件。

在此之前,必须追问的是,人类认识的基础难道真的没有因为社会现实、语言游戏和世界图景的改变而发生变化?事实上,文学再现研究中,"认识问题"绝非仅仅是文学的永恒主题,而是存在于人们反省历史和认识真理过程中的每一个时刻。从思想史的视角出发,这是指近代以来由笛卡尔、洛克和康德等人追索出的新知识形态与哲学思想。他们试图构建一门超越历史及经验的学科,从而得到用以评判诸如科学、道德、宗教、艺术等的再现能力。它将划定这些门类论述形式的认知地位,在此意义上,再现某种物质的或者精神的"事物"之观点被逐步锻造为文学由来已久的使命和责任。

一、现实主义文学与模仿－再现理论

作为一种称谓的"后现代"并非指一段具有明确的、统一性特征的时空，它与现代性紧密缠绕，或者武断地说，它就诞生于现代性之中。它展现着与之前任何时代都迥然相异的风貌，在后现代中，人们以不同的方式展开思考。1968 年是一个不能被忽视的决定性年份。在第二次世界大战结束后的二十多年里，社会产生了巨大的变化。这一时期的西方文化氛围，主要充斥着对科学的种种质疑。在随后的运动中，这种反科学的倾向转变为对新制度的构建渴求。大学和学生在其中扮演着重要的角色，并先于其他变革在文学再现问题（理论及其教学实践）中予以突破。

从文艺复兴至 19 世纪末，西方文学追求的伟大目标就是准确地表达和描述客观对象。自亚里士多德的《诗学》起，以"模仿"的形式存在的历史再现论就成为探讨文学和现实关系的普遍术语。传统的现实主义文学所关涉的内容、世界、所指以及"模仿机制"等问题被逐渐弱化，理论家更专注于思考文学自身的指涉。可简单回溯一下文学理论在这一时期的逐步演化。在现代早期的文学理论中，德国的"高度批评"打破了传统的圣经解释，使圣经文本经历了一种激进的历史化。更进一步的"源流批评"，根据来自其他文化的参考性叙述来分析圣经故事，这是一种对 20 世纪理论的方法以及精神上的预期，特别是有关"结构主义"和"新历史主义"的理论。

法国著名文学批评家夏尔·奥古斯丁·圣勃夫（Charles Augustin Sainte-Beuve）认为，文学作品完全可以用传记来解释。而法国小说家马塞尔·普鲁斯特（Marcel Proust）则用他的一生来驳斥圣勃夫的大量叙述，他认为艺术家生活的细节在艺术作品中完全改变了。法国理论家罗兰·巴特在他著名的《作者之死》宣言中重提了这一争议。这恰是 19 世纪尼采对认识论的深刻怀疑在文学领域所引发的巨大转变：事实在被解释之前不是事实。这种对知识的批判在文学研究的思维上造成了深远的影响，并促成了一个至今仍在不断演进的文学理论化时代。

亚里士多德的《诗学》体现了一种过程的模仿（基于文本的模仿）[1]，即人类不仅能够模拟动物叫，还能够模拟人对动物叫的模拟。因此，模仿也是人们的一种活动，人类是能够对"模仿"对象加以模仿的。从荷马史诗、希腊戏

---

[1] Linda Hutcheon, (1991) *Narcissistic Narrative: The Metafictional Paradox*, New York: Routledge, pp. 6-12.

剧，以及在此后被人们称作短篇小说鼻祖的《堂吉诃德》里，人们都能很自然地看到作家在叙述故事的时候，同时也在自觉地反省着自己的叙述方法和步骤。也就是说，在早期的小说中，作者并没有刻意隐去自身，也不担心读者由于作者的插入和打断叙述而去质疑文本所创设的"真实性"。

对福柯而言，现实主义与表象的问题密切关联，特别是堂吉诃德的历险就是在延续相似性与符号的活动。在这场骑士活动中，他的任务就是去证明遥远史诗中的内容所赋予他的职责。这种生活不是真的生活，故事里的人物既是他的世界的表象，也是这些符号的类同物。在故事内部，使一切围绕着打转的，恰是来自其外部世界的模拟。这预示了现实主义的发展是通过对文本的模仿来达成再现的。在法国小说家菲利普·索莱尔斯（Philippe Sollers）眼中，"现实主义"也隐含有文化偏见的成分，即主张文学应该表现的是它之外的一切，而文学之外的一切却直接实现着一致性。他认为，一致性可以建立在某种事先的契约之上，因此"'现实'本身就是一个约定俗成的概念"[1]。而从这种意义上来看，它是一个建立在个人与其社会群体之间的心照不宣的规约。

阅读文学，如果是去寻找现实中的盖尔芒夫人或阿尔贝蒂娜，便是对文学的挟持和强加。究竟为了什么去阅读？对于作品面向自身的指涉。如果书中的这个世界全然地封闭着另一种世界，人类很可能永世都走不到"巴别塔图书馆"[2]。但直到20世纪，尽管这种基础主义的系统哲学已经从维特根斯坦、海德格尔等人的思想那里出现了转变，但他们的哲学任务并非去寻求和建立基础，而是着重于启迪和疗救他们的时代。正如理查德·罗蒂所言：

> 他们协助读者，或社会整体，从过时的词汇和荒废的态度中摆脱出来。他们的目的不在于为现在的直觉和风俗习惯提供理据和基础。[3]

在西方思想中，这种"模仿－再现"理论的演变意味着自笛卡尔以来，经洛克、康德等人的发展一直延续下来的基础性计划，即想要证明人类的心灵结构，这指向我们关于世界的知识之奠基。可以说，到了20世纪，在分析哲学那里，这一计划以"语言"替换了"心灵"，并对作为这一基础的语言进行论证，分析语言的内部结构，从而获取语言所再现的世界之本质。当然，随之而来的便是

---

[1] Philippe Sollers，(1965) *Drama*，Paris：Seuil，p. 236.
[2] 《巴别塔图书馆》是博尔赫斯的名篇，收录于他的《小说集》，福柯和德勒兹分别在《词与物》《差异与重复》中论及此文。
[3] Richard Rorty，(1979) *Philosophy and the Mirror of Nature*，Princeton：Princeton University Press，pp. 11–12.

透彻了解语言以及由语言塑造的人类心灵。在当下,"模仿－再现"说不断遭遇质疑和摒弃,从专业理论的层面来介入文学,现实通常是被忽略且避而不谈的,理论更关注文学的自主性,即形式、表达、能指以及"符号机制"。

在"模仿－再现"理论的影响下,文学中的小说创作远离了虚构和想象,逐渐趋向着去指涉一个外部空间。回看19世纪的事物的秩序,可以发现现实主义小说一次又一次地回到医生和医学这里。早期的医学承诺,对社会和个人身体健康的支持,以及对死亡如何在生命中流动有着深刻的认识。在文学史上,居斯塔夫·福楼拜(Gustave Flaubert)的《包法利夫人》(*Madame Bovary*)和乔治·艾略特(George Eliot)的《米德尔马契》(*Middlemarch*)这两部经典的小说在这方面取得的成就最高。这有力地证明了福柯所关注的医学在19世纪社会和文化中占据着特殊的位置,并涉及生命与死亡之间相互关系的转变。即使是稍晚一些的文本,如亨利·詹姆斯(Henry James)的《鸽翼》(*The Wings of the Dove*)也涉及这一问题。① 其实,标志现代医学之路终结的重要作品是斯科特·菲茨杰拉德(Scott Fitzgerald)的《夜色温柔》(*Tender is the Night*)。在这部小说中,在耶鲁和维也纳接受教育的精神病学家迪弗医生分享了他病人的"病态":确实,令人惊讶的是,文本的叙述声音未能避开种族主义和恐同诋毁主义,因为这清楚地标志着"健康"的失败。甚至,《夜色温柔》中关于政治和文学的互不干扰的讨论更为充分,而在此处不做过多赘述。

也许在现实主义小说时代结束之际,医学进入文学领域的情况最为复杂,《鸽翼》就是其中的典型代表。在多次询问、听诊、探查之后,关注自己的序列而忽略了她的卢克·斯特雷特,一名伟大的"外科医生"告诉小说中的富家女主人公米莉,她必须"活着"②,人们认为这意味着她快要死了。卢克爵士在小说中被赋予了非凡的光环:他的权威同时是社会的、医学的和心理的(如果不是的话,那就是"精神的")。人们被告知,他"一半像主教,一半像将军"③。作为一名"伟大的刀术大师"④,他也是比夏式人物的继承。但是詹姆斯不像艾略特和福楼拜,他并未提及比夏的名字。卢克爵士的光环是费用、职业、地位的产物,一个通过上流社会的口头禅支起的大网。为了构建网络,詹

---

① 这些文本资料与医生的形象密切相关,在斯科特·菲茨杰拉德的小说《夜色温柔》中,医生的形象开始发生明显的变化。这本书是对《鸽翼》的一次改写,不再仅仅承认医学的权威。
② Henry James,(1965)*The Wings of the Dove*,Harmondsworth:Penguin,p.159.
③ Henry James,(1965)*The Wings of the Dove*,Harmondsworth:Penguin,p.151.
④ Henry James,(1965)*The Wings of the Dove*,Harmondsworth:Penguin,p.312.

姆斯式的叙述者不需要描写他的研究或教育。它不需要目的论的历史。卢克爵士简单而不干涉的建议，既不是医学上的，也不是道德上的。他指引米莉走向一种美德，这种美德在某种意义上是不可信的，即它在不诉诸任何道德叙述的情况下英勇无畏。同样的，这个建议是属于生命论的。事实上，尽管詹姆斯在他的《笔记》中担心这种解释，但是詹姆斯将句子中的性暗示看作是"充足的第二等级"。"哦，她还没有过就要死了？把它给她，让她死去。"① 对卢克爵士而言，生命和性是密不可分的。

米莉，就像拉里维尔所到之处的爱玛，已经奄奄一息，但她的死却需要很长的时间，医学建议可以在以前的道德和政治领域发挥作用。后比夏主义将身体视为一个在失败的战斗中与死亡抗争的场所，这种观点就从诊所中拉出来，远离了社会身体和社会心理，朝向个体的心理性发展。然而，医学光环的新延伸导致了一系列新矛盾。直到最后一本书，一个怀疑的阴影控制了文本，米莉是死于身体疾病，还是被死亡的意志控制？卢克爵士的禁令针对哪种可能性？这是一种医学本身所参与的模棱两可的现象，因为随着医学对灵魂的控制，它越来越难以将精神从身体中分离出来。米莉，这位难以想象的、富有的美国继承人，是不是因为在她的凝视下，没有任何可能在一个非商品化的世界死去，或者是因为她的死对她周围的几乎所有人都有好处，或者是她不能形成自己的私人自我，因为她是这种关怀的对象，这种手段的拥护者？如果"活着"是一种心理上、医学上和性上的要求，那么一个人是否可以"死于"非躯体原因呢？为了保持这种模糊性，围绕情节，叙述者和隐含读者必须知道得比医生要少。卢克爵士可能不确定米莉的死亡，但读者仍然不确定他是否不确定。这种可能性需要医学的巨大威望，因为卢克爵士仍是全知的视点，即使他没有作出确切的诊断。小说拉近了他的读者式判断与确定与否之间的距离。

在小说的结尾，米莉的肉体死亡变得清晰起来，读者（和其他角色）对模棱两可的审美容忍，以及更广泛地说，对安乐死的文化渴望，受到了谴责。爱上米莉的莫顿·丹什沉思道：

> 他不仅从未接近过她的处境——这对他是一种福气；他不仅和整个世界一起徘徊在无法逾越的铁栅栏之外，而且在铁栅栏内还笼罩着一种昂贵的朦胧气氛，由微笑、沉默、美丽的幻想和无价的安排构成，一切都紧张得要崩溃了，但是，正如他现在所感觉到的，他还和其他人在一起，积极

---

① Henry James, (1947) *The Art of the Novel: Critical Prefaces*, London: Charles Scribner's Sons, p. 170.

地培育压抑,这是为了每个人良好的态度、每个人的怜悯、每个人真正慷慨的理想。这是一场谁也没有例外的沉默阴谋,这是一幅画上的、死亡的巨大污迹,是痛苦和恐怖的阴影;在任何地方都找不到同意去反映这种精神或言说的表面。"纯粹是人类的审美本能"——我们的青年不止一次地这样对自己说:让剩余的命题作废,但以足够的愤怒去触及,甚至去欣赏这陷入其中的品味。①

站在福柯的立场,这与《包法利夫人》中尸体清晰、干净的外在有着同样的价值。然而,在那里被认为是庸俗的、反医学的、反美学的,以及避免痛苦和死亡的凝视,现在却被称为仅仅是美学的。这与米莉的痛苦和死亡没有被看到、没有被鉴定的目光所接受的事实相反,丹什认为自己的圈子注定只会品味。的确,文本本身不可避免地进入了这种"沉默的阴谋",即共同避免死亡。现在已经不清楚是什么导致了痛苦,与爱玛不同,米莉痛苦的死亡仍然没有被描述。"灵魂",能量,活力,欲望——它们是不可见的:福楼拜试图将临床凝视与审美表征联系起来,从而赋予后者特权,但这已经不再可能了。

卢克爵士视线的遮遮掩掩、福楼拜式的身体移位,产生了巨大的形式后果。对视觉的渴望——或者说是对可见的现实的对应——不再以任何简单的方式作为文学价值的基础。纯粹的一瞥,看到了事物本来的样子而不是监视或唯美主义的样子,这种凝视似乎是垂死之人对活着的人的凝视,只有伟大的医生,同时也是主教和将军,才能辨认出这种表情。米莉看到了真实的世界——但只是从死亡的角度,这无法交流。这是布朗肖对里尔克的看法在詹姆斯作品中的体现:"正确地看待事物,其本质就是死亡。"② 于是,在詹姆斯模仿纯粹凝视的写作,来自一种存在的现实,它是来自外在的交流、表象和生活。这种写作与一种可辨认的社会观点或身份无关,它允许语言和叙述自行转向,成为它自己的对象。詹姆斯晚年为自己的小说所写的序言,促使他形成了一种阅读风格。这一风格主要对基调和策略感兴趣,通过这些策略,轶事可转化为持续的小说、转化为艺术。然而,在真实的社会中我们可以看到,这些形式主义的价值观和方法本身可能被国家的规训采用,而并非与文化卫生计划无关。

尽管如此,《鸽翼》标志着启蒙思想和高雅文化小说写作之间的某种脱节。在福柯看来,詹姆斯是像布朗肖这样越界作家的先驱,就像他是理查兹和利维

---

① Henry James,(1965)*The Wings of the Dove*,Harmondsworth:Penguin,p. 388.

② Maurice Blanchot,(1983)*The Space of Literature*,Ann Smock,trans.,Lincoln:University of Nebraska Press,p. 151.

斯的先驱一样。在其作品中，人们从进步的人文主义中撤退，这并非偶然，因为历史的视野不仅是在抗议中，而是从一具尸体中撤退，医生无助地、有意地在尸体上徘徊，不仅是从医生的诊断，而是从最纯粹的人物的角度。对福柯而言，这些文本关注的核心是对医学的干预问题。但是，在文学和人文主义的关联中，福利主义文化并不像过去所认为的那样简单：现实主义文学，尤其是小说，开始在针对国家核心主义的抵抗或盗用的一系列复杂过程中，发展出一个高度自主的文化空间。只要简短阅读这些小说，便能很清楚地意识到这一点。小说让读者认同一个代表"真实"世界去掉非凡的语言和叙述技能的前景，因为它渴望通过一具尸体的眼睛去看从世界到生死间的平衡——尸体像那些诊所中的医生，首先合法化自己的解剖，然后深埋和燃烧，为了净化这个世界。

对福柯而言，无论是社会真实还是新的理论，它们都为文学观导入了价值标准，这种标准不是以美学为基准的，而是切合社会现实的、适宜的政治判断。肯定性价值中维持了否定的含义，其目的是对抗那些对既成权力结构实施破坏的力量。后结构的文学研究理论家并不高调地宣称广泛的文学含义，但他们在后现代的作品以外，也尽力去了解文学文本是由每一个事物所留下来的重要烙印。可以说，这种实践否决了通过文本去传播压制性的政治思想。

二、现实主义文学文本：文学与历史的交汇

现实主义文学文本要处理的问题：如何做到对历史的真实书写？在《历史的用途与滥用》（*The Use and Abuse of History*）一书中，尼采也以一个同样的腔调表述了自己的观点，他批评了学术的编纂学的通俗化趋向，并呼吁一个在"学术研究"形成一切事物之前，作为对日渐衰微的"反讽"的良药之诗性历史学的出现。将熟悉之物陌生化，赋予新事物以永恒的印象，将"或然的普遍主题"上升至一个普遍的崇高基调上，这也就是诗人和历史学家心中所要寻求的最高目标。

历史学家不是去书写一个经过美化的故事，而是去追寻文明形态间的差异特质。因此，他们应避免去书写构成文明一般形态的类同化原因。对于福柯而言，现代西方文明不是希腊文明的延续，而是与其发生了脱节。那些试图从过去的类似物和原型中寻找并解决难题的企图，也会落空。这样，以创造各样的当下情境，并在自身当下的情境中去推进思考才是现代西方人需要锤炼的素养。

福柯注重从非模仿的范畴来思考表象问题，这种方法在斯蒂芬·格林布拉特（Stephen Greenblatt）的理论中备受推崇。后者在《莎士比亚的谈判》的

第一章中介绍了他最持久地对目的、前提和程序的阐述。文章首先声称文学"对生命进行自我意识的模仿"是最有力的形式。① 在这样的"相似性"中，死亡的终结，至少在某种程度上是预先避免的，并且"追踪"过去到传递未来。不同于大多数结构主义思想，包括福柯对鲁塞尔的描述，这里的表象不是将死亡看作是生命的使者，或是存在的结构化，而是生命对死亡的超越，存在对存在的融合。与后结构主义不同，这些模仿是普遍的"社会意志"的产物。然而，格林布拉特仍与福柯和后结构主义保持一致，致力于从非模仿的角度来分析表象。正如他所说的，希望避免退回到"反思"这个概念。于是，他呼吁交换概念，特别是交换和挪用，正如他所说："模仿总是伴随着，而且实际上总是通过谈判和交换产生。"② 暂且把交换放到一边，格林布拉特需要一个类似"谈判"的概念，因为对他来说，表象的流通可能受到紧张、差异、冲突的驱动，而这些反过来又并不总是与快乐和诱惑相分离。

因此，当我们把将这两个例子结合起来，从《莎士比亚的谈判》中可以找到伊丽莎白时代的焦虑。权威的产生，既不是单纯的对暴政的恐惧，也不是对仁慈的期待，与其说通过莎士比亚戏剧化的方式得到升华，不如说是塑造成一个欢乐和讽刺的时刻，对戏剧反应的某种抵抗和服从的延迟本身可能被统编入政府的机构。同时，莎士比亚化的王子，像真正的君主一样，已经是一个"集体发明"且颇受敬畏的源泉，他可能会以某种移情的方式与臣民交谈，让观众感到愉悦。在这出戏中一半是假装，一半是真实，它巩固了世界上特定地方的权威，出于对他们自身权力的实施与释放。然而，在这些相对自由交流的场合，"记录自由的声音"是可以的，以便更有效、更隐蔽地统治一切。福柯注意到，在一个可以掩盖这些细微差别的模型中，社会分化和等级远小于绝对差异。毕竟，可举出另一个相似的例子，殖民者在征服过程中会受到当地文化的影响。的确，双方随之而来的困惑和怀疑，所有帮助殖民者殖民地化的屈服意志，都成为不同社会领域间的屏障。这些领域不是封闭或再现的，而是转化和创造出来的。

在这种模型交换中，将面临一个紧迫而困难的问题：在格林布拉特的文章中，交换和谈判等概念的作用类似于福柯考古学工作的"规律"或规则。两者都避免了用那种事件、文本或社会形态去表象更大、更"真实"的思想。可以

---

① Stephen Greenblatt，(1987) *Shakespearean Negotiations*：*The Circulation of Social Energy in Renaissance England*，Berkeley and Los Angeles：University of California Press，pp. 1—2.

② Stephen Greenblatt，(1987) *Shakespearean Negotiations*：*The Circulation of Social Energy in Renaissance England*，Berkeley and Los Angeles：University of California Press，p. 13.

指出，这就是他们的力量之所在。然而，一旦福柯的作品被引用，我们很难不去问：格林布拉特的文化交换本身在多大程度上是有序的？它们是否形成一种模式，也就是说，某种交流和谈判是否与某种特定的时间、地点和机构有着系统地联系，在某种程度上，能否成为定义明确的战略？可以看到的是，通过格林布拉特所提出这些问题，即他用正式的语言描述了莎士比亚戏剧偏爱的交流，坚持认为戏剧的效果和功能不太具有地方性和可预见性。他分析了戏剧与社会形态（例如无神论和殖民主义）之间的关系，在这些具体的案例中，需要进一步追问，为何会出现这样的情况？——是典型的，也就是说，它们是否代表着那些更大的社会权力？——通过唤起准美学的魅力，甚至是他巧妙地选择了一些例子。也许这一策略并不重要，它只是预先回答，而不是去解决关于某一特定例子的表象性问题，因为这些问题只是把人们拉回到模仿和阐释的混乱状态。但他对于个别案例的惊奇或迷恋，以及对这种魅力在政治上的运用作出反应，可能会打断另一种不那么容易被推迟的联系和延续，即旧的分裂性社会权力和形态通过这些联系和延续而自我再现，而宗教和殖民主义就是这种权力所展现出的极好例子。这关涉一个重要而令人不安的问题，它再次依赖模仿，只能通过打破戏剧和精彩故事的魔咒来予以回答。

关于格林布拉特的交换模式类型学，主要涉及从空间上来描绘交流的障碍、层次和距离。他对各种文化转换所使用的分类术语被用在伊丽莎白剧场中。他所区分的模式，首先是"拨款"——从一个地区转移到另一个地区且不涉及任何成本，其中语言是最重要的例子，毕竟语言不需要花费什么，而且很容易传播。文化交流的第二个例子是"购买"，即把物品换成钱。第三，他称之为"象征性收购"。在这里，剧院通过表征或"表象"来占领另一个区域。在这一点上，表象似乎重新进入了格林布拉特的方法论，但他试图通过利用古典修辞/结构主义的区别来避免它，也就是说，通过回到非模仿的范畴。他认为，象征意义的获取有两种形式：一种是转喻的形式（如戏剧通过呈现一个更大的整体的一部分来象征世界）；另一种是隐喻的形式（如为了避免审查制度，异教神的名字被基督教神的名字所代替）。但是，剧院也可以通过"模拟"从其他区域"获得"事件。例如，"演员模拟已经被理解为剧场再现的东西"[1]。作为一个已经上演的事件的重新上演，这还不足以再现世界。

与格林布拉特不同，福柯没有忽略后现代状况下的市场因素。其中，循环

---

[1] Stephen Greenblatt, (1987) *Shakespearean Negotiations: The Circulation of Social Energy in Renaissance England*, Berkeley and Los Angeles: University of California Press, p.10.

流动的动力、事物的纯粹货币化均属于原始资本主义。从这种意义上看,莎士比亚是一家企业,属于联合股份公司的合作伙伴。他的功能在于把社会冲突、焦虑、等级和谈判变成文艺中的乐趣、奇迹、快乐、现金等。奇怪的是,这种回应后来转变为清教徒对剧院的攻击,认为它不仅放荡,而且利用当局的声誉来获取演艺事业的利润和薪水,以及孤立在基督教和新教世界中扮演的角色,而刻意去维护"异教徒"。因此,社会能量本身是一个扩张主义的商业社会的表现,通过社会(特别是经济)和修辞渠道同时进入剧场,不断地取代能量体验的强度。然而,由于它很容易陷入这些强度假设,掉进诸如"想要""敬畏"和"焦虑"人类的这些基本反应中。这是分析方法与欲望之间相互作用的产物。它将人类情感调节成一种庆祝和肯定生命的基调,特别是在驱动力和对象被描述的时刻。

值得特别注意的是,在《莎士比亚的谈判》中,格林布拉特提出了他所谓的"历史文化诗学"(cultural poetic)研究方法。该方法针对的是特定的历史时刻、特定的制度,甚至通常是特定的文本或文本组。因此,这种方法究竟在多大程度上具有普适性,目前还不完全清楚。这类似于福柯关于权力的著作定位模糊:其理论究竟是一种普遍的权力理论,还是一种对现代权力的特殊描述?与之相似,格林布拉特提出的"社会能量的循环"图式,既可以作为历史文化社会学的一般框架,又可作为莎士比亚戏剧与社会关系的具体描述。这种矛盾心理可能是不可避免的,毕竟任何社会文化研究方法都必须从它所要分析的语境中汲取其吸引力。但格林布拉特的工作之所以具有说服力,很大程度上要归功于它对这一历史时期的关注,尤其是该时期正处于现代性的门槛之际。

概括地说,在格林布拉特的著作中,现代性兴起的时代尽可能直接地展现了现代性衰落的时代。他的方法的重要说服力在于,莎士比亚戏剧是一种城市现象,它建立在股份公司等为后来工业资本主义提供动力的经济制度基础上,但并不是完全地与古典主义或专制主义进行精确的共谋。此外,莎士比亚所处的社会还没有形成成熟的资本主义生产方式,特别是马克思意义上的"阶级"尚未出现。后者概括了工业无产阶级的特征之一:除了劳动力可以通过资本转化为交换价值和利润之外,没有任何东西可以出售。文学和批评也没有现代意义上的"文化"意涵。事实上,世俗启蒙的普遍主义叙事尚未阐明,因此,作为一种专制主义和现代形态的混合体,格林布拉特的伊丽莎白时代戏剧抵制了经典马克思和福柯所提供的那种分析。格氏所提例子的普遍适用性与地方适用性之间的分歧和差异,源于人们可以在莎士比亚的剧院中反映出当世之人的"后现代"风格。应该说,格氏的作品从一种模仿的说法中汲取了力量,而从表面上看，恰恰是为了避免它。

从更具哲学性的视角看待格林布拉特的作品，可以将其与福柯的作品更紧密地联系起来。首先，虽然格林布拉特的理论模型确实依赖于文化差异的概念，但他也表明，剧院同时属于一个特定的地点（就全球而言，这是一个不可移动的世界）以及在整个社会中传播的表演形式。在他看来，在莎士比亚所处的社会，戏剧在三个层面呈现出"非排他性"：其一，在宽阔的舞台上可以呈现各种各样的场景；其二，并非只有特定人群可观看戏剧，大多数人都有机会欣赏；其三，戏剧表演并不局限于狭小的场所和特定的时间范围，且并非仅以制度化的形式存在。戏剧的排他性，特别是在第一和第二个层面上，与它被解释为"无用"有关。也就是说，它与宗教仪式、生产劳动或政治制度正式脱节。戏剧的非排他性也意味着戏剧与非戏剧之间的划分变得模糊，正如格林布拉特所说，这种区分是"即兴"的。

福柯认为，戏剧自由地"挪用"语言，而不是"购买"或"象征性地获取"语言。尽管如此，将世界与舞台分隔开来的正式标志或障碍的失败，并没有完全赋予剧场一种流动性，或一种关于流动性或不流动性的理论，就像语言一样。语言不需要任何成本，它的流动性相对难以控制，这意味着文学不像戏剧那样容易从"区域""交流"和"谈判"的角度进行分析，因为所有剧院都在不断地分散和重新划定边界。这并不是说语言没有内部的区分：正如伽达默尔（Hans-Georg Gadamer）反对哈贝马斯所指出的那样，语言本身就有地理和阶级的差异；各行各业都有自己的论述。某些特定自然语言的重要性和流动性，在一定程度上取决于它们与其他所谓的自然语言在文化价值层次上的关系。

此外，正如福柯阐明的那样，由于人们使用诸如任命、学术考试和其他认证行为等排除技巧，语句从日常用语中被移除，形成一致性的话语特征。然而，福柯没有注意到，陈述也可以通过承继的、阻碍的身份和差异在一个既定的系统中得以分离。在莎士比亚的时代，国家权力保护了许多这样的阻碍和认证仪式：假装成一个贵族或神职人员，说或写他们可以说或写的话，可能是一种犯罪。由于剧场具有非排他性，这种禁令在那里并不适用。因此，很容易在社会团体中传播的方言构成了交流和谈判的背景。但一旦日常话语在舞台上被重复，它就改变了自己的地位。

这体现了日常话语逃避挪用的方式，从中也能发现福柯理论的欲望观点存在着局限性，即他避免将表象作为一种分析类别。因为福柯所谓的艺术并不能解释戏剧语言与普通语言在结构上的差异。戏剧语言不再是随意的、自由的表达,而是经过筛选的、脚本化的话语。由此可见,方言的某些构成性质是不能舞台化的,甚至不能被书面化。即使在舞台上即兴表演,所使用的也不是日常话语。因为从观众的角度看,对于什么是即兴表演始终难以做出绝对判断。日常话语具有的自发性只能通过特定方式表达出来——就像人们很容易表达出的那样。为此,我们依然还需要像"表象"这样的概念,用以揭示剧场与其所处社会环境之间的断裂。这些概念将人们引入模仿的疯狂。它们让人相信,不只是在舞台上或写作过程中,事件和文字都是有脚本的。从某种意义上说,日常生活中最"自发"的话语可能是预先决定的,在精神分析学家称之为"另一个场景"中被组织起来。

从相反的角度来看,按照福柯的定义,如果某种事物是独特的,不能通过隐喻或转喻来购买、重复、运输或示意,那么它也不能真正进入社会的流通中。这样的情况是否存在?正如将更深入地讨论的那样,表象的范式也正是从它们那里获得威望。比如,人们可以把接吻、哲学思考、坠入爱河、举行婚礼或者死在舞台上的区别搞清楚。一个人可以在舞台上亲吻,也可以在舞台下亲吻。有时,亲吻的感觉,包括快感,只是在演戏的时候才会重复。当一个人在舞台上进行哲学思考时,这也可能是用模仿的语言来说,它涉及同时假装与不假装:它的真实价值不受它的阶级的影响。一个人也可以在舞台上坠入爱河:的确,在一个与"真实"世界分离的空间里表演爱情可能会产生爱意。例如,简·奥斯汀反对曼斯菲尔德公园的戏剧表演,就是因为怀疑这种方式混淆了真伪的区别。此外,在舞台上重复婚礼只是假装:一个人只能作为自己去结婚——而不是作为一个虚构的人物,就像一个人只能是牧师、律师或贵族一样。事实上,小说和非小说之间的区别部分源于法律对在婚礼等场合伪装成另一个人的制裁。但舞台上的死亡是另一回事。如果一个演员死在舞台上,合适的与不合适的、假装的与不假装之间发生互动,戏剧和世界将采取另一个方向。因为在死亡的那一刻,演员停止了表演——就像在所谓的"鼻烟电影"中。还有一些事件(如获得快感)在舞台上反复呈现的永远只是假象。此时身体所主导的事件不只是福柯所说的"道德物质"在社会文化层面呈现出的自我面相。

这类例子警示我们,某些事物是无法在舞台上重复展现或假装的,这也正是当局使用权力来限制身体相关表现的原因。例如,死亡或获得快感被展示在舞台上,就涉及真实与虚构作品之间的界限问题。然而,在类似于上演死亡的情况下,重复与假装之间的区别并非一目了然,特别是在社会或文化的控制中,因为最终死亡的是人的身体而不是头脑。于是,人不能重复自己的死亡:

当一个人死亡时，他在这个世界上的对话、交流、谈判将永远停止。因为身体只死一次，死亡是不可替代的，所以死亡只能以假装或其他方式进入戏剧机构。即便是表演艺术家，也无法真实地呈现死亡，他们只是努力地在表象的范式之外进行创作，尝试将自身对死亡的理解融入表演中。如果他们这样做了，那么他们的最后一次表演和最后一次行动将同时进行，表演自我和组织自我之间无法避免分裂的问题。换言之，能够从一场表演转移到下一场表演的"幕后"自我，最终会消失。这将是自我持续不断地跨域表演，其丧失将是悲哀的，在"真实"的自我意识中，它终于与自己的表演相分离。同时，模仿在这一过程中再次凸显了自身的重要性。

　　福柯对"模仿"的力量感兴趣是为了逃避死亡的结局。事实上，他承认了自己"与死者对话的欲望"。在他看来，莎士比亚戏剧变得重要，是因为它有某种满足这种欲望的力量。进一步说，这种对社会力量循环的分析在另一种意义上逃避了死亡。它没有考虑到交换和谈判中的社会崩溃，而死亡是最尖锐的例子。这一点需要特别注意，因为伊丽莎白时代的公共剧场——与大多数现在所称的"虚构"的其他机构一样——几乎是痴迷地处理暴力、谋杀、死亡以及疯狂行为——在所有社会谈判动摇和崩溃的例子中。这就好像剧场想要把这样的例子表现出来——以保持它们的定位，或者阻止它们进入社会交往中。这主要涉及以下两点：一是形式上的；二是伦理政治上的。显然，这种对死亡和暴力的无情演绎并不仅仅依赖于某种所称的"象征性获取"的社会交换模式。因为阶段性的死亡，甚至阶段性的暴力，重复了一个可识别事件的外部面貌，即公众的一面，而不是用转喻或隐喻的方式来表示那个事件。

　　毕竟，对于永远无法体验的死亡时刻，还能令人信服地提供什么样的比喻呢？矛盾的是，虽然死亡最终并不是一种体验，但它是一个人彻底的个人事件。死亡的上演频率甚至超过了暴力，能被再现或"合适的"（用格林布拉特的短语）死亡的奄奄一息——事实在莎士比亚的戏剧时刻被充分利用了。因为死亡可能真实（重复它的外表）也可能不真实（根本不是生理上的死亡），所以很容易用模仿来描述它，比如假装的、模拟的。福柯的另外一个观点是"模拟"有能力让死者活着。此外，它部分是通过模仿定义的实践，为"小说""表象"赋予价值，在那里个体所处的是伦理形式下的现代社会——正如福柯提醒人们的那样。小说领域这种代表暴力和死亡的艺术呈现方式，帮助人们看到伦理上所形成的个体是以隐藏和取代国家认可的暴力的权力方式来对抗死亡的，国家有权让人们停止交流或谈判。当一种文化与死亡同在，如某些宗教文化一样，对个体救赎的可能性充满信心，走向死后的生活，那么交流和谈判就永远不会停止。

当活着的人代表死亡的时候,模仿所带来的影响可能极具危害。因此,对于真与假、现实与虚拟之间的区别可能会得到特别严格的监管,这是有充分理由的。正如格林布拉特提醒的那样,在莎士比亚的时代,总有人是无神论者,并认为死后的生活可能是虚构的,这是一种严重的违法行为。但是需要记住:在西方,死亡和暴力的表象在长达数百年的时间里,通过激情剧和十字架上基督的其他形象广泛传播。

这是一种对后福柯时期的人予以排列的回报。以格林布拉特为代表的批评视角,能够看到西方社会现代政府那复杂多变的权力谱系。之所以如此,是因为"真理"和神圣,或者更确切地说,是因为"真理"和神圣处于极端不安全的状态。它们存在于迷宫的中心,在其中,个体的身份不是固定的,而是可以改变的。然而,在那些最接近生命的痛苦、疾病、贫穷和饥饿的死者身上,他们只能在这个世界中以某种表象的形式存在。在福柯提出的"讲出死亡的欲望",以及他所倡导的、可被称之为交易范式的理论中,他很快便忽略了这些压迫的标志,即一些人的生命、健康和幸福可能会被其他人不可挽回地剥夺。他之所以这么做,是因为像大多数读过和写过类似书籍的人一样,他发现自己很难站在那些被给予最少的生命,而实际上与死亡最接近的人的立场上发声。基于一些合理的理由,代表这样一个立场几乎是不可能实现的。

当福柯将莎士比亚时代的社会能量来源进行分类时,并没有指出给予他自己作品的力量——与死者对话的欲望。可以看到,莎士比亚的同时代人至少可以以某种方式与死者对话。特别是对他们而言,鬼魂仍在。只是作为一个世俗的"萨满"——他自讨苦吃地如此称呼自己——必须找到更专业和"理想"的手段来与死者保持联系。然而,福柯把模拟看作是这种文化的幽灵。他想降低模仿的等级,以至于对魅力和惊奇的强调都可以理解为他希望避免以表象的真实来对生活进行约束,这显然不是一种容易逃脱的力量。如果问以下问题:为何剧场可以如此令人着迷?为何小说可以流传这么广泛?答案并不局限于资本主义文化生产,如快乐、惊奇、经验密集,甚至是尊重死者生存的意愿。或许应采取更好的角度,即这些(戏剧、小说)作品戏剧化效果的迷人之处就在于,它们中的表象产生了福柯所谓的"迷宫"。在这个迷宫里,自我不再是固定不变的,而是在政府和他者的双重影响下不断地"自由"流动。

三、传统历史文本书写与政治再现问题

福柯的考古工作在两个相互关联、互不相容的层次上进行了现代性分析,

即经验主义和先验主义的分析，以及事实的分析和组织这些事实但又不能使之成立的理论的分析。这些事实是由现象和不可知的力量所推动的存在，也是文本和声称代表那些文本客观的解释。当然，这就是考古学的问题，因为它既要按照话语的"形式规则"来组织分析，又要提供一种中立和真实的描述语句。如何走出现代知识的困境？第一，通过避免考古学的假设，即知识作为话语具有内在的可能性条件；第二，试图避免理论，也就是说不产生普遍的公理，不提供声明来对自己的陈述进行解释。本着这种精神，福柯为他的作品找到两个新的名字：其一是"谱系学"（或"当下的历史"），其二是一种"问题的历史"。

在20世纪70年代的一系列文章和访谈中，福柯对"谱系"概念进行了界定和阐述——这是他从尼采那里借来的一个词。福柯采用这个概念来重新引入记忆，并将其移入自己的作品中：

> 让我们用谱系这个术语来表示博学的知识和地方记忆的结合，这使我们能够建立一个关于斗争的历史知识，并在今天以策略性的方式来利用这些知识。①

然而，谱系学不能保持概念上的简化。即使在这个定义中，某些词组的含义也比人们所能看到的要特殊得多。例如，谱系学是一门博学的学问。它不是"无用学问的伟大温暖和温柔的共济会"②，而是需要博学来释放被遗忘的记忆和文件，因为谱系也是"征服知识的起义"③。谱系不仅检索了那些被历史淹没的沉默文本（尽管福柯呼吁所有人注意"平民"思想）④，还使用了之前的历史研究所忽略的方法。谱系并不像马克思主义历史那样，充满了怀旧或乌托邦精神，指向更遥远的美好时代来揭开广阔社会历史的面纱。

因此，在更高的概念层次上，福柯否定了功能主义或系统化程序的操作。他认为那种制度和散乱的形式并没有在维护社会稳定，或在促进文化以及社会再生产方面发挥作用。"本地"一词在福柯的谱系学中具有特殊含义，因为它

---

① Michel Foucault, (1980) *Power/Knowledge: Selected Interviews and Other Writings* 1972—1977, Colin Gordon, tran., Brighton: Harvester Press, p. 83.
② Michel Foucault, (1980) *Power/Knowledge: Selected Interviews and Other Writings* 1972—1977, Colin Gordon, tran., Brighton: Harvester Press, p. 79.
③ Michel Foucault, (1980) *Power/Knowledge: Selected Interviews and Other Writings* 1972—1977, Colin Gordon, tran., Brighton: Harvester Press, p. 81.
④ Michel Foucault, (1980) *Power/Knowledge: Selected Interviews and Other Writings* 1972—1977, Colin Gordon, tran., Brighton: Harvester Press, p. 138.

没有系统地试图将特定事件与更广阔的领域联系起来。谱系学还以另外两种方式与马克思主义的普遍主义和社会历史学的普遍主义相对立：其一，每个人的位置不能替代其他任何人的位置；其二，它关注身体在历史上、文化上和社会上的"印迹"方式（通过住房、训练、饮食、礼仪等），以及在特定的历史时刻，自我与身体之间不断变化的、互相区别的组织方式。

是什么使得谱系学成为一种迫切的特殊需要，即一个现在写在这里的研究项目？该项目旨在揭示出可能产生特定政治影响的弱点及其历史联系，尤其要让那些未经证实的人发出声音。因此，福柯声称，他在谱系分析中发展起来的权力纪律的概念，来自他的监狱信息小组（Groupe Information sur les Prison）的那段经历。这些组织试图为囚犯提供清楚表达自己的机会，并且在20世纪70年代早期分配他们自己的"言说"（énoncés）。① 他还参与了生理健康信息小组（Groupe Information Santé），这是由致力于通过缩小医疗知识和医疗实践之间的差距而组织起来的医疗专业小组。他们想要实现医疗保健系统的非医疗化，为患者提供更符合实际需求的护理，并把医学问题暴露在政治舞台上。② 由此可见，谱系学也传播知识和信息。可以看到，尽管谱系学存在反理论倾向和明确的政治意图，但它与考古学密切相关：二者都反对总体性、反对整体接受，都对深层结构不起任何作用，对本质、起源和结果不产生任何影响。对谱系学而言，话语不是由某一特定话语或某一组话语背后的某一个主体产生的。对它来说，过去不是"死亡"——一种注定无法挽回的他者。尽管考古学是为了一种物质的排序，即 énoncés，而谱系学的目的是另一种物质的排序，即身体。

谱系学同样反对那种被认为是世俗人文主义的中心主题——"持续的历史"。或者更确切地说，"屏幕记忆"③ 掩盖了现代国家管理的现实。与持续的历史不同，正是在这些术语中，谱系学被协调到当代社会中：

> "进化的"历史性，正如当时的宪法所规定的那样——如此深刻，以至于至今仍是不言而喻的——与权力运作的模式息息相关。毫无疑问，编年史、谱系、功勋、征服和事迹的"历史记忆"似乎一直与权力模式联系

---

① Michel Foucault, (1984) "Polemics politics and problematizations: An interview with Michel Foucault", in Paul Rabinow, *The Foucault Reader*, Lydia Davis, trans., New York: Pantheon Books, pp. 381—390.

② Michel Foucault, (1972) "Médicine et la lutte de classes", *La Nef* 29, pp. 67—73.

③ "screen memory"是弗洛伊德的一个术语，指的是一种形象所建立的位置，尽管它是一种压抑的思想所保留的痕迹。

在一起。随着新的统治技术的出现,不断演进的"动力"趋向于取代庄严事件的"动态"。①

与"动力"和"动态"都相反,谱系学回应并试图避免当前的"权力运作模式"。这种计划极具吸引力,毫无疑问,在福柯的历史中诞生了关于监狱(以及疯狂和性)的问题。他在对历史所遗忘的双性人赫库林·巴尔班(Herculine Barbin)②,杀人犯皮埃尔·里维埃(Pierre Rivière)的档案中,确实为那些遗忘的沉默人物提供了表达的空间,以及对那些因未能听从他们臣民要求而导致苦难的制度和思维方式施加了压力。

然而,困难依然存在。正如福柯自己所认识到的那样,给无言者发言权的提议与"西方迫使日常参与讨论的话语之伟大的约束系统"③有关。这种约束系统的终点在哪里?这一积极的让"不可说或说不出"的言说计划在哪里?它是否开启了给囚犯、被殖民者等身处社会边缘之人的发声机会?事实上,即便有这样的机会,也会预先认为他们来自一个特定的主体起源,或多或少是单一的"声音"。因此,在某种程度上,权力召唤他们进入构成后现代世界的非中心的中心。作为策略选择,福柯将在他的现代性谱系中涵盖这种可能性,即"牧园权力"。简言之,谱系学本身在多大程度上与现代权力相关——比如,麦考利(Thomas Babington Macaulay)的历史与英国帝国主义的关系,或者莎士比亚的历史周期与早期专制主义的关系?此外,人们并不总是清楚什么是本地的,什么不是。因此,往往很难确定谱系承诺的方向。谁来做决定,依据什么标准?在这里,福柯本人签名的作者效应是不容忽视的。他的名字被用来代表囚犯、收容所里的精神病患、住院者,甚至是性少数群体——但并不代表被殖民者或妇女。

人们或许会呼吁,"米歇尔·福柯"这一招牌(暂且抛开他个人的惊人才能)应该被用来间接地代表他们的利益。这需要福柯自己来决定——这难道不是一个集体性承诺之必要条件的回归吗?这难道不需要某种政治的算计来制定需求和紧急层次的结构吗?(这种算计本身就必须从当前形势的广泛解读中出

---

① Michel Foucault,(1977)*Discipline and Punish*:*The Birth of the Prison*,Alan Sheridan,trans.,Harmondsworth:Penguin,p. 160.

② 可参见福柯所编的《双性人巴尔班》,该著作被收入他所创立的"平行人生"(Les vies parallèles)丛书。在福柯看来,生物学理论、法律条款、现代国家的行政管理形式都在引导人们否定身体可以混合两种性别的观念,这使得不确定性别的个人的自由选择被限制。

③ Michel Foucault,(1979)"The lives of infamous men", in Meaghan Morris, Paul Patton, *Michel Foucault*:*Power*,*Truth*,*Strategy*,Paul Foss, Meaghan Morris, trans.,Sydney:Feral Publications,p. 90.

发?)当然,如果这样的等级制度是经过精心设计的,福柯就很难忽视关于西方与所谓"第三世界"间的关系问题,而他自己的作品未能认识到这种关系的影响方式。① 此外,他逐渐意识到,这种对庇护所的去制度化运动,以及在较小的程度上对监狱进行去制度化,难以获得成功。其原因在于,在发达资本主义之外,在福利主义之外,一方面,市场和媒体的公共领域之间几乎没有剩余空间;另一方面,是个人与他们家庭的问题。因此,要使囚犯"去制度化",就是要把他们放置在一个真空中。可见,在谱系学计划最能说明问题的地方,福柯那种最详尽的反历史策略显得有些缺乏力量,甚至在某些层面看来难以奏效。

针对第一个和最后一个困难的回应(他似乎忽略了第二个),在后来的演讲中,福柯开始强调他研究的一个相当不同的方面。在他最后一次采访中,他称自己的作品为"思想史",其中"思想"是对"问题"的回应。早在关于宾斯万格一书的《序言》中,他就提出了"问题性"的概念。更具体地说,这些问题重新形成了考古学上的"不相容点",即把一种特定的论述实践或情况分解开来,从而允许采取其他的策略。但这些不是理论上的契约,它们是话语和实践的问题。哪里陷入僵局,哪里就有不同的解决方案——监禁生命还是宣判死刑?适应还是流产?对希腊人而言,是婚姻还是男孩?在这种僵局中,思想斗争就由此产生了。他用这些术语描述他的工作,要求人们"从这些不同的解决方案的根源上,重新发现使它们成为可能的问题化的一般形式"②。尽管后来的两卷《性经验史》是用这些术语来描述的,但他在最后的采访中暗示了这些"问题化的一般形式"确实在西方历史上投下了巨大的阴影。

事实上,这些问题由两大部分组成:西方在社会领域实施围绕经济生产最大化的理性(这涉及选择性的历史记忆),以及"自由主义"试图分配和维护个人的自由和自治。福柯提出了一个马克思主义并不陌生的观点:自由主义反对理性、纪律的社会,但在实践中,它却掩盖了真相,并促成这样的社会不断发展。但正如他在一次演讲中所说的那样,自由主义者声称"管得太多了",而中央集权主义者则声称"管得太少了",这是不可能调和的。③ 似乎所有现代历史

---

① Gayatri Chakravorty Spivak, (1988) "Can the subaltern speak?", in Cary Nelson, Lawrence Grossberg, *Marxism and the Interpretation of Culture*, Urbana: University of Illinois Press, pp. 271–313.

② Michel Foucault, (1984) "*Polemics, politics, and problematizations: An interview with Michel Foucault*", in Paul Rabinow, *The Foucault Reader*, Lydia Davis. trans., New York: Pantheon Books, p. 389.

③ Michel Foucault, (1989) *Résumé des Cours*: 1970—1982, Paris: Julliard, p. 221.

上的僵局都与这个大问题有关。我们可以把监禁这种惩罚和围绕它不断进行的辩论作为明显的例子,进而思考非现代社会与现代社会之间的关系。如何将个人自由的要求与社会秩序的要求分开?将理性主义与帝国主义分开?在这些巨大的历史和政治不确定性的阴影中,人消失了。把一个事件作为一个问题来分析,就要引出一个分析"显著性"的"倍增",福柯称之为"增长的多态性"①。因此,对现代刑罚制度的出现所作的说明不可避免地导致对现代学校教育模式的审查。两者都是同样的大"僵局"和"文学化"的实例。

福柯的思想围绕着模糊性。一方面,他认为西方社会告诉自己的历史是由涉及权力和斗争的事件构成的,在这些事件中,不相容的要求和合法性被反复质疑。同时,这种困难和斗争的坚持是有历史连续性的。这是一个很有启发性的提法,它再次将康德的哲学概念历史化:康德将思想在试图从物质对象的角度分析意识时反复遇到的问题描述为"谬误推理",反之亦然。②另一方面,谱系学家"使奇点可见""在那些地方,人们会禁不住诱惑,援引一个历史常数,一种直接的人类学特征或一种明显的,一视同仁的特征来强加在所有人身上"③。在这里,当代历史学家梳理出概括历史决定论或"常识"所隐藏的具体问题。站在福柯思想的交叉点上,或许可以说,对他而言,过去谈论的历史是"嘈杂的"——一段被多次重复叙述的——历史,一段需要谱系地进行工作的历史,因为它是在自由与治理的问题中形成的。

矛盾的是,它也是一段驳杂的历史,因为其设计出了极为强大、多样但仍不充分的方法来解决自身的问题。在这种方法中,将一个相互联系的大领域缩小为单个事件,并反过来说,把特定时刻、人物和事件变成更大的结构或更大的历史事件(如现代化)的占位只是同一个问题的两个方面。最后,对于福柯来说,社会拥有历史,它们产生的记录既是政府的工具,又是历史学家用来解释和叙述社会的文件。在行政管理层面,社会通过制造信息(营造历史的喧

---

① Kenneth Bayncs, James Bohman, Thomas McCarthy, (1984) "Questions of method: An interview with Michel Foucault", in *After Philosophy: End of Transformation?*, Cambridge: The MIT Press, p. 105.

② 福柯在《话语秩序》中指出,他在让·伊波利特的作品中发现了令人鼓舞的矛盾性。正如福柯所说,伊波利特"将完成自我意识的黑格尔式的主题转变为重复审讯"(1971a)。然而,这是为了超越马克思,马克思基于唯物史观主张康德和黑格尔提出的矛盾是不同利益之间的冲突,而"利益"是理论所忽略的一个范畴。

③ Kenneth Bayncs, James Bohman, Thomas McCarthy, (1984) "Questions of method: An interview with Michel Foucault", in *After Philosophy: End of Transformation?*, Cambridge: The MIT Press, p. 104.

器)来"解决问题"或"改革"自身。谱系学家可以逆反地解读这些信息,不是作为改革的工具,而是作为阐述权力的网络。然而,把思想理解为研究问题的工作,就是把知识分子(当然,对他们来说,思想就是工作)置于一种无能为力和不断重复的关系之中。在福柯的最后公式中,知识分子的作用是尽可能地远离这些斗争,以便把它们当作斗争来把握。思想工作从这个距离出发,把它对社会政治领域的影响投射到一段很长的距离上,这是谱系学家或特定的知识分子在微观政治斗争的前沿所要走的路程。在这些后期的声明中,福柯已经远离了微观政治的激进主义。

第二节 后现代视阈中的反讽

作为经久不衰的修辞话题,反讽在西方理论传统中的重要地位不可小视。对福柯而言,反讽是当今时代的歧义语言。在他这里,反讽作为一种能指的存在,意味着它已经具备着功能和效果的多元性。

一、反讽的意图与阐释

从希腊的苏格拉底、亚里士多德等著名思想者,到 18 世纪的施莱格尔、黑格尔以及 19 世纪的克尔凯郭尔等著名哲学家,均对反讽问题进行了深入的探讨。在当下,由于人们对反讽运动的重视程度越来越强烈,他们的争议与分歧也异常明显。特别是在后现代状况下,这一时期的文化特征离不开反讽这一重要范畴。对反讽的批驳主要集中于对反讽诚意的质疑,鉴于这些局限性、琐碎化、语焉不详,甚或认为它是隐遁和避让,是"沉默的一种特殊的替代"[①]。正如伊哈布·哈桑(Ihab Hassan)所说:

> 由于缺乏基本的原则和范例,我们转向游戏、相互影响、对话、讽喻、自我反指——一句话,转向反讽。[②]

福柯所面对的任务是揭示西方文化中理性对非理性的分离、排斥及塑造,而这一任务极为困难。这一任务内在地具有某种反讽的姿态。他指出,疯狂主题不仅是历史发展的必然产物,还必须在一定历史条件下才能被明确提出。对

---

① Mikhail Bakhtin, (1986) *Speech Genres and other Late Essays*, Austin: U of Texas Press, p.148.

② Ihab Hassan, (1987) *The Postmodern Turn*, Columbus: Ohio State University Press, p.170.

他来说，疯狂体验已经成为他的主要言说对象，既处于历史中心，又处在历史的边缘（这是他在处理康德的人类学先验条件如何转化为原初问题的说法）。①尽管福柯的主要意图是写作关于"疯狂"本身的历史，但却遭遇了德里达的严肃解读。后者看到这一意图陷入不可能的困境，遂指出其被迫使用了虚张声势的修辞（pathos），从而使《疯狂史》的计划从一开始就处于危险中。

对福柯而言，反讽具有非常强大的作用，因为它可以帮助捕捉历史正常面貌之后的隐藏面具，他将这种实践带到了对疯狂体验的探寻中：

> 这里谈的问题不是知识的历史，而是一种体验的初步运动。这不是精神医疗的历史，而是疯狂本身的历史，是在被知识捕捉前的，活泼泼的疯狂。因此，我们必须支起耳朵，俯身去听世界的喃喃低语，努力去觉察许多从未成为诗篇的形象。然而，这工作无疑是双重地不可能：因为它要求我们去重构这些具体的痛苦、话语所留下的尘埃，然而它们却不会在时间中驻留；而且，这些痛苦和这些话语，也一定是在被揭发和宰制它们的划分手势之中，才能存在、出现和呈现出来。我们只有在划分的行动之中，并且由它开始，才能把它们构想为尚未分离的尘埃。寻求掌握它们的野蛮状态的感知，必然属于一个已经将其捕捉的世界。②

福柯认为，完全否定理性是自相矛盾的事实，而站在理性的立场，是难以接近疯狂的野蛮状态的。他明确指出，疯狂史绝不能被化约为"疯狂如何被人对待的历史"。对他而言，写作有关疯狂的可能性在于，不应把疯狂当作是一个自然面的事实，而是一个文化面的事实。在德里达看来，理性面对的疯狂是没有历史意义的，特别是历史写作本身先在地就在理性与疯狂之间作出了划分。可见，历史本身的可能性前提只能是一种历史的缺席。在他看来，理性的历史的成立是以疯狂的无历史为前提条件的。因此，福柯的《疯狂史》本身的可能性条件令人质疑，它极易陷入理性对疯狂的自言自语中。如何让疯狂成为言说自身历史的主体？（疯狂一开口，就面临这样的情况：假如它能被人理解，它就不可能是疯言疯语；如果说它无法被理解，那么它就只有一个无法指称的空洞符号）。德里达推断，福柯写作《疯狂史》采取了双重计划：一是福柯自己所认知的疯狂自身的言说史；二是重新作出一次"疯狂颂"。这样，福柯很

---

① Michel Foucault, (1965) *Madness and Civilization: A History of Insanity in the Age of Reason*, Richard Howard, trans., New York: Random House, p. 163.
② Michel Foucault, (1965) *Madness and Civilization: A History of Insanity in the Age of Reason*, Richard Howard, trans., New York: Random House, p. 164.

可能会进入他对伊拉斯谟《愚人颂》的批评之中。在这里，理性再一次实现了"吸纳与召回疯狂"①。

实际上，德里达的批评不无道理，且福柯自己也意识到这一任务将面临两难。倘若我们以反讽的立场来对其进行阐释，或许能在两人之间建立一种平衡。作为反讽的意图实施者，福柯的目的在于将理性与疯狂的关系进行倒置，即在疯狂生成的历史中施以某种嘲笑、驳斥的反讽功用。在他这里，疯狂是理性之下的压迫形象，它只能是沉默：

> "在理性人和疯人之间"没有共同的语言，或者毋宁说，不再有共同的语言；在18世纪末期，疯狂被建构为心智疾病一事，见证着对话的中断，使得他们之间的分离像是既成事实，并使得疯狂和理性过去用来进行交换的不完美的、缺乏固定句法的，有点结结巴巴的字词，都深陷于遗忘之中。精神医疗的语言乃是理性针对疯狂的喃喃自语，它只能建立在这样的沉默之上。我无意为这个语言写史；我要进行的毋宁是此一沉默的考古。②

一旦福柯"初始的"反讽意向与作为阐释者的德里达的推论相遇，关于疯狂的论断便会超出福柯的预设。也就是说，德里达转移了对福柯反讽"初始"意向的关注。可以说，反讽产生效用的强弱依赖于反讽者的脾性——从对抗到合作，各不相同。当然，反讽阐释者的脾性也并非无关紧要。毕竟，要决定反讽在言词中能否真实地存在（以及反讽的意义是什么），最终的责任还是在反讽阐释者身上。

在作为反讽阐释者的德里达这里，福柯的写作"动机"被看作是一种反讽者的意向性问题。换言之，疯狂处于一个被阐释和认定的问题之内。"动机"一词表明了对反讽行为采取的有目的的行为，而非空洞无物地掏空其内在。不同的（投射、推论）动机将导致以不同的因由来认定（或使用）反讽，因而对于反讽的多重功用的认定需要作出更进一步分辨。这也是考察福柯或德里达的

---

① Jacques Derrida, (1967) "Cogito et histoire de la folie"（《我思与疯狂史》），Ioc. cit., pp. 56–68.《我的身体，这张纸，这炉火》（*Mon Corps, ce Papier, ce feu*），响应德里达在1963年所作的著名演说《我思与疯狂史》（*Cogito et histoire de la folie*），收录于德里达在1967年出版的论文集《书写与差异》。此文有两个版本，第一版原刊日本 Paideia 在 1972 年 2 月登载福柯专题，题目为《响应德里达》（*Reponse a Derrida*），第 131–147 页。此版本与书中刊出的原文有许多出入，且语调更为激烈。目前两文皆收入《言与文》（*Dits et Ecrits*）中（Vol. 2, nº. 102, pp. 245–268, nº. 104, pp. 281–295）。"Mon corps"一文还有英译版本："My Body, This Paper, This Fire", Oxford Literary Review, Autumn, 1979, pp. 5–28.

② Michel Foucault, (1965) *Madness and Civilization: A History of Insanity in the Age of Reason*, Richard Howard, trans., New York: Random House, p. 160.

反讽使用是否得当的初衷。

二、反讽的双重言说机制

如果把反讽看作是一种单一的事物，且只将其认定为一种单一方式的运作，会大大缩减它的效用。那些语调和推论出的动机往往较为温和，而当批评的强度不断增加，在最具挑衅的区域内，反讽可被看作是一种煽动观点和对抗意见的策略。事实上，反讽包含有两个意义层面：一个是已说出的字面义；另一个是未被说出的与字面义相反的实际义。需要先对字面义有所理解，才能用后者予以取代。这样，反讽便可以较为自然地成立。

德里达提出的问题很显然已触及了福柯在《疯狂史》一版的序言中所隐含的主旨：对被理性捕捉之前的纯粹疯狂。实际上，福柯想要利用对"原初疯狂"的追寻，以反讽的意图实施某种"不可说"之说，且德里达的介入使得这种双重言说机制得以运行。这样，福柯就陷入自身所设置的圈套中，因为他所说的部分都指向对疯狂历史的揭示，而德里达看到的是疯狂依然没有进入字面义，甚至根本没有办法获得所谓的实在义。在哈钦这里，"已说"和"未说"都构成了反讽的条件：

> （它们）共同为了阐释者存在，各自的意义也都取决于与对方的关系，因为正是它们的相互作用才能产生真正的反讽意义。即是说，反讽的意义并非仅是"未说"，"未说"也并非仅是"已说"的简单翻转或对立面，它总是差异的——不同于"已说"又多于"已说"。①

事实上，反讽内部并不产生"未说"对"已说"的隐匿，而恰是在"未说"和"已说"的相互制衡中才能够生成有效的言说。这不能被简单地理解为"正话反说"，而是建立一种"双重言说"的机制。换言之，它极为高效地为构成第三层含义搭建桥梁，而反讽的意义就起源于此。

福柯和德里达的反讽在言语和结构上起到了交织功用，这其中的一些空间给反讽留出不算尖锐的锋芒。在评论家眼中，反讽为艺术典型的错综和丰富带来了进退可能的维度，且在所有美学话语的基础上，都有"反讽之宝库"②。

---

① Linda Hutcheon，（1994）*Irony's Edge：The Theory and Politics of Irony*，London：Routledge，pp. 12—13.

② Roland Bathes，（1974 [1992]）*S/Z*. Richard Miller. trans. ，Oxford：Blackwell，p. 147.

这种观点认为反讽是发出"号召来阐释"①，并乐在其中的一种反思模式。换言之，反讽正是将无数可能的否定内涵予以汇聚，从而挑战了这种预设观念：观点是清晰、澄澈的，根本不需要复杂和含混。因为越是滋生误解、迷惑，越是使得不精确和交际的有效性丧失。然而，无论对福柯还是对德里达而言，反讽的言说并非是制造出混乱，而是在言说的两极生成新的讨论空间。

在福柯这里，这个空间是围绕笛卡尔的《沉思录》（*Méditations Métaphysiques*）展开的②，他仅是谈对此文本应该如何去解读，而没有回应德里达对《疯狂史》全书计划的非难。换言之，福柯把对疯狂的思考拉向了笛卡尔这个起点。他想要表明与德里达的对话需要回到笛卡尔处。这就如同于塞尔（Michel Serres）所评论的，《疯狂史》的可能性条件就在于来自排斥结构的几何学：福柯不断地研究历史的划分线条、它所划分出的空间样态以及内外双方的关系。这并没有产生像德里达所批评的那样吊诡效果（排斥理性却仍不得不是理性的理性）：虽然福柯并不是彻底否定理性，甚至以找寻最纯粹的理性来为疯狂辩解，但倘若在揭示理性对疯狂的压迫上，福柯的出发点就是对真理的追问，那么，塞尔不会说：

> 他对这群晦暗中的人民，有一股深沉的爱，那不是模糊的人道主义，而是虔诚的关爱，承认他们无限地接近的，乃是另一个自我。③

即便如此，反讽式的态度仍可以接纳对这种原初体验追求意志的质疑。福柯对结构主义研究的清查并没有达成全盘的胜利，这也是德里达解构的要害之所在。因为只要预设了存在就必须面对危机的降临，这也导致福柯后来取消了第一版的序言。这种应对德里达的方法，很可能有了这样的理解，他曾于1962年重写《精神疾病》一书，并改换了书名。在完全被重写的第七章这里，出现了这样的字句：

> 有一天，我们必须尝试把疯狂当作一个全面性的结构来进行研究——

---

① Jonathan Culler,（1974［1985］）*Flaubert: The Uses of Uncertainty*, Ithaca: Cornell University Press, p.211.

② 关于这个论辩的文本可参见 Roy Boyne, *Foucault, Derrida, The Other Side of Reason*, London: Unwin Hyman, 1990. 德里达在1991年发表演说，再度讨论《疯狂史》：Jacques Derrida, "'Être juste avec Freud': L'histoire de la folie à l'âge psychanalytique"（《要对弗洛伊德公平》：心理分析时代疯狂史》），收录于 *Penser la Folie: Essai sur Michel Foucault*（《思考疯狂：试论福柯》），Paris: Galilee, 1992, pp.141–195.

③ Michel Serres,（1968）"*Géométrie de L'incommunicable: La Folie*"（《无法沟通者之几何学：疯狂》），原文发表于1962年，收录于 *Hemes I: La communication*, Paris: Minuit, p.176.

> 这是被解放和不再被异化的疯狂，就某种意义而言，恢复其初始语言的疯狂。①

福柯随后表示，社会将在某个时刻注意某些人的语言和动作，并对之采取特殊态度。这些人既不完全是病人，又不完全是犯人。由此可见，他所指的"原初疯狂"仍具有某种可能性，但必须将它扩展到与各种文明的比较上来加以探明。

上述反讽的言说运作在福柯的意图和德里达的解读中得以展开，并沿着各自的轨迹继续推进。就福柯而言，他在后来的《知识考古学》中试图避开研究指涉对象来定义历史时，他的立场转变极为明显：

> 并不寻求重构疯狂自身，那首先在某些原始的、基本的、沉默的、几乎没有组织的体验之中被呈现的疯狂。②

某种基本的立场并未在福柯处改变，而是对研究对象有了更为明确的限定。对德里达而言，更多是否认意义的明晰性和统一性，且指出了福柯文本中语言的能指和所指之间的距离，这使得疯狂的意义被"延异"。这里，福柯已经不再对疯狂的体验紧抓不放，而是转为是"谈指涉对象的历史是可能的"③。因此，这样一种对文本的解构式解读，将福柯"已说"和"未说"的双重蕴含予以揭示，并使得其文本的多元化阐释成为可能。

这种反讽的机制所取得的开放性效果极为显著，正如哈钦所说：

> 反讽对多元的和区别性的意义的解决办法——将已说和未说像油和水一般悬置在一起——将会挑战一切认为语言与外在的任何单一现实有直接的一对一指涉关系的观念。④

这种反讽的动态交流在福柯和德里达之间得以建立，而前者认为语言只是事物中的一种，它并不应具有所谓的优越性和权威性。不过，难道不能把德里达看作是福柯的另一个自我，并以自身的言说矛盾性进行了某种反讽的操作？而福柯意图要保持的同一性（在疯狂与理性之间设立界限）不也是遭遇了德里达差异化解读的挑战吗？以福柯后来研究策略的转变来看，德里达的挑战应是

---

① Michel Foucault, (1962 [1997]) *Maladie mentale et psychologie*, Paris: Puf, pp.90-91.
② Michel Foucault, (1962 [1997]) *Maladie mentale et psychologie*, Paris: Puf, pp.90-91.
③ Michel Foucault, (1969) *L'archeologie du savoir*, Paris: Gallimard, p.62.
④ Linda Hutcheon, (1994) *Irony's Edge: The Theory and Politics of Irony*, New York: Routledge, p.57.

有效且成功的。不然福柯不会为他的策略转变作出解释：

> 这段话是为了反对《疯狂史》中一个明显主题而写的，而且这个主题在序言中多次地出现。①

随着这个转变，福柯在此后的确形成了一种新解释体系和一种基于理性或科学或意识转换理论的新学说。这个思路可追溯至焦万尼·巴蒂斯达·维柯（Giovanni Battista Vico），然后再追溯到欧洲文艺复兴的语言哲学家，最后再从希腊古罗马的雄辩家和修辞学家所创造的语言——社会历史主义处寻找到证据。对福柯而言，研究的方向是去寻求语言的具象化或生成性的条件，这既是语言"再现"事物世界的强度，又是语言在事物面前所采取的姿态。换言之，事物的关系形态是由语言行为本身作保证才能搭建。他相信，也正是因为17世纪以来"科学"与"修辞学"的逐步分离之后，语言的这种力量便消解了，从而失去了科学本身对其自身内含有"诗性"特质的领悟。

与维柯不同的是，福柯没有把历史时间依次划分为神明、英雄、人、衰亡的时期。在他看来，20世纪的人类研究恰好符合了其对象所具有的反讽关系的特征。总体而言，他将这种新科学方法及思想体系视为是新的科学方式的转变，产生的心理分析学说、存在主义、语言分析、逻辑原子论、现象学、结构主义等都仅仅是对反讽、隐喻的一种投射而已。在维柯处，存在着所有关于修辞源起的四个主要比喻。这种观点是对理解周期性意识过程的最基本分析。唯有如此，意识才能够去认识一个根本无法去接近的世界。这种类似的隐喻式还原方法同样在福柯研究的内部，它也支持着他对自16至20世纪人类科学发展各个阶段的研究。

用这种历史眼光可以为文明的生命周期构建起一个阶段式的对应关系，其所采取的修辞手段依次是：暗喻（神的时期），换喻（英雄时代），提喻（人的

---

① Michel Foucault, (1969) *L'archeologie du savoir*, Paris: Gallimard, p. 64. 在王德威所译中文版中，这个注没有被译出。此外，书名被译为《知识考古学》，福柯曾指出不希望别人将他的工作想成是"挖掘"的意思。可参见 Michel Foucault, (1994) *Dits et écrits*, Paris: Gallimard, p. 722.

时期)以及反讽(衰颓与灭亡时期)。① 倘若福柯已经正确理解了他致力发明的历史的全部,就应该会这样描述它们。现在,福柯自己标榜的后现代态度正源于所期望的再次沉湎于神话之中,这使得他所做的努力无可避免地具有了后反讽(post-ironic)意味。

三、作为话语策略的反讽

在《事物的秩序》(The Order of Things)中,福柯的反讽态度贯穿始终。在预设了物质世界井然有序的前提下,作者意图揭示出自然界的无序(disorder)状态恰是人类心灵所不能接受的样态。因此,作为一种话语策略的反讽,不应被框定在语义学或修辞学的范围内,而应将其放在那些语义和句法与反讽语境的关联处,即需要在文化、历史、社会或政治领域内仔细考察。换言之,离开了人文政治的广阔范畴来思考作为言语行为的反讽,将人际互动当作了思维置换的通渠,这不仅是一种理想主义的幻想,也阻断了思想火花的产生。此外,还必须格外注意权力本身在这里的运作机制,因为言语活动的参加者之间并没有站在绝对公正的立场上加以交换。信息互换也是社会行为的实现方式,但它并不可以仅停留在行为本身的范畴之中,还包括所有关于权力的象征意涵。

对反讽的频繁使用在后现代主义的话语中极为明显,并与传统的反讽方式相异,很难对其作有效地区分。有的研究者将罗马雄辩家马库斯·法比尤斯·昆体良(Marcus Fabius Quintilianus)对反讽的定义奉为典范,亦即反讽实则是"意义与所说相反"的修辞手法。说者采取修辞的主要目的是嘲弄、挖苦别人,以便突出智慧的高妙。这种说法极易把反讽归入某类修辞的文辞技巧中,其效果仅是为语言增色。也有人将新批评的反讽观点当作圭臬,并指出新反讽

---

① 可参见焦万尼·巴蒂斯达·维柯:《新科学》,T.G.帕金和M.H.费斯,英译,1968年版,第400—410以及第441—443页。结构主义思想的比喻学本质不容易引起批评家的重视。比如,列维-斯特劳斯采用的二项阐释系统。在他这里,所有命名系统都代表了某种对语言行为的隐喻和换喻对立的辩证消解。可参加其《原始思维》中的论述,伦敦,1966年版,第205—244页。此外,拉康也曾用二分法对释梦进行解读。可参见《潜意识对文字的坚持》,载于结构主义,雅克·埃尔曼,1966年版,第101—136页。罗曼·雅各布森曾把此文作为研究文学风格的基础,可参见《语言学与诗学》《语言中的风格》,汤马斯·西比奥克编,1960年版,第350—377页。这些思想家曾运用隐喻与换喻的比喻来区分语言习语中的历时与共时轴,这样,他们才得以把语言本身作为描述常识的不同方式的基础。结果是极易滑入二元论的意识二项理论。需要指出的是,福柯仅是把比喻的范围扩大到文艺复兴修辞学家的发明处,且在维柯的《新科学》中也采用了传统的四进制分类,之后被像肯尼斯·帕克这样的现代文学理论家进一步予以界定。可参见帕克在《意图语法》(1969年版)中的文章《四种主导比喻》,第503—517页。

是当代文学话语中最基本的构成要素之一,因此它属于"失落与嘲讽之丰富性和复杂化的混合体"[1]。此外,在奥斯汀(Austin)、塞尔(Searle)等人的影响下[2],以更纯粹的语言学视角来看待反讽文学的也大有人在。特别是从语义学角度来考察,反讽常被当作是一种孤立、静态的共时性语言现象。这种观点也被反讽地认为是"一种复杂的修辞策略,它言在此而意在彼"[3]。

这些语义学研究方法均带有各自的缺陷,它们很难解释"言者无心但听者有意"的现象。福柯认为,推动反讽之实际效果的原因不仅是语言本身,还涉及许多非语言方面,特别是语言外部的社会、历史、文化、政治等要素都会产生对其的影响。这些可以统归在语用学的范围之内,即使用语言这一环节必须考察其实际生成的外部环境。正如阿塔诺(Attardo)所说:

> 反讽完全是一个语用学现象,跟语义学没有太大的关系。它完全依赖于语境,虽然涉及说话者的意图和目的,但不仅仅局限于此。文本内的反讽意味着从不被直接说出,而是需要倾听者揣度得出。[4]

反讽并非"昆体良式"的修辞格,也并非一种生命精神态度的指针(苏格拉底意义上),而只是福柯认识上的一种语言策略。以语用的角度来看待反讽——即站在反讽的接受者立场来思考问题,需要摆脱过去那种修辞学或形而上学的看法。可见,反讽的使用被置于更大的语言场域中。以往的观点,大多注重对说话者的反讽意图(上一节中提及的福柯的意图)展开讨论,现在需要把眼光放在听者(阐释者、接受者)这里予以考察。事实上,两者同样重要,因为这里总有"未说"和"已说"的斗争:

> 动词"to mean"(意味)本身有"to intend"(意指)之意,阐释者和反讽者一样重要,且两者常常对立:识别在何处有或没有反讽意图,或在其本意上是否把反讽当作反讽,这也是一个有意识的代理(agent)行为。这种代理参与到一个复合的阐释过程中,此过程不仅有意义的生成,还有根据文本的展示来建构针对"已说"(the said)与"未说"(the

---

[1] Cleanth Brooks,(1965)*Modern Poetry and the Tradition*,New York:Oxford University Press,p. 36.

[2] 奥斯汀把反讽看作是语言行为中的一种,并建立起一套有关反讽的语言行为理论,而其理论继承者塞尔倾向于把说话者的意图与语句的字面意义联系起来,认为反讽取决于两者的特定关系。

[3] Claire Colebrook,(2004)*Irony*,New York:Routledge,p. 2.

[4] Salvatore Attardo,(2000)"Irony as Relevant Inappropriateness",*Journal of Pragmatics*,p. 32.

unsaid)的东西予以评价的态度。①

与哈钦类似,福柯认为反讽是在具体的语境下结合倾听者的参与构成的话语活动,并非仅仅是说话者意图的单向输出。显然,说话者与倾听者之间的信息互动将使被言说的话题不断演化。从促成对话的角度来看,反讽者是"引发"反讽活动的行为者,倾听者使得反讽真正地"发生"。这意味着作为话语活动而言,它自身无法保证阐释者一定会按照话语发出的规则来对其进行理解。正如托马斯·曼(Thomas Mann)所描述的反讽,认为它身处对立各方之间,且左顾右盼、躲躲闪闪,却"一点儿也不着急去确定立场、做出决断"②。

这是否意味着福柯所说的反讽是在两边下注,以求安全?因它让"说话者对倾听者说一些话语,后者完全领会这些话语,而且大家都知道他领会,倾听者也知道大家都知道他领会;然而无论哪一方的参与者都不能让对方为领会到的这些东西负责"③。这种反讽风格是否就是后现代的两者皆可态度,因为无论两者都选或两者都不选都是一种态度的模糊。应当看出,福柯所提出的"他者的反讽",其目的是避免反讽的辩证法化,与西方人思维史上"现象/实质""表现/含义"等的二元性立场分清界限。

于是,一旦领会福柯的态度,就会发现在面对两种相互排斥的事物(理性与疯狂)时,他不可能两者都选,因为在从两者中都能获取最大的可能的快乐时,他拒斥了反讽。换言之,福柯的话语活动使其不可能忽视反讽的功用,他也必须借助这一功能去发挥语言的魔力。诚如某位理论家所言:

> 不拒绝、不反驳、也不掀翻推倒;不是闪烁其词,也不是缺乏勇气或信念,而是坦诚有时候我们就是没法确定,与其说是因为我们知道不多,倒不如说这是因为不确定性乃是内在而本质的属性。④

可见,福柯所言的反讽双重性以一种反作用开始生效,即通过在一定程度上承认权宜性和偶发性来抵消任何想要被认定为"真理"的僵化立场。那些被

---

① Linda Hutcheon,(1994)*Irony's Edge:The Theory and Politics of Irony*,New York:Routledge,p.12.
② Thomas Mann,(1947 [1980])*Doktor Faustus*,Frankfurt am Main:Fischer Taschenbuch verlag,S.173.
③ Goffman Erving,(1974)*Frame Analysis:An Essay on the Organization of Experience*,New York:Harper& Row,p.515.
④ Enright D. J.,(1980)*The Oxford Book of Contemporary Verse*:1945-1980,Oxford:Oxford University Press,p.6.

看作是"寡言少语"的明了语言就是所谓的教条化的另一种选择。① 这对于敞现语言的可塑性极为重要，在语言的反讽维度上，它可能成为自由言说任何真理的中介。与现代英美批评倾向于固守笛卡尔的"我思"不同，揭示文本意图的确定性是不可能的，因为辩证法式的思考总是存在。

第三节 后现代视阈中的隐喻

在西方思想史上，隐喻引发的语言争论一向颇大。对福柯而言，隐喻所涉及的语言问题不是孤立地再现客体的问题，而是他所关注的权力的问题。在他眼中，隐喻是洞穿时空掩盖下的沉默之语，它不直接对真理的认识起到必然性作用，但它也不能完全被看作说不出任何真理。与自由主义的权力观不同，福柯不从宏观层面（国家、政府、党派）的权力建构合法与否来对权力进行讨论，因为这种方式是把权力放在压迫性的维度内，以一种由上而下的压制、监禁的统治模式来理解权力。总体看来，学术界对隐喻的认识主要集中在其客观性问题上。一些理论家认为隐喻是认识真理的有效媒介，而福柯以及后现代主义者则不承认隐喻具有对实在的再现性。应该说，隐喻的重要性体现在其为文学带来书写历史的可能性上。

一、权力的凝视："隐"还是"喻"

福柯对权力的关注，始于他与尼采思想的亲近。在他看来：

> 尼采把权力关系确立为哲学话语的核心——马克思的核心在于生产观。尼采是权力哲学家，他试图思考权力而不是把自身限定在政治理论哲学家之内。②

无论是尼采还是福柯，对权力的理解已经转变，即权力更多地指向某种多维的力量关系。在福柯看来，权力的眼光已经探入社会的各个角落，甚至这双眼睛本身就存在于历史演化的脉络之中，可以追溯到西方古代（希腊罗马时期）的日常生活中。他主张，传统社会生活过去的权利彰显、暴虐血腥以及阶层争夺、压抑、排挤，均已被内化为不可见的微观政治。对福柯而言，权力的

---

① Jankélévitch Vladimir, (1964) *L'Ironie*, Paris: Flammarion, pp. 89−91.
② Michel Foucault, (1980) *Power/Knowledge—Selected Interviews and Other Writings* 1972−1977, Brighton: Harvester, p. 53.

视觉化呈现是隐而不显的,它在多元领域内被生产、激发,不断推进和增殖自身的延续,因此应随权力时空的移动来进行权力考察。

福柯借助对权力关系模式下的性体验问题的探寻开启了对主体的考察。在他看来,性体验可能就存在于人们对自己的意识和真相话语之间,而要把握性体验的生成,就必须承认有这样一个生机蓬勃的历史阶段。这一阶段在基督教和多神教之间,处于希腊化和罗马化时代的最后几个世纪,同时也包括基督纪元的最初几个世纪。福柯制定的坐标就处于这一历史范围,同时他特别关注大象寓言从自然学家的话语过渡到基督教话语的这个时刻。

在"主体性与真相"[①] 这门课程里,福柯以大象寓言为引子,作了极为精彩的隐喻:

> 显然,大象只是一头巨大的动物,但它是生活在大地上最具有尊严的动物,是具有最多意义的动物之一。我想提及它的诚实性的一个表征。大象从不更换雌性伴侣,它会温柔地爱恋它所选择的雌性。不过,大象和它的伴侣每三年才交配一次,仅仅持续五天,交配行为如此隐秘,以至于大象从未被目睹交配的过程。但我的确在第六天看到大象过。在那一天,大象首先径直来到某条河边,它在河中洗净全身,绝不愿意在净化之前回到群体。这难道不是一种拥有美好诚实品行的动物么?[②]

福柯提出的这一寓言,并非是传统哲学的思考路径,即追问"在何种程度上,以何种名义,有何种权利,主体性能够为对真相的认知奠定基础"[③]。他关注的是,认识领域研究中的真知如果成立的话,人们如何体验自身的认识领域呢?换言之,认识领域如何能够显现为主体体验的场域?福柯将其阐述为:

> 一旦在主体面前,相对于主体,历史性的事实存在某种真相、某种真相话语、某种将主体与这种真相话语相连接的义务——或是为了将话语作为真相来接受,或是本身是为了将话语作为真相来生产,何种主体性的领

[①] 这是福柯于1981年在法兰西学院的授课题目,中心主题围绕性问题和生活艺术,通过对个人的主体探讨来展开问题,其中并未出现直接的"性"的题目,但他聚焦在古代时期,思考"性"是如何被管制和规划的。

[②] 米歇尔·福柯:《法兰西学院课程系列. 1980—1981:主体性与真相》,张亘译,上海:上海人民出版社,2018年版,第4页。福柯原文注释译为:圣弗朗索瓦·德·萨勒,《引入虔诚生活》[1609],III, p.39,夏尔·弗洛利松(Charles Florisoone)编辑整理,Paris, Les Belle Lettres Press, Collection des universités de France,1961, t. II, p.117.

[③] 米歇尔·福柯:《法兰西学院课程系列. 1980—1981:主体性与真相》,张亘译,上海:上海人民出版社,2018年版,第34页。

域能够为了主体自身而对主体打开?①

福柯把这一寓言看作文学,并进一步强调这种文学看似不重要,实则极具价值。这主要是因为大象寓言可以解释此前提到的问题。也就是说,在基督教最初的几个世纪,文学涉及的行为模式、生活方式等方面得到了广泛的传播,且关乎生活艺术、行为艺术的文学持续了很久的时间,而现在也已消失。"大象寓言"隐喻的内容是关于人类从动物界的相似性中来教化自身行为的意图。他将自然学家、古代道德家和基督教作者对于大象的态度予以呈现,并认为西方文化以大象为高尚行为的典范,其目的在于向人类提供箴言。② 于是,他总结说:

> 大象寓言是一种低层次的体裁:行为举止的艺术、生活的艺术、生活指南。③

在他看来,应该关注生活艺术是如何从对待某些特别之事达至关于某种生活方式(总体、全面、恒定)的艺术的。他指出,这些生活艺术不是去教导人们如何做事,而是告诉他们如何存在,如何成功地存在。这里他也挑明了一种未来研究的可能性规划,随着基督教的兴起,从文艺复兴时期一直到十七八世纪,生活艺术越来越偏向"行为"方面,更侧重"如何做事"的层面:

> 譬如,对死亡艺术的特别研究就相当能反映这一演变,从古代到 17 世纪,死亡艺术是如此重要。随着基督教,到文艺复兴,到 17 世纪,死亡艺术越来越成为文集、手册、小指南书籍的话题,讲述的是动作、体态、服饰,应该穿的衣着和应该说的话语。在这里并不是相对于死亡如何存在,如何不要畏惧死亡,如何不要念念不忘逝者。在这些生活艺术里,越来越明显的是定义面对死亡的正确行为,或者说当死亡成为对于自己或是他人的本质问题时起,应该如何举止?这些艺术是如何做的艺术,是行

---

① 米歇尔·福柯:《法兰西学院课程系列. 1980—1981:主体性与真相》,张亘译,上海:上海人民出版社,2018 年版,第 34 页。

② 福柯指出箴言涉及五个方面:①对一夫一妻制度的忠诚,是性关系的总体框架。②在这样的一夫一妻制度下,夫妻忠诚下的性行为的稀少。③性行为的目的仅仅是繁衍后代。④这一行为的隐私和非公开性,表明其隐蔽在日常公共生活的背后。⑤性行为之后必须净化,以洗掉过程中所沾染的污秽。

③ 米歇尔·福柯:《法兰西学院课程系列. 1980—1981:主体性与真相》,张亘译,上海:上海人民出版社,2018 年版,第 35 页。

为的艺术。①

在西方古代（希腊化和罗马化时期，直到基督教初期）的生活艺术中，如何做的问题主要关注的是存在的问题，它涉及如何改变自身的存在或重新塑造自身的特定存在。但从中世纪末期开始，这种行为围绕"去定义"需要怎么做，即某种专业学习的问题开始形成。这意味着人们需要与他人建立联系来习得某些知识，因为单靠个人是很难获得这些知识的。② 于是，指导的权威、暂时性的权力以及服从他人的教导成为动态关系中必不可少的环节，并且它会一直延续到个人达到社会认可的一种本体地位。

在福柯这里，寓言中包含的隐喻还有方法论上的原因。他指出，大象寓言看似没有什么价值，其原因在于基督教及其之前的哲学并未从寓言中为以性道德为基础的神学、人类学和伦理找寻到任何重要的概览。对福柯而言，现在已经没有人来写作关于获取幸福的艺术，以及如何避免发怒的艺术，或者如何过平静的生活和如何抵达幸福的指南。于是，大象寓言的隐喻义并非指称说现代社会的行为模式没有被生成、提供和传播，而是说社会中的行为模式失去了自己的自主性。

这是权力渗透于这些行为模式的效果，其总是被以宏大、粗浅的大众教育所占据，教育占领了生活规条的绝大部分空间。对他来说，社会陈规以文学、书写和图像的方式，拟制出关于正确行为的版式，甚至被称作人文学科的东西，也或多或少地清晰地给出了被认为是正确图示的样板。他看到，这些事实从十七八世纪开始，即便有更为仔细实在的审视，已不再有自主专门的文学去从深层次讲述生活应该如何。于是，在他讲述的大象寓言里，虽然有一小段是关于生活和行为的艺术，但依然被还原为简约的表述，印刻着小故事的图式。③ 也就是说，当文学被划分到人文学科的某一领域时，它就不可避免地要

---

① 米歇尔·福柯：《词与物——人文科学的考古学》，莫伟民译，上海：上海三联书店，2016年版，第39页。
② 福柯挖掘出这种关系的建立，包括生活艺术的三个元素：Mathêsis, Meletê, Askêesis。福柯以爱比克泰德（Epictète）的《对话集》（Entretiens）的第三部分作为参照，即某种发现朝向智慧的行进路线，而这是对于学习哲学的人来说，所应当的"是"（être）。福柯认为，爱比克泰德有其特殊的表述方式，广义上属于斯多葛主义者，且这些元素在生活艺术中都能找到。他进一步将此三元素总结为：Mathêsis（传授），涉及与他人的关系；Meletê（冥想），涉及与真相的关系；Askêesis（苦修），涉及与自身的关系。
③ 福柯认为圣弗朗索瓦·德·萨勒在17世纪将大象寓言展现为在性方面的作为基督教高尚道德的典型，只需往上追溯便可发现在普莱恩等人那里，已经用同样的方式来劝谏过人的行为。于是，借助大象寓言来反观多神教和基督教历史图形的价值就得以体现。此处不展开赘述。

完成构建社会模式的任务，从而无法再自主地从更深的层次去触及生活的内核。

福柯已经提到了十七八世纪，文学之于书写生活的内在性断裂，在人文学科的建构下，文学逐渐褪去了以深刻性来探讨如何生活的实践，转而在学科规范的裹挟下逐渐失去了此前探索生活行为的自主性。他指出，文学远离生活艺术是明显的，而生活艺术与它在古代存在和被认可的方式却是相似的。文学需要给出生活版式的图谱，但只能是以宏大粗疏地书写生活规条来进行操作。

对福柯而言，生活的意识关涉一整个领域，其覆盖了彼此完全相异的目标。生活的艺术会与生命的几个重要时刻相关，如死亡的艺术：如何准备死亡，如何预先料想死亡，为将会临近的必然时刻做好准备？生活的艺术适用于诸如死亡等特殊的时刻。可以说，福柯制订这些研究的目的是：在给定的社会或一个他所参照的文明里，那些涉及生命本质的重要时刻、存在通过获得意义的时刻是怎样的？于是，追溯那些死亡、放逐、毁灭、葬礼等关注生命本质时刻的散播和分布是有价值的。[①] 因为一旦把权力与真理关联，就需要承认权力不仅是空间凝固的实体，也是时间流逝的延续，且这种延续在每一个横向空间内层层堆积。

二、后现代隐喻的指向：文本还是世界

随着哲学演化过程中语言学问题的逐渐凸显，在当代分析语言学家这里，隐喻是其重要的研究对象。这些隐喻研究以两种途径展开：一是聚焦当代英美分析哲学传统下的语言哲学与科学哲学新的研究议题；二是以欧洲大陆新人文主义传统下的阐释学理论和后结构主义学说下的关注对象为导向。

站在人文科学主义的立场上，福柯坚决抵制人类文化学科的建立基础，即以人为中心展开的理论研究。对他而言，认知对象通常是生命（生物意义上的人）、劳动（社会意义上的人）和言语（社会历史文化意义上的人）等的自然存在状态。但与生命、劳动、言语等这些词语相匹配的永恒对象则是不存在的。他还注意到，这种从 16 世纪至 20 世纪有关人的意识历史的话语，其指称内容在不断改变，且这种变化往往是在人类知识的元语句层次上持续进行。或者更进一步讲，也就是内容已经随着不同的元语句以及构成人类要素的不同类型而相应地改变了。在他眼中，西方文化史的每一时期都被束缚于特殊的话语

---

① 米歇尔·福柯：《词与物——人文科学的考古学》，莫伟民译，上海：上海三联书店，2016 年版，第 37 页。

之中，但这种话语又立即为它指明通向"现实"的路径并敞视出可能的现实视界。

从传统的隐喻研究上看，语言学和修辞学的模式被彻底打破，新的隐喻研究在心理学、哲学、符号学、文艺学、认知科学和人工智能等多学科综合研究领域都有涉猎。由此可见，隐喻作为人类心灵的一种修辞方式，在认知科学方面具有重要作用。这种研究路径重点在于承认由恩斯特·卡西尔（Ernst Cassirer）建立的语言观，即把语言看作调解媒介，它处于心理范畴与思想世界的中间地带。相反的是，福柯把语言看作概念以及人们对它所梳理的感知的最主要组成要素。从这一点来看，福柯也可称得上是"尼采式""马拉美式"的语言诗人。从尼采的视角看来，语言的原动力应该从意识的"生理学"中去寻求；而以马拉美的立场来看，"事物"终究是为生存而在，只有在"词语的秩序"中才能生存。

福柯坚持认为，历史知识不仅需要文献学式考证的参与，更需要人的想象性创造。他的这种对历史经验的认识性或比喻性基础的洞见，很明显受到了维柯和尼采的启发。在维柯看来，那种将词语（语言）与世界（实在）统一起来的历史分析，即认为两者之间不存在不可逾越的鸿沟，极易掩盖历史中事物间的差异化特性。换言之，他认为应尝试去建立文本和语境之间的连续性，并把历史的过去看作是先验的隐喻和实在世界的后天效果所创造的反馈循环。维柯以及之后的尼采都认为，所有的概念作为人们原始想象力的回响，都是隐喻性的。可见，福柯重视在历史材料中进行挖掘，但他并不放弃用隐喻来建立材料之间的联系。他和维柯一样，认为历史叙事和转义在表达材料的同时，也拓展了材料间的想象力空间。

对福柯而言，启蒙理性削弱了想象力的实在性，也缩减了语言的认知维度。正如海登·怀特（Hayden White）所指出的，启蒙理性使得"科学自身遗忘了自己的诗性本质"[①]。于是，对历史的分析不仅要关注经验的、指涉性的或事实的因素，过去那些神话的、寓言的、诗歌的想象因素也不应被排除在外。福柯认为，世界是作为散文而铺展开来的。在世界的广泛体系中，各种不同的存在之物相遇、结合，彼此关联。于是，以寓言的方式来联结世界之物成为他言说的独特方式，事物的相似、差异、联系都在其论述的语词中逐渐展开。

---

① Hayden White, (1978) *Tropics of Discourse: Essays in Culture Criticism*, Baltimore: Johns Hopkins University Press, p. 254.

福柯以惯常的话题介入方式谈论了大象的寓言。需要特别注意的是，大象寓言的隐喻所指是事物间的某种"相似性"（la ressemblance）原则。① 在他看来，事物彼此间具有四种相似性联系——适合（la convenientia）、仿效（l'aemulatio）、类推（l'analogie）、交感（des sympathies）②。世界通过这种相似性运动的不断演练，保持自身的同一，"同（le méme）仍是同（le méme），是自身封闭的"③。世界作为散文需要标明这些相似性，记号的介入成为必须，相似性需要以记号而存活。福柯引用帕拉塞尔斯（Paracelsus）的话：

  上帝为人类利益创造的一切和他给予我们的一切应保持蔽而不明，这并不是上帝的旨意……即使他隐藏了某些事物，他也不允许任何没有外部和可见符号以及特殊标记的事物继续存在——恰如一个埋藏珠宝的人在埋藏点作了标记，以便日后还能找到这个地方。④

相似性认识就建立在对记号结构的记录与识别之上，而记号结构的体系则对可见的和不可见事物之间的关联关系进行了翻转。因此，在世界深处，导致事物变为"可见的"的不可见形态的原因便是相似性。它在光下被显露为那个所要寓居的可见形象上。福柯还进一步谈到，这也就是特纳（Bryan Turner）所说的，世界的基本面貌是由讽刺诗、音符、数字和晦涩的词汇组成，甚至还有"象形文字"（hiéroglyphes）。

在后现代视阈中，隐喻概念之所以难以界定主要是因为它是由各种不同的理论或主题组成的结合体。在语言学转向的背景下，隐喻与传统隐喻的意义相背离，因而只能将它放在关于当下文化状况的总体性描述中来理解。就隐喻研究来说，后现代隐喻的观念体现出与过去完全不同的时代特色，从某种意义上说，这一观念变化是在全新的历史语境中形成的。在德里达看来，文学性已经成为各种人文科学语言的共性。哲学也离不开隐喻，西方古老的形而上学中充

---

① 米歇尔·福柯：《词与物——人文科学的考古学》，莫伟民译，上海：上海三联书店，2016年版，第18页。
② 此处不具体阐述四种相似性，具体可参见米歇尔·福柯：《词与物——人文科学的考古学》，莫伟民译，上海三联书店，2016年版，第18—27页。简言之，福柯认为，整个世界中，适合的全部邻近，仿效的所有重复，类推的所有联系，都会受制于交感和反交感这个空间的支撑、保持和重复，"交感-反交感"这个对子的内部运动便产生了物的邻近和分离。
③ 米歇尔·福柯：《词与物——人文科学的考古学》，莫伟民译，上海：上海三联书店，2016年版，第27页。
④ 米歇尔·福柯：《词与物——人文科学的考古学》，莫伟民译，上海：上海三联书店，2016年版，第28页。福柯原文引自帕拉塞尔斯的《关于事物本性的九部书》（作品集），苏多夫编辑出版，第九卷，第393页。

斥着隐喻，是"有规则的语义消失，原始意义的不断损耗"[①]。在本体论上，隐喻的地位被极大地提升，过去它仅被看作是语言的一种修辞技巧，不具有思维的内在性结构，而现在它突破审美层面成为蕴含认知功能的特殊语言现象。

在福柯这里，任何隐喻都是必须以对提供给我们所认识的意义完全不同的两个事物之间的相似性确认为条件的。人们相信能够建立一套将世界之物中的一切类似物都划归于表（list）的科学体系，就如同16世纪的人文科学所信奉的一样，以词造表（list-making）来使自身的逻辑运作。表造得时间越长，差异性概念所需要反映的事情也越多。而由于人们对相似性概念的追求本身，在一切不同意义缺席中都是难以想象的。因此，差异性概念就被赋予了科学处理事物时所搭建的关系范畴，并获得与相似性概念相等的权力。

福柯发现一直到18世纪的人文主义，社会发展仅体现了对换喻比喻的理解论的系统化。而这些新学问的实践者认为，必须透过考虑事物整体性的一个局部面来决定研究对象的实质。因此，关于属性之各式各样面的构造研究显然漫无止境。可见，人文科学的最主要转义素（master trope）是由换喻（metonymy）激活的。一个代表字意的词语便暗含了某种语言习得方式，借此再现的世界便分割为两种存在的秩序，如在因果关系或动因行为关系中一样。

最关键的是，直到19世纪，西方人文科学经由演替、类比的变化，并在功能性范畴内部沿革了下来。在这里，同时也存在着19世纪和20世纪对科学问题的相互承继关系。正如换喻语言之于提喻一般，在18世纪的人文科学与19世纪的人文科学之间，也存在着这样的关系。于是，不管福柯本人是否承认，他也不可避免地设计了一个概念体系，并构造出一个关于理性科学或意识转换的理论学说。在这种意义上来说，他将比喻的数量扩展至由文艺复兴修辞学家所提出的，维柯在其作品《新科学》中所使用过的传统四进制分类系统，这正如肯尼斯·伯克（Kenneth Burke）这样的现代文学理论家对它所做出的进一步定义。

维柯修辞的缘起主要是四种比喻（前述也曾谈论过这一问题），以及为准确理解意识经过的周期而提供基础的分析。这种观点认为，意识理解一个人们无法完全认识的世界，是基于它对世界的重新界定。在此过程中，四种比喻对

[①] Jacques Derrida，(1982) *Margins of Philosophy*，Chicago：The University of Chicago Press，p. 228.

应着世界发展所要经历的周期，最终指向衰颓时代，即著名的"Ricorso 时代"。[①] 需要说明的是，这里不是要指明维柯或伯克对福柯产生了何种影响，而是强调他们有着方法上的相似性。实际上，在"辩证"哲学中，一向把隐喻作为话语而非科学形式的基础觉悟遭遇到了歪曲，且尚未被识别。可以说，黑格尔的《逻辑学》只是表现了一种黑格尔自己术语学中的语言之隐喻性层面的形式化，而马克思在《资本论》中关于商品的章节可被看作是一种隐喻理论对世界"语言"的应用，福柯正继承了这一传统。

三、后现代隐喻的历史观：熟悉化还是陌生化

与传统的史学家不同的是，福柯并不以对过去文化和时代事物的描述来恢复甚或强化人们对它们的熟悉，反而运用一种陌生化技巧使曾经趋于明晰的人类及其文化历史遭遇了解构。由此可见，福柯代表了肇始于浪漫主义传统且之后又在尼采处呈现的一种独特的自我意识形态所表征的思想途径。现代历史学家在处理古怪、诡异的历史题材时，总是臆想现实的读者想要在其文本中找到关于理解事实真相的意图，于是他们采取了"熟悉化"的手法进行创作。进入文本的新奇事物都应当在文字叙述中被证实存在以及具有促使它形成的充分理由，如此便可通过一般的知识来进行识别。因此，大多数史学著作其本质上就是史学通俗化的结果。而人类世界的神秘性也从史家这里被逐步剥夺了，让陌生的事物变得熟悉促使神秘世界在一种"正常"的轨迹上以探寻各式生命形式的远古和始源而终结。

诺瓦利斯（Novalis）在浪漫主义概念中给出"使陌生之物熟悉化"的原则，这是使得诗歌进行双重运作的重要步骤。浪漫主义作家，如夏多布里昂（Chateaubriand）、卡莱尔（Carlyle）和米什莱（Michelet）等人则对此有着截然不同的看法。米什莱把历史学的主要任务看作是某种"激活"行动。它旨在把被遗忘的声音重新拽回到现实中，从而展现其对活人讲话的能力。他指出，这并非是一种重构，并非将破碎的花瓶重新拼装、黏合，因为历史的"激活"意味着在生命最深处揭示出那些如今被遮蔽的神奇性和丰富性，从而打开生命

[①] 维柯的观念把历史看作是"进程"（corso）的永恒重演，他用"复归"（ricorso）来表达这种历史演变方式。任何一种历史的复归都是以某一次具体的历史演进为基础的。维柯在分析"回归"（ricorsi）时还意指西方文明已越过"顶峰"（akme），并开始显露出野蛮面相。他对基督教的看法较为客观，认为需以新眼光来重新引入这一影响西方文明的因素。基于此，罗马历史进程的范式不应被用作预言后来西方历史进程的基础。维柯不就此种历史观念去推断结论，从而避免了永恒重演的陷阱。他立足经验层面来考察进程问题，并使得未来的进程走向始终具有开放性。

构造方式的多样化可能。

尼采也以其独特的腔调表述了类似的观点。他指出，学术编纂史的通俗传统与方法早已陈腐不堪，并呼吁诞生新的以"反讽"为特征的诗性史料编纂学。将熟悉之物陌生化旨在给每日之物赋以永恒的标记，并试图将一个"或然的"普遍主题上升为一个崇高的主调。这也是诗人历史学家希望实现的目标。奥斯瓦尔德·斯宾格勒（Oswald Spengler）在这点上对尼采的观点非常关注，他所发表的作品《西方的没落》（*Decline of the West*）就是为了发现各文明类型之间的本质区别，而不是为了去塑造具有类同特点的文明的一般类型。因为现代西方文化之形态并非是希腊祖先流传至今的文明传承，而恰好是它们的某种脱序。可见，脱序就意味着人们在历史中还没有发现能解决西方现实困境的真实原型。这极大地激励人们对其当下自身的"情境"保有诗性历史的眼光。

对福柯而言，这种历史观依然秉持着对"人类本性"的坚定追寻。他提出的质疑在于，大多数历史学家在"理解"人类建基的事物中所押注的普遍的人性概念。倘若肩负再现使命的历史学家是以陌生化为目标的话，那么他们将会在面对读者时与选择题材时产生双重的分裂。在读者面前，他们是逆反且反常规的批评家，是科学和理性的颠覆者；而作为选材者，他们保有宽容和同情之心，把题材的象征性而非表意内容作为代码进行接收。前者是以专家的身份来对丧失诗性的作品进行理解，而后者以揭示社会的精神空洞来制造更多的焦虑。

福柯还看到，这个历史学概念和大部分当代诗歌的创作目的都更为相似。现代诗人——霍普金斯（Hopkins）、叶芝（Yeats）、卡夫卡（Kafka）、乔伊斯（Joyce）等都以类似的方法将历史感知重新拉回到对日常事件的新奇性觉悟上来。不过，这些现代历史学家们也力图实现对过去事件描述的同一性结果，比如西奥多·莱辛（Theodore Lessing）的作品《历史作为无意义之意义的赋予》（*History as the Bestowal of Meaning on the Meaningless*）也论述了这一问题。此外，在约翰·赫伊津哈（Johan Huizinga）的《中世纪的衰落》（*Waning of the Middle Ages*）中也呈现出了这种倾向。在福柯这里，尤其在关于中世纪末期的宗教生活中，对人类本性的探讨非常狭隘，这源自作为创生性的作者塑造——总是导向同一的人性。他认为，这些对稀奇、怪诞事物的思考并不以心理学或社会学的研究范畴来揭示，且在列维-斯特劳斯那里以一种连续的反思来达成对原始思维和行为的历史学重构。

和福柯的理论相似，列维-斯特劳斯并没有在"最初"与"文明"的思想间做出区分，以展现一种对连续性的确定。后者提示了"最初事物"是更富人性的确定之物。列维－斯特劳斯对原始社会的批判分析及其阐释技巧，达成了对人类社会描述的陌生化。一方面，他使人类体会到远离了原始社会所对应的那些富有人类情感的状态是何等悲哀；另一方面，他让人们摆脱那种型塑目前人类文明形态的思维和行为方式。这样，人们既远离了原始根基，又疏远了文明建构的上层建筑。福柯还指出，对语言程式分析的陌生化过程中，词汇不再被视为表示了出现于话语惯用法上的另一个现实。只有按照马拉美的模式，把词汇看作是内涵于符号的对象化世界，才能将意义上的暂存维持在它的自我指涉之中。

鉴于对陌生化的关注，即便福柯自己矢口否认与其他结构主义者有着共同的目标，他仍可被纳入结构主义者的阵营。实际上，结构主义内部存在着两个派别：索绪尔、皮亚杰（Piaget）、戈德曼（Goldmann）和马克思主义者属于一派；另一派是末世学派，由拉康、列维－斯特劳斯、巴特、德勒兹和福柯等构成。前者是实验主义者，常以科学方法来确认意识结构，从而确证人所身处于世的各种概念。这种方式极易滑入去建构与世界相契合的实践形态。总体而言，其基本结构概念具有功能性或实用性的特点。而末世学派则更加重视人类意识构成中用来遮蔽人类世界真实的方法问题，这导致不同的话语、思想、行动的彼此割裂。

无论后现代隐喻的历史观之内涵表现得多么诡谲迥异，其概念中混含着的是对无处不在的"人类本性"的信念——一种人文主义的坚守。它质疑传统历史学家在力图最终"理解"一切人类建基的事物中押注的普遍人性概念本身。它对那种通过叙述去再现现实的历史学家嗤之以鼻，因为陌生化的手法显然比再熟悉化更具优势。换言之，如果历史学家的目的是以陌生化来激发对过去的感觉，那么他与阅读他文本的读者间必然在态度上会产生根本性的分裂。对于读者，历史学家应保持宽容和共情，以象征而不是表意来制定代码符号的内容，从而成为强化社会焦虑并不断输送其"隐秘智慧"的永恒书写者。

第四章 福柯文学话语叙事的再现真实与书写策略

在福柯的文学思想中，文学话语叙事的再现真实与书写策略密切相关。关于再现问题，现实主义可大致称为再现的艺术，现代主义可被称为反再现的艺术，而在西方文艺视域中的文学话语叙事便可界定为某种"自我再现"的艺术。这种称谓或许是晚近的，但它的历史与再现传统一样悠久。在书写的策略上，福柯的话语理论所面临的挑战不在于如何提炼过去的现实"虚构性"，问题在于：如何在所有可被重构的、把社会现实作为可感知物生产出的象征性结构中，指出这些结构的边界，进而指出它所构建的真实。真实作为不可言说之物确实在物体（Dinge）产生之处变得可见。这些物体不再能够象征被指涉的主体，不能够被字母书写出来。在这里，话语网络撕裂了，象征结构解体了，主体被迫在思考上求新求变。可被理解的，在何处瓦解；可被重构的，在何处停止？[①] 这个问题显然只有在福柯确实参与了话语的重构，以及接受个人的思考、言说和行动被象征性重构、被媒体传播这一观点之后，才变得有意义。

第一节 现代主义文学与反再现问题

在20世纪60年代尘嚣四起的社会运动影响下，一些具有先锋思想的创作者和理论家对文学艺术的探讨愈发激进，他们不断挑战当时社会压抑风气下的固化制度，想要借助对文艺的探讨来击破高压统治下的虚假谎言。于是，作家开始创作那些无需客观现实授权的现代主义的作品。在他们看来，现实主义文学艺术带有浓重的意识形态倾向，是为维护现行社会体制而刻意设计的文化牢笼。总体而言，现代主义文学与反再现问题紧密关联，它充满着激进意识，并以一种反再现的决裂态度与过去的文学传统一一告别。

一、认识转变：从真实再现到审美拟像

福柯的认识来源于对再现问题的深入思考，这涉及再现的真实和审美两个

---

① Jakob Tanner，(1994) "Körpererfahrung, Schmerz und die Konstruktion des Kulturellen", *Historische Anthropologie*，pp. 489−502.

维度的关系。他受皮埃尔·克洛索夫斯基（Pierre Klossowski）①的启发，并在尼采思想的鼓动下着手对拟像（simulacre）进行了深入探索。与同时代的德勒兹的看法类似，他们都认为柏拉图预设的"理式"世界难以很好地解释世界。福柯在早期并未表现出明显的反柏拉图主义的立场，很难在其《这不是一只烟斗》②和《阿克泰翁的散文》中看出这种倾向。此后，他在评述德勒兹《差异与重复》和《意义的逻辑》的书评《哲学剧场》（*Theatrum Philosophicum*）③中，致力于思考"如何引发异质性哲学的计划"④。

在《阿克泰翁的散文》中，福柯对克洛索夫斯基的作品⑤作出深入讨论。他主要借助阐述拟像的位置颠倒来消解其结构预设的虚假。实际上，在基督教的思维模式中，总是需要预设（上帝/魔鬼、善/恶等）二元对立，并把这种思维置于与"希腊诸神熠熠生辉的显现"⑥的比照中。他指出《狄安娜的沐浴》（*Le Bain de Diane*）的"像"（image）来自某种古老的体验：

> 狄安娜与居于诸神与人之间的魔鬼缔约，并向阿克泰翁显现。魔鬼以轻盈的身体来拟仿神性在狄安娜身上的显现，这激发出阿克泰翁对女神的占有欲望与疯狂。他成为狄安娜的想象与镜子。⑦

---

① 皮埃尔·克洛索夫斯基（Pierre Klossowski）：法国作家、艺术家和翻译家，著述颇丰，难以归类。他与福柯、德勒兹、布朗肖等人交往甚密，曾参与德勒兹和福柯主持的尼采著作法译工作，翻译过海德格尔的著作《尼采》。1964年，他与福柯、德勒兹、利奥塔、德里达等人在洛瑶蒙（Royaument）召开尼采研讨会，提出对尼采哲学的研究进行革新。克洛索夫斯基的拟像理论对法国当代哲学产生了巨大影响，直接影响了福柯、德勒兹、利奥塔和布朗肖等人。福柯的《阿克泰翁的散文》、德勒兹的《克洛索夫斯基，抑或身体-语言》、布朗肖的《诸神之笑》等文章都是对克洛索夫斯基作品的评论。此外，他们也在其他的著作中对其有较多的论述。

② 福柯在写作《这不是一只烟斗》时，对马奈产生了浓厚的兴趣，与子夜出版社签订了一本论马奈的著作合同，著作取名为《黑色与彩色》（*Le Noir et La Couleur*）。1967年8月15日，马格利特逝世，福柯撰写了《这不是一只烟斗》，发表在《路册》杂志（*Cahiers du chemin*）1968年第2期上。但早前的出版计划一再搁置，只于1967年在米兰、1970年在东京和1971年在突尼斯做过内容相似的讲座。后来，由马里沃尼·塞宗（Maryvonne Saison）根据福柯1971年突尼斯讲座录音整理版，重新编写成书，取名为《马奈的绘画》（*La peinture de Manet*），于2004年由子夜出版社出版。

③ 1970年，福柯在《批评》（*Critique*）杂志第282期上发表了《哲学剧场》，评价德勒兹于1969年出版的《差异与重复》和《意义的逻辑》，接受了德勒兹论"像"的思想，并完善了自己的"像"论思想。

④ Philippe Sabot,（2004）"Foucault Deleuze et les simulacres", *Concepts*, p. 4.

⑤ 福柯主要基于克洛索夫斯基的《洛贝特，今夜》（*Roberte ce soir*）、《狄安娜的沐浴》（*Le Bain de Diane*）、《好客的法则》（*Les Lois de l'hospitalité*）、《巴冯特》（*Le Baphomet*）等作品来讨论拟像语言。

⑥ Michel Foucault,（2001）"La prose d'Actéon", *Dits et écrits I*, 1954—1975, Paris: Gallimard, p. 327.

⑦ Pierre Klossowski,（1956）*Le Bain de Diane*, Paris: Pauvert, p. 46.

在福柯看来，狄安娜作为完美的化身，通过魔鬼来向阿克泰翁显现神性，这挑起了阿克泰翁僭越女神的欲望。在这一过程中，狄安娜处于神圣的位置，而阿克泰翁处于渎神位置，但彼此的外在呈现却是以审美拟像的颠倒来达成的。狄安娜的身份是猎人的保护神，具有一种"原初性"（l'original），而阿克泰翁被激发的欲望便是对这一"原初性"的污染。在这个意义上，欲望占有分有了神圣起源。阿克泰翁对狄安娜的想象是虚幻的，而狄安娜的显现也非真实。在这里，或许只有魔鬼的行为才具有真实性，因为透过审美拟像的塑造，所达至的占有"原初性"的欲望冲动是不可否认的。因此，福柯说道：

> 阿克泰翁在那些相似关系的追溯性幻觉之下：他看到了复本，他就追逐复本。它们所具有的相似性源于原初的真实。不仅原初本身被假设为是复本的重复，而且也是追溯本身的追溯性效果：拟像穿过它的重复，把知识假设的、欲望梦想的同一原初性给悬置了。①

以二元的立场，在神性与魔性、虔敬与信仰、冲动与克制之间是没有任何可松动的缝隙的。福柯想借助拟像来展现这种矛盾的对立，他在这个神话中看到的更多是彼此的颠倒，以及由这种位置的隐秘互换带来的新的关系空间。因而，审美拟像完全取代了传统再现客体的效用，因为文学艺术不再是模仿或再现神性和纯洁性的工具。可见，在狄安娜神话中的审美拟像蕴含着强大威力：

> 在模仿的意义上，拟像是某种本身不可言传的或不可再现的东西的现实化：专指处于强迫性限制之中的幻象（phantasme）。为了指出幻象的呈现——无论吉凶祸福——拟像的功能首先是驱魔的；但为了驱除魔性附身，拟像模仿了它在幻象中所惧怕的东西。②

审美拟像以及它所拟仿的同一物的不断重现，使其模糊了敬神与渎神的信仰边界，并且这种源自原初神秘的幻觉也在干扰同一物的显现，从而解构了同一性的绝对。因此，拟像主义在这个充满悖论的双重运动中就成为颠倒敬神和渎神观念的中介。狄安娜的沐浴场景被阿克泰翁观看，这种体验蕴含着希腊的审美指向——对身体美感的推崇。关于基督教生活的体验，福柯谈道：

> 魔鬼不是他者，不是远离上帝的一极，不是没有依赖的反题，不是低劣的质料，而是某种令人难以招架的、缄默的且动弹不得的诡异之物：相

---

① Scott Durham，(1993) "From Magritte to Klossowski: The Simulacrum, between Painting and Narrative"，October. Vol. 64. p. 26.

② Pierre Klossowski，(1984) *La Ressemblance*，Marseille: Royaument，pp. 76-77.

同者就是完美的相似者。①

事实上，西方思想正是由身与心的对立冲突演化而来，其中伴随了灵魂与身体、上帝与撒旦、善与恶的思维延续。在《上帝之城》（The City of God）中，奥古斯丁（Augustine of Hippo）曾遣责诸神庞杂混乱、职责不明等状况。那些欲望冲动带来的只能是邪恶、混乱，它们是隔绝于纯净世界的、需要被驱逐的魔鬼和邪灵。在诺斯底主义（Gnosticism）②的视野中，诸神的表象也是充满了肮脏、堕落和邪恶，且它们不仅衍生出各种谎言，而且就是欺骗本身。

福柯看到克洛索夫斯基作品中的"同"与"异"游戏，即是"相同者与相异者的同时来临"③，相同者的无限运动致使拟像不再遵从同一性与再现的逻辑，最终导致同一性的丧失。他对这种运动作出进一步的描述：

> 此运动与辩证法毫无关联；因为重要的不是对矛盾的检验，而是在肯定之后去进行否定的同一性；等式 $A=A$ 从一种永不停止的内部运动中获得活力，这一运动使两项中的每一项都偏离自身的同一，而且通过这种偏离游戏（力量或背叛）使两项互为指涉。因而，从这种肯定中产生不了任何真理；但是危险的空间正在敞开，其中克洛索夫斯基的话语、神话、诱捕的与被诱捕的诡计将会找到自己的语言。④

福柯认为，在相同者的这种无限运动中，同一性遭受了种种诘难，两项通过偏离的游戏相互指涉，不再产生任何真理，由此在上帝与撒旦之间划出一个危险的空间，并在在场与缺席之间演绎着拟像的游戏，"神居于拟像"⑤。可以说，福柯看到了基督教文化内在的致命矛盾性，但这绝不是诉诸理性就能完全

---

① Michel Foucault,（2001）"La prose d'Actéon", *Dits et écrits I*, 1954—1975, Paris: Gallimard, p. 326.

② 诺斯底主义（Gnosticism）："诺斯底"一词在希腊语中意为"知识"，并把这种通过个人经历获得的知识或意识称为"灵知"（或"真知"）。诺斯底主义者认为"灵知"可使他们脱离无知和现世，呈现出一种企图中物质和精神的二元论的世界观。

③ Michel Foucault,（2001）"La prose d'Actéon", *Dits et écrits I*, 1954—1975, Paris: Gallimard, p. 329.

④ Michel Foucault,（2001）"La prose d'Actéon", *Dits et écrits I*, 1954—1975, Paris: Gallimard, pp. 328-329.

⑤ Michel Foucault,（2001）"La prose d'Actéon", *Dits et écrits I*, 1954—1975, Paris: Gallimard, p. 329.

解决的，即使是黑格尔思想中的辩证法也无法承担这种挑战。①

福柯把《洛贝特，今夜》（*Roberte ce Soir*）看作是戏剧拟像的绝佳例子。在其中，洛贝特把角色强加给了她自己。她看似游刃有余地饰演洛贝特一角，但洛贝特却只是一个拟像。如果洛贝特口若悬河，那不是她自己；如果她磕磕巴巴地念台词，那正是洛贝特。可见，洛贝特本人躲藏在一个冒充的演员身后，只是一个纯粹的拟像。从这个意义上看，她存在着让自身同一性瓦解的矛盾。德勒兹也谈论了克氏的同一性问题：

> 克洛索夫斯基的所有作品只有一个独特的目标：确保个人同一性的丧失、分解自我，在这一场濒临疯狂的旅程中，他的人物带回了辉煌的战利品。②

因此，福柯不赞成"黑格尔式"的真理观，将真理看作是它自己的完成过程，即起点和终点在圆圈上是同一圆点：

> 就是这样一个圆圈，预悬它的终点为目的，并以它的终点为起点，而且只当它实现了并到达了它的重点才才是现实的。③

对福柯而言，拟像不再是圆圈上的小点，而是围绕拟像运动着的各种星丛（Constellation）：类似、拟仿、同时性等共同存在的拟像世界。他同样也不赞成那种辩证法的观点，即将"实体－主体"放置在同一地位。于是，福柯区分了符号与拟像——拟像没有规定任何意义，只存于时间碎片中：

> 文学的存在既不关注人，也不关注符号，而是关注这一复像（double）的空间、这一拟像的空穴，其中基督教欣喜于它的魔鬼，而希腊人惧怕那持箭的诸神的闪亮登场。④

福柯认为，文学艺术恰恰是在消解同一性的时候才值得被解读。克洛索夫斯基以尼采思想中获得勇气，为拟像的存在作了证明。这种对柏拉图主义的反

---

① 黑格尔辩证法的著名公式"$A=A$"。事实上，理解它还需借助"$A=A\neq A$"这一公式。大致涉及：$A=A$ 的同一性以 $A\neq A$ 的否定性为前提；而 $A\neq A$ 体现出的否定性最终又回归到 $A=A$ 的同一性，因为否定之否定就是肯定。简言之，同一是差异，差异也是同一。两者相伴相生，没有先后之分。在黑格尔看来，世界本身就是矛盾的，A 确定自己是 A 的过程，就是 A 作为起点的自身又回到作为终点的自身。
② Gilles Deleuze, (1969) *Logique du sens*, Paris: Editions du Minuit, p. 329.
③ 黑格尔：《精神现象学》，贺麟、王玖兴译，上海：上海人民出版社，2013年版，第11页。
④ Michel Foucault, (2001) "La prose d'Actéon", *Dits et écrits I*, 1954—1975, Paris: Gallimard, p. 337.

叛，极大地超越了意义与无意义、能指与所指、象征与符号等二元对立思想。在这里，拟像从基督教的黑暗中被解放了出来，以不依赖确指符号的形式在文学艺术作品中闪闪发光。那些暗示肉体与灵魂对立的意图将在狄安娜借助的魔鬼路途中不断被消解，并在人类思想的脉络中逐渐暗淡。借助语言，克洛索夫斯基的作品为福柯等理论家敞开了新的拟像言说空间，这也在一定程度上与巴塔耶和布朗肖的僭越思想不谋而合。

二、旨趣转移：从再现现实到语言的拟像书写

福柯在《词与物》中梳理了文艺复兴以来西方在有关知识型的演变中逐步探寻相似、再现和拟像的过程。在福柯探索拟像的文献中，最让人津津乐道的莫过于《宫娥》（Las Meninas）与《这不是一只烟斗》[1]。从某种意义上看，《这不是一只烟斗》与《词与物》关于"人之死"之拟像问题类同。

《词与物》讨论了西方人文科学发展的三个知识型：15 世纪到 17 世纪初的文艺复兴时代是相似的时代；17 世纪到 18 世纪末的古典时代是再现（représentation）的时代；从 18 世纪末开始的现代是"人"的时代。在视觉性上它们呈现出不同的表达，这对理解不同时代的知识发展具有重要意义。"拟像之人"的观念弥漫各个知识型（épistémè）的转换内，与他所提出的"人之死"的内涵吻合。这是符象（ekphrasis）[2] 方式对文艺复兴以来的知识型所作的视觉化解读：

> 知识型指的在某个特殊时期能够将所有的致使认知理论形态、由不同学科产生（或不同的形式化系统发生）的话语经验联结起来的关系组合。知识型并非认识的形式或合理性的形式，因为后者使用了极为杂多的学科关系来表现主体、精神或时间的至上同一性；知识型是指人们在话语规律的层次上，对各种学科加以分析时能够在一个特殊时期的各种学科之间所找到的关系集合。[3]

每一个特定时代，知识型都是由大量不同的知识和学科共享的组织原则来

---

[1] Dianiel Defert,（2001）"Chronologie", *Dits et écrits I*, 1954—1975, Paris: Gauimard, p. 41.《这不是一只烟斗》的篇幅不长，被福柯戏称为"一篇小东西"。

[2] 古希腊修辞学术语，本义是指通过语言进行形象化的描述，以获得栩栩如生的画面感，令读者或听者有身临其境之感。从《疯狂史》到《规训与惩罚》，福柯的著作总是与一种视觉性图式相关，在《词与物》第一章《宫中侍女》处中展现出图像的符码特点，并借助语言将画作予以再现，阐释了语言与可见之物如何关联的问题。

[3] Michel Foucault,（1969）*L'archéologie du savoir*, Paris: Gallimard, p. 250.

构成的。它类似于由语法规则来形成和控制语言内容的作用。此外，不同的句子也同样在制约着同时代的学科构型，并形成不同学科的深层"语法"①。

福柯在《这不是一只烟斗》的小册子中，视觉化了他对知识型的理解。其中，第二章的题目"被拆开的象形文字"统摄了这种构想倾向。他指出，在视线中显然有一支极为逼真的烟斗在画面上，且在下方还有一行小字：这不是一只烟斗。仔细考察，文字是有问题的，因为它几乎是反向地说出了画面的内容，从这个意义上说，文字陈述为假。然而，一旦挪开视线，将画作放在更大的空间内，我们就会发现，烟斗仅是画出的拟像，它不是真的实物形式的"烟斗"。于是，在此意义上，文字陈述为真。福柯以超现实主义视角来看这一构成的烟斗，并模仿马格利特本人的语气说道：

> 我的上帝，太简单了！这个陈述完全是真的，因为显而易见，这幅表现烟斗的画并不是烟斗本身。②

这种文字具有的双重性并非是简单的图文互涉的文字游戏。它几乎从根本上揭开了传统观念与超现实艺术实践的分歧：前者的目光聚焦在画像模仿的现实逼真度上（指认现实的烟斗）；后者则更强调表现这个事物的工具（画笔、纸张等表现中介），以及构成图像的形状、颜色等。可见，马格利特要表达：在绘画的透视或模仿层面，超现实主义并不存在于此。只有在语言的提醒之下，或者说，唯有语言在场，才可能划出可见与不可见之间的界限。这种审美立场颠倒了观者对观看事物的思维定式，即关注的永远是形态本身。对纪尧姆·阿波利奈尔（Guillaume Apollinaire）的画诗，福柯评价说：

> 美丽的象形文字具有三重作用：延长字母表；摒弃修辞来进行重复；以双重密码捕捉事物。首先，它尽可能使文本和形态聚在一起，并由线条组成；这些线拆解了对象形态的界限，并安排着字母的连续。它让陈述寄居于形态空间内，使文本说出所要表达之物。一方面，象形文字使表意文字以字母的形式排列，使不间断的字母居于表意文字中，并对这些沉默而连续的线条进行询问；另一方面，文字由它来散落在空间中……使得表意文字要按同时性才能安排自己。③

---

① 汪民安：《"再现"的解体模式：福柯论绘画》，《文艺研究》，2015年第4期。
② Michel Foucault, (1984) *This is not a Pipe*, Berkeley: University of California Press, p. 19.
③ Michel Foucault, (1984) *This is not a Pipe*, Berkeley: University of California Press, pp. 20—21.

借助超现实主义的创作观念，福柯将真实再现与语言拟像并置了起来。这是对文字显与隐的揭示。拼音文字变形为象形文字，而原来的图像却走向对自身再现的否定。就文字而言，它所说的语言已经开始变换，即它以与画面的结合关系来指认"新"的美感图像，尽管这一图像实际上从始至终都存在于画面之上。于是，文字说什么都无关紧要，只有象形文字指涉的审美拟像变得可见。这便是对"对象形状"的拆解。可见，西方思想脉络的演进在于对语言媒介的不断重复，并在这样的相似过程中寻找同一。

文艺复兴时代知识型的"相似"形态主要体现在部分与整体、小宇宙与大宇宙的对照上。福柯阐述了四种与相似性知识密切相关的主要形式[①]：基于位置关系的适合（la convenientia）、基于镜像关系的仿效（l'aemulatio）、基于微妙关系的类比（l'analogie）、基于运动变化的交感（des sympathies）。他进一步说明其导向的相似作用：

> 一直到16世纪末，相似在西方文化的知识中扮演着创建者的角色。正是相似在很大程度上引导着文本的注释与阐释；正是相似组织着符号的运作，容许物的知识变得可见或不可见，指引再现它们的艺术……绘画摹仿着空间。[②]

他认为，在欧洲文艺复兴时期，相似性原则支配了一种独特的关系运动：在词与物、话语与视觉之间彼此联系、相互交织。在《宫娥》的画面上，委拉斯凯兹把法国王子菲利普四世设定为展现相似属性之人，被映照在墙后的镜子中。实际上，王子同样面临着对将要出现的新知识型社会之"重现"的巨大挑战。重现的空间并非镜子：

> 它只是在显示所重现的东西，但作为一种这么遥远的、深陷在不真实的空间当中的映像，这对所有朝向别处的眼光是那么陌生，以致它只不过是再现最不安定的再复像化。[③]

福柯认为，对笛卡尔和培根而言，相似性的幻象遭遇冷落，这使得堂吉诃德显得滑稽可笑——去寻找相似性而不得。随着知识的演化，过去同一性与差

---

① 福柯在《尼采、弗洛伊德、马克思》（"Nietzsche, Freud, Marx"）一文中亦有论述，他将"记号"（signatura）列入相似性的主要形式，使其与拟像对立，即"所有这些相似表现了赋之于根据的世界共识；它们与拟像（糟糕的相似）相对立，后者立足于上帝与魔鬼的争执。"还可参见 Michel Foucault, (1994) "Nietzsche, Freud, Marx", *Dits et écrits I*. 1954—1975, p. 566.
② Michel Foucault, (1966) *Les mots et les choses*, Paris: Gallimard, p. 32.
③ Michel Foucault, (1966) *Les mots et les choses*, Paris: Gallimard, p. 319.

异的游戏占据的空间，现在被分析与对比代替了。整个知识系统的结构和语言实践的运行由再现来决定，于是现代知识型空间建构起某种普遍语法、自然史和社会财富分析的内在结构。在艺术方面，这一时期的绘画表达了再现取代相似的转变。福柯以符象化的方式描绘了《宫娥》所呈现出的繁复多变的再现技巧。对他而言，再现的位置是空无，对象呈现缺席状态：

> 委拉斯凯兹这幅画，似乎是对古典再现的再现与对它所敞开空间的定义。再现要做的是凭借它的影像、目光、面孔、姿态，以其全部要素来再现自身。然而，在这个再现既汇集又展开的弥散中，底层的虚空迫切地从各处被显现：再现根基的必然消失——它与之相似的那个人的必然消失与那个被认为再现仅仅是相似的人的必然消失。主体本身——它是同一物——被抹去了。一旦再现最终从那束缚它的关系中得以解放，它就能作为纯粹的再现被给予。①

再现只是对再现的再现，变成纯粹的再现，相似的人消失了，人沉睡在知识的前夜，在古典时期的知识体系中难有一席之地。然而，当康德"哥白尼式"的革命开启，无限的再现不断遭受质疑，画作上那些模糊的、遥远的幻影开始清晰，呈现人的形象。这意味着围绕"人"出现的现代知识型产生。

福柯指出，人的位置在现代时期被模糊地设定在先验（le transcendental）与经验（l'empirique）、我思（le cogito）与非思（l'impensé）、起源的退却与回归之间，具有交织摇摆的双重身份：

> 在（委拉斯凯兹的画所指向的、仍是偶然地和似乎非法地从镜子上所反映的）这个空洞的空间中，我们所猜测那些变化多端、相互排除、相互交织、闪烁不定的形象（模特、画家、国王、观者）突然停止了其难以察觉的舞蹈，逐渐凝成一个丰满的形象，并要求再现的整个空间最终与肉体的目光相联系。②

因而，古典时期与《宫娥》所塑造的、即将来临的再现性形成了冲突。在这里，相似的人丧失掉社会地位，成为逝去的幻影，而古典人物的"再现"性则又一次悄然出场。这是词与物的秘密，词借由符象化来呈现彼此之间错置的差异关系，揭示的不仅是虚设的"国王"形象、模糊的"烟斗"图案，还是在这些场景中其"共同场所"（lieu commun）的消解。可见，"词"与"像"过

---

① Michel Foucault，(1966) *Les mots et les choses*．Paris：Gallimard，p. 31．
② Michel Foucault，(1966) *Les mots et les choses*，Paris：Gallimard，p. 323.

去被视为稳定的互指关系已不复存在。"像"永远高悬于空，不再有任何锚点。当"复本"与"原本"的关系被打破，并由此被悬置、被颠覆时，原初影像的空无实质便敞现于眼前。这不是"像"的解体，而是更多可能的"拟像"在语言中不断地生成。

三、现代主义文学文本：拟似的延伸

福柯认为，在现代主义文学文本中，拟像脱离相似性，以拟似达至延伸。他对这一问题的思考主要是围绕"烟斗"系列和拟像书写展开的。他分析了15世纪至20世纪西方绘画中呈现的差异化特征，以保罗·克利（Paul Klee）、瓦西里·康定斯基（Wassily Kandinsky）、马格利特等人在绘画方面的超前实践来揭示"词"与"像"、"相似"与"拟似"（similitude）[①]的复杂关系。他强调这些作品中的拟像表达，使得物摆脱了相似与再现的束缚，成为"漂浮"的自由影像。他指出：

> 第一个原则肯定了造型再现（它导致相似）与语言指涉（它排斥相似）之间的分离。人们通过相似进行观看，通过差异进行言说，这使得两个体系既不相互交叉也不相互融合。[②]

在《词与物》的第九章"人及其复本"中，福柯讨论了关于人的两难境地：游走于先验与经验、"我思"与非思中，且在起源的退却和折返中不断打转。这种双重困境意味着人既属于认识对象，又属于认识主体。"人是什么？"这一问题自19世纪开始，就不断在现代思想中出现。在他看来，人产生于摧毁再现的诸能力之后，而生活、劳作和语言则昭示了人在现代知识型中的未来。然而这一问题在16至18世纪主要是围绕认知性知识和精神知识展开的，福柯借助浮士德这一形象来说明人的转变：

> 从16世纪开始，一直到18世纪末，我认为浮士德代表了精神性知识的权力、魔法和危险。这当然是马尔洛维的"浮士德"。在18世纪中叶，莱辛的"浮士德"：我们只是根据18封有关文学的信件（但非常值得注

[①] 福柯在《这不是一只烟斗》中所使用的"resemblance"与"similitude"与他在《词与物》中使用的这两个词的含义有很大不同。在《词与物》中，它们的含义几乎相同，主要用来描绘文艺复兴时代的知识型。然而，福柯在《这不是一只烟斗》中，针对马格利特所区分的现代艺术，更多是突出"resemblance"与"similitude"两个词对理解马格利特作品的重要意义。因此，"resemblance"采用"拟像"这一词义，而"similitude"采用"拟似"这一词义。

[②] Michel Foucault, (1973) *Ceci n'est pas une pipe*, Montpellier: Fata Morgana, p.39.

意）才知道这个浮士德的，而且，莱辛改变了马尔洛维的浮士德，这是一个被罚入地狱的英雄，因为这是一位有着被诅咒和禁止的知识英雄。①

在他眼中，莱辛是浮士德的拯救者。浮士德对精神性知识的探索焦点也开始转向认知性知识。现在信仰是以知识来支撑精神性，即由知识来达成人类进步的信仰。在歌德这里，浮士德依然在消失的精神知识世界里"斩妖除魔"。福柯指出，两者的区别在于，精神性知识可使人产生改变自身的欲望，而认知性知识却不能激发出这种欲望：

> 这种知识并不是精神性知识，而是认知性知识。主体无法期望这种认知性知识为他自身的改变提供点什么。不过浮士德想要从这种知识得到的，就是哲学、法理学、医学无法给予他的精神价值和效应。②

对福柯而言，精神性知识对主体的作用在于，既改变了主体，又给了他满足的幸福。而这却是现代人难以企及的：

> 现代人——这个人在肉体的、劳动的和言说的存在中是可确定的——只有以有限性形象的名义才是可能的。现代文化之所以能够想象人，乃因为它从自身开始就想象有限。③

如果说在古典时代，潜在的知识型能够通过与绘画的类比被理解的话，那么现代（人的时代）也可以通过"聚焦现代画家的自画像"④来理解。保罗·塞尚（Paul Cézanne）和文森特·威廉·梵高（Vincent Willem van Gohg）的自画像具有阐明这种观点的优势。在加里·夏皮罗（Gary Shapiro）这里，他们都饱受再现的极限压迫，难以实施再现的整体性。两位画家在历经极端痛苦的探索后，也抵达作为艺术家的有限边界。在《包扎耳朵的自画像》中，梵高成为艺术家对自身有限性作出阐明的最佳例证。他们也许就是福柯笔下的"被奴役的君主、被观看的观者"，不得不承担人进行自身探索的疯狂天才角色。

现代知识型之后是否有新的知识型，或者说，现代知识型之后会是怎样？福柯对这一点语焉不详。然而，从他的《词与物》及其相关文献中，我们可以

---

① 米歇尔·福柯：《法兰西学院课程系列. 1981—1982：主体解释学》，佘碧平译，上海：上海人民出版社，2018年版，第360页。

② 米歇尔·福柯：《法兰西学院课程系列. 1981—1982：主体解释学》，佘碧平译，上海：上海人民出版社，2018年版，第361页。

③ Michel Foucault,（1966）*Les mots et les choses*，Paris：Gallimard，p. 329.

④ Gary Shapiro,（2003）*Archaeologies of Vision：Foucault and Nietzsche on Seeing and Saying*，Chicago & London：The University of Chicago Press，p. 238.

洞察到一种新知识型的诞生。他指出，《堂吉诃德》是对文艺复兴时代的否定，其中的相似性已经失效。作为人物的堂吉诃德只能漫无目的地游荡在书写与物间隔的距离上。由于语言符号对表象只能起到极其微小的作用，那种创造世界性博学文本的努力也失去了方向。正如福柯所说：

> 书写不再是世界的散文；相似性与符号解除了它们古老的协定；相似性已让人失望，变成了幻象和妄想；物仍然顽固地处于令人啼笑皆非的同一性之中：物除了成为自己所是的一切以外，不再成为其他任何东西；词漫无目的地漫游，却没有内容，没有相似性可以填满它们的空白；词不再标记物；而是沉睡在布满灰尘的书本页码中间。①

对福柯而言，现代作品的开山之作是《堂吉诃德》这部小说。在其中，区分同一性和差异性的理性根本不屑于符号和相似性的存在。他巧妙地指出：

> 因为在该书中，语言中断了自己与物的古老关系，从而进入了这个孤独的主权（souveraineté）中，语言还将会以其原始存在而只作为文学重新出现在这个主权内；因为相似性进入了一个时代，对于相似性来说，这是一个非理性和想象的时代。②

正是由于相似性与符号的脱离，疯人的形象在西方文化中开始浮现，其价值不是作为病人的身份，而是在于他以一种异常的对立来确保与理性的界限。这便是尼采推崇的以非理性来破除西方文化那摇摇欲坠的真理幻想。显然，这种观点捕捉到现代知识型向"后现代知识型"③的转变趋势。也就是说，伴随着"人之诞生"的却是"人之死"：

> 每一种知识型都是前一种知识型的完全废除。这一点是轴向的，就知识型形成《词与物》中最具冒险精神、最难忘的命题"人之死"而言，更是如此。④

---

① 米歇尔·福柯：《词与物——人文科学的考古学》，莫伟民译，上海：上海三联书店，2016年版，第50页。

② 米歇尔·福柯：《词与物——人文科学的考古学》，莫伟民译，上海：上海三联书店，2016年版，第51页。

③ 福柯虽然没有提出明确的定义，也没有使用"后现代"的概念，但不少研究者试图将这种知识型命名为"后现代知识型"。可参见 Gary Shapiro, (2003) *Archaeologies of Vision: Foucault and Nietzsche on Seeing and Saying*, Chicago & London: The University of Chicago Press, p. 244. 此外，还可参见汪民安：《福柯的界限》，北京：中国社会科学出版社，2002年版，第116页。

④ Sean Burke, (1988) *The Death and Return of the Author: Criticism and Subjectivity in Barthes, Foucault and Derrida*, Edinburgh: Edinburgh University Press, p. 64.

第四章 / 福柯文学话语叙事的再现真实与书写策略

正是在结构主义语境中，福柯激活了尼采"上帝之死"的思想活力，大胆宣布"人之死"。正是尼采从康德的"人类学沉睡"中发现了"上帝之死"与"人之消失"同义，"人之死"的丧钟轰然敲响，全新的思想空间逐步敞开。对福柯而言，"人将被抹去，如同海边沙滩上的脸那样"①，这意味着 16 至 17 世纪的认知性知识对精神性知识的限制、刺杀，以及最终覆盖。

福柯认为，在 17 世纪的笛卡尔、帕斯卡（Blaise Pascal）和斯宾诺莎这里，精神性知识走向认知性知识的转向是有迹可循的。于是，从这个意义上说：

> 人并不存在于 18 世纪末之前。生命力、劳动增殖或语言的历史厚度也同样不存在。这个完全新近的创造物是知识造物主自己制造的，尚不足两百年，然而他衰老得如此之快，以致我们很容易联想到他在阴影里等待数千年，等待着他最终被人知晓的高光时刻。②

当人的形象逐渐消失，沙滩留下的是人残留的痕迹。这难道不是在暗示拟像时代的来临吗？正如夏皮罗所说：

> 在视觉记录中，变换视角是由福柯在沃霍尔、马格利特和迈克尔斯的作品中所赞颂的拟像艺术提供的……像塞尚一样的艺术家试图确立它们的同一性，甚至与他异性的全部要素展开战斗；随后的（后现代的？）时代的艺术家牺牲的不仅是个人的同一性，而且是影像自身的同一性。无限重复的影像被不断转换，就像一曲通过同一重复而一直念诵的咒语那般。我们最终从自画像中解放出来所经由的这种抹去仍然环绕着我们的视野。③

福柯在古典绘画的模仿框架内来分析相似，他的"相似"主要指称一种复制关系。其中，相似就是模仿原型，主要涉及外在的、超越的原初性要素。这需要想象来支撑：

> 正是大自然的无序（归因于它自己的历史、灾祸，也许仅仅归因于它的杂乱的多样性），才不再能为表象提供了彼此相似的事物以外的其他任何事物。这样，因总是与种种彼此十分接近的内容联系在一起，表象就重现自身，回忆自身，十分自然地反省自身，使差不多的印象接连产生，孕

---

① Michel Foucault, (1966) *Les mots et les choses*, Paris: Gallimard, p. 398.
② Michel Foucault, (1966) *Les mots et les choses*, Paris: Gallimard, p. 319.
③ Gary Shapiro, (2003) *Archaeologies of Vision: Foucault and Nietzsche on Seeing and Saying*, Chicago & London: The University of Chicago Press, p. 244.

育着想象。①

在他看来，自然和人类印象的无序构成了对立的否定一方，另一方是印象试图重构的肯定部分。两者在"发生"（genèse）的观念中结合在一起，且否定的方面被归入想象之中，想象就具备了双重功能。如果想象通过复制表象来建构秩序，那么它便能妨碍人直接察觉事物分析中的差异性和同一性。在这里，想象力构成了想象缺陷的那一面，它既是产生谬误的场所，也是真理的空间。而拟似是一个完全没有任何外在指涉性的"像"与"像"之间的关联，拟似总是处于无限循环的自指涉之中。②

对文学而言，它始终围绕着"同"的逻辑，其中"拟像以一种可逆转的形式在其表面上运行"③。在拟似的运动中，"词"与"词"、"像"与"像"之间互相拟仿，加上想象力助推，模糊的相似之物彼此混杂在一起。现在，任何相似性都无法接近现实，它"不肯定也不再现任何东西"④。正如疯人形象作为异常这一原始性，不断出现在西方的文化脉络中。福柯指出，这个形象就在巴洛克时代的小说、剧本中，并于19世纪精神病学出现之前被制度化。疯人在"类推"（l'analogie）⑤过程中被异化，成为"同"（Même）和"异"（Autre）的混乱构成。在文化空间的另一边，诗人开启了在差异性背后去探寻物与物间的隐秘关系——分散的相似性。在确定的语言符号之下，他开启了另一种话语空间——词出现在物的普遍相似性中。鉴于完成"同"的言说任务如此困难，述说它的语言不可避免地丧失了符号之间的差别。从这个意义上说，现代主义文学就是一场声势浩大的拟似运动，语言在其中无限地"漂移"，这源于大自然杂乱无序的多样性。现在，表象无法再干扰拟似运动，它除了汇聚各种相似之物，就只能任其漫无目的地延续下去。

---

① 米歇尔·福柯：《词与物——人文科学的考古学》，莫伟民译，上海：上海三联书店，2016年版，第74页。
② 这既延续了柏拉图在《智者篇》中的结论，也回应了德勒兹在《柏拉图与拟像》中的观点。
③ Michel Foucault，(1973) *Ceci n'est pas une pipe*，Montpellier：Fata Morgana，pp. 62–63.
④ Michel Foucault，(1973) *Ceci n'est pas une pipe*，Montpellier：Fata Morgana，p. 71.
⑤ 福柯认为，类推重叠着适合（convenientia）和仿效（aemulatio）。相较于仿效，它确保了穿越空间的相似性彼此对抗；相较于适合，它涉及配合、联系和接合。尽管类推处理的并非事物本身可见的坚实相似性，且所涉及的仅是微妙的关系相似性，然而其产生的效用极大。有关相似性的四种形态问题，可参见福柯的《词与物》第二章第一节的"四种相似性"，里面有较为具体的阐述。

第二节　文学话语叙事的历史书写问题域

文学话语叙事的历史书写及其背景对于触及福柯有关文学的思考极为重要，它们是面对文学必须追问的根本性问题。这些问题涉及以下四个方面：其一，文学作品指向或者对应于它之外的客体真实吗？文学所寻求的"真实"是怎样的？其二，作者或读者的心灵过程，对文学文本产生了怎样的影响？其三，在什么意义上，文学文本才可被认为是"自主的"？其形式和结构的差异性在哪里？其四，文学与历史是怎样的关系？什么样的社会生活、经济发展、文化样态或历史发展进程会影响文学文本？一旦我们对这些问题有了较为深入的理解，并沿着问题牵引出福柯文学之思的可能性路径，就能在一定程度上把握福柯说出的和未予说出的文学观点。

一、文学话语叙事："死亡与迷宫"的悖论

对于福柯而言，关于文学的思考并不是以建构某一理论为目标的。法国作家雷蒙·鲁塞尔的吸引力，促使他展开了一场关于文学的对话，正如托多洛夫（Tzretan Todorov）所言：

> 在陷入"什么是"文学的漩涡之前，我抓住一个轻轻浮着的救生圈，我的质询，在基要的位置上，对准的并非文学的存在本身，而毋宁是如下所述的，尝试探讨的是话语。①

福柯对鲁塞尔的关注不限于只言片语的讨论，他之后专门写下两本不同主题的著作。其一是《死亡与迷宫》②；其二是《临床医学的诞生》，这是一本关于法国大革命时期的医学史。这两本差异明显的作品蕴含着一个共同的冲动：它们都在探索死亡在现代性中的历史和意义。

在《死亡与迷宫》中，福柯对现象学的批判方法进行了探索和拓展，使其得以在他的"考古"作品中展开评论，特别是对鲁塞尔的评论透露出他关于语

---

① 原文出自 Tzvetan Todorov, *La notion de Litterature*，收录于其1978年的文集《话语的种类》（*Les Genres du discours*），第13页；转引自米歇尔·福柯等：《文字即垃圾：危机之后的文学》，赵子龙等译，重庆：重庆大学出版社，2016年版，第204页。

② 1963年，《疯狂史》出版两年后，福柯出版了两本不同主题的专著。其中《死亡与迷宫》是一本对法国诗人、剧作家和小说家雷蒙·鲁塞尔的批评性研究著作。鲁塞尔的实验作品写于第一次世界大战期间，受到了超现实主义者和法国新小说家的推崇。

言以及文学话语等问题的重要观点。就雷蒙·鲁塞尔而言，他是与普鲁斯特同时代的人，但与普鲁斯特不同的是，他的一生有着许多失败的烙印——至少作为小说家、诗人和剧作家是这样的。值得一提的是，他多次尝试将自己的戏剧搬上舞台，这成为著名的丑闻（或笑话），而支撑他的是早期的超现实主义思潮。更重要的是，鲁塞尔是一位反模仿的实验性作家，尽管他不是任何先锋派的成员，甚至他自己也没有意识到自身方法的激进性。他最崇拜的作家是儒勒·凡尔纳（Jules Gabriel Verne），且他本人也真的完全不了解现代主义及其文化政治。用一个过时的心理学术语来说，他不是很"理智"。19岁时，鲁塞尔经历了一种奇异的狂喜或"荣耀"状态。正如他在一份声明中所说："我写的一切都被光线所包围着，我会把窗帘拉上，生怕从我的笔里射出的光芒会从最细微的缝隙里漏出来。"[①] 后来，他成为著名心理学家皮埃尔·让内（Pierre Janet）的病人，让内曾在《从焦虑到狂喜》（*De l'angoisse à l'extase*）一书中对他作了简短的个案分析。去世前，鲁塞尔写了一本小册子，书名为《我如何写我的一些书》。这本书中，他解释了自己的散文（而不是他的诗歌）的写作过程——一个仍被隐藏和未被人认识的过程。该过程有三种形式：第一，鲁塞尔用重复声音的短语来结束叙述的部分，而不是用词语开始的含义来搭建一个短语到另一个短语的桥梁。写下词语的这种方式被称为"基因文本"（genesis-texts）。第二，鲁塞尔通过选择两个词语来创造段落，每个词都有双重含义，然后在它们之间放置介词"à"，再以物质性材料连接第一个短语和第二个短语。例如"feulle à tremble"，其中它最初是一片白杨树的叶子，最后所指的是一张写着"颤抖，法国人民"的小传单。第三，鲁塞尔随机选取了一个短语（例如，他靴子制造商的地址），然后将其转换成另一个语音相似的短语，围绕着短语可以构建情境或事件。

在福柯看来，《死亡与迷宫》既不涉及鲁塞尔的生活，也不涉及他的作品，而是涉及那些主题和主旨以及它们是根据什么组织起来的。这指向了让-皮埃尔·理查德（Jean-Pierre Richard）的《马拉美》，这被福柯称作是他的"逻辑空间"。他使用这个短语的目的，不是用来代替鲁塞尔的创作过程。在鲁塞尔看来，对重复的隐藏使用和语言贫乏（相同的声音——不同的感觉；更少的能指——更多的所指），类似于一种空洞的"语言符号"说辞。福柯看到，通过

[①] Janet Picrre，(1987) "The Psychological Characteristics of Ecstasy", in Alastair Brotchie, Malcolm Green, Antony Melville, *Raymond Roussel: Life, Death and Works Essays and Stories* by Various Hands, London: Atlas Press, p. 39.

这一过程，鲁塞尔道出"用相同的词说出两件事物"①，并且正是这两件事物显示出语言的"自由基底"：自由的匮乏使得它本身成为可能，而这实际上是借助更少的句子，而不是描述事物本身来达成的。这种观点更强调：如果语言世界没有贫乏，那么语言叙述和随之而来的自由就揭示了一种空虚。福柯感受到了鲁塞尔的焦虑，在表达的准自由处，存在着一种绝对的空虚，必须用纯粹的创造去包围、支配、压倒它。②鲁塞尔的"逻辑空间"没有起源，尽管他把自己的某些文本过程用双关语描述为"基因文本"（genese＝jeunesse：genesis＝youth）。在作品与世界之间，在一个短语和另一个短语之间，存在着鸿沟，这些过程本身永远无法完全固定或填补。正如福柯提到的，如果鲁塞尔在他死后揭示了他作品的秘密，我们怎么能保证那个"秘密"不会掩盖另一个由其他"过程"形成的秘密呢？鲁塞尔的逻辑空间与批评家或读者之间的障碍就是他自己的死亡——这将文本的叙述和文本本身分开。

尽管一些研究表明，福柯关于鲁塞尔去世的版本叙述有误——他是瘾君子，且在一间屋子里死于巴比妥类药物③摄入过量，而福柯错误地坚信房间是从里面锁死的。不过，这并不影响福柯的基本说法：

> 死亡，这把锁和这扇关闭的门，在那一刻，在所有时间中，组成了一个神秘的三角关系，鲁塞尔的作品既被提供给我们，又被拒绝给予我们。④

一方面，死亡给作品带来根本性的突破，组止了对他的作品提供完整的系谱或因果解释的尝试（比如，用作者的传记或其他任何语境来全面解释文本）⑤；另一方面，这种断裂将读者或评论家吸引到作品中来。人人分享这一空间，语言内部被有限打断：

> 语言是一个细刃，将事物的同一性切割开来，尽管它们被重复着，但

---

① Michel Foucault，(1986) *Death and the Labyrinth：The World of Raymond Roussel*，Charles Ruas，trans.，New York：Doubleday ＆ Co，p.16.
② Michel Foucault，(1986) *Death and the Labyrinth：The World of Raymond Roussel*，Charles Ruas，trans.，New York：Doubleday ＆ Co，p.16.
③ 巴比妥类药物是巴比妥酸的衍生物，其主要作用是抑制中枢神经，临床常用于镇静、催眠等，具有耐受性和成瘾性。
④ Michel Foucault，(1963) *Raymond Roussel*，Paris：Gillmard，p.4.
⑤ 关于鲁塞尔去世前的日子，可参见 Leonardo Sciascia，(1987) "Acts Relative to the Death of Raymond Roussel"，*Atlas Anthology* 4，pp.124-129.

仍不可避免地呈现出双重和自我分裂的状态。①

这个过程中隐藏的机械本质，以及鲁塞尔写作中的前瞻性，是无形的死亡通过脱离生命和纯粹表达来实现的。写作及其写作之物与鲁塞尔的死亡密切关联，其双重性表现为：写作中，生命绽放的全部过程正孕育于此，而作品以及写作的最终归宿必是死亡。

可以说，在《死亡与迷宫》中，福柯的主题已成为语言本身、它的局限性以及它与世界的关系。然而，福柯认为"语言"并没有像结构学家设想的那样，是一个能够通过重复、差异和替代的网络来产生能指效果（能指和所指的结合）的系统。这里的语言开始采用后结构主义赋予它的形式。它不是一个自主的、有界的系统，而是世界内部的折叠，是另一组事物。正如保罗·德·曼（Paul de Man）所说的以"空间"为特征，它构成了一种在本体论和经验论之间微妙的平衡状态，即处于一种生存于无法被记住的出生和永远无法被体验或具体预见的死亡之间的状态。这是一种与当时美国学术界流行的某种"解构主义"截然不同的姿态。福柯认为鲁塞尔的作品已摆脱语言学家意义上那种主题或表征式的创作方式。

福柯看到，在鲁塞尔早期的诗歌中（写于他光辉时刻），他试图打开一个"没有视角的宇宙"②。在那里，语言被用来澄清一个区域：

> 一个神奇的圆圈，在里面，事物以它们坚持的、自主的存在出现，仿佛它们被赋予了一种本体论的固执，这种固执打破了空间关系最基本的规则。③

鲁塞尔的写作在试图证明，语言无法与世界紧密相联，这将使事物存在于令人眼花缭乱的肤浅之中。福柯认为，鲁塞尔"失败"后所写的后期诗歌中，语言"衡量了眼睛与它所见之物的无限距离"④。在这些作品中，语言隐藏了起来，使那些想要表明的事物变得模糊不清：

> 它所要表达的东西，以令人眩晕的速度流向一个看不见的空间，在那里，事物可望而不可即，在那里，语言在疯狂地追求它们的过程中消失了。⑤

---

① Michel Foucault, (1963) *Raymond Roussel*, Paris: Gillmard, p. 23.
② Michel Foucault, (1963) *Raymond Roussel*, Paris: Gillmard, p. 107.
③ Michel Foucault, (1963) *Raymond Roussel*, Paris: Gillmard, p. 106.
④ Michel Foucault, (1963) *Raymond Roussel*, Paris: Gillmard, p. 135.
⑤ Michel Foucault, (1963) *Raymond Roussel*, Paris: Gillmard, p. 135.

可见，福柯不只是关注语言，他还被驱使着去谈论凝视的可能性、影响和限制。因为在他看来，语言根本无法全部揭示不可见的空间，需要细致考察可见与不可见的缝隙是如何被拉开的，其合理性缘由又是如何被固定和合理化的。

这一主题在《临床医学的诞生》和《死亡与迷宫》都有出现：首先，福柯曾表明现代医学和启蒙运动一开始就以一种新的"可见性"——这一"绝对之眼"（absolute eye）① 旨在打破"可见性"以外的任何限制性观点。语言可以直接表达"绝对之眼"的视觉，这一梦想被鲁塞尔（他的笔都是亮着的）发挥到了极致。但鲁塞尔也经历了这个梦想的失败，他继续将语言与一种截然不同的可见性联系起来，这种可见性的中心是一种隐蔽而遥远的朦胧，在这种朦胧中，人是与世界隔绝的。两本书虽出版于同一年，但它们讨论的问题却相去甚远——《死亡与迷宫》展示了这个项目的失败和代价，而研究本身却促成了《临床医学的诞生》。②

在翻译最广泛、阅读最多的鲁塞尔作品中，小说《非洲印象》（*Impressions d'Afrique*）和《孤独之地》（*Locus Solus*）（创作于其写作生涯的中期），有形与无形地彼此交织在一起，以福柯被称作"迷宫"和"变形"的方式交织在一起。相似的关系也使福柯早期和晚期的作品被组织了起来。这些母题不是图像：它们构成了这些书的形式和技巧，并与书中描述的事件有着某种寓意上的联系。它们不只是属于鲁塞尔，也属于表征西方自身"逻辑空间"的历史时刻。福柯认为鲁塞尔是"建构和交错"的创造人：

> 西方的想象力经常探索两个伟大的神话空间：其中一个空间是僵化和禁止，围绕着探索、回归和宝藏（那是阿尔戈英雄和迷宫的地图）；而另一空间——交流的、多样的、持续的、不可逆的——变形，也就是说，是瞬间跨越的距离的可视交换，是一种奇怪的相似性，是一种象征性的替代性。③

"迷宫"是对起源进行探索的名称——在鲁塞尔的书中，这种探索与其说是失败的，不如说是以"机会与重复相结合的变形的形象"结束。④《非洲印象》的第一部分详细叙述在一个非洲国王的命令之下，形形色色的欧洲公司进

---

① Michel Foucault,（1963）*Raymond Roussel*, Paris: Gillmard, p. 166.
② Gilles Deleuze,（1986）*Foucault*, Paris: Editions de Minuit, 66ff, pp. 34—48.
③ Michel Foucault,（1963）*Raymond Roussel*, Paris: Gillmard, p. 80.
④ Michel Foucault,（1963）*Raymond Roussel*, Paris: Gillmard, p. 93.

行了一系列奇怪的演出、戏法以及戏剧性的表现。一位歌手拥有四种声音，一台机械织布机不断复制出自己的照片，一串葡萄被电子装置催熟，这些事物内部都存在着一个生动的场面，如让-雅克·卢梭（Jean-Jacques Rousseau）的《爱弥儿》（Émile ou de l'éducation）中所叙述的"爱的最初痛苦"①。书的后半部分解释了这些表现：鲁塞尔实际上鼓励读者先读书的后半部分。同样，在描述伟大的科学家坎特尔的庄园之旅的《孤独之地》一书中，正如让·柯克托（Jean Cocteau）所说，鲁塞尔第一次揭示出"坎特尔的体验及背后的运作"②。然而，这些关于起源的解释和故事本身都以传奇和奇观来结束：

> 在绝对的开端，当一个人处于另一事物的开端时，迷宫突然提供了同样的东西。③

可见，"迷宫"代表了一段恢复的旅程，语言学上的晦涩跋涉，其目的是寻找关于起源的真相。事实证明，这些起源与"真相"或"原因"并无本质差别。然而，"变形"（metamorphosis）代表了一种填补和丰富出生与死亡之间的间隔，并超越后者的冲动。正如福柯所说：

> 在任何时代，变形的目的都是通过加入生物或通过从一种状态过渡到另一种状态来欺骗死亡，从而获得生命的胜利。④

可是，鲁塞尔并不承认这一目标的完成。在《孤独之地》中，坎特尔通过使用两种物质——"复活"和"生命"来使尸体复活：在它们的影响下，死者可以不断地重复他们生命里的中心事件。在这里，变形远远没有"奥维德式"的丰富性，而是建立在相反的东西上。它变成了重复，仿佛生命只注入了运动的死亡，变成了生命的表象或风景。

变形与迷宫是如何交错的？变形属于视觉范畴：鲁塞尔的表现之物似乎在"某种准剧院"中发生了变化。⑤ 但是"鲁塞尔式"的戏剧试图让观众觉得有形的东西和可叙述的东西一样具有可塑性和可变形性——青蛙不仅可以在故事中变成王子，还可以在形象中变成王子。从另一个方向看，"迷宫"基本是口

---

① Raymond Roussel, (1966) *Impressions of Africa*, Lindy Foord, Rayner Heppenstall, trans., London: John Calder, p. 120.
② Leonardo Sciascia, (1987) "Acts Relative to the Death of Raymond Roussel", *Atlas Anthology* 4, pp. 124–129.
③ Michel Foucault, (1986) *Death and the Labyrinth: The World of Raymond Roussel*, Charles Ruas, trans., New York: Doubleday & Co, pp. 93–94.
④ Michel Foucault, (1963) *Raymond Roussel*, Paris: Gillmard, p. 87.
⑤ Michel Foucault, (1963) *Raymond Roussel*, Paris: Gillmard, p. 95.

头的；它命名那种以词语去解释事件、去发现起源的努力，并且试图合并这两方面的努力。鲁塞尔展示了它们之间的距离：

> 迷宫的结构完全支撑起了鲁塞尔的戏剧，仿佛要把所有与戏剧性质有关的东西都清除掉，只让秘密的影子在舞台上显现。相比之下，在非戏剧的文本中，关于面具、伪装、场景、演员和眼镜的问题是最多的；这些变形只是通过叙述在舞台上呈现出来，因此被改变了，陷入了话语的迷雾中。①

叙事和语言通过一种意义形式发挥作用。在这种形式中，事件被解释，本质被创造（比如"桌子性"是桌子的本质），只剩视觉来提供图像的表层。人们永远看不到"桌子性"，而只能看到桌子。同时，可见世界的"存在性"表明，语言将世界束缚在因果链、历史和解释的迷宫中的能力是极其有限的。之所以说"此在"，是因为人们只能看到事物的在场，尽管人们可以谈论它的不在场。这两种策略都是从"存在之不足"这一死亡的丰富性中生发出来的："语言的太阳"正是它的空洞语言的太阳？② 这一奇怪而激烈的隐喻，恰当地浓缩了可见和语言，因为在鲁塞尔的作品中，可见（变形）和语言（迷宫）彼此融合又彼此分离。太阳，光的源泉，不被看见；语言，意义的来源，无法被理解。

福柯对鲁塞尔感兴趣的原因在于他职业生涯的最后一段时间，这与福柯将其称为"伦理的"原因非常相似。也就是说，鲁塞尔提出了一种特殊的方式，不仅关乎写作，还涉及生活。在这种双重性（例如，早期的小说写作早于文本形成过程，在"荣耀"体验期间则主要包括对尼斯狂欢节的描述）的结构中，福柯认为鲁塞尔的仪式，包括他承认让内的"在私人房间内实践着被禁的行为，明知是违禁，冒着惩罚或者被人蔑视的风险，那就是完美"③，这与他的写作并无本质区别。它们也是由死亡和有限性限制在语言系统的空间构成的，从而使存在的面具掩盖不了任何东西，一个"以韵律增殖的系统，不仅音节重复，而且单词、整个语言、事物、记忆、过去、传说、生命，每个都被分离和连接到它自己的死亡"④。

因此，福柯对工作和生活的共享空间的描述仍然要归功于他对宾斯万格的

---

① Michel Foucault，(1963) *Raymond Roussel*，Paris：Gillmard, p. 96.
② Michel Foucault，(1963) *Raymond Roussel*，Paris：Gillmard, p. 164.
③ Michel Foucault，(1963) *Raymond Roussel*，Paris：Gillmard, p. 161.
④ Michel Foucault，(1963) *Raymond Roussel*，Paris：Gillmard, p. 56.

研究。值得注意的是，鲁塞尔在死前打算成为宾斯万格的病人。鲁塞尔的"疯狂"[1]、他的重复和仪式（在食物和衣着方面）、他对死亡的极度恐惧（他禁止当着他的面谈论这个话题）、他的隐私、他对名人的模仿、他环游世界的习惯或他的特制房车、他对工作的热爱；他创造自己环境的能力——所有这一切，连同他的作品——不仅表明"语言本身形成了存在的体系"[2]，而且表明我们生活在由语言与世界的关系所安排的结构中。它究竟是什么结构？准确地说，是重复、延迟、匮乏。一个词概括，是有限，它直指空洞的语言，就像生活本身一样，世界上死亡的死者。然而，福柯却进一步地坚守住了这些空虚的条件，并印上自己生命或使用另一个比喻——我们的文本条件就是我们生活的物质。

在《事物的秩序》和《知识考古学》中，福柯把这种语言本体论的叙述集中在思想史的狭窄领域，以扰乱学术史和文学史的平静世界。这些作品的"主旨"或假设是在他对鲁塞尔的研究中形成的，可以将其简明扼要地列举出来：第一，与可见的事物相比，语言是稀缺的，这就决定了迷宫式语言"走向无限"的方式——它试图覆盖、解释、探究、钻研每一件事，但总是失败，并在其有限性上自我加倍；第二，可说之物与可见之物之间的关系是相互联系的，最后是外在性的——"事物被感知是因为缺乏言语"[3]；第三，语言不允许任何起源；第四，"描述话语"就是"解释"[4]，也就是说，深层理解或有根据之解释的解释学项目是错误的，因为它只在表面找到内部、共鸣和类比；第五，事件无法被叙述化——历史，就像传记，是不连续的，任意的，语言学的，被词语和死亡打断；第六，"死亡"和"存在的虚无"的概念，曾经是启蒙思想和存在主义哲学的转向，现在可转化为"缺席"和"贫困"，它们在所有的话语中发挥着作用，由此引发的悲怆日渐稀少。

二、文学话语叙事的语言越界意图

对福柯而言，文学话语叙事指向着语言的越界行动。事实上，福柯关于鲁塞尔的书在技术上仍然与所谓的"现象学家"文学批评相关。相较于其他人，如阿兰·罗伯-格里耶（Alain Robbe-Gillet）等发展"新小说"的作家，鲁塞

---

[1] Bernard Caburnet, (1968) *Langage, Imaginations et Monde chez Raymond Roussel*, Paris: Éditions Pierre Seghers, p. 103.
[2] Michel Foucault, (1963) *Raymond Roussel*, Paris: Gillmard, p. 161.
[3] Michel Foucault, (1963) *Raymond Roussel*, Paris: Gillmard, p. 166.
[4] Michel Foucault, (1963) *Raymond Roussel*, Paris: Gillmard, p. 111.

尔本人的地位极为重要，格里耶仅是因为他的文本在描写客观、可见的事物面前起着不可忽视的作用。

然而，在关键术语的表达上，在福柯主要的关注点和方向上，《死亡与迷宫》属于另一种传统。也就是说，这本书写在一个"三角形"之内，"三角形"的第一边是某种学术批评；第二边通过发展一个项目来超越"新小说"；第三边在布朗肖、巴塔耶以及克罗索夫斯基写作之间建立联系。1963 至 1966 年，福柯为先锋派和文学评论写了一系列文章，后来他也成为先锋派后起作者最有力的支持者。

因此，与新新小说作者和现象学家不同，这些人并没有放弃英美学者的再现现实的创作观点。福柯以理论家的身份（而不是历史学家）批评过这些英美学者，这对文学理论的英语学界影响极大。然而，英美文化对福柯作品的怪异接受，并不能解释他的作品为何在这一面获得了不成比例的大量关注。福柯还转向了巴塔耶和布朗肖，因为德里达批评了他在《疯狂史》中的"疯狂的体验"概念。德里达认为，作为绝对他者的疯狂是无法被认识或被历史化的，也无法像福柯在讲述理性与非理性之间的鸿沟时所声称的那样，以绝对他者的身份来说话。1964 年，在与泰凯尔小组（Tel Quel Group）[①]讨论新新小说的时候，福柯顺便谈到了德里达的批评：

> 我不太确定，我说的是这样一种经历，它同时既是越界，也是论辩。[②]

毫无疑问，"论辩"一词至少在《疯狂史》中出现，但"越界"思想的全部问题还没有进入其中。因此，公平地说，福柯运用这种思想，有一部分是为了反驳德里达的论点。在布朗肖、巴塔耶和克罗索夫斯基的作品中，特别是在《死亡与迷宫》里，没有比"迷宫"一词更能显现其中的痕迹了。"迷宫"一词在当时很流行（如格里耶有部小说名为《迷宫》），而正是巴塔耶为福柯使用它扫清了障碍。在一篇题为《迷宫》的文章中，巴塔耶以两种截然不同的形式简明扼要地阐述了一种形而上学，他声称这种形而上学能够产生一种社会理论。此处，简要地陈述一下其中的论点：人类从根本上看，是孤独和死亡中的不完满和匮乏。正是这个原因，人与人之间、人与世界之间变得错综复杂，成为

[①] 泰凯尔小组（Tel Quel Group）：一个在20世纪60年代末至80年代初活跃的法国文化现象和文学团体，主要成员包括罗兰·巴特、德里达、德勒兹等人。

[②] Michel Foucault,（1964）"Débat sur la poésie", Tel Quel 17, pp. 69—82.

"纠缠的，不稳定的整体"①。它们是被构造出来的实体幻觉的工具。巴塔耶将"存在"本身称为"无处"。他谈道：

> 人类，在他们彼此孤立中，通过语言彼此联系；同时，他们把他们的缺乏作为痛苦和牺牲来传达给那个无处可去的存在。②

福柯认为巴塔耶在《越界》的前言中，拓展了"越界"思想的历史空间。除了"迷宫"（以及"主权"和"牺牲"），"越界"一词也能有力地组织巴塔耶的作品。对于福柯而言，这意味着"在一个不再承认任何神圣的积极意义的世界中进行亵渎"③，或者用一个特别好的短语来说——一个从未存在过的"上帝的死亡"。他认为，冒犯是一种肯定的、干净的亵渎，它必须从诽谤或颠覆中解放出来，即"从任何由消极联想引起的事情中解放出来"④。

福柯将"越界"概念历史化的原因："越界"描述了接纳"上帝的死亡"的态度或严肃却怯懦的存在思想。"越界"仍与某些消极的神学主题相关联，其中"消极神学"体现了对上帝信仰的逐渐丧失。然而，需要注意的是，依据福柯的观点，上帝的死亡也必然伴随着性的出现。当萨德的书写借助语言描绘出 600 种跨越性伦理的路径时，关于生命的、连绵不绝的话语场便由此展开。正如有学者所言：

> 这并不是为了单纯逾越道德或欲望的界限，也不是纯然的性变态或故发惊人之语，而是意图透过书写尽可能持久地栖息于此界限上以迫出一种怪异的界限存在本身，一种仅为了跨越而跨越，换言之，仅为了（欲望）自由的绝对状态，其不是任何从经验的可能性想象所可以达成。⑤

至少直到 20 世纪初，性行为仍然保留着神圣的痕迹。正是在那里，禁令继续生效，在一个开明的世界里，萨德的职业生涯标志着可接受的极限。充分

---

① Georges Bataille, (1943) *Inner Experience*, Leslie Anne Boldt, trans., Albany: State University of New York Press. 以及 (1985) *Visions of Excess: Selected Writings*, 1927—1939, Allan Stoekl, Carl R. Lovitt, Donald M. Leslie, trans., Minneapolis: University of Minnesota Press, p. 175.

② Georges Bataille, (1943) *Inner Experience*, Leslie Anne Boldt, trans., Albany: State University of New York Press, p. 65.

③ Michel Foucault, (1977) *Language, Counter-Memory, Practice: Selected Essays and Interviews*, Donald F. Bouchard, Sherry Simon, trans., New York: Cornell University Press, p. 30.

④ Michel Foucault, (1963) *Raymond Roussel*, Paris: Gillmard, p. 35.

⑤ 杨凯麟：《分裂分析福柯：越界、褶曲与布置》，南京：南京大学出版社，2011 年版，第 71 页。

利用上帝的死亡，意味着能在这个世界上找到更多的客观性，这比在上帝的指引下找到的客观性更高。这在撒旦的性爱中尤其如此，自我和他人的身体在生与死之间成为物体（而不是敏感的生物）。对萨德而言，这就是性最强大的越界方式，因为它总是趋向着边界。毕竟，还有什么是比死亡更强大的限制呢？鉴于此，福柯后来死于艾滋病这一事实的意义究竟是什么？

"越界"，自称是最纯粹的现代思想，与那些更为古老、更为熟悉的观念习惯有着根本的不同。首先，意料之中的是，它取代了矛盾和局限的辩证法，这一辩证法被视为推动历史进步或不断扩大知识的掌握。其次，它还取代了反思和自我反思，在反思中，主权主体仍处于其思想对象之外，能够绝对地掌握它们（即使主体是客体）。最后，它取代了人类学的思想，因为工作和有限性使人的本质异化，或者异化本身也可能成为人的本质体验。越界是没有根基和起源的。它肯定了"无限的界限"① 和"快乐的"（尼采的术语，即使它并没有正面的或实证主义的东西可以肯定）态度。越界思想消解了主体，它的有限性不是"内在"从"外在"中分离出来、建立在"外在"之上或反映出"外在"的地方，而是朝向他者的运动开始重复与他者不同东西的地方。解释这种关系有很多方法，以最不"形而上学的"为例，文本、体裁、思想、人物之间的严格划分是由于，对于超越性的思想，在每一个统一或整体之外的东西（定义为一个统一）都在超越性的思想中起作用（为了界定它）。越界思想占据着一个开放的边界，而不是封闭的边界，在这个边界上，同一个思想和另一个思想相互作用，重复着另一个思想。

另一种是对事件或文本进行解释和阐述的迷宫，例如文学批评就是如此，它们只能重复它们用来解释的东西：在这里，一个"外部"又回到了一个"内部"，另一个又回到了同一个"内部"。对福柯而言，甚至比巴塔耶更为重要的是，越界也是一种语言，它发现自己不在关于世界的话语中，也不在关于真实的话语中，甚至不在关于话语的话语中，而是发现自己像写作一样公正。它属于"疯狂的哲学家"，他发现"超越他的哲学存在"不是外在的语言，而是内在的（语言的）可能性的核心。② 因为任何特定的分析模式（如辩证法）都源自语言，因此，它不仅仅是"思想"的一个最初的主题。然而，在强调"去主体"这个主题中语言和越界之间的联系时，福柯对巴塔耶的思想采取了一些暴力行为。巴塔耶自己可以认为语言仅仅是一种交流，在这种交流中，人类微不

---

① Michel Foucault，(1963) *Raymond Roussel*，Paris：Gillmard，p. 44.
② Michel Foucault，(1963) *Raymond Roussel*，Paris：Gillmard，p. 44.

足道地迷失了自己,与严肃的交流不同,严肃的交流包含着一种连续性,例如祭祀仪式。当福柯发现违背了语言形式上的可能性条件时,这对他自己的时代来说是一个很大的障碍。

可以再次提出一个典型的后现象学的问题:当沉默和感官(尤其在视觉上)取代了思考、谈话和写作,在语言本身的局限性下会发生什么?作为回答,福柯在巴塔耶这里发现了一个特殊的主题,那就是"向上翻"的眼睛:

> 在反思的哲学中,眼睛来自它的观察能力,它的力量总是变得内敛。在每只看得见的眼睛的后面,都藏着一只更纤细的眼睛,它的眼睛是那么谨慎,而又那么灵活,它那强有力的目光可以说是在吞噬着它那白色球体的血肉;在这只眼睛后面,存在着另一只眼睛,然后,还有其他眼睛,每只眼睛都在逐渐地变得更加微妙,直到我们看到的这只眼睛,它的整个实体只是它视觉的透明度。这种内在的运动最终在一个中心得到解决,在这里,无形的真理形式被创造并结合在一起,在这个至高无上的主体的事物的中心。巴塔耶扭转了整个方向;视线穿过眼睛的球状边界,构成眼睛的瞬时存在:视线在这条发光的溪流中把它带走……将眼睛投射到它的外部,引导它达到极限,在它的存在立即熄灭的闪光中迸发出来……在这种暴力和连根拔起所造成的距离上,眼睛是绝对看得见的,但却隔绝了任何可能的光线;哲学性的主体已经被剥夺了,并被穷尽了,而这种哲学性的语言的主权,现在可以从远处,在被过分夸大的主体所留下的无边无垠的虚空中,听到了。①

巴塔耶的"向上翻的眼睛"与"哲学化的主体"是对立的,后者的思想是客观的,并且拥有卢梭所说的"活的眼睛":眼睛里的眼睛里的眼睛。② 它反对泛光视觉——杰里米·边沁(Jeremy Bentham)所设想的监狱(或工厂、医院)中心的视角。在那里,没有人观察,每个人都被观察。巴塔耶的眼睛锁定它所看到的——它看到的是行为场中的行为,是流动的世界中的流动——它是通过肢解来实现的,这很容易让人联想到卢梭的"审判酷刑"系统。当"过高"的主体拥抱虚空,让事物顺其自然时,语言的不断杂音就会变得清晰,可说的和可见的完全分离。

福柯看到,这只被肢解的"向上翻的眼睛"将从坟墓的另一边,从死亡的

---

① Michel Foucault, (1963) *Raymond Roussel*, Paris: Gillmard, p. 46.
② Rousscau J J, (1973) *The Social Contract and the Discourses*, Cole G D H, trans., London: Dent, p. 19.

角度来看待这个世界。它越过了极限,在这一过程中,它转向了自己,仿佛它也能看到自己。但这不是自我反思的开明姿态,相反,眼睛越过了不可逾越的界限,看到的是表面而不是深度和层次,最后(从一种感觉跨越到另一种感觉)似乎在"触摸缺席"①。巴塔耶在他的艺术色情小说《眼睛的故事》(*Histoire de l'œil*)中对肉体被撕裂时达到的快感的可怕描述,是对视觉的一种反讽。通过对自身的反思,将可见的主体与虚无或另一个表面——眼球本身——联系了起来。于是,人在自我的边界(也就是死亡的边缘),随着内向自我认知的转向,发现知识不是光(或"启蒙"),而是话语。对于这样的知识,"生命"并不是世界上那些最有价值的人(那些看得见摸得着的人)的财产。"越界"成为巴塔耶接近鲁塞尔的方式,世界的书写就好像世界只是被注入了生机勃勃的物质一样。可以说,越界者(巴塔耶、鲁塞尔)都有一个先驱者——亨利·詹姆斯。在他那里,其纯洁的性格只不过是到了从自己身上消失的程度而已。他们都用一种毫无恐惧的虚无来维系自己,允许作者更加自由地投入到话语的形式和创作的乐趣中。

三、文学话语叙事的虚构小说旨趣

文学话语叙事具有虚构小说的特征及价值旨趣,它并非完全遵从某种"再现"事实的原则,而是以虚构来建立自身叙事流动的可能性。这些问题围绕尼采和笛卡尔展开,需要关注的是《从序言到超越》这篇关于现代性思想的文章,其中不仅谈到了有关文学本身的问题,而且涉及福柯对巴塔耶那些年轻的同辈——克洛索夫斯基和布朗肖等人的讨论。这对理解文学话语叙事至关重要。同时在《行动纲领》(关于克洛索夫斯基)中,福柯发展了尼采对于"上帝之死"后果的叙述。从中可以看到福柯对疯狂问题的推进,以及其对小说虚构性的探讨。

在《快乐的科学》中,尼采有一个著名的提问,即如何应对"魔鬼"的这些话:

> 你现在过的生活,既然已过了,你就得再活一次,再活无数次……存在的永恒沙漏一次又一次颠倒过来,而你也随之而来,只是一粒尘埃!你能否不抛下自己,并咬牙切齿地去诅咒说这些话的魔鬼呢?或者你有没有经历过一个伟大的时刻,那时,你可以回答他:"你是上帝,我从未听过

---

① Michel Foucault,(1963) *Raymond Roussel*,Paris: Gillmard,p.52.

比这更神圣的话了。"①

这段话重提了洛克的一个老问题：如何区分上帝和魔鬼？（这也是笛卡尔在疯狂问题上纠结的原因）。既然上帝和撒旦都没有立即在世界上显现出来，我们发现他们的缺席也同样是他们的"交错"②。在这个空间里，神可能是魔鬼，这个失去了它独特性的世界就是它的拟像。

福柯提出了一个极为特别的观点：自古希腊时代以来，西方文化实际上是在"拟像"的"经验"，而不是"意义"的"经验"下发展的。可以清楚地看到，类型学扮演的角色是组织西方思想（类型学，一个符号指的是它的前缀，而不是一个差异系统）和树立"命运"概念的首要地位，也就是说，事件的"意义"最终是不可理解的。因此，克洛索夫斯基的一部"重新发现"的作品——西方历史总是像他笔下的人物那样自我模拟。此外，在克洛索夫斯基的作品中，模拟的命令不是针对客体世界或"事物和线索"，而是指向写作本身。他的写作是用各种各样的声音来表达的，这些声音中的一种"欺骗"另一种，彼此无法区分。在这里，分析抵达其自身的崩溃；跨过这一点，理论家自己也成了"小说"的作者。

如果《行动纲领》肯定了重复和拟像（已经在《死亡和迷宫》中得到证实）等概念的分析力，福柯后来关于布朗肖的论文《来自外部的思考》（*The Thought from Outside*），则致力于探索"外在性"主题。在这一主题上，福柯更为关注的是语言的问题。他描述了一个特定的话语"我说"的方式，这预设了一个"支持话语"的系统，这一系统为话语提供了"对象"（指涉物），但同时又是这个话语的外部，因为作为一个话语，它也是一种行为。在"我说"所强调的"意义"与表演的脱节中，语言以"纯粹的外在性"展现出来。福柯认为，这种话语使现代"小说"为之震颤，就像"我说谎"这一悖论使经典的"真理"为之震惊一样，因为"我说"即使在小说中也是真理。说"我说"并不是要代表现实，而是要行动起来，让习惯的东西消失。在言语行为的"自身的巧合"中，语句成为"奇点"，无法在使它们成为可能的系统中找到共同点。在这样的行为中，当它们逃避了真实与虚构的区别时，表演就被置于优先地位，并与"意义"分离。因此，根据福柯的观点，现代文学的特征既不是自我反身性（Self-reflexivity），也不是模仿或分词，而是分散成许多语言事件（文

---

① Michel Foucault, (1988) "The Prose of Acteon", in Pierre Klossowski, *The Baphomet*, Sophie Hawkes, Stephen Sartarelli, trans. New York: The Eridanos Library, p. 231.

② Michel Foucault, (1963) "La prose d'Actéon", *La Nouvelle Revue française* 135, p. 448.

本、话语），彼此之间互不通约。这就是当代西方小说中的"语言存在"。福柯以熟悉的反心理学的观点，继续论证语言在其外在性中也分散了人文主义的"主体"。"我说"的主体在说话的行为中是找不到的，它在行为本身的非语言效果中消失了。正如福柯所说，小说的主体被吞没在沉默之中，而沉默又不停地打断那同样无休止的话语流。

福柯在关于巴塔耶（以及越界）、克洛索夫斯基（以及拟像）和布朗肖（以及外在性）的几篇文章中，既没有对文学的历史出现，也没有对文学的当代形式进行最清晰、最有效的论述。这些主题在他更程式化的文章中得到了充分的探讨，尤其是在《从语言到无限》中，他还讨论了"新新小说"派（Nouveau Nouveau Roman）①的问题。福柯提出了一个不同寻常但又耐人寻味的论点，即"文学"作为一种散漫的形式，首先出现在萨德和哥特式小说家的作品中。②什么构成了福柯的"哥特式"或"萨德式"的时刻，即文学出现的时刻？

首先，一些文本开始试图超越语言——要么通过产生强烈的感觉（恐怖、惊悚）；要么在萨德的例子中，以耗尽语言的可能性为目的；通过百科全书式的描述来揭示在性和暴力的身体之间的关系，在描述中，语言开始冒充自己是纯粹的欲望（正如所见到的，打破"生"与"死"之间的本质区别）。事实上，福柯在1964年发表的关于福楼拜的《圣安东尼的诱惑》（*The Temptation of St. Anthony*）的文章中指出，在图书馆时代，虚构的图像和虚构的存档——它们存在并不是对真实的反对，而是作为文本的产物。图像是当读者在阅读一本又一本书之后，内在眼睛所"看到"的东西。③于是，当鲁塞尔和巴塔耶将语言和可见之物对立起来时，他们是在试图清除世界上那些作为词语和叙事插图而存在的"形象"，这些"形象"将视觉、语言和视线联系在一起。其次，这种超越语言的尝试会立即回到语言本身：18世纪的感伤的（哥特式的）小说在它们吸引读者的需求中，（无意识地）模仿了自己。为了给读者提供一个

---

① 20世纪70年代末80年代初，法国子夜出版社新推出的一群年轻作家，并形成一股新的文学潮流。为区别于之前该社在20世纪60年代至70年代推出的"新小说家"派（罗伯·格里耶、克洛德·西蒙、娜塔莉·萨洛特等作家），法国学者苏菲·贝尔托将这股新的文学力量称为"新新小说"派。

② 这应该与"雷蒙·威廉斯"提出的一个更为人熟知、更社会学的观念相反，他认为"文学"始于"礼貌信函"这种普通范畴的消失，这一现象随着赞助人的减少和文学著作权的进入开始发生转变。

③ Michel Foucault, (1977) *Language, Counter-Memory, Practice: Selected Essays and Interviews*, New York: Cornell University Press, pp. 89-90.

场景以方便识别，它们必须使用现实主义和模仿技巧。但为了从现实主义到轰动性，它们试图立刻打动读者（或者吓唬他们），从而造成疏远的效果。恐怖中的存在本身与恐怖中的存在密不可分。真正的伟大从来没有发生过，它被一章一章地推迟，最后被解释掉了。这种延迟和滑脱的结构引来了其他更现实主义文本的模仿：毫无疑问，很容易联想到简·奥斯汀（Jane Austen）的《诺桑觉寺》，但福柯指的是贝林·德·利伯里耶尔（Belin de Ribier）的《一个英国人》。最后，哥特式写作有一个隐含的"嵌套结构"①。这些试图超越语言的作品，也在尝试脱离语言，在冷静地使用和唤起恐惧的过程中，想要把自己伪装成感觉，因而变得更加语言化。当感觉转化为语言时，语言本身也加倍了，正如福柯所说，"双重创伤"② 是无法避免的。

这既是语言规则上的后果，也是形而上学的后果。这些文本的目的是超越其自身的语言特性，走向非语言和非可见的形式，从而在语言中产生褶皱和层次。它们在越来越多的现实主义表现模式中"走向无限"（走向它们自己不能代表或成为的事物），再加上互文性的日益加深，使得"文学"成为一种反对修辞或新闻技巧的力量得以扩散。福柯指出，"文学"（首先是哥特和萨德文学）具有不可读性和不可译性，因为它与它永远无法触及的感觉联系在一起。矛盾的是，福柯认为，在福楼拜的文章中，那些最沉溺于文学的读者，如同名小说中的布瓦德（Bouvard）和佩库切特（Pécuchet），本质上是被动的，仅仅是模仿者和内化者。他们仿佛变成了图书馆里的书，他们的视觉实例化了文学。那些无限期推迟的感觉和对知识的渴望，催促人们一篇接一篇不断地阅读下去。

福柯还把文学的出现表述为由"修辞"到"图书馆"的过渡。这些术语在历史文本中可被看作是"主题"。在修辞学时期，写作的基本准则是允许理想的但"沉默的"语言转变为现实的语言。不过，在图书馆时期，最完美的语言早已不复存在了，而只有"碎片化语言的无尽延伸"③，不停在话语的外部扩散。何为"理想话语"？他认为，它不仅是一种对上帝所说的原始话语，而且是谈话、辩论和写作的最佳方式。当理想的话语消失时，写作便在"与早期文

---

① 这实际是福柯采取的结构比喻。"嵌套盒"（Quaker Box），也称为"贵格盒"，即谷类食品包装袋的侧面，里面有一幅自己的图画，并一层层嵌套在内。

② Michel Foucault,（1977）*Language, Counter-Memory, Practice: Selected Essays and Interviews*, New York: Cornell University Press, p.109.

③ Michel Foucault,（1963）*Raymond Roussel*, Paris: Gillmard, p.67.

本的自觉关系"中产生。① 当代先锋散文提出的问题是，它的写作还属于图书馆吗？福柯的回答似乎是有条件的，他指出新小说属于文学的一个领域。当文学接受并实施自身不可能的投射时，它就出现了从语言内部用经验、感觉来代替语言，并通过其他文本的传递走向现实。显然，现代小说是为克洛索夫斯基、巴塔耶和布朗肖的离经叛道、错综复杂的思想准备的，直至今日仍与他们密不可分。但是，这里所牵涉的要点是，它属于阿兰·罗伯-格里耶工作（福柯称之为"网络"）的一部分。

福柯指出，格里耶在《自然、人文主义和悲剧》（*Nature, Humanisme et Tragédie*）② 的论辩文章中提出了一个关于他自己写作的方案和理论。格里耶认为，人文主义、隐喻和类比都是为了达到某一目的。隐喻是为了将人类置于世界中心的人文主义而在语言中把事物联系起来的。采用隐喻的观点就是承认一种"自然的"、普遍的人类能力，即通过类比去解读世界。与此相反，格里耶希望记录事物的外在性。这就是他欣赏鲁塞尔的作品的原因：语言在试图产生可见性的过程中，也脱离了"纯粹"的视觉。因为"对事件的解释是不充分的"③。格里耶不是通过"观点"来工作的，他在小说中描述事件时，就好像这些事件是通过一种既不分享空间也不分享事件本身发生时的透视法则的装置来观察的。然而，在福柯的文章《距离、方面、起源》（*Distance. aspect. origine*）④ 中，他忽视了格里耶从理论上"表达凝视"的尝试，而是认为新近作家的距离和格里耶的距离有很大不同。因此，尽管新新小说与前一部是"同构的"，在同一个"图表"中存在着类似的反隐喻和反人文主义的终结，而不同之处在于"在语言与自身的关系中形成"⑤。这是泰凯尔小组的工作，其主要是基于"不存在的语言骨架，正如它的存在"⑥。可见，不应责备小说，因为语言与事物之间有着一段不可跨越的距离，且语言正是它们的距离、它们存在的光和它们的不可及性，只有它们才允许存在的拟像。

---

① Michel Foucault，(1963) *Raymond Roussel*，Paris：Gillmard，p.92.
② Humanisme 一词在柳九鸣《新小说派研究》中译作人道主义，余中先在《快照集·为了一种新小说》中将该词译作人本主义。本文采用新的译法，即人文主义，侧重强调其蕴含的启蒙理性色彩。
③ Alain Robbe-Grillet，(1965) *Snapshots and Towards a New Novel*，Barbara Wright, trans.，London：Calder & Boyars，p.102.
④ 可参见福柯谈论菲利普·索莱尔斯（Philippe Sollers）的《中间媒介》（*L'intermédiaire*）、谈论马塞林·普莱内特（Marcelin Pleynet）的《一分为二的景观》（*Paysage en deux*）以及谈论让-路易斯·鲍德里亚的《图片》（*Les images*）的那篇题为《距离、方面、起源》（"Distance. aspect. origine"）的文章。
⑤ Michel Foucault，(1963) "Distance. aspect. origine"，*Critique* 198，p.939.
⑥ Michel Foucault，(1963) "Distance. aspect. origine"，*Critique* 198，p.940.

福柯认为，在语言的远端，在它与世界的边缘处，人们发现的是语言一再的低语，它遵从熟悉性的原则，即另一个（从根本上说它是另一个）只能与同一的重复相遇。在"新新小说家"的作品中，距离不再是空间的，而是散乱的，时间也同样如此。时间成为"方面"——这是语法家用来描述动词如何表示时间性的词（这是海德格尔在叙述话语的时间性所诉诸的概念，也就是话语本质上放置在时间的方式，而不是模仿时间）。① 事实上，在当代小说中，时间仅仅是合乎语法的。② 可以说："新新小说家"以一种完全非康德的方式对待世界，仿佛空间和时间不再是知觉的可能性条件。在它们中，空间和时间成为意义过程的影响，以至于世界呈现出它自己，就好像它是纯粹的语言——在它之前没有说话的主体，也没有任何固定的时空世界作参照。评论文章的第三部分——小说的起源在写作自身的行动中被发现，当然，这并非是永远存在的起源，毕竟文本背后缺乏统一主体。福柯自己可能没有表述，但"新新小说家"似乎又发现了他们在世界中的"母题"（所谓的"本体暗示"）。他们通过这种方式依附现实，而现实是他们的踪迹，这种踪迹只有在"现实"消失之时才显示出来。

四、文学话语叙事的历史问题学

因为要书写一个专业领域甚至整个科学的发展史，福柯需要准备好对这个学科提出一般人经常忽视的问题。他试图去考察并发现这些学科论断背后所有可能的假定性企图。就历史书写问题本身而言，将面临以下问题：存在某个的具体的历史意识结构吗？什么是历史书写的可行性方式？相较于其他方法，文学在历史书写中的认识论地位如何？历史书写具有怎样的权威性，它是否掌握关于现实的一般性知识？更重要的是，什么样的历史书写对人文科学有所贡献？对福柯而言，文学话语叙事为历史书写提供了可行性的选择，并成为思考历史书写问题的重要路径。这些都与他所关注的主体问题密切相关，他对主体以及不可靠意识的怀疑，从某种意义上讲，"主体的消失是为了质疑历史"③。

---

① Martin Heidegger, (1962) *Being and Time*, John Macquarrie, Edward Robinson, trans., Oxford: Basil Blackwell, p.400.

② 福柯没有这么说，但至少在福楼拜之后就是如此，这是根据普鲁斯特那篇精彩的关于"语法天才"的文章所言。参见 Marcel Proust, (1988) *Against Sainte-Beuve and Other Essays*, John Sturrock, trans., Harmondsworth: Penguin, p.89.

③ 莫伟民：《主体的命运——福柯哲学思想研究》，上海：上海三联书店，1996年版，第34页。

在福柯看来，萨特于1960年发表的《辩证理性批判》并未使存在主义再度兴起，学术界转向对"结构主义"的研究中。福柯敏感地意识到，先验论、主体哲学的历史发展观不再能为解释当下的社会现实提供可靠性保证了。于是，他对萨特存在主义所倡导的人道主义和意识哲学提出严厉的批评。萨特的理论对象与福柯明显不同，前者关注的主体性问题涉及的是如何在不断行进的历史总体化中，使人类确证自身并获得自由。于是，他提出要寻找抵抗统治压迫的种种条件。在《答复结构主义》一文中，萨特指出：

> 福柯给予人们的是一种折衷主义的综合，罗伯-格里耶、结构主义、语言学、拉康被系统地用来证明历史反思的不可能性……这个任务就是提出新的意识形态：资产阶级再次能够筑起抵抗马克思的最新堡垒。①

在后来的一次回应对萨特的质疑时，福柯曾表示，其作品本身只是为了揭露主宰知识的无意识规律。他表示自己的立足点不是使历史反思变得不再可能，而是要去毁灭人类搭建的连续性史学神话。这也就说明了，为何福柯的思想主要是把客观性引入史学研究视野中，即消除了个人的自我意识作为知识对象的可能性。这肯定会导致个人主体的抵抗和相关联的主体性方式被削弱。可见，福柯始终坚信，要一劳永逸地消灭统治是不可能的，因为它自我生成的特点在于，它可以在任何地点、任何时间与反抗力量共生。在1966年与沙坡萨尔的一次关于哲学思想的会谈中，福柯谈道：

> 大约在15年前，人们突然地、明显地失去了理性……意识到自己已经非常远离上一代了，即萨特、梅洛-庞蒂那一代，那曾是作为我们思想规范和生活楷模的《现代》杂志的一代。我们在萨特那一代人那里，感受的是鼓舞人心和宽宏大量的品质，具有生活、政治和生存的热情。但是，我们却发现了别的东西，即另一种热情：对概念和我们所称的"体系"表现出来的热情……凭着体系，有必要理解关系系统，这些关系独立于它们联结起来的事物而保持和转换着它们自身，一个没有主体的无名体系……

---

① 在这次对萨特的回复中，福柯拒绝承认自己是反对马克思的资产阶级代表，且注意到自己在过去加入法共期间，萨特也曾被共产主义者视作"资产阶级帝国主义的最后堡垒"。可参见"Foucault Répond à Sartre"以及 Michel Foucault, (1985) "Life: Experience and Science", in James D. Faubion, *Aesthetics*, *Method*, *and Epistemology*, Robert Hurley, trans., 以及 Paul Rabinow, *The Essential Works of Michel Foucault* 1954−1984, New York: The New Press, Vol. 2.

"我"已经被破除了（查看现代文学）。①

福柯明确提出，这个有着我们的世界是建立在无作者的思想，无主体意识，无同一性的理论上。它不是用人来取代神的工具。对他而言，现代文学已经书写了这种对同一主体的坚守之不可能性：疯狂、谵妄以及与死亡相伴的颤抖。在他看来，萨特哲学的问题在于他把知识建立在主体意识的哲学基础上，而正是这一被破除的"我"毁掉了存在主义建立的根基。

在对疯狂主题和现代文学的审视中，福柯看到，作为现代作家的鲁塞尔和萨德侯爵都在控诉着世界，而这些所达成的效用是依靠文学的虚构来完成的。这些越界之人尝试以不可说之说挑战了建构同一主体的语言。事实上，在《距离、方面、起源》一文中，福柯明确否定了疯狂可以帮助人们思考现代文学的观点。② 事实上，从疯狂到语言的争论场所的转变过程中，福柯遵循了一种相当普遍的趋势，其最明显的表现就是《泰凯尔》上的评论。他有能力在一个被文学现象学家所限定的框架内工作，作为超越的理论家，他赋予能指力学的作家保持独特个性的勇气。这种看法在很大程度上符合法国前卫思想的总体定位，这显然比德里达对《疯狂史》的批判更为重要。然而，这并不是说福柯在这一时期的作品反对解构主义。至少在简单的意义上，解构主义是可以重复和扩展的，因为在福柯职业生涯的这一刻，他仍然愿意将其历史化。毕竟，在历史上，修辞学变成了图书馆，图书馆变成了小说，在那里，存在的不可能、仿拟的统治以及空间/时间的界限是世界可知性的基础。而"文学"在历史上作为一种特殊的写作形式，它希望为语言累积独特经验，并由语言来真正实现写作。

与《疯狂史》中的人物一样，鲁塞尔（伴随着阿尔托）是那些"安排世界"之人，即他们认为世界的基本结构不能被理性所殖民。在《死亡与迷宫》一书中，鲁塞尔的写作是在一个由"语言的终结"所定义的问题中展开的。就这两本书而言，福柯陷入激烈的批评和写作的争论中，这是20世纪60年代上半叶法国知识分子普遍的生活状态。尤其是他在后来成为所谓的"新小说"的倡导者和理论家，这又与《泰凯尔》杂志及其编辑菲利普·索莱尔斯的项目有关。他们共同讨论并推广了巴塔耶、布朗肖和克洛索夫斯基的作品，尽管这些人的创作长期处于法国文学圈的边缘。在20世纪30年代，巴塔耶拒绝加入超

---

① Chapsal M., "Entretien" 载 *La Quinzaine Littéraire* 5, 1966: 14-15. 还可参见 "Foucault répond à Sartre", 载 *La Quinzaine Littéraire* 46, 1968: 22. 之后福柯就不经其允许而发表该文向刊物写了批评信，斥责所刊之文曲解了关于会谈的真正意思，并澄清他本人对萨特的著作及其政治行动怀有极大的尊重。

② Michel Foucault, (1963) "Distance, aspect, origine", *Critique* 198, p. 942.

现实主义者的行列；布朗肖在战争早期与通敌者合作，战后在一个由存在主义和马克思主义者所统治的知识圈中活动。福柯随后的考古学著作《事物的秩序》和《知识考古学》就是从这些争论中脱颖而出，并留存着它们的痕迹。

文学历史与其说是与疯狂的故事有关，不如说是与死亡的故事有关。它首先与上帝的死和有限性的破裂（无限的限制统治）有关，然后又与主体的死和随后的写作统治有关。福柯在《语言到无限》中说，这是真的打破内外、此消彼长的结构，写作可有可无。这种结构的先决条件是那些自荷马以来一直使用自我指称和自我重复悖论的叙事结构。然而，福柯的例子具有现代性：在狄德罗的书信体小说中有这样一个情节，一位修女抱怨一封信送错了地方，而她抱怨的对象恰恰是那封信本身：

> 语言的重复，即使是隐藏的，也构成了它作为一种作品的存在，由此可能出现的符号必须被解读为本体论的指示，这些迹象往往难以察觉，近乎无用。它们设法把自己表现为缺点——作品表面上的细微瑕疵。我们可以说，它们无意中打开了通向无穷无尽的深渊的大门，而这些深渊正是它们通向我们的。①

虽然福柯的批判方法论关注"作品表面的细微瑕疵"，似乎是在追随德里达，但他感兴趣的是"自我再现和重叠的虚拟空间"②。他运用的是一种特殊的语言叙述形式，最常见的是一种特殊的技术写作，而不是沉浸在语言的差异和延迟的"无限制的经济性"中。在历史和"本体暗示"的分裂中，他再次在历史本体论的鸿沟上工作，如果从解构主义的角度来论证历史与存在的区别是不能严格划清的，那么语言的"缺陷"就属于意义本身的条件，这也可以从福柯的角度来论证。

重要的是尝试将不可历史化的事物进行历史化处理。即便没有其他考量，也可借此检验和考量"历史"自身的效力。或者换一种稍微不同的说法，"理论"认为"历史"是简化的，历史只需某种概念上的疏忽和简化，通过这些类别将事件联系在一起。历史反过来又告诉理论，拟像的活动，在散乱的结构中奇点的聚集，如"影响"和"因果关系"等概念是空洞的，它们都在一种由个体相继死亡来决定其形状的历史中被清楚地表述出来。

---

① Michel Foucault, (1977) *Language, Counter-Memory, Practice: Selected Essays and Interviews*, New York: Cornell University Press, p.57.

② Michel Foucault, (1977) *Language, Counter-Memory, Practice: Selected Essays and Interviews*, New York: Cornell University Press, p.56.

无论这些争论在福柯的作品中可能导致了什么困难和困惑，他都拒绝接受历史的转变是由更大的实体或结构控制、限制的，比如"存在"，或者允许他与他所谓的"写作理论化"保持距离，即使是在那个最吸引人的时期。在那段时期，福柯的《临床医学的诞生》以及《事物的秩序》这两部历史著作相继问世。但是，正是在《距离、方面、起源》中，福柯试图打破人们认识到语言不完全具有历史性之后的僵局。在谈到格里耶和新小说家之间的关系以及这些作家之间的联系时，他指出：

> 对我而言，在一个特定的时代，语言的可能性并不是很多，以至于人们可能找不到同构。[1]

这就是说，在特定历史时刻，各种散乱的事件之间的关系所涉及的模式，并不能由历史叙述来充分予以说明，而它存在于一个特定的话语贫困中。每一个历史时刻都包含着一个"网络"，正如福柯继续论证的那样，如果历史以通道、交叉点和节点的形式来看待网络，批评可以认为它是一种复古运动。

这里有一个宏大的主张，即批评为其对象中的"哑巴"找到了一种语言：它的破裂和关系的可逆性。对于它来说，文本并没有被认为是一条单行道，正如它对传统历史学家所做的那样，毕竟时间是由死亡标明的，没有最终的目的地。在理解这一点时，批评可以是它所读的文本的次要部分，也可以是"基本的"，或者是原始的。它不需要像埋在一个连续的线形时间的冰川下一样去找回过去。它可以重演历史。时间本身只是"方面"的一种效果：一部分是因为一个人诞生和死亡的"真实"时间是无法被体验的；另一部分是因为时间序列不一定会减少因果序列，反之亦然。在《距离、方面、起源》中，福柯开始接受他的历史作品是一种批判，就像越界小说一样，不断地打破并撕碎历史的虚构。

福柯作品《事物的秩序》的特点就在于他拒绝将历史视为时间的线形通道，即不诉诸稀缺的话语集群，也不诉诸更为普遍的本体论贫困。历史和传统似乎不再能借助连续性叙事来传播了，因为正如福柯所说，如今的人们认为历史包含了人类所从事的各个领域的庞大单位（贸易模式的革命、人口统计学的变更、农业或思想习惯中的缓慢转变等等），其中缺少个人独特的生命跨度。因此，他指出：

> 知识，不管在像语文学这样的主题中，在像迈耶－吕卜克这样的老师

---

[1] Michel Foucault,（1963）"Distance. aspect. origine", *Critique* 198, p.932.

身上，还是在一种像狄更斯小说那样的传统情节展开中，都不是以正襟危坐的形式体现出来的。①

沿着某种默契的共同源流，与文学相关的创作实践、理论创生以及批评话语都在此时代不断活跃起来。在作者这里，他们并不仅是创作一个角色，或表达某种实践，而是在考察了语言、文学及其创作文本的同时，在自己的作品中安插了某些批评的话语。现在，最重要的是认识到，研究方法和工作组织一部分属于文学历史，一部分属于批评自身对落后于越界的焦虑，还有一部分属于前卫文学所声称其代表最新潮、最困惑的写作赋予时代的可能性。

第三节　文学话语叙事与考古学实践

历史写作的独特性在于，借助文学的手法来吸引人们，并使他们关注那些日常生活世界的隐秘机制。这尤其存在于文学话语叙事和再现的政治学领域。福柯再现的政治学更多地关注以隐匿性和掩饰性来有意虚饰有意识形态倾向的学科建构。他细致考察那些具有再现效果的媒介、手段、符码和程序是如何做到对权力话语的操控。对文学话语叙事而言，它不指称自身是书写任何真实历史的立场，但它意识到且承认自身无法摆脱权力话语的牢笼而实施的一种话语策略。因此，它是自己语言的话语，是自己文学的文学。它力求通过选择更自由的逃逸路线（ligne de fuite）来打破现代文学创作的话语禁锢，并试图将现代文学重新拽回到我们所身处的真实世界。

一、文学话语叙事：基于一种知识的考古

有关文学话语叙事问题，需要回顾福柯在他的"考古学"阶段的问题。在这一时期，福柯写作了两部著作。第一本是于1968年出版的《事物的秩序》，该书主要讨论的是文艺复兴以来的话语史；三年之后，《知识考古学》完成，其主要涉及对前面一本著作的重新理论化。"重新理论化"意味着知识的考古学并没有对事物的目标和成就的顺序提供一个完整和准确的描述：它将它们推向一个新的方向。两者都是自觉革命的作品。在它们之间，一门新"学科"得以被提出，它并非如德里达在1967年描述的，属于"积极的科学"。事实上，

---

① Michel Foucault, (1972) *The Archeology of Knowledge and the Discourse on Language*, Sheridan Smith, trans., New York: Pantheon, pp. 3—6.

"考古学"这个词在法国先锋派中早就具有一种颠覆性的、被强化了的感觉。早在 1926 年,特罗卡德罗博物馆(Musée du Trocadéro)的馆长乔治·亨利·里维埃(Georges Henri Rivière)就发表了被罗莎琳·克劳斯(Rosalind Krauss)称为"颂扬"的考古作品,他认为这是"人文主义的弑父之举"。更直接地说,德里达和福柯的雄心壮志都属于 20 世纪 60 年代法国社会的"颤抖",这曾在序言的最后有所提及。

这些书写得好像后文艺复兴时期已经结束了一样。在其中,纯粹的现代性范畴不再一致,因此可以开始将其打破。他们的目的是实施一种陌生化效果,一种将一事物转变为另一事物的过程,正如福柯在《事物的秩序》的开篇所谈论的。这是福柯讲述这本书起源小故事的要点。在博尔赫斯的一本小说中,他描述了一部"特定的中国百科全书",其中:

> 动物被划分为(a)属于皇帝,(b)防腐处理,(c)驯服,(d)哺乳猪,(e)汽笛,(f)神奇,(g)流浪狗,(h)包含目前的分类,(i)疯狂,(j)无数,(k)用非常细的骆驼毛刷牵引,(l)等等,(m)刚被打破的水壶,(n)从远处看像苍蝇一样。[1]

这张清单的奇怪之处是,每一项都是一个古怪的存在。福柯认为,西方知识过去的分类是武断的,在一系列不完全有序或"理性"的断裂中经历历史性的转变。他继承了一种信念,即目前的现代性已经失去了从它们参与的"写作理论化"[2] 中来控诉一切的能力。但是,在面对现代性的终结时,福柯同样间接借鉴了列维-斯特劳斯的结构主义,无论他如何否认他的结构主义者身份。列维-斯特劳斯的技术的、反历史主义的论争主要涉及:首先,"历时"(历史)不能解释"共时"(或存在于任何特定时刻的社会结构);其次,文化信仰的内容独立于它的功能,预示着他更宏大的主张,即"人"不再是分析或历史的中心。

接受这一点意味着福柯历史著作的取向发生了变化:排除和定义疯狂的结构和制度即将失去它们的力量,这在《疯狂史》中没有任何意义,而《事物的秩序》却被写得仿佛置身于一个新时代的边缘。福柯在其被引述颇多的最后一

---

[1] Michel Foucault,(1970) *The Order of Things: An Archaeology of the Human Sciences*,London: Tavistock Publications, p. xv.

[2] 即使福柯对"现代"提出了批评,也不能说他是一个后现代主义者。这是他回避的术语。关于这一后现代问题的讨论,可参见 "Structuralism and Post-Structuralism: An Interview with Michel Foucault", *Telos* 55,pp. 195—211.

句话中诗意地,且似乎有点犹豫地说,"人将被抹去,就像大海尽头沙滩上的脸"①。同时,《知识考古学》也从结构主义和前卫文学中移走自身。这不仅仅是一个语调和风格的问题,它是灰色的、细致的书,以对话的方式开始和结束,这让人不由联想到休谟和卢梭,从某种意义上说,这是福柯的另一个出发点。这本书坚持陌生化的计划,但它对过去彻底地重新描述,与其说这种做法归属于巴塔耶和布朗肖的帮助,不如说这是福柯曾经的老师,科学史哲学家巴什拉尔、康吉莱姆,甚至是阿尔都塞的功劳。用这本书自己的话来说,它呈现了一些范畴,借由它们可以清楚地说明一个话语事件在任何特定时刻发生的可能性;或者简单地说,这本书系统地呈现了历史上各种各样的范畴和层次,在这些范畴和层次中,该决定哪些陈述是真实的、有意义的和有效的。它描述了从白话文中删除某些陈述和陈述组的规则,或者海德格尔称之为交谈(Gerede)的规则。规则的观念在这里极为关键,因为在知识考古学中,福柯认为知识既不与世界的对应相当,也不能用来衡量"规范"或"惯例"。它不具有内在的一致性或"理性"。

知识仅由所说的话和内部的划分组成,尽管福柯忽略了白话形成官方知识产生的背景的方式。这本书的分析基点有点像海市蜃楼,其部分原因是福柯在拒绝从不断增长的理性和真理中叙述知识的历史时,仍然可以把异乎寻常的异质性和丰富的主题组合。例如,巴什拉尔的"认识论的突破",格里耶的同一性与人道主义间的联结,鲁塞尔式的可见与可说间的鸿沟以及泰凯尔派对存在文本性的接纳。因此,这本书看似严肃,实则隐藏了一种令人惊讶的折衷主义、一种综合性的方法。在这种方法中,福柯早期作品中各种截然不同的话语链汇集在一起,每一个都被取代,而事实上却是它们互相之间难以辨认。②

但是这些不同的方法和概念所依赖的基础仍存在着"人的终结"这个术语。它意味着福柯比引起这一话题、倡导超越理论的尼采、列维-斯特劳斯以及反人道主义的现代主义者们走得更远。原因何在?要回答这一问题是相当困难的,它直接将我们引入《事物的秩序》中。在这本书里,福柯将现代性的历史分为三个不同阶段:文艺复兴时期、"古典"时期和"现代"时期。"人"是现代知识所关注的(深层次的问题)对象;"他"是整个19世纪出现的社会科学的主题。正是为了对抗"人"的支配地位,《事物的秩序》提供了一个详细

---

① Michel Foucault,(1970)*The Order of Things*:*An Archaeology of the Human Sciences*,London:Tavistock Publications,p. 387.
② 梅吉尔(Megill)认为这本书是对笛卡尔的《关于方法的话语》(*Discourse on Method*)的模仿。

的"准科学"的历史——众所周知的生物学、语言学和经济学。而"人文科学"看似已经超越了这些科学，但"人"同样属于"历史"的范畴，毕竟历史是作为现代人文学科的一种思想而产生的。对福柯而言，历史作为现代知识的一种形式，是作为其最终的参照系。"意识"作为一个主题，其持续发展和目的导向，是通过人类学概念和"进步""异化""欲望""需求""解放"等理念来阐述，所有这些都是"人"作为将要完成的历史过程，其身上所缺乏的隐含标志。技术上，历史依赖于诸如功能或因果关系之类的关联范畴：它通过展示事件如何维系系统的运行或因果关系将事物联系在一起。尽管历史只是承诺或已经承诺解放和排序"人"的众多学科之一，这是它的特权。由于现代知识不同于它的前任，它认为它的对象是原始的，时间性的，被扔进时间里的。正是这个背景——时间，历史性，身处其中的"人"的生活——成为考古学的争论点。也许开始解释这些困难的最好方式是问问："考古学是什么？"这意味着必须首先处理知识的考古学，而不是早前的《事物的秩序》。

考古学不被认为是一个有明确指向的计划，而更多地被定义为与人文主义和"人类学"相对抗。它的中心是作为知识基础要素的"言说"是陈述的概念。"言说"串在一起，按顺序排列，并组织起来，形成"话语"，且"话语"是书中第二个关键术语。考古学主要是关注"言说"的"规律性"和层次结构。"言说"不是简单的句子，因为相同的句子在不同的上下文中可能会形成不同的"言说"。例如，小说和传记中的"The Duke came to dine"意思是不同的。同样，一些句子可能（至少）具有两种意思，而"言说"却不能是双关语。"言说"也不能与那些本身属于人类学的"意义"等同："意义"作为那些意识状态（"理念"）或意图而存在，而意识状态或意图是词语应该表达或呈现的。很显然，"言说"既不是被作为命题的外延或指称，也不能被认作命题的内涵或意义——这些范畴由德国哲学家弗里德里希·路德维希·戈特洛布·弗雷格（Friedrich Ludwig Gottlob Frege）所拓展，它们长期支撑着英美的语言哲学。此外，不同的句子可能组成一个单一的"言说"：尽管同义词确实存在，对福柯而言，历史学家过分地强调了它。"言说"也不是话语（福柯称之为发音），因为说话者对句子的每一次重复构成了不同的话语，而不是不同的"言说"。因此，它们"既不可见也不隐藏"[1]，这对命题而言极具力量，但仍然难以理解"既不可见也不隐藏"的事物是如何被描述和分析的。

---

[1] Michel Foucault，(1970) *The Order of Things: An Archaeology of the Human Sciences*, London: Tavistock Publications, p.109.

福柯通过将"言说"视为事件来回应这种反对。这并不是说它们完全是，在英国日常语言学派哲学家奥斯汀（John Langshaw Austin）和他的追随者的作品中，他称之为"以言行事"——因为单个言语行为的表现（奥斯汀称之为"表演性说话方式"），不同于"言说"，可能需要一系列的陈述。但把"言说"作为事件来分析，有助于福柯作出两种陌生化的尝试。首先，他开始把它们视为与之前捆绑在一起的单元或框架（如书籍、调剂小品、影响、学科或历史预测）无关的模式。以英国为例，将17世纪清教主义视为19世纪激进主义的先行者，他从整个项目中抽取出"言说"话语结构的模式，其双重目标是：一是从过去的角度理解现在；二是当话语被视为一个事件时，它可以被置于一组"模式"中。而当话语被视为一个"理论""概念"或"思想"时，它就被忽略了。用话语模式来思考是为了让我们能够提出这样的问题：什么样的事物才是对陈述的验证，类比推理还是统计量化？只考虑这两种可能性。不同的话语有不同的标准。"言说"也可以被认为是在战略和机构中被说的东西：相同的话，出自大学教授之口比来自大学生的力量更为强大；学术界和学科非常严格地定义了什么样的陈述更适合它们等等。最后，"言说"存在于一个选择的网络中，每一个选择都没有被充分决定，也就是说，不能被认为是绝对合适的，作出这样的选择是为了排除、控制、获得地位等，然而，由于尚未完全确定，它们所得到的效果可能总是失败。这是福柯关于话语的战略及其制度概念的内容。这不仅是对他的文学批评的回归，也是在追溯他的疯狂史和医学史，它们指向了之后需要讨论的关于权力和性的著作。

《知识考古学》似乎是关于散乱事件及其规律的书写。由这些术语构想出的困难之处在于，在意义层级上，分析永远不能简化为在事件级别上的分析，反之亦然。如果陈述因其制度背景或话语的权威而具有说服力，那么，在特定的制度背景下，也确实只有某些陈述可以凭借其意义恰当地表达出来。福柯解决这一难题的方法是，将"言说"作为一个事件的"可说系统"与"运作系统"区分开来，在其中它是一个事物。这种区别组织了他的书：他先讨论一个事物，接着再讨论其他的。然而，这种划分是很有问题的：话语既不能简单地看作事件——比如进球得分，也不能简单地看作再现——比如地图。这的确是福柯关于布朗肖和"我说"的文章所要解决的问题。或许可能会说（德里达经常这么说），历史的动力之一就是行为和表征之间的话语分裂，即不可能决定话语是否是表征的行为。为什么是"历史的动力"？正是因为言语行为可能永远是不恰当的：它的意义可能与它的表现力相冲突。因此话语不能完全由社会来掌控。历史在前进，至少在某种程度上，是为了使说的内容、其真实的价值与所说的力量及其对世界的影响相一致，而这是不可能实施的任务。由于这种差异，新的"意义"总是会不断出现。

福柯把"言说"分散的规律"称作"话语形成"，而这些，当考虑到它们在地理和历史上的实际传播和限制时，又被称为"话语实践"。论述结构不一定是统一的：它们可能包括相互矛盾或指向不同方向的陈述，而特定的策略正是在这些"不相容点"[①]形成的。一旦出现一个问题，即决定在一个语篇结构中使用哪些不相容的元素来解释一组语句或使这些语句合法，那么策略的层次就达到了。更高层级的规律也是如此：例如，福柯在《事物的秩序》中所写，"在考古学层级上，非言语的逻辑和历史的语法，两者的可能性条件是一致的"[②]。所以，选择用哪个话语是战略性的，而不是"自然"或被迫的。散乱的信息通过了各种各样的阈值，其中最重要的被笨拙地命名为"认识论的阈值"[③]，在这一点上，散乱的信息开始产生关于自身"规范验证"的陈述。因此，用福柯的话来说，一门"科学"开始形成。他还提出了两个进一步的阈值：一是"科学性"本身的阈值，这一阈值用于构建进一步命题的法则被清晰地表达了出来，而"科学性"则是用来构建进一步的命题的；还有一个是"形式化"——话语开始在形式公理中定义自身的可能性条件。在福柯看来，科学知识并不比非科学知识"更真实"，也不是在一种话语中形成的，而是在另一种话语中形成的：它只是越过了这些特定的界限。这既构成了它的力量，也构成了它的无能。对伽利略的新"解释"（他的工作已经被科学化）只会对科学史产生重要性，而对马克思和弗洛伊德的新解释可能会改变当前的马克思主义或精神分析学，而不是标榜科学的独特权力从而"理解"和产生真理。

对福柯而言，话语形态是存在于特定的集合的存在和重复的可能性条件，在存档（考古学最一般的范畴）与话语结构之间的关系中，重复着话语和话语的关系。在这个层次上，福柯最终定义了考古学，即把论述描述为"档案要素中规定的实践"[④]。在书中相对较少的抒情段落中，档案被称为：

> 决定所说的一切事物并不是无定形的无休止的积累……而是以不同的

---

① Michel Foucault, (1970) *The Order of Things: An Archaeology of the Human Sciences*, London: Tavistock Publications, p. 65.
② Michel Foucault, (1970) *The Order of Things: An Archaeology of the Human Sciences*, London: Tavistock Publications, p. 297.
③ Michel Foucault, (1970) *The Order of Things: An Archaeology of the Human Sciences*, London: Tavistock Publications, p. 187.
④ Michel Foucault, (1970) *The Order of Things: An Archaeology of the Human Sciences*, London: Tavistock Publications, p. 131.

图形组合在一起,按照多重关系组合在一起,按照特定的规律保持或模糊;决定它们在时间上不在同一空间撤回的东西。①

这是话语之间中断的条件,同时由于所有的陈述和话语都属于它(当然包括知识本身的考古学),所以档案本身无法被描述。这意味着,档案不折叠回到它本身,也就是说,属于它的一套话语必然是支离破碎的。如果档案能看到自己,一个宏大的元话语是可能的。这里属于语言的边缘,在无限远处。

福柯假设了另一个考古学层级——一个比"言说"(énoncés)和"散乱"(discursive)结构更广阔、但比考古更窄的领域。他称之为"主动性"(positivity)。这是对《事物的秩序》的分析所指向的范畴。"分析主动性是指根据规则,一个讨论性实践可以形成一组对象、表述、概念或理论选择"②,或者正如福柯在早期作品中经常提及的,"主动性扮演着可能被称为历史先验的角色"③。什么是主动性?

福柯认为,19世纪初就有了类似"生命"这样的术语,这一话语的影响体现在:它是劳伦斯那样的秩序小说的一部分;产生像利维斯那样的文学批评,以及继乔治·居维叶(Georges Cuvier)和沙威尔·比夏(Xaxier Bichat)之后的生物学。然而,"历史先验"的概念是继康德之后存在于形而上学核心处的公式。康德认为,某些基本原则(如因果关系等)构成了"经验的可能性条件",因此,先天的(先于一切经验)和"综合的"——以这种方式来表述世界仅是"分析性"的陈述,如"所有的单身汉都是未婚的"④之类。福柯历史化了康德:主动性对于特定历史话语,就像康德对于一般经验的态度一样。

这种相当笨拙的形而上学关系允许福柯具有某种松散性,因为一种积极性可能决定集中论述实践(小说写作、生物学、批评)的形式——每种实践可能都跨越了不同的"门槛"。虽然福柯的《事物的秩序》一书中描述了积极的一面,但他在书中却以一种特定的"认识"来区分现代历史的各个时期。现在,在《知识考古学》中,认识论或多或少被根除了。这代表了一种分析的开放,因为,如果说在早期的书中,似乎每个时期都存在着一种单一的、不可避免的

---

① Michel Foucault,(1970)*The Order of Things: An Archaeology of the Human Sciences*,London: Tavistock Publications,p. 129.
② Michel Foucault,(1970)*The Order of Things: An Archaeology of the Human Sciences*,London: Tavistock Publications,p. 181.
③ Michel Foucault,(1970)*The Order of Things: An Archaeology of the Human Sciences*,London: Tavistock Publications,p. 127.
④ Immanuel Kant,(1961)*Critique of Pure Reason*,Norman Kemp Smith,trans.,London: Macmillan,p. 194.

知识建构的模式，那么，福柯现在承认任何特定的历史时刻都是由"相互影响的区域"组成的。① 这使得不必按照一系列统一的时代去思考历史，也不必把历史看作一个独立的话语结构所运作的区域，每一种都在各自的轨迹中，每一种都在各自的机构中，但作为一个模式化的空间，其中的一组话语既有各自的特点，又有各自的形态。它们通过或脱离西方档案馆的各种门槛而留下轨迹，例如：作为一门学科的历史在 18 世纪的出现，先于在 19 世纪早期出现的语言所具有历史感（福柯称之为"支离破碎的话语转换"②）。然而，值得注意的是，这一叙述仍然没有容下超过一个以上积极层面的话语实践。

尽管福柯的知识考古学打破了时间的连续统一体模式，正是在其中，知识不断地发展完善，但它仍然以历史的形象为模型，形成了一个沉积如山的断裂层。就好像每一个属于特定时空点的档案时刻，都可能只受一个规则的制约，这是一种"主动性"。当然，任何主动性都可以形成各种各样的话语形式。这是一个不能被驳倒的事实结果。主动性的概念使得福柯更难把话语看作是在交易和历史的过程中表达的，特别是在交换过程中的合并和协商。如果把这些过程的结果看作是散漫的形式，那么，它们看起来总是混合的，而不是由固定条件决定的。

为了定义和呈现"主动性"概念，福柯借鉴了他在《死亡与迷宫》中开始阐述的本体论。因为主动性是围绕着稀少和外在的"言说"组织的。它们之所以稀少，是因为要说的总是有限的，因此，话语总是在"言说"的重复中形成；它们是外在的，因为语句并不是按照一个不变的顺序自然地从彼此发展或连接到彼此的。正如福柯孜孜不倦地重复的那样，"言说"形成的最终背景不是一个隐藏的存在之面纱被揭开的过程；不是神的创造，他给予他的造物一本神圣的书，并承诺回到他的面前；不是人类（人类主体）从异化和冲突走向自由与和谐的历史；不是人类缺陷的悲剧——而是无。福柯认为那是鲁塞尔和布朗肖文学的那一页上关于"有限的无限统治"的缺席。在这个意义上，福柯是实证主义者，而不是人类学家。由于这些罕见的不连续话语在物质技术（尤其是写作）上"积累"起来，历史在某种程度上可被看作是一场接一场的话语战争。这也可被看作是一个领域，在其内部，有序的话语结构在没有绝对秩序的变化中出现和消失。然而，话语本身是没有历史意义的："它被固定在碎片中，

---

① Michel Foucault，(1970) *The Order of Things：An Archaeology of the Human Sciences*，London：Tavistock Publications，p. 159.

② Michel Foucault，(1970) *The Order of Things：An Archaeology of the Human Sciences*，London：Tavistock Publications，p. 176.

是永恒的不稳定的碎片"①——"永恒"必须在其神学或人文内涵外被理解，特别是在从阿尔都塞回到斯宾诺莎的意义上。

现在可以更具体地把握《知识考古学》的内在"不相容点"。因为，除了决定"言说"是一个事件还是一个命题的问题之外，还有另外三个（重叠的）困难。第一个是确定福柯自己所说的，对于具体的"言说"和话语而言的"个体化标准"。第二个是关于"可能性条件"概念的模糊性，作为"历史先验"的条件，其构成了每一种散乱信息的模式。第三个是与词与物之间的关系这一古老问题相联。如果不对"考古学"这一概念进行全面的理论批判，就很难看出一个人如何能够从一组陈述中挑选出具体的论述性结构，而不诉诸已经存在的范畴。甚至从当前的术语（如"自然史"或"生物学"）是对已经存在的限制的直接关注。

福柯声称，属于"自然史"（一种经典的散乱的实践）的陈述并不局限于那些被认为属于"自然史"学科的著作。这一观点极具吸引力，但当某些陈述超出了传统观点的范围时，人们如何决定哪些陈述属于或不属于某个特定的话语呢？只能把它们看作"自然的种类"，就好像每一种都有自己的统一性，考古学家就可以立即掌握。福柯对这一异议的反驳是诉诸那些构成可能性条件的"规则形式"②，这些条件构成了在论述实践中出现的某些"言说"，但这并不能解决问题。先不谈他自己的论述的起源和特殊性的问题，因为"规则"的概念被赋予了特权，任何一组模式现象都可用一种以上的类似法律的可能性条件来描述。举两个例，一方面，不能用一个规则来描述我们表达的前提条件，甚至是像"蓝色"这样简单的颜色词；另一方面，像国际象棋的骑士那样的步法，看起来很受规则约束，实际上可以用无穷多的定律来描述。③

"可能性条件"这一概念还有更大的难度。它们是递归的，移动到一个单独的文件中，被认为是条件主动性。为什么在这里卡住了？④ 怎么知道那里只

---

① Michel Foucault,（1970）*The Order of Things*: *An Archaeology of the Human Sciences*, London: Tavistock Publications, p. 166.
② 参见福柯"Politics and the Study of Discourse", *Ideology and Consciousness* 3, pp. 7-26. 可了解关于"规则形式"概念更为简洁的用法。
③ 这些例子来自维特根斯坦，他是仍然相信"规则""可能性条件"和"定律"等相关概念的最不神秘的理论家。
④ 这就是康德对理性"与自身冲突"的描述。这是福柯在《事物的秩序》中《人与他的双重》（*Man and his Doubles*）一章的《经验与超验》（*The Empirical and the Transcendental*）一节中的一系列隐晦的引用。还可参见康德的《纯粹理性批判》（*Critique of Pure Reason*, Norman Kemp Smith, trans., London: Macmillan, 1961, 443ff.）。

有一个档案呢？这个问题并不是微不足道的。难道不可能有一套被称之为西方档案的条件吗？怎么知道福柯所假定的层次是知识表达的唯一层次呢？此外，福柯还声称"可能性条件"不是规定性的，而是描述性的，因为档案什么都没有。它不是由一套无意识地遵循的程序构成的，也不是由任何一个能说明事物的主体构成的。但是，这又一次，仅仅是因为对一个领域的描述，就丧失了个体化的力量，陈述本身不能确定该领域的参数；它不能确定一个特定的"分散系统"的起点和终点。此外，如果福柯对特定话语及其策略是描述的话，那么评论或解释学的整个问题就重新进入视野，因为没有单一的规则。描述模式化的现象，描述总是从一个有限的位置表达出来，或者换一种说法，从一个特定的角度。正如休伯特·德雷弗斯（Hubert Dreyfus）和保罗·拉比诺（Paul Rabinow）指出的那样，这种概念上的困难有一个特别具有破坏性的后果，它们减少了话语的制度方面的作用，它在维持体制结构方面起着作用，同时也减少了传播技巧与本源之间的关系。最后，为了对知识的历史形成提供一个后康德式的描述，考古学可在个体形成和陈述的网络中作出姿态，但它不能解释这种实践如何影响其自身的表达。

　　《知识考古学》的第三个困难是，它没有厘清词与物之间的关系。简单地说，它没有足够的方法来解释人们所知道的事实，例如，关于黄金流通的言论对描述"尸体解剖的发现"这一个特定命题的恰当性是毫无帮助的。通常而言，该命题所"相关"的事物有某些关系，即使该指称关系本身不能被指出。在特定语境中，一个特定的命题的恰当性的标准不仅仅是其本身，更不必说是必然的、话语的；如果是的话，人们的语言行为就没有区别了。因此，虽然人们不能仅仅依靠命题的指称来个体化一个特定的话语，但也确实不能完全拒绝个体化的魅力。对于《事物的秩序》和《知识考古学》而言，这并不像表面上看起来那么困难，因为这些书把参考的主张放在一边，而不是加以抵制。事实上，《事物的秩序》中的认知变化是建立在一种连续性的基础之上的，这种连续性是由（隐藏的）假设所赋予的，例如，自17世纪的生物学和19世纪的生物学确实构成了不同的主动性，但都是针对某一类事物的。否则，它们为什么会有联系呢？尤其是福柯对它们共享或重复一套概念的兴趣还不太高？问题是，福柯这一时期的著作被解读为，在技术意义上是唯心主义的。如果说"知识就是话语"或"只能通过话语，对象才可知"，而实际上，所说的话语有它自己的秩序，它自己的规则、效用。这不仅是因为不同的"言说"之间有内在性的联系，还因为对事物而言，"言说"有着深层的外在性问题。

二、文学话语叙事：指向一种现代性的考古学

在《事物的秩序》中，"现代性"是以"有限性"为特征的，但消极的神学主题，如《疯癫与文明》中的"悲剧之死的悲剧"或文学话语叙事中"从未存在的上帝之死"——已经消失了。这说明，文学话语叙事成为理解"现代性"问题的重要手段。对福柯来说，"现代性"出现了两个阶段，在一个具体的历史时刻，其外部界限是 1775 年和 1825 年，而其最激烈的活动时期是从 1785 到 1800 年。这在他的一个华丽段落中得以体现：

> 西方知识的空间即将崩塌：它那巨大的、普遍的扩张，与一种数学的可能性相关，构成知识的堡垒——一旦它的主要可能性和它的完美终点——现在就要按照一个模糊的垂直性来安排它自己了。欧洲文明正不断地给自己提供一种深度，在这里，最重要的不再是身份、特定的历史人物、固定的表格和任何可能的路径，而是强大的隐藏能力，它在其最原始的、难以接近的核心、起源、因果关系和历史的基础上发展起来。现在起，事物只能从这一深度中表现出来，由于它的朦胧而变得模糊和黑暗，但它们紧密地联系在一起，被聚集或被分割，不可避免地被隐藏在这些深处的活力所聚集。[1]

福柯认为，在现代认识型中，知识不再是重复和分析的。现在它要面对构成事物本身的那些限制和差距，并把这些东西原封不动地扔到自己的空间和时间里。经济不再被视为主要是在交易所内（商品，每一种商品"表象"其市场价格，或以劳动时间换取货币）以交换离散的方式来形成；相反，作为一个自治系统，它被视为受崩溃点的控制。在这个点上，需求变得无法满足，人口增长压倒生产增长，或劳动力反抗存储的资本，对现代思想来说，这是经济由其有限性决定的特殊意义。

这个关于有限的故事包含了社会意志的压力的奇怪暗示——这包括，尽管福柯小心地避免使用"革命的欲望"这个词。古典知识受到自由意志的威胁，在他看来：

> 表象，是平行的、有限的、受限制的，也许是被嘲笑的，但无论如何，由一种自由、一种欲望，或一种意志的巨大推力所支配，这一力量被

---

[1] Michel Foucault，(1970) *The Order of Things: An Archaeology of the Human Sciences*, London: Tavistock Publications, p. 251.

假定为意识的形而上学的反面。①

换言之，萨德这位"神圣的侯爵"，从古典主义的角度表达了这种推力。尽管事实上，是托马斯·霍布斯（Thomas Hobbes）的作品第一次宣布了这种转变——从反对事物本质的流动性的反应角度出发。福柯看到，在萨德处，无界限的欲望，无论多么黑暗和冲动，仍然趋向光明和表象；它依附于话语。康德从现代的角度表达了这一愿望，他并非问知识如何复制世界，而是问，首先，知识/知觉的可能性条件是什么？这个问题把两个巨大的领域抛到无底深渊。然而，现代思想却只能窥视事物本来的样子。

考古学本身仍然在现代认识论中起着关键作用。当然，先验的和综合的先天信念已经丧失。但是，在阐明历史先天的实证主义时，福柯仍然是在与康德遭遇的困难作斗争，他在其他地方把这些困难剖析得非常清晰。福柯转向历史，追溯到现代的开端，试图克服以数学表象为基础的本体论问题，这不仅涉及欲望，还关涉时间和生命。首先以时间说起：在古典时代，历史被认为与世界的分类有关。例如，18世纪对语言的推测可能有亚当说的一种语言，并且由上帝而来。上帝在过去完美地代表和表达了这个世界，在未来，人类可能会再次发明这样一种语言。在这里，历史是在扭曲和灾难中被发现的，而这个世界是其易犯错误的地方。与其说是在时间上，不如说是在外部完美的复制中。但是对于现代性来说，历史是一种本质，而不是偶然的；正如早期东方主义者所发现的那样，语言本身诞生并属于时间。这并不意味着历史成为本质，而每一个积极的事物都有自己的历史性。它有自己的节奏，在这种节奏中，它的要素注定要根据自己独有的规则来改变。如果数学的顺序分解成独立的时间序列，表象的存在也被一种能量或力量所吞噬，这种能量或力量位于表象的"后面"，它本身既不可表征，也不具有时间性。特别是，存在变成了"生命"——它可以是一种能激起和引导有机物对抗无机物的东西，或者，事实上，正如费希特的泛心灵论（早期的弗洛伊德也是这样）所说的所有东西，在某种程度上都"有"。

福柯认为，文学话语叙事必须注意表象的问题。在他看来，表象分解为历时性、生命、欲望和意志的三个结果。首先，最简单的是，生物学作为"生命"的知识从语言中接管了为世界概念化提供模式的作用（这是为了阐述临床医学诞生的论题）。其次，福柯认为现代性没有"道德"，因为现代思想本身就

---

① Michel Foucault, (1970) *The Order of Things: An Archaeology of the Human Sciences*, London: Tavistock Publications, p. 209.

是一种行为形式，而不是一套"观念"。现在，话语变成了一种实践，因而无法进行道德需要的那种理论上的自我反思。最后一个尝试进行这种反思的思想家是康德，他的"绝对命令"被理性合法化了。绝对命令的伦理原则："我不应该采取行动，除非我也可以说，我的箴言应该成为一个普通的法则。"① 但是，理性和普遍化的主体（或康德所说的"个性"）在绝对命令的要求下依然属于古代，它没有面临"人从他自身处削减的现代黑暗元素"②。文学话语被这些"无限的限制"的黑暗包围，成为任何事件都无法安排的事件。取代道德的是判断，它决定什么具有或不具有（生物）生命、使用价值或强度，什么属于或不属于历史的先锋。生命成为一个重要的评价术语：事物的价值取决于它们拥有"生命"的程度。同样，在政治经济学话语中具有生产力的工作，也可以赋予兑换货币和商品的经济要素以价值。在现代知识型中，工作不是为了实践对原罪的惩罚，而是为了增加社会活力。

福柯对现代道德的评价尤其重要，因为"道德"在他作品的最后阶段扮演了重要的角色。但他对现代考古学最感兴趣的问题是关于形而上学的，这也是从他的文学论述中得出的结论。他认为，一旦话语发现它的对象是在其本身不以话语方式形成的条件下形成的，一种新的奇怪的重复就会出现。古典分析所围绕的重复（世界与语言所固定的思想之间的镜像关系）已不再可能。在《论有限性》中，非语篇既作为知识的他物存在，又作为使知识得以存在并为知识所吸收的东西而存在。例如，对哥特小说家而言，"耸人听闻的"——仅用语言来界定——也是语言所要诱导的对象（当然，哥特小说家是在经典与现代之间的关键时刻写作的）。类似地，在克洛索夫斯基的思想中，一旦上帝和人类之间的界限消失，"他者"就可能永远是"同一的"——旧的上帝是否"真的"是魔鬼？或者，再举一个例子，路德维希·费尔巴哈认为上帝是人类"物种存在"的一种反映——这一论点不仅把人类物种置于世界的中心，而且将其作为人类自身视野的来源。可见，上帝，是相同的另一个人。

在这里，有关《事物的秩序》的核心：悖论起着作用，且重塑了具有新形式的人。"人"在赫伯特·斯宾塞（Herbert Spencer）所谓的"未知"的这一边形成，并且人穿越未知，以证明未知如何为他自己的存在提供机会和结构。正如福柯所说：

---

① 可参见康德：《纯粹理性批判》，蓝公武译，北京：中国画报出版社，2016年版，第465-466页。

② Michel Foucault,（1970）*The Order of Things*: *An Archaeology of the Human Sciences*, London: Tavistock Publications, p. 328.

> 人……是一种奇怪的经验超验的双重物，因为他是这样一种存在，知识将在他身上获得，使所有知识成为可能。①

这种"双重物"，即"人"可以从三个主要的主动性方面来解释：从他的生物出现（进化论和有机体的功能）而言；从构成马尔萨斯之后物种的经济稀缺性而言；或者作为一种"会说话的存在"，一种他所说的语言的功能，这种语言将他与自然区分开来。这些不同的解释本身并不能具体地说明人，只能把人重新折回到事实或力量中——生物学的、经济学的、语言学的。因此，现代知识型如何将自己表述为"实证主义"——在收集、叙述事实以及末世论中——在未来的某个时刻，历史将克服已知与未知之间的分裂。正是在这些条件下，福柯认为，文学话语叙事中所面对的现代知识，将最终采取一种行动的形式，它们使人的本质或潜能在限定他自己的条件内得到满足。目前的匮乏和分裂将让位给可以被称之为人类工程的达成。

对于这种情况，福柯谈到马克思、黑格尔和孔德的思想。它们是积极和末世论之间分裂出的三个最宏伟的版本，而更需要关注现代思想的历史阶段：①经验和超越，生产人的真相条件无法重叠且经验事实的人能说出任何历史时刻；②"我思"和"不想"，无意识的或非说（是否心理、历史或文本）仍是"外部"思想，"因此"不再连接在笛卡尔这里（福柯的公式受布朗肖对"我说"的论述影响）；③人类找寻起源的努力失败了，即语言首次出现或人类生物有机体首次出现的时刻并不简单。于是，在现代话语逻辑中，人的起源倾向于消融在它出现的前提中，而这些前提又继续是它存在的前提。这些先决条件属于一种暂时的秩序，而不是人类历史的秩序。这使得福柯能够断言，在现代知识型中，"起源"将"人与他自身时间不同的事物联系了起来"②，即语言本身就是一个很好的例子。它与人类的时间不一样，甚至对于那些认为语言的习得是人类和其他物种之间的区别的人来说，也是如此。福柯所称的是"本源的退隐与回归"这一概念可能包含着对海德格尔的微妙攻击，而海德格尔的"存在退隐与回归"如今已不再是一个宇宙事件，而是海德格尔本人所鄙视的现代人文主义的一种表达。

在考古的层面上，这些加倍和差异似乎足够清楚。如果它们没有得到更广

---

① Michel Foucault，（1970）*The Order of Things：An Archaeology of the Human Sciences*，London：Tavistock Publications，p. 318.

② Michel Foucault，（1970）*The Order of Things：An Archaeology of the Human Sciences*，London：Tavistock Publications，p. 331.

泛的承认，那是因为现代思想已经落入了一种新的教条，福柯称之为"人类学的睡眠"（anthropological sleep）。没有什么比"历史"这门学科和法国人所说的"人文科学"更能让人沉睡了。人文科学（思想史、心理学、社会学以及它们边缘的人类学，精神分析，符号学）主要是针对不可再现的事物的占有。现代知识或最广义的"人类学"是它们所认为的事物表面的另一面。在占有黑暗和重要的表象基础上，人类表现出最奇怪的古典性；这是福柯所谓的"次知识论"，因其企图捕捉未经思考的思想。然而，这些特殊性仍然是不可动摇的，"意识"或"意识形态"或任何其他人类产品都不能提供适合自己的方法和领域。因此，一方面，每一门人类科学都可以要求优先权（例如，"除心理学之外，没有其他学科""除了社会学之外，没有其他学科""永远都是历史化"）；另一方面，每一门人文科学都必须吸引来自其他地方的模型，特别是"生命、劳动和语言"这些旧的主题。根据福柯的观点，人类学知识形成于一个三角形空间：①数学/物理科学；②生物学、经济学和语言学；③一种哲学反思，其最尖锐的时刻是"有限性分析"。人文科学每当走到最后时都会自身撕裂，就像它们呈现的那样，最尖锐的便是事物的秩序本身。

  人文科学是通过一系列的模型发展起来的。福柯注意到它们最初被生物模型所控制。首先，社会被想象成一个有机统一体，按照它趋向于平衡或稳定的"规范"来排列；其次，人类活动被视为这个统一体中的一个功能。生物范式为经济范式创造了位置，社会建模受到"由冲突产生的规则边界"① 的影响。此外，语言提供了一个关于人类行为的文化"系统"，并由"符号学"的范式来主导，其最终目的是形成社会差异，从而构建一种有意义的活动。然而，人类学的中心问题仍存在于人文科学中。当所有经验数据都在，当方法被形式化，当范式被掌握时，仍然有一些遗留下来的东西：经验、人类自身、物种、生命的基本原理和存在、生命的意义、生命的满足等。人文科学以某种形式没完没了地讨论话题，梦想着一个已知和经验被调和的未来。历史似乎提供了一条走出末世论/实证主义的道路。它承诺，话语和事件可以简单地用过去的语境来解释，一种"偏袒性"，即现在凭借一些共同的"人性"可以进入的"偏袒性"。正如福柯所说：

    一些共同的社会政治计划，或者使用解释学的语言，一些共同的本体论视域，但是，当然，历史不能解释它自己，它不能抓住它自己的尾巴，

---

① Michel Foucault, (1970) *The Order of Things: An Archaeology of the Human Sciences*, London: Tavistock Publications, p. 357.

因为在它思考的时刻总是有一些东西要思考。①

历史学家总是可以问：是什么力量加诸到我的历史上——当我书写它的时候？在《事物的秩序》的最后几页，福柯认为，这种被人类学教条所隐藏的不连贯性，是由拉康的精神分析学和社会人类学最有效地予以提出的，因为他们不试图殖民思想所未经思考的东西。事实上，对于拉康而言，无意识是语言的隐藏双重性：它存在于说话和社会化的主体形成过程中不可弥补的痕迹。主体是一个半无意识的人，另一半是一个分裂的、已经分散的、统一的、本能的、要求很高的婴儿。社会人类学将人文科学的中心方法学范畴（规范、系统、规则）移回无意识。为了它，这些范畴不能再在人类的符号下恢复，尽管它们可能产生意义和秩序，但它们不再形成人们能够理解或珍视的大意义或连贯性。因此，心理分析、社会人类学是福柯所说的"反科学"（counter-sciences），它们与符号学一道将重塑"人类主动性的外部"，且重新将学习的世界与危险的、隐藏的双重现代性连接起来。

这是由阿尔托、鲁塞尔、布朗肖、巴塔耶等人所坚持的越轨思想。对福柯而言，反科学远离了人文科学，因为后者是从"生命"和"生产"的角度来分析系统，而前者则是从"死亡、欲望和法律"的角度来工作。而法律，在这里不是秩序和判断的原则，而是一种机器。它以最有效的形象和设定"过程"（或许仍是鲁塞尔的）——一种生产秩序所依据的、但最终无法确定的、本身无意义的过程。人文科学和反科学的第二个区别是，反科学并没有在其中解读当下的预期未来。生命世界将被"科学"知识的干预所支配，而"科学"知识在一个圈子里，以其精确性来合法化对世界的客观描述。

三、文学话语叙事：在文学与考古之间

根据考古本身的说法，文学话语叙事在与人文科学、精神分析、符号学和社会人类学相毗邻的领域中占有一席之地。一边是被现代实证主义所束缚的空间（和被"历史先天"所取代的"综合先天"）；另一边是被越界思想所束缚的空间。作为一种借鉴了布朗肖、巴塔耶和克洛索夫斯基的方法，它本身属于"文学"。作为一门反科学，它对各种体制文学研究模式构成了威胁，至少在某些形式上，它认为这些模式与人文科学紧密相关。当然，通过提供一个新的理论和对过去的积极解释，它也成为文学研究的资源，尽管它本身有点不受重

---

① Michel Foucault，(1970) *The Order of Things: An Archaeology of the Human Sciences*, London: Tavistock Publications，p. 357.

视。福柯的《事物的秩序》本身如何对待文学文本（和艺术对象）？把文学作为一门人文科学来研究，其结果是什么？

对于福柯而言，像塞万提斯、萨德、荷尔德林、狄德罗这样的作家，以及像戈雅和委拉斯凯兹这样的画家，他们所运用的逻辑和指导"知识"话语的逻辑稍有不同。他们逃脱了知识的全部力量，这些知识预先设定了他们的时刻（因此他们可扮演一个解放的角色），同时，他们以最简洁和最清晰的方式展示了这些压力（因此他们是一个模范的角色）。以《堂吉诃德》为例：故事的主人公读世界不是通过表象而是通过类比。堂吉诃德被认为是疯子，这是古典主义兴起的一个标志。更广泛地说，福柯认为，17世纪之后，"诗歌"作为一个类别的特点是，在一个相似与疯狂相连的世界里，它能够"倾听相似之语"[①]。文学不仅是旧知识论存在的领域，它是知识的认识所封闭的地方。作为小说，作为行为，作为与"疯狂"相关的东西，文学话语叙事有助于引起隐藏在知识对组织知识和排他性的需求背后的焦虑——这种需求使我们把认识作为知识。另一种关于艺术的不那么浪漫的说法，可以在《事物的秩序》中去追溯。委拉斯凯兹的《宫娥》清楚地表明，古典知识的表现形式是以自然为基础的，从全知的观点出发，它也包含了一个黑暗的空间，在画布的背面，这种知识将建立，"人"将出现。在当代反经典作家看来，从疯狂和电影化中熟悉却还未发生的事情——"人类的末日"，没有通过阈值构成知识的知识，或由机构的知识印章来作为知识的合法化。审美对象之间相互联系，而作品有一种严格的滑动和自由的限制。这表明，至少在审美对象上，考古学第一次出现变化。

文学话语叙事本身就没有这样的滑动和自由。它们属于知识的范畴，按照《事物的秩序》，又需要返回到一个相当熟悉的划分。在这个划分中，文学本身被认为比那些推崇它的批评或文学史更具越轨性，更接近于存在。在考古学上，这种特殊的划分发生在文学对一个自治空间的探索中。正如我们所见，它最终建立在语言的物质性和无功能性的基础上。通过寻求突破表象的自主性来定义文学，正如福柯对理查德的《马拉美》中故事的重温。但是，按照《事物的秩序》，它的引证是值得一读的：

> 文学是文字学的争论（尽管它是文字学的孪生）：它把语言从语法引回到赤裸裸的语言的力量，在那里，它遇到了不驯服的、专横的文字。从对固定在其自身仪式浮华中的话语的浪漫主义反抗，到以马拉美的方式发

[①] Michel Foucault, (1970) *The Order of Things: An Archaeology of the Human Sciences*, London: Tavistock Publications, p. 372.

现这个词在其无力的力量中的作用，文学在 19 世纪与语言的现代存在模式的关系变得清晰起来。在这些因素相互作用的大背景下，只能留下这种效果：文学和思维中的话语日渐分离，并逐渐将自己裹藏于一个根本的不及物性之中；它脱离了在古典时代能够使它保持普遍流通的所有价值观（品味、愉悦、自然、真理），并在它自己的空间里创造了一切将确保它们被无情地否定的东西（即可耻的、丑陋的、不可能的）；它打破了体裁作为适应于一种表述秩序形式的全部定义，而仅仅成为一种语言的表现形式，这种语言除了与所有其他形式的话语对立之外，没有其他法则，它自身的存在是险峻的；因此，它没有别的办法，只能不断地回到自己本身去，仿佛它的话语除了表达它自己的形式外，别无他法；它将自己定位为一种写作的主观性，或试图在创造它的运动中重新理解所有文学的本质；因此，它的所有线索都集中在最细微的点上——个别的、瞬间的，但绝对普遍的——在简单的写作行为上。此时的语言、口语、分散的语词，成为知识的对象，可以看到它再现相反的严格形态：沉默、审慎的词语堆积在一张空白的纸上，它既没有声音，也没有对话者，除了它自身，别无他物，这里无事可做但却在它存在的光辉中闪耀。①

这种说法的独特在于，它不是单纯的文学或越界理论的论述文章。因具有作为"语文学"的双重性（即开始根据语言本身的历史性来思考语言），文学话语叙事属于现代知识，但也逃离了现代知识。与现代知识型不同，文学接受表象后面的"力量"，即世界的黑暗、活跃的动态，不能为了解释自己或世界而诉诸它，因为它与科学所依据的目的和假设背道而驰。这种观点意味着，现实主义作为一种表现形式并不是恰当的文学话语叙事。这也暗示了"文学"在本质上仍然是无法评论、阐述和解释的。即使是在《死亡与迷宫》中进行的那种准现象学分析，也会对其对象实施暴力。这表明写作或说话并不一定是在说"话语"，文学话语叙事是考古学在使它成为可能的同时逃避的东西。因此，考古学要求文学研究（代表和教授文学）通过承认自己在历史决定论和人文科学中形成，从而自杀——或者它们经历了一场深刻的转变，以一种越界的精神，即后尼采主义精神来写作。

在福柯对评论和批评的否定中，文学研究的另一个问题出现了：文学研究的考古学看起来会像什么？奇怪的是，目前这样的研究实际上并不存在，当然

---

① Michel Foucault，(1970) *The Order of Things：An Archaeology of the Human Sciences*，London：Tavistock Publications，p. 330.

现在开始发展还不算太晚。任何当前福柯式的话题不仅需要在考古学上，还要在分析现代权力和个体自我形成模式上精益求精。然而，现在可以勾画出这样一个项目参数，首先，将文学话语叙事定位在一种特定的文化形式和福柯的文学论述上——这一观点是：语言"追逐"耸人听闻的哥特式小说和当它指向荷尔德林及之后的福楼拜、马拉美时，从文本中产生的"文学"作为一个机构，彻底把自己从散漫地形成历史和哲学的过程中分离出来。在这一意义上，文学的话语史将不得不在现代知识的积极与末世论之间的裂痕中书写。这并不困难：因为文学研究由来已久，从它那些老对手和兄弟敌人中分化出来的文学史和文学批评。（"新历史主义"与"解构主义"之争，至少在较为陈腐的形式下，是这种宿怨的最佳表现）。文学史是基于事实的复苏和编组文学、流派、作家的作品或事实，它比实证主义者做得更多。文学史组织成现代知识的主要方式为：以进化论和生物模式①，以经济学和阶级斗争模式（马克思主义），或以语言模式（各种俄国形式主义的历史主义分支，如巴赫金和克里斯蒂娃）。当然，也可能是它们彼此间的结合。每一种特定的知识形式都提供了条件和解释知识对象的基础或背景——文学本身。

当文学研究的对象退却时，当文学话语叙事有可能逃脱历史时，就会受到文学史的限制。在这种"原点隐退"中，文学的出现没有条件、没有语境、没有思想工作、没有结构特征（甚至"陌生化"或"对话性"），也没有任何东西可以把握和固定它。文学批评使文学话语叙事成为一个不可本地化的对象（用福柯的话来说，即"末世论"），任何公式或方法都只能减少和摧毁它。在接受理论中，起源的退让最为剧烈，至少在最激进的模式中，不存在"文本本身"。文本完全是通过对它的解读，尤其是由解释性群体的解读而构成的。在读者反映批评中，文学史迅速地将自身转变为文本的阅读史以及文本的使用史。尽管如此，这些"阅读"（它们本身就是文本）也消失了——被摧毁"文本本身"的同一逻辑所驱动。但起源确实会返回，而且是以各种形式返回。对于文学批评的主流而言，文学是由语言组成的，这些语言充分表达了推动它的不可再现的力量。因此，就批评来说，也许从约翰逊博士（Dr. Johnson）开始，当然也从柯勒律治和圣勃夫开始，文学的文学性就存在于圣勃夫所说的"流动性"之中。它的起源还体现在批评对文学文本的理解上，即文学文本是天才的表

---

① 伊波利特·泰纳（Hippolyte Taine）认为人的情感、观念和心理都有其特殊的原因和规律，主张把心理学用于与生理学、化学等学科作比较研究。这种以科学的客观精神对文艺作品及创作进行研究的方式，使他被划入实证主义者的行列。

现，是作者尖锐而延伸的主观性的表现，然后，通过内化的过程，是读者的表现，所有这些都是建立在文学话语的气场和"流动性"之上的。并不是说"天才"是判断所依据的唯一先验范畴：人关于"生命"，"想象力"（浪漫主义），"情感信仰"，甚至是关于保罗·德·曼所谓的"修辞"的能指机制的思考。于是，文学批评不断地从知识主张中退出并回归到以"人"为知识对象的认识框架中。

如果文学研究确实属于现代认识论，那么把它们推到现代之外的挑战就不能抹掉它们的积极内容（这里主要指文学史和"语境"批评）或它们的先验主张（这里指纯粹批评）。除了在和解的末世论梦境中，这些相互联系和对立的时刻也不可能综合起来。事实上，在《知识考古学》时期，福柯本人也不再诉诸越界的思想：他对现代性的批判再次聚焦在现代制度及其对社会秩序、个人情感和行为的塑造上。然而，在当下的这一时代，语言被设计成一种行为，而不是一张地图，以保持一种自我塑型的感觉，去抵抗社会或制度对人们的规范。这与一种愉悦的、美丽的、稀有的、细致的美学工作有关。福柯将最终给出关于文学话语叙事的积极理解，而文学史和文学批评对文学而言毫无价值。

福柯认为，把文学作为一种叙事和表达存在方式的写作，至少在一定程度上抵制了现代主体化的技术。面对这种对文学的重新评价，一个挥之不去的问题是：当人们放弃把写作当作写作的尝试时，会失去什么？越界思想可以通过语言来分散主体，通过文字和文本的奇异性，通过遮蔽理性之光来寻找存在的阴影。无论如何，越界思想是现代文学批评所提及的承诺——尽管文学批评具有制度化特征，尽管它所形成的教育学是感性的，尽管它与积极的文学史有着双重的矛盾关系。

第五章 福柯后现代主义的历史哲学指向

第五章 / 福柯后现代主义的历史哲学指向

福柯自 20 世纪 60 年代以来创作的《规训与惩罚》《性经验史》以及大量短篇论文体现了当时社会理论和社会史研究的重要进展，这使福柯的思想看似已脱离早期的某种文学倾向。需要注意的是，这并不意味着福柯的文学思想就此中断，因为就话语叙事而言，文学所涵盖的历史虚构性依然是其文本的重要特征。本章以福柯后期思想中折射出的后现代特征来找寻其可能的时代倾向，并尝试打开福柯后期思想的言说空间。这意味着在方法上，本章将尽可能地在所谓的福柯学术的界限处，去勾勒一种他可能想要说出的关于人类社会的特殊话语。显而易见，福柯以历史的视野来谈论当下的社会议题。由于其中涉及大量相关领域的治理话题，他作出了刻意回避文学的选择。在此意义上，福柯这种策略逐渐走上了一条后现代主义的历史治学之路。

第一节　后现代主义的断裂性

福柯以其独有的话语方式对法国"五月风暴"作出评述，质疑资本主义社会理论的有效性，并积极探索某种不同于以往模式的新批判立场。可以说，福柯是以一种另类改造的接受态度来面对这些理论的。倘若西方马克思主义是对传统马克思主义在第一次世界大战和第二次世界大战以来所遭遇的历史难题所作的理论推进，那么，在面对 20 世纪 60 年代的反抗运动以及随后的社会型构之新困境时，福柯的著作就是对其作出的理论回应。[1]

一、社会秩序失范与后现代转向

1968 年的"五月风暴"运动以其反抗图景展现了对现存西方社会的激进姿态，这极有可能逾越了当时社会历史话语定义的现实边界。在这期间，新的团体加入了抗议活动，它们与无产阶级的直接联系较少。各种团体以新的行动策略来揭露西方社会秩序的内在缺陷。可以看到，这些新的组织形式，如行动委员会、抗议集会等，体现了极强的行动特色。其目的不是宣扬暴力活动，而是意图调整并建构一些新的社会组织关系。最后，参与者以墙报等沟通方式表达出构建一种后马克思主义的社会批判理论的需求。其中的理论焦点不仅针对

---

[1] Perry Anderson,（1976）*Considerations on Western Marxism*, London: New Left Books, p. 36. 其他观点可参见 Russell Jacoby,（1981）*Dialetic of Defeat: Contours of Western Marxism*, New York: Cambridge University Press, pp. 101–103.

经济领域,还表达了对西方政治制度的坚决抵制。

运动的议题不只是以消灭剥削为目标,还期望消除当时出现的各种形式的社会异化。可以说,这场运动对日常生活的全部领域进行了清算。运动转向积极参与对自我以及整个社会活动中的创造性角色作管理,而不再只停留于均分资本主义的"掠夺物"[①]。对于大多数知识分子而言,1968年的事件是传统运动体系的断裂,它标志着一种新的社会构型逐渐形成,且需要新的批判理论来的方向对其进行阐释。伴随运动的推进,之后的新反抗运动极大超出1968年运动发起者的预料。20世纪70年代初期,妇女解放运动、性别议题运动、监狱改造运动、保护生态运动、反核危机运动、反精神病治疗运动,以及层出不穷的地方主义运动都以各自的诉求来回应着这场风波。应该说,这些新的反抗形式聚集并促成了新的社会反思氛围。显然,传统理论很难应对这些新的运动趋势,而只能以劳工运动来总结这些纷繁复杂的运动形态。福柯及其他人(如德勒兹、瓜塔利、利奥塔、鲍德里亚、列斐伏尔等)严肃地对待了当时的情势,并不断调整自己的理论,以适应紧迫的社会改造需要。

总体而言,无论是对资本主义的解构,还是对现代性的反叛,这些理论都表现得进退两难。由于缺乏普遍的价值共识和可靠的制度承诺,看似激进的批判理论逐渐丧失了在实践行动中的引领地位,世界整体呈现出运动退潮的态势。在西方思想界,当代理论家以各种重大的思想议题来激活解放的运动,以便在现代性批判指引下找到资本主义的替代性方案。这些议题以马克思主义为理论支撑,尝试解答当下最为紧迫的社会问题。它们包括现代技术(生产力)、全球化(共同体)、地方(差异和平等)以及阶级(自由)等方面,几乎囊括了西方社会议题的全部领域。可以说,这些议题在经济、文化、性别、生态关联的每一个方面都表现得极为激进。同时,与其关联的新话语随之产生:后福特制批评、后殖民文化研究、生态马克思主义、生命政治学等。然而,话语只能跟随而不能解决现状,激进话语的增生难以促成政治上的变革运动。对世界实施改造的统一纲领已经不复存在了,各派系内部的激烈论争也使其逐渐分裂。弗朗索瓦·利奥塔(Jean-Francois Lyotard)评价道:"从革命思想和行动

[①] 对1968年5月问题的分析,还可见 Mark Poster, *Existential Marxism in Postwar France*, Chapter 9 以及 Arthur Hirsh, (1981) *The French New left: An Intellectual History from Satre to Gorz*, Boston: South End Press. 有关1968年5月的资料,还可参见 Alain Schnapp, Pierre Vidal-Naquet, (1969 [1971]) *The French Student Uprising: An Analytical Record*, Maria Jolas, trans., Boston: Beacon Press.

处继承的政治从此失业。"① 事实上，造成共识难题的原因在于反本质主义思想在政治价值和理论基础上不断蔓延。这使西方现代性批判陷入难以自拔的泥潭。

整个西方知识界，无论是在思想内容上，还是在"实践"战略上，都无法再度达成一致性共识，各种理论步入众声驳杂的多元化阶段。德里达极为清晰地捕捉到这一特征，且在他的《马克思的幽灵》中将其反映了出来。应该说，19世纪末及20世纪初的历史路线并未依照马克思的设定来勾勒，这使马克思主义理论很难得到现实层面的回应。马克思主义同样被历史的幽灵所困扰：

> 一个幽灵，共产主义的幽灵，在欧洲徘徊，旧的欧洲一切势力都为驱除这个幽灵而结成了神圣的同盟。②

"幽灵"所生发的讨论直指历史的两个维度：第一，马克思主义已改变了历史；第二，历史也同样改变了马克思主义。于19世纪诞生的马克思主义，宣告自己是资本主义社会的掘墓人。它以其自身强大的理论预言性指导了当时如火如荼的运动实践，并为解放全人类这一终极理想指明了方向。随着资本主义的迅速扩张和不断演化，马克思主义对资本主义危机的预言逐步滞后。它在回答发达资本主义的各种问题时，也意图再次凝聚和激发无产阶级的力量。在新的历史阶段，在这个周期性（以经济导致社会各领域）危机频发的西方社会中，它尤其关注为何无产阶级的极端贫困化依然存在，以至于由危机引发的社会震荡依然由这一阶级来承担。西方社会的根本性矛盾总是被推迟，甚至被遮蔽，这使西方资本主义中不平等阶级关系的变革活动难以到来。

综观当代西方激进理论的内容，可以发现多元化是其最为突出的特征之一，尤其是来自空间、城市、地域、社会、人文研究等领域的研究者，他们更强调摒弃单一化视角，使用传统马克思主义的理论资源，并以多元价值观来建立新理论的前提。这种观点的确可以更有效地激活和重现马克思主义的活力，但其代价是失去抗争的统一战线。一些理论家仍在坚守阵地，如新马克思主义的地理研究理论家萨米尔·阿明（Samir Amin）便主张左派的立场必须符合当代资本主义的预设，并兼容一切差异和多元诉求，其目的在于争取再分配制度下更为广泛的团结力量。可见，要把后现代的多元化特征汇总成统一意见是

---

① 让-弗朗索瓦·利奥塔：《非人——时间漫谈》，罗国祥译，北京：商务印书馆，2000年版，第7页。
② 马克思、恩格斯：《共产党宣言》，中共中央马克思恩格斯列宁斯大林著作编译局译，北京：人民出版社，1997年版，第26页。

相当困难的。在马克思主义理论家阿格妮丝·赫勒（Aganes Heller）看来：

> 后现代主义传递出一条非常简单的信息：怎么都行。这并非是反叛标语，事实上，后现代主义不是反叛。对日常生活来说，现代人（男人和女人）确实需要去反叛各种各样的事情和生活方式。并且，后现代主义也的确容纳了多样化的反叛行为。然而，就集体整齐划一的反叛而言，根本没有单一的宏大目标。"怎么都行"还可作如下理解：你可以反叛你想反叛的东西，但请允许我反叛我想反叛的东西。或者，从选择的意义上说，我自己觉得十分自由，万分舒适，请让我们选择什么都不反叛好了。①

这一陈述揭示的问题为：要建立统一有效的共识几乎不再可能，且西方马克思主义正逐渐丧失其定义政治的力量。在戴维·哈维（David Harvey）处，"左/右（激进/反动、进步/保守、革命/反革命）的修辞"② 并未发挥太多的作用。这种基于对一切多元主义的包容立场，使得其产生的主张缺乏更有力的支撑。这些争论触及的根本问题为：在今天，我们该如何理解政治？左派多元的观点意味着态度模糊且立场不定，这也揭示了其内部没有直接干预当代资本主义演化的有效手段。可见，对马克思主义采用反本质性的态度已造成当下的难题，因为结构主义思想的内部存在着反本质主义和反主体性的观念指向。

对西方思想而言，列维-斯特劳斯称其为"历史"，福柯称其为"社会"，拉康称其为"主体"，这些都不是本质主义上的"物"。实际上，他们的观点为西方反思现代性理论提供了基础，并由此成为当代社会激进运动的核心资源。福柯认为，19世纪的社会形态是极为重要的考察点：权力对生命的负担，即生命的国家化落实在对活人的治理权力上。这种构想是基于时代现状所作出的细致分析，它与传统理论的"乌托邦"理想建构差异较大。在他看来，对统治权的古老认识现已转变为对新的治理方法的分析，如权力的技术、工艺等。在十七八世纪，个人肉体和权力技术紧密地联系在一起。权力的合理化技术和节约化策略，主要是实施惩戒的一种手段。但是，新的技术于18世纪下半叶诞生了，它成为一个补充手段，并对人的生命（活人）加以治理。这种方式预示了"社会"本身所涵盖的对抗之不可能的目标。

缺乏理论前提导致根本无法保证各类诉求的坚实性，这是当代西方文化所

---

① Agnes Heller, Ferenc Feher, (1988) *The Postmodern Political Condition*, Cambridge: Polity, p. 139.

② 戴维·哈维：《正义、自然和差异地理学》，胡大平译，上海：上海人民出版社，2015年版，第5—6页。

面临的最棘手的难题。在哈维这里，就是设想反抗的"人道主义"实践运动。在麦克·布洛维（Michael Burawoy）处，便是主张马克思主义的公共社会学。雅克·朗西埃（Jacques Rancière）阐明"重新定义社会"乃是知识分子的基本问题。可见，如何在这种立场上重建新的社会性构想，且如何在资本主义当下的状况下形成汇聚"共识"的有效力量，将是未来理论努力的方向。

对于福柯来说，真正的历史问题集中于当下现实，即西方政府怎样以历史哲学的预设来推进人们对社会治理的共识性探索（即权力方面）。究竟该以什么方法来打破目前的困局？显然，这些都关涉如何去定位马克思主义的问题。应当说，无论如何都需要秉持马克思主义所设定的立场去参与到当代最重要的政治议题中。唯有这样，人类社会的演变逻辑才可能被深刻地认识和理解，探照人类社会新的历史视野才能被有效打开。

在福柯看来，新的历史实践总是与新的社会议题相互伴随，而不是以某种元理论的进展来推进的。那么，如何理解当代最重要的实践变迁呢？总体而言，当代西方激进主义把所有能够治理的议题都纳入了讨论范畴：从跨国工厂的建设及生产，全球金融风险，到种族歧视、性别歧视等。现在，他们将更多的关注聚焦于性取向、自然（生态）等文化多样性方面。这些新的理论逐渐使世界局势更为紧张，并使人们对世界改造的需求显得更为迫切。

以福柯的角度看，各种语言都极易被权力机构收编为传统观念的宣传口号（如民族、社会、性别等），尽管它们在根本上与现实的治理制度毫无联系（如齐泽克的意识形态批评、阿甘本的生命政治学等）。于是，新出现的悖论为：激进话语不断扩散，而它却让人们与真正的社会议题彼此隔离。可见，自20世纪80年代以来，西方知识分子面临着惨淡的理论前景以及重建批判理论的迫切使命。

二、反本质主义与人文科学的批判

福柯认为，传统理论体系的建构效力有限。作为一名历史学家，他不想编织前人延续下来的既定长卷，而是要以一己之力去解除记忆（disremembrance）。这个立场来自尼采的看法：生命的普遍条件是遗忘，而不是回忆，因为只有在未被分割的当下，才可能有幸福和行动。[①] 尼采认为，回

---

① Friedrich Nietzsche,（1960）*Vom Nutzen und Nachteil der Geschichte für das Leben. Unzeitgemäße Betrachtumgen, Zweites Stück*, in: Werke in drei Banden (ed. K. Schlechta). I. Bd., 2. AufL. München, 209ff. S. 212.

忆的能力、记忆力和历史是人类有别于动物的特征,但同时也存在:

> 失眠、深思和历史性中的一种程度,在该程度上,活生生的现实会遭到破坏,并最终消亡,无论这种活生生的现实是一个人、一个民族或一种文化。①

对福柯而言,历史是理解人类的一个视域,限定视域意味着在活生生的现实处保持观察和生成活力,同时也使得遗忘历史先于回忆历史。事实上,两人都赞成将"历史性"和"非历史性"看得同样重要,"非历史性"不应被排斥和忽视。② 这种观念是对从黑格尔到贡布里希(Gombrich)的那种现实主义再现性历史的抨击。他在《词与物》与《知识考古学》中都在阐明"词与物"真正的联结关系。

福柯的作品很难以传统史学的创作标准来界定,其原因在于:他并非是把历史学当作是一种方法或某种思维模式,而是把它当作一场从19世纪初就逐步显示出的不适"病症",一种源自一切事物的间歇性"疾病"。历史与传统似乎不再能借助"连续性叙事"③ 来书写。按照福柯的观点,如今的历史包含着人类从事的各个领域,是一个庞大的集合(包括贸易模式的革命、人口统计学的变更、农业领域或思想观念的缓慢转变等),但其中缺少个人的生命跨度。④ 因此,不管在像语文学这类学科主题中,还是在像狄更斯小说所代表的文学传统中,知识都不是以正襟危坐的形式体现出来的。

福柯指出,19世纪存在的那种自我夸赞式的"历史意识"只是某个神话的形式而已,其自身是反对存在的系列性构成的对应形式。因此,他带有阿尔托对待一切现代剧作家的作品,或格里耶对待一切小说家作品时的那种蔑视心态,来对待一切现代职业史学家的创作。也就是说,福柯在某种程度上扮演着"反历史"的历史学家角色。人类意识的形式也和社会的存在方式有关,书写历史对福柯来说就是要消解历史。他用自己所谓的"考古学"来取代传统的线

---

① Friedrich Nietzsche, (1960) *Vom Nutzen und Nachteil der Geschichte für das Leben. Unzeitgemäße Betrachtumgen, Zweites Stück*, in: Werke in drei Banden (ed. K. Schlechta). I. Bd. , 2. AufL. München, 209ff. S. 213.

② 尼采在《论历史对生命的利与弊》中强调,历史对生活的利弊标准为,历史能否使个人、民族或文化具有独立壮大的能力,能否接纳、愈合、改造、弥补过去,并仿制已然破碎之态。

③ 福柯的非连续性的历史观点源自尼采,因为"非连续性"极大地限定了历史意识连续性摹写的盲目自信。对尼采和福柯而言,这是在为激活现实、当下和将来的生命所作的努力。布克哈特反对这种历史观,这种对历史普遍工具化的做法,预示了现代无历史的野蛮性。

④ Michel Foucault, (1972) *The Archeology of Knowledge and the Discourse on Language*, Sheridan Smith, trans. , New York: Pantheon, pp. 3–6.

性社会历史观。从考古学来看，历史不该只关注传统思想史的内容，即对意识连续性、影响、原因、类比等方面进行研究，而应考察人类意识发展史中的"矛盾""断裂""非连续性"等问题。因此，他对意识历史中的不同时段的差异也颇感兴趣。传统学者对连续性的关注是基于一种被福柯称之为"时间广场恐惧"（temporal agoraphobia）的症状：一种因知识空间愈发膨胀化而产生的普遍焦虑。在他看来，人文科学的"治疗功效"便是强调在世存在（being-in-the-world）之思考的非持续性。与其说福柯掌握了整个人文科学的历时性发展过程，不如说他掌握了一个总和小于各部分之和的总体历史观。

福柯认为，在人文科学的书写（即《词与物》中关于 19 世纪到 20 世纪的人文科学演变的书写）中，应该去挖掘缺乏"故事"的连续性情节，而不是去找寻某条完整清晰的叙事线索。因此，一门新的"人文科学"①的出现并不代表思想或意识领域的创新性变革。福柯对被称作"认识"之事的相关诊断，允许各种"人文科学"在其中按自身的演进来进行各式的话语言说。每门科学都在建构自身的独特性，即对研究对象以及其与该领域各对象间的关系进行不断深挖。在他看来，所谓人文科学的知识意识在寻求理解其本质的奥秘时，所依靠的只是一种线性的表达方式。这样一来，我们应对科学的任何连续性予以否定，且一般知识的连续性也难以维系。基于此，人文科学应被看作是人类意识在寻求洞悉语言与人类生命奥妙之际所放置的差异化砝码。

福柯关于这些时代的描述如同搅乱人们情感认知的"荒诞派戏剧"。这意味着，他的叙事仅以某种主题来铺展，不构造任何具体的情节。这一主题围绕人文科学用词语来反映事物之序来写成。《词与物》中包含有 16 世纪至 20 世纪初的人文科学的各种再现形式，且都建立在语言之上。因为就语言本身而言，它亲历当代复活与重返"生命"的全部过程。在此之前，关于再现的历史作品有：贡布里希的《艺术与幻觉：绘画再现的心理研究》（*Art and Illusion：A Study in the Psychology of Pictorial Representation*）、埃里希·奥尔巴赫（Erich Auerbach）的《论模仿：西方文学现实的再现》（*Mimesis：The Representation of Reality in Western Literature*）以及威廉·狄尔泰（Wilhelm Dilthey）的《人文科学中的历史世界的建造》（*Der Aufbauder Geschtlichen Welt in den Geisteswissenschaften*）等，它们都对传统艺术形态所表达的再现形式作出了肯定。

---

① "人文科学"专指福柯称谓的自 19 世纪以来把人当作研究客体的认识体系。可参见米歇尔·福柯：《词与物——人文科学的考古学》，莫律民译，上海：上海三联书店，2016 年版，第 348 页。

福柯的著作与上述著作的差别在于，他坚决拒绝把再现看作是"发展""进步""上升"的手段。他不认同任何一门人文科学具有"现实主义"的本质性。他想要粉碎历史进步观对当下社会繁荣作合理化解释的企图。于是，他一针见血地指出这种"现实主义"的不可能性，并把再现真实批判视为是一种虚伪的手段。他指出，在16世纪出现的"真实地"再现现实的努力毫无意义，因为再现现实的观点来源于人们对语言本质性的误解。在福柯写作的剧本中，贯穿情节的一切都指向了语言。他对现代心理学中疯狂的"消亡"与"再现"予以呈现，并在《词与物》中，论述了语言的消失和重现：

> 从15世纪末到17世纪初，最广义层面上的再现（représentation）——图像、表象、真相、相像——都在基本的球形空间中得以展示。可以确定的是，15世纪末，特别是在16世纪，意大利15世纪文艺复兴时期（Quattrocento）绘画中的立方图（le cube pictural）被中空的半球形所取代，绘画所再现的形象就在其中得以安置和移动。可以确定的是，语言开始折入自身之中，创造了一种回环形式，可以返回其出发点。①

福柯、列维-斯特劳斯及拉康等人深信语言问题是理解人类意识深层结构的重要环节，这种对语言的分析肇始于语言学家索绪尔。这三位思想家都预设了这样的前提：语言与思想之间的区别需要被消除。实际上，法国结构主义把人类现象视为语言现象来对待。拉康的精神分析把梦的语言作为首要研究对象，而不是对梦的内容进行处理。在梦的述说与真实内容之间存在着被编码的语言，这种语言遵循着一套语言规约。对梦解码（decoding）需要一般的语言理论，于是这种语言理论必须存在于关于心灵的理论之前。对原始人类而言，利用自然万物的具体方式不足以支撑命名活动，他们需要确定人类与非人类世界之间的关系。在拉康和列维-斯特劳斯看来，人们始终对其所说与所做之事进行着意指活动，且依然说和做他们所意指的其他事物。在言语或姿势所指的事物与表示它们的符号之间存在着约定俗成的关系。因此，在符号使用者所指的意义还未被完全解释以前，就应当揭示这些具有"深层结构"的关系。

福柯指出，结构主义是对"人类""社会""文化"等概念所涵盖的西方思想的语言基础的发现。换言之，结构主义发现现实中缺乏具体指涉物的语言形式。在此意义上，发展到现代人文科学只是与语言中所形成的基本概念进行着

---

① 米歇尔·福柯：《文字即垃圾：危机之后的文学》，赵子龙等译，重庆：重庆大学出版社，2016年版，第120页。

所谓的规则"游戏"。语言内在的丰富性已被掏空,面对复杂多样的外部世界,它难以发挥真正的实指功能了。于是,他揭示出:人文科学一直被话语的修辞所控制,这些修辞构造了(不仅仅意指)它们假装研究的对象。可见,这种对人文科学演变的研究旨在揭开促使这些学科精彩纷呈地沉溺于自身概念化的修辞(最终虚构)仪式中。

当西方思想坚称为词语的正当性秩序找到了基础时,福柯以嘲讽之态将结构主义运动视为16世纪人文科学的最后阶段。他认为,现代人文研究的基石为:预设语言的绝对特权。对于事物的秩序,词汇获得的优先权存在于再现世界的过程中。然而,当一个理想系统中所托付的所有事物范畴的模糊性都显现为对它本身价值的确认时,这套价值中立的再现系统便会坍塌。现代语言学理论把词汇看作是世界之物,它越希望表达客体的性质,就越难达到纯粹和清晰。假如福柯以反讽的方法包容了结构主义运动,那么针对一些先于人文科学的专业领域,如哲学、政治学、社会学、心理学,特别是历史研究,他会对它们不屑一顾。在他眼中,这些由研究人、社会和文化的"科学"设立的概念都只是它们语言规则的抽象物,其"理论"是形式(formaliztions)的句法策略,指向了研究对象中根本不存在的关系。可见,人文科学的基本规律仅是借助话语方法去分析对象领域的意义投射。

福柯在其最重要的著作《词与物》中,展示出他一以贯之的反讽态度(关于此问题在第三章已有论述)。事实上,他假设了物质世界中存在的某种秩序,而世界的无序恰是心灵难以理解和触及的。但是,人们很难将福柯化归为一个理性主义者,或者正好反过来,他的目的就是将人类意识回归为一个在出现人类意识以前,就已出现的物质世界的理解。这是一种既非秩序又非无序,但也仅是它如此这般的物质世界。这说明,他并不认为事物有着某种自然的秩序,以至于对作为秩序的事物不抱有任何信任。尽管他承认自己的想法与卡西尔晚期的思维有着某种亲缘性关系,但他却将分析经验事实的心智水平看成是正确理解事情形态的障碍。从尼采处出发,福柯认为要在意识的"生物学"中去探查语言的原动力。这也解释了他为何竭力剥去西方思维和现实历史中的伪装,以肢解历史整体来驱除其身上的神秘。毕竟,"人""物"总是生活在书中,并在词语的秩序中生成。

对于文学显现的造物之匿名(unnaming)、无序(disordering)、解构(deconstruction)的精神,福柯予以肯定和赞赏。他竭力摧毁人文科学不断进步的传统神话,在知识的历史和其他意识形态派别上却不作过多的解释分析。这得益于他始终保持对传统意义上的阐释学还原策略的拒绝。对他而言,现代社会形成了各种不同的"人文科学",并且对人类领域的不同对象采用了不同的阐释技巧,但却不对同一对象展开深入研究。因此,福柯相信,每一种"人文科学"的隐秘内涵必定是再现思维的显现,且是连接词和物的唯一渠道。没有这个方法,"人文科学"中关于"人类"世界的"谈论"就无法延续。在不同的话语间,可能有着相互转译的途径。对他而言,这些转译总有"变型"和"缩减"。于是,他对不同时代产生的冠以人性的"言谈"(talk)进行探究,这也表明其文学思想所具有的消解再现性的态度。

怀着对所有形式还原论的怀疑心态,福柯并不关心一部作品或作品集与社会历史语境之间的联系。例如,以描绘"法国大革命"的作品对当时社会思潮的影响,去说明 18 世纪末至 19 世纪初社会意识的变化。这种考察方式对他而言只是一种预设形式,尤其是其关于"法国大革命"看法,最多只能分析作品在时代"定形化"意识之外的复杂情况。换言之,某一时代的人文科学,被限制在其全部句法的稳固性上。这只会导致人们粗略地解释这场革命,因为编码和解码的知识范型被固定化了。事实上,时代的定形化意识并不会随人文科学范畴内所标界的"事件"之变化而改变。反而是历史事件以占据主导性地位的句法策略来再现社会面貌,其本身也嵌套在这个现成的词汇表中。所谓"事实"的地位,仅是以规范化的分析法则来进行的演绎。福柯认为,在自然存在的一般领域内,如"生命""劳动""语言"这三个被冠以"人文科学"领域的考察内容——在对其进行事实整理、定位、分析时,前述的那种研究情况变得尤为突出。然而,生活、劳动、语言等只不过是在词与物之间产生的假设关系,只是被允许在一定的时段内进行的表现而已。

如果福柯对某一具体的作品或作品集与社会历史语境的关系完全没有兴趣,他也就无法为作品与作者之间的关系保留任何耐心。如同书写将所有和艺术品有关的消息全部删除后的艺术史一样,制作"匿名者的历史"(history of art without names)也会成为某类艺术家的写作目标。福柯一直致力于创作一个无名的人文科学史。在他分析的科学领域和学科的主要代表人物中,他们的传记信息都消失了。这里出现的某些人名仅是标注为文本的速记员,这对文字的宏观构成来说无关紧要。因此,其中关涉的文字并不能被正确分析,它们只是"被录制了下来"。这是福柯对语言之具体目的所作的记录,它将被检查并被判定为一种病症的本质。可见,所有被发现的病症总是关于语言的。福柯试图在一个综合的语言症状群中找出其新陈代谢的依据,并借此找到蕴藏在其内部的新生力量。这不是人借助语言去接近所认识的世界,而是语言在词语链条上"再现"事物秩序的无尽冲动。

三、直指权力：人文科学的话语表征

从某种意义上说，福柯关于权力或"治理"的工作的最后阶段，不涉及方向上的突然转变。《疯狂史》从尼采和海德格尔的遗产中汲取思想养料，包括后来关于科学史的《临床医学的诞生》，对"哥特式"小说家的阅读，甚至《知识考古学》，都是为了揭示特定的话语实践是如何塑造个人，并且间接型构个人生活于其中的社会空间的。在他的早期著作中，很少有遗忘的迹象，即知识改变了世界，从而与权力建立了联系；反之，对他而言，遗忘是缓慢、偶然的，是制度的建构、生活的表达以及自我的塑造，这些都需要权力去改变。尽管在福柯阐述他的考古学之后，其早期和后期的工作并没有根本性的突破，但权力确实建构出了与知识的全新关系。

福柯把现代性话语看作是对数学的一种时间秩序的消解，是对历史性和生命之不可表现性的力量及条件的一种尝试。当他把分析的方向从现代话语转移到现代权力时，他发现，权力在古典社会是固定的、可见的、可映射的；而在现代社会，权力是不可获得的、不可量化的。他以历史性视野考察并证明，现代话语的中心假设，即人类学意义上的"人"是知识的主体，是一种复杂的权力关系的结果。在现代社会中，拟人化的权力必须是总体化的，使他者成为同一者，并分散于他者之上。权力与他者联系在一起，这就意味着他先前所说的现代知识分裂成单一的趋势，现在变成一种社会和历史领域的不连贯表达方式，一种权力事件的领域。可见，这种变化状态既是"领域"又是"事件"。从知识到权力的转变，对其自身关于社会功能的认识产生了深远的影响。在政治上，这一领域只能在"微观政治"中，研究一种战术对特定情况所促成的效果，而不应再聚焦于研究政党或者代议制民主。伴随着福柯考古学意义上的"理论"声明，即没有特定的统一理论来指导行动，这使得他认为在这个时代，"特定知识分子"将失去"普世知识体系"的阵地。[①]

此外，我们必须在福柯晚期研究的主题中延伸开来。这并不是说福柯保持着现代批评家的身份，而是强调他在写作《知识考古学》之后，对历史决定论所涉及的问题进行了新的思考，即他对现代人的关注不再停留于人类末世论问题上，即人的终结和越界书写上，而是严肃地转向思考人类的过去。可以说，福柯以一种欺骗性的谦虚，邀请人们把自己塑造为一个真实的个体，而不是由

---

① Michel Foucault，(1978) "Politics and the Study of Discourse", *Ideology and Consciousness* 3, p.24.

社会机构及其内部形成的"部件"。他的策略主要是研究从古希腊到现代艺术家的生活和作品的历史全景,在其中提取自我形成的传统例子。在这项研究中,他坚持认为,今天这种道德的自我的形成必须包括所有类别中最现代和最难以捉摸的成分。因此,不应该把人看作是一个有明确和固定界限的统一体,尤其是人总是与福柯提及的"道德"和"权力/知识"密切关联。

要对福柯的权力话语作一个概括描述,需要解决两个初步的问题:一是关于福柯对自己活动的思考方式,即当他放弃前卫写作那种打破主体性结构的观点时,他的第一个姿态是重新理论化作者角色;二是当他审问自己的研究对象时,他是如何再次遭遇理论上的困境的?此外,在那些关于"惩罚"和"性经验"的书中,他是否写出一部真实的历史?比如,在18世纪末出现的现代监狱、性和教育之间有没有联系?为什么其历史书写不是简单地按时间先后顺序排列?它们与传统的事实叙述有什么联系?除20世纪70年代的一两次采访外,福柯并未回答上述问题,但他在此后的研究中开始对这些问题作出较为积极的回应。

倘若按福柯的做法,他是以某种拒绝"解释"的姿态来面对历史,那么他竭力表达出的东西,应该如何去理解?对某一时代作品进行纯粹的"录制",究竟意味着什么?要回答这个问题,我们需要从福柯的基于反历史功能的观点中去找寻。他通过对所有基于历史研究、传统阐释学理论的否定,找到了历史学意识本身的"界限"。这种观念的"考古学"与观念的"史学"相去甚远,它存在于由重现事物秩序的非真实需求导致的语言被遗忘之后,并重新反映出共时性的对立面。其"文化不适"的根源在于重现使命的虚设,即为语言赋予某种前所未有的透明度。对福柯而言,在任何特定的时代,这种"不适"情绪具有的形式就是人文科学自身。

人文科学学者力求从本体论层次上构造中立客观的话语规约,使得意识的反映和分析能力具备再现事物秩序的功用。但是,倘若语言本身仅是各种事物中的一个,那么授予任何话语规约以再现工具的特权,就意味着"在世存在"和人类掌握的知识出现本质性的分离。这种分离关系体现在以沉默占据主导地位的特定话语中。福柯强调,人文科学的不可能性在于,人和宇宙中的其他事物存在着根本性差异。认为人与其他一切事物完全不同的信念受到了某种思想的支持,即赋予语言在事物秩序中绝对的特权地位。

对福柯而言，维特根斯坦这句"有关无法言说之物，必须保持沉默"① 并非指词汇是否能够合法地进行表达。事实上，关于任何事物的言说都是可能的。但问题在于，语言中的事物秩序被揭示的同时，秩序的那些含混面却始终被诘难。假如语言与任何事物相同，也就是同一类事物，那么它在实质上便是不透明的。要给语言一个"重现"历史的任务，犯的是根本性的错误。因为，"说话"（speaking）是被压抑的普遍行为，沉默的经验领域把它看作是压抑的具体形式。

福柯认为，西方文化史的每一个时代都处于某种话语的模式之下，且这些话语为这一个特定时代奉献出通往现实世界的可能性途径。16世纪，占主导性的话语由一种求同的欲望所驱使，即在不同的事物间以寻找相似性来确立规则。科学就是在这一时期推进并建立起来的。这种对相似性的追求涵盖了事物间的关系，且涵盖了事物与词语（以准确表达前者为目标）之间的关系。由此可见，这一时代的语言科学概念，大致为仿似、类同、相等。语言科学为了把握这种"类似"语言的事物，通过预先假定词语的神秘性能给事物奠定了一种普遍性的物质基础。因此，16世纪的学者对语词的研究态度基本为将字词视为与亚当在堕落以前所保有的本真的神圣同一。

对类似性的追求也在意识自身中注定失败，因为一切特定事件都可被认为是以特定方法向意识揭示了事件中的本质差异性（differentness）。同时，这种对事物中本质差异的错误认知，使话语建构在相似性范式上遭到摒弃。其结果便是，在17世纪将对差异性的理解当作是已完成的事情呈现给意识。物质世界在其中并没有被镶嵌在连续性中，而只是嵌在邻近性结构的形式中来消解问题。这一时期的迫切问题为：寻找到并用符号与它的表意之物来建立稳固的联系。因此，当一致性、相似性和共相性等概念逐步被取代后，17世纪便出现了由空间词汇形成的时间序列和度量制概念。这种情形被描述为：

> 心灵活动将不再聚合于所有事物的统一性之中，不再存在于意图去寻求揭示的亲缘性与同类性中；反之，它却存在于所有的差异性当中。在此

---

① 维特根斯坦：《逻辑哲学论》，贺绍甲译，北京：商务印书馆，1996年版，前言。也有版本翻译为"凡是能说的都能说清楚，而对于不能说的我们必须保持沉默"。对这一主张，逻辑实证主义者坚持在字面意义上维护它，甚至以此为口号。他们认同维氏的看法，唯有自然科学命题具有意义，而形而上学、伦理学则没有意义。因此，哲学家应为科学命题的阐明而工作。上述讨论可参考逻辑实证主义或维也纳学派的相关书籍，如洪谦：《逻辑经验主义》，北京：商务印书馆，1989年版。A. J. 艾耶尔：《语言、真理与逻辑》，尹大贻译，上海：上海译文出版社，2006年版。威廉·F. 劳黑德：《哲学的历程——西方哲学历史导论》（第四版），郭立东、丁三东译，北京：中国轻工业出版社，2017年版。

意义上，差异性就是直觉地向自身进行了一种与事物完全不同的反映，从而更明确地理解了一个系列中的一个要素和随之而来的要素之间的必然联系。最后，归根到底，既然感知需要被识别，那么，历史与科学就必然分道扬镳了。①

福柯指出，在整个十七八世纪，人文科学在生命、劳动和语言等研究方面一直扩充素材并不断进步。此外，以数学符号为度量和序列结构的方面也在转变。自然科学研究的重大胜利，预示了人文社会科学的真实数据能够按部就班地进入"一般符号语言"的表现机理之中，且这种普遍性符号表达将为意识去重现事件序列提供方便。这样，其中的"基于同一与差异之上的知识"就会清晰明了地展示出来。现在，科学企图建立的基本信念是，一旦人类能够将语言、有机体与社会财富之真实本质以再现符号的方法予以表达，那么人类便可以构造出能够对任何学科都加以控制的总体知识。

从这个意义上看，18世纪之所以强大就在于其形而上学的牢不可破，而不是基于其经验的充实；相反，如果说18世纪薄弱，这是其形而上学的不牢靠，也并非源于它经验的空乏。18世纪的自然史无止境地进行着分门别类，并企图抓住在人类生活和死亡之间相互循环的连续性中，被总称为"生命"的关系网。可见，要将整个19世纪的生物学发展看作是整个18世纪自然史的连续的观点是一个错误，它们之间充斥着明显的断裂：

> 哲学、生物学与政治经济学并非是在原先由一般语法、自然历史和财富分析所占据的位置处建构起来的，而是在那些形式的范畴上，在它所腾出的空间当中，在那些让它们更宽泛的理论环节之间的深深的裂隙当中所构建出来的。19世纪的主要知识对象，正是存在的古典完满性陷入沉默（silence）之时才得以形成。②

福柯强调，与18世纪的语法家不同，19世纪的语言学家不再重视"原初语言"，转而在非同一根基的语言家族中找寻归属性（affiliation）或亲缘关系（kinships）。显然，19世纪的政治经济学家也不再立足于过去的那种财富分析，开始着手探讨社会的生产方式。可见，在新时期占据主导地位的是对分析形态的类比（analogy）与演替（succession）范畴的凸显。这些概念的提出也

---

① Michel Foucault,（1970）*The Order of Things：An Archaeology of the Human Sciences*, London：Tavistock Publications, p. 55.

② Michel Foucault,（1970）*The Order of Things：An Archaeology of the Human Sciences*, London：Tavistock Publications, p. 205.

揭示了人文科学的历史性：

> 从19世纪开始，在时间序列中，历史一直在不同有机物彼此相联的类比中展开。这种同一的历史亦逐渐把其规律强加给生产分析，强加给关于有机结构存在物的分析，最后强加给语言的类型分析。犹如秩序（orders）为同一与差异的存在开辟出的道路那样，在古典时期，历史也让位于相似性有机结构了。[①]

19世纪的人文科学中无法避免的问题是拥有一种历史究竟意味着什么？在福柯眼中，这一问题标示着西方意识的重大变化，即它是最终与"现代性"有关的一种转变。可以说，西方人以小写的历史来揭示不同的人性形式。在福柯这里，19世纪的人们对史学产生的新兴趣是一种在更深入构造层面内认识对象的迁移，这一迁移从近邻性——连续性关系转移到连续——类比的关系上来。而18世纪人文科学完成的则是揭示任意两个感知对象之间的基本差异。透过空间结构，相邻的事件可从"无时间限制"的连续性中归纳出它们的整体属性。然而，这种追求平面的完整性却并未让事件确证自己所处的特殊地位。按照福柯的观点，19世纪的哲学家已经把时间性范畴拔高到某种难以还原的地位。他们取得的成功极为有限，且根本无法在词语秩序中把握事物的多样性。

19世纪以来对"时间系列"的考察失败，以尼采的尝试最为明显。他敏锐地意识到现代思想的真正问题在于话语的不透明，话语不再可能为语言强加的再现目标去服务。而20世纪的两大反科学理论——精神分析学与人种学（文化人类学）都是在尼采对语言之不透明性的论说下发展起来的。在福柯这里，这显然打破了人类想要建立一门真正的人之科学的迷梦。他指出，这两种反科学的理论所对应的是将"人类"现象的分析向下推进，一直推及"人性"消失的层面，且向后推及"人类"现象发生之前的时间临界点。这些都对语言的不透明性和物性具有较深刻的认识，也使得后继者对"人性"的语言描述之确证性表示疑虑和责难。

如果我们把目光移向中世纪末期，就会发现那时的疯人身上还未分化出对"人性"的割裂看法。福柯发现疯人在这时还未被看作是人性反面的代表，而是被看作是神之赐予的特殊形态，其价值在于唤醒"常人"对信奉上帝的虔诚本性。这一时期的疯人被允许生活在所谓的精神正常者之中，甚至还会受到众

[①] Michel Foucault，(1970) *The Order of Things：An Archaeology of the Human Sciences*，London：Tavistock Publications，p. 219.

人的尊重，因其身上有着待拯救基督徒所缺乏的纯真性（simplicity）。18 世纪末，西方对疯人的态度急剧变化，将疯人视为某种引发恐惧的源头，并开始试图把疯人赶出"正常人群"的生活圈。于是，整个欧洲都开始将疯人禁闭在曾隔离麻风病人的医院中。可见，疯人失去了所谓的神圣象征性，被他人定义为患有某种精神疾病，这种认识使得疯人只能存在于病理学领域且必须以某种医学方式进行处置。当然，这种驱逐和禁闭揭示了疯人从"主体"到"客体"的转变。伴随着疯人被隔离出正常人群，疯人的疯狂本性曾具有的优越感也被剥夺了。因此，17 世纪和 18 世纪拒绝一切非理性和疯狂，而只对理性顶礼膜拜。

在此意义上，这种对理性与非理性的认识走上了更为功利性的道路，缺乏对两者的内涵进行严肃细致的考察。福柯认为，疯狂的概念有时被辨认是一种朝向童真的复归，有时又被确认是一种回归动物性的退化。对某些人而言，犯罪和发疯没有区别；而对另一些人来说，穷人和疯子也没有区分。换言之，穷人、疯子、罪犯有着类似的属性，都是一种在社会群体中的显现非理性的异类形态。他们被看作是危害社会的定时炸弹，需要被分配到某一特殊区域进行集中隔离或整治。可见，无论以何种方式对待他们，其目的在于通过划分明确的界限来清除他们。这实际上是人们对自身人性所含本性之不确定性的恐惧，是社会缺乏某种合适的方式来对其进行管理的体现。赞颂"理性"的时代，对其照耀下的非正常人——穷人、疯子、罪犯只能以关押的方式来实施对其的控制。

对疯人的第二次态度转变发生在 18 世纪末和 19 世纪初。这一时期，精神病被界定为某种身体疾病，应有医学手段来处置。福柯认为，此时的精神病患者和穷人、罪犯有了区别，人们也开始对他们采取不同的方式。这种变化并非是精神病理论知识的转换，而是由于社会的结构变化。穷人从疯人和罪犯的群体中被释放，这是源于工业化时期的劳动力需求。也就是说，穷人可以作为推进社会进程的有用部分而存在。然而，这种释放并没有给穷人带来更好的待遇，他们需要把自身交付到劳动所兼具的法律制度或"工厂"纪律中。同样，疯人和罪犯区别的出现，也是因为社会形态的改变，而不是因为人们发展了有关这两类人的理论知识。因为"罪犯"的范畴与社会"革命"的颠覆性因素范畴合并了，而资产阶级对后者的恐惧远多于对疯人的惧怕。换言之，罪犯和疯人之间的区别是一种政治考察，而不是学术考察。疯人可能会从这种区别中受益，但最根本的阐述存在于更普遍的社会变革中，而不是在科学变革中。

正是在对这些问题的思考下，福柯肯定了弗洛伊德思想对西方文化史的作用。弗洛伊德的变革体现了西方人对疯人态度的第三阶段，即以聆听精神病患者的言语来把握疯狂的本质。这是一种用其自身的视角来唤起病患内在经验，从而理解"精神健全者"世界中可能出现的畸变缘由。在此，弗洛伊德建立了精神错乱者与精神健全者的沟通，也为调整"正常的人格"的"疯狂"与"健康"方面提供了可行性途径。依据福柯的论述，弗洛伊德的心理疗法为一切有关人类心理的形式主义理论研究提供了必须摒弃的证据，弗洛伊德本人在后期也对此问题进行了表述。鉴于弗洛伊德的理论是对抽象与机械的形式主义的反叛，他对病人的治疗体现了对人的研究方法的探索，其方法在本质上是诠释性的或"艺术的"，而并非系统的或"科学的"。

医学史家对福柯的《疯狂史》的反响是可以预料的，他们指出其证据过于局限，目的过于意识形态化等。从福柯的立场出发，这些批驳显然构不成威胁，因为他的目标是以揭示占特权地位与被逐出社会之人的关系结构来把握社会形态的。显然，他不提出新的"论据"，而只是以有限的资料来敞现疯狂理论自身矛盾以及其对待疯人的非理性内核。因此，关于如何体现自我的本性及其如何消解那些本质产物和人自我之间的关系问题，逐渐进入了他的视野。

福柯曾声称，他所处时代的人文科学已呈现出了实证主义的末世学（Eschatological）趋势。在这里，各类学科既维持价值中立的立场，又追求拯救社会的目标。按照这样的发展趋势，人们思维的体系化已走在新形式的极化（poles of formalization）和阐释极化（poles of interpretation）的方向上。前者主要出现在罗素（Bertrand Arthur William Russeu）、维特根斯坦和乔姆斯基（Avram Noam Chomsky）等的思想中，而后者则出现在萨特、弗洛伊德和海德格尔等人的思想中。这样，人文科学面临的最严峻挑战就来自它所形成的哲学：逻辑原子论与语言学分析、现象学与结构主义、存在论与新康德主义。它们都显现出了人类对思想自信的强烈渴求。然而现代语言的不透明性阻碍了构成人类整个体系的科学探索。

正如所谓的精神健全本身，一旦人文科学从加诸其身的压制性词语的统治中解脱出来，它们就不再享有"科学"的神圣地位了。人被放置在事物的无限可能性极度丰裕的国度中，事物将不再拥有真实的范畴。正如《词与物》中所言：

> 在我们的世纪里，尼采又一次地在我们的漫长道路上给我们指出了转折点，它是以上帝的缺席与死亡而断言人的生命终结迥然相异的众多新神，同一的诸神已经从未来无边无际的海洋中耸然而起了；人也必将死亡。与其说是上帝的死，不如说是在对那种死亡的苏醒之间，或与对那种

死亡的深深关切之间——尼采的思想中所狂呼的，是他的谋杀者的末日；它是在狂笑中人的面孔的爆裂，是对面具的回归；它也是人所得以悟感其本身内含的时间与深渊之流的溅入（scattering）以及他从事物的存在中所感到迎面袭来的巨大压力；它是伴随着人类的绝对消解，而又复归了大同（the same）的正身。①

尼采和福柯都意识到，人所拥有的是与回归一种存在于隐喻本身以及语言之前世界的意志不同的隐喻。福柯意识到尼采的价值在于他坦率地揭示了人的处境，而不是去遮蔽人与世界的裂隙。在这一观点上，与其说福柯在欢呼一种前宗教想象力的诞生，不如说他在欢呼诸神的再生。

在某些思想家看来，福柯的抽象或不可理解的确难以应对。让·皮亚杰（Jean Piaget）把他斥责为一种"巧妙的空洞断言"之大杂烩，一种无结构的结构主义。皮亚杰认为福柯著作的疏漏是缺乏借以解释一个"知识型领域"对另一个"知识型领域"替代的转换系统：

> 不管是从形式上还是从辩证法去审视，他的知识分类按顺次列序，但并不互相替代。因为一种知识分类并不归属于另一种类别，既没有系统发生学上的归属关系，也没有社会历史的归属关系。简言之，这个关于科学理性的"考古学"的目的在于，科学理性自我改变必须是脱离原因的，也就是科学理性必须是随着偶然的改变或者瞬间的出现，而得来的产生或消失的结果。因此，在控制论构成结构主义以前，理性历史就与生物学家的历史种类构思完全一致。②

在价值层面上，皮亚杰对福柯的意图进行了断言，但并未具体分析他在《词与物》中的策略方式。就人文科学形式延续的概念而言，的确存在一个转换系统，但福柯本人对其存在也不甚了解。

在观点的独创性上，《词与物》启发人们重新认识16世纪至20世纪之间的人文科学。这些源于它们彼此无法证明所受语言影响的差异化程度，以及它们无法将语言视为一种现象来进行说明。诚如福柯所言，在人文科学内部寻求中立话语观点的依托是自然科学把约定语言与数学公约成功运用于对数据的分析。这也无疑为在人文科学内部建立一般话语之观点产生了影响。对某些认知

---

① Michel Foucault，（1970）*The Order of Things：An Archaeology of the Human Sciences*，London：Tavistock Publications，p. 385.

② Jean Piaget，（1972）*Psychology and Epistemology：Towards a Theory of Knowledge*，London：Penguin，p. 211.

上被认为是可靠的经验领域，不管它是不是已建立了学科，还是已建立了一种关于文化发展的"常识"，科学都声称自己是依靠分析经验范畴上的语言问题来建立其基础的。简言之，所有认知系统均来源于对所知或熟悉事物的未知领域的隐喻性陈述。

对福柯而言，事物秩序时间化的基础在于探寻生命周期内的事物之差异以及对它们自身内部差异的揭示，而这便是 19 世纪意识的成因。对构成事物整体之互不相关部分的研究形成了思想的基石，这与在事物的类同性与差异性等方面所作的研究相同，会遭遇失败的结果。考虑得越详尽，用以说明整体本质的"部分"之量也越大。对于哪部分才是将事物之整体本质真正区别于他物的核心，以及对于哪部分才该是事物整体之本质所应该参照的框架，这些问题引发了大量的争议。当属性的一面（tables of attributes）正好和世界所有其他的一面相同而成为可能时，世界的本身所呈现出殊相的共相在彼此间也并非全部有所不同，而是全部显象为相互之外的共同存在。因此，世界不仅在某个单一的种类中，而且还在一个特殊生命体本身中。

四、延续权力：谱系学的论争策略

福柯对权力/知识的质疑引发了历史学家和社会理论家的论争。通过将福柯对现代权力的描述应用到特定的事例中，许多领域的历史学家已经对其进行了修正。[①] 在这些工作之后，人们不得不再次承认，他的一般方法和他的个案研究低估了传统历史学家重视的领域，特别是宗教、国家、法律和市场等领域。在现代权力出现的时期，这些领域继续对历史轨迹和个人产生重要的影响。但是，历史学家也对福柯的著作提出了更为普遍的反对意见，他们认为福柯对现代性的描述过于模糊。举一个被引用的例子，雅克·伦纳德（Jacques Leonard）认为福柯"夸大了 19 世纪上半叶法国社会的合理化和正常化"[②]。很明显，我们需要小心谨慎地对待这些争论，以避免陷入某种设定的危险，即去相信特定的社会形态在历史上有恰切的地位。一旦人们质疑这种观点，就极有可能推翻某些传统的"正常性"强化。例如，公共场所的戏剧表演有助于警察的侦查和执法（狄更斯在《我们共同的朋友》中虚构的"他用不同的声音作

---

① 对福柯研究中所涉及的类似历史奖学金的完整清单进行搜集是极为困难的。可以去关注其他重要领域中更容易获得的研究资料。

② Jacques Léonard,（1980）"L'Historien et le philosophe: A propos de surveiller et punir: naissance de la prison", in Michelle Perrot, *L'Impossible prison: recherches sur le système pénitentiaire au XIX esiède*, Paris: Éditions du Seuil, p. 12.

侦查"的场景），或者是 19 世纪末的体育运动逐渐转变为体育表演，从而使无产阶级去政治化。此外，在 19 世纪，法国要想杜绝宗教狂欢似乎比禁止任何一种集权的社会模式要困难得多，并且也遭遇了人们强烈的抵制。

在福柯看来，社会（像伦纳德这样的批评家所称谓的）正是由抵抗来构成的，其终点将建立在身体的抵抗（痛苦）之上。他的谱系学试图激活人们对历史决定论和人文科学的记忆，并不断去激活过去常被忽视的事件——现代权力的出现。对他而言，"合理化"与其说是 19 世纪的一种整体力量，不如说是"正常"历史选择性地将时代记忆导入历史中的重要手段。现代权力的出现被那些传统的"进化"历史观掩盖，使得历史焦点只存在于宗教、民族、法律等主题上。

理论家对福柯的术语表达上他们的保留意见。如果区域性的真理自治不能与整体的真理相抗衡，如果知识是在权力关系中产生的，如果现代社会没有塑造隐藏在权力之外的主体，那么自由和反思还有什么空间可用于批评？启蒙的计划还剩下什么？查尔斯·泰勒（Charles Taylor）、哈贝马斯和彼得·杜斯（Peter Dews）有力地阐述了这类质疑和抗议。面对这一系列的攻击，福柯表现得极为固执：启蒙的希望可以在它对自我塑造的邀请中找到。当然，他也有能力作出反启蒙的姿态。正如，他回顾安德烈·格鲁克斯曼（Andre Glucksmann）在《画报》（*Les Mâitres Pensurs*）杂志中争辩的观点，即沿着卡尔·波普尔（Karl Popper）的路线，"法国大革命"的理想暗含了 20 世纪的极权主义政权。福柯认为，德国启蒙运动是一场世界末日运动，其中的革命欲望和理性诡异且合法地推动了极权化国家的建立。然而，在 20 世纪 80 年代初，福柯为了避开这种危险的争论，开始把人文主义与启蒙运动区分开来。现在，启蒙运动仍与人文主义相分离，启蒙运动开始与人文主义谈判，正是这一点使福柯能重新去定义知识分子，并从"话语的秩序"中接管下自己在工作中所要面对的义务与责任。

在《福柯的自由与真理》（*Foucault on Freedom and Truth*）中，查尔斯·泰勒提出了一些与福柯不同的观点。在这些争论中，有两个是哲学上的争论，另一个是道德上的谴责。泰勒的哲学著作在英美学术界广为人知是因其对德国唯心主义和阐释学概念的应用。他认为，福柯关于权力的论述未能为理解历史提供基础，因为它不符合可理解性的最低标准。在泰勒看来，对历史的

"阐释"必须与"我们能够理解中介的目的性行为"① 相关。这意味着福柯关于权力流动的概念，即"无项目的策略"是难以理解的。② 泰勒关注的是可理解的条件，因此他的方式带有某种先验性，属于准康德的论证范畴。这触及了福柯自己在《知识考古学》的"人与他的双重"③ 章节中所面临的困难。泰勒承认，历史的"模型"不必还原为个体行为者的自觉目标。对他来说，这种"无目的的目的性"的例子必然包括经济上的"看不见的手"和无意识的动机（恐怖分子的动机可能是"陀思妥耶夫斯基式"的自我憎恨，他们自己会视而不见）。然而，泰勒辩解道：

> 我们试图解释的历史文本是由有目的的人类行为组成的。在这个非故意的行为中存在着模式，必须尝试解释为什么在一个故意的描述下所做的行为也带有另一个非故意的描述。我们必须说明这两种描述之间的关系。④

这里的问题是组织化的隐喻：历史不是一个文本，尤其不是这类文本。假设它是，就是假设福柯要求我们不假设：历史有"作者"和主题。福柯当然会拒绝这种观点。他强调历史最好是以斗争或混乱的问题来理解，就像人们在"德里达式"的或"利奥塔式"的精神中所说的那样，从不可通约性的角度来理解历史。对他来说，行为不是在"描述之下"进行的——实际上，行为并不是福柯历史学研究所依据的范畴，因为它确实包含了意向性。一方面，他的历史作品是指向事件的——作为事件，既不是简单地由意图驱动，也不是简单的有目的的解释；另一方面，他的历史指向档案：它保存它们、分发它们，并在它们与其他档案间建立新的联系。"历史是文本"这一隐喻表达了泰勒的人文主义的倾向：历史始终是人类的一种表达，它具有可还原的意义和根据。

的确，撇开某些评论不谈，福柯并不是在试图"解释"历史，而是将历史作为一种紧张的关系，并为其提供了一种方法。通过这种方法，人们可以打破诸如"惩罚"或"性"等离散类别的构成要素。在这些标题下的目标、制度和话语结构是如何改变的？关于监狱和性的旧档案解决了哪些问题和困难？这些

---

① Charles Taylor，(1985) "Foucault on Freedom and Truth", in *Philosophy and the Human Sciences: Philosophical Papers 2*，Cambridge: Cambridge University Press，p.168.
② Charles Taylor，(1985) "Foucault on Freedom and Truth", in *Philosophy and the Human Sciences: Philosophical Papers 2*，Cambridge: Cambridge University Press，p.170.
③ 在莫伟民所译版本中是第九章《人及其复本》。
④ Charles Taylor，(1985) "Foucault on Freedom and Truth", in *Philosophy and the Human Sciences: Philosophical Papers 2*，Cambridge: Cambridge University Press，p.71.

话语、斗争、制度是如何影响现实生活的？尽管它们不假设一个大的历史"文本"或意义，然而，这样的问题并未使历史变得容易"理解"。泰勒的"可理解性"是什么？是人们所能理解的。一旦说人们意识到双重性，即对同义反复（重言式）的特殊宽容，那么，现代话语的特征就仍然根植于某种批判之中。

泰勒还驳斥了福柯关于权力可能是一种生产性力量以及一种限制性力量的观点。他认为这种论断毫无意义：

> 在福柯看来，没有解放的概念，权力就没有意义。①

泰勒认为，如果这个概念是指任何事物，就必须有一个外部的权力。这一论点试图把福柯拖入人文主义的框架之内。实际上，福柯的分析确实制定了一个外部的权力，但最后，外部存在于事物的实体性、惯性和奇异性中。身体，在权力激发的愉悦中，在与感觉到的限制作斗争的手段中，而不是在"解放"这样的抽象概念中。基于这种情况，福柯会问：是什么样的"解放"？为谁？以什么代价？会产生什么意想不到的影响？此外，他的权力关系并非建立在对立或矛盾的逻辑结构上，而是建立在"多形态"的奇点领域上。可以说，他的权力不是一个单一的事物，它是由相互联系的错综复杂的斗争或事件关系构成的。毫无疑问，人类的"自由"之光或真空之旅并不会引发这种斗争。这不是说，在他的理论之内，反对那些减少运动、话语、行动的社会政治活动是"不可能"的。

泰勒自己的价值观在描述福柯的"相对主义"时最为明显。在论证福柯的观点（即不同"真实政体"意味着"我们不能高举真理的旗帜来反对我们自己的政体"②）之后，泰勒坚称福柯遗漏了以下内容：

> 我们已是西方文明的一部分。我们的人道主义、自由观念——个人独立和集体自治——帮助定义了我们共有的政治身份；它深深地扎根于对一个更基本的，似乎是最基础政治的理解；作为个人，作为一种具有"内在"深度的存在，所有这些特征在现在看来都是最底层的。这几乎就是人的所有生物学特性，只要我们既不往外看，也不经历或遭遇其他文化的冲击……当然，这种身份要素也是有争议的，虽然它们不会一劳永逸清晰地表达……但它们对我们来说很重要。在政治斗争中，没有一个是可以简单

---

① Charles Taylor，(1985) "Foucault on Freedom and Truth", in *Philosophy and the Human Sciences: Philosophical Papers* 2, Cambridge: Cambridge University Press, pp. 175—176.

② Charles Taylor，(1985) "Foucault on Freedom and Truth", in *Philosophy and the Human Sciences: Philosophical Papers* 2, Cambridge: Cambridge University Press, p. 170.

否定的。我们为诠释和权力而挣扎，却无法摆脱它们。它们为我们定义了人性和政治。①

这种为"西方文明"的辩解值得一读，因为与其说它展示了福柯"遗漏"的东西，不如说它展示了福柯所拒绝的东西。当然，福柯站在某些受害者——疯人、同性恋、罪犯等的一边，而他自己也是受害者中的一员。福柯的全部作品，从头到尾都试图解开这种文化超验主义的概念基础。在此基础上，西方文化身份为个人与社会的关联提供了一种理解的默契视界，而传统观念的历史延续为社会提供了规范。

对福柯而言，实际的社会和伦理实践不能构成一个抽象的"身份"。确切地说，身份是以"文明"或"某国人"之类的方式被赋予的，是一种典型的自我监督方式。福柯工作的多个方面，包括他的考古学对真理政权的分析，他坚持知识分子作为真理技术人员的重要性，以及他的伦理学促使人继续解读自己的权力关系与真相游戏的可能性，都恰如其分地揭开了西方人文主义的面纱。具有讽刺意味的是，阅读泰勒对自身传统文化身份描述，其好处恰恰在于展示出福柯作品是如何拒绝与西方文化传统赋予的身份建构合谋的。

尽管存在着各种分歧和冲突，哈贝马斯只从一个固定的位置攻击福柯。他避开去谈论文化"身份"的问题，更多的是通过固定一种机制来重申和推进了他所谓的现代性计划。在对福柯的论述中，哈贝马斯的"交往行为"理论可用来反对福柯的权力/知识命题。基于早期的批判理论家以及马克斯·韦伯（Max Weber）的观点，哈贝马斯扩展了他们对现代性的论述。随后，阿多诺和霍克海默在《启蒙辩证法》中认为，当神话取代了魔法时，觉醒的漫长之路就开始了。"知识就是力量"②（他们引用了培根的名言）的神话时代始于一个部落征服、殖民另一个部落，消解当地的魔力或光环的征程。

神话中，人在面对自然和死亡时，通过主动积极的狡猾手段克服了被动和恐惧。与此同时，符号作为思维的载体取代了签名和类比。如果最后这个观点听起来很熟悉的话（阿多诺和霍克海默的魔法/神话的区别呼应了福柯对文艺

---

① Charles Taylor，(1985) "Foucault on Freedom and Truth", in *Philosophy and the Human Sciences*: *Philosophical Papers 2*，Cambridge: Cambridge University Press，p.181.

② 该命题的出处有两种看法，一种出自培根在《新工具》中提到的两句话："人类的知识和人类的权力归于一"以及"通向人类的权力和通向人类知识的两条途径是紧相邻接的，并且几乎合二为一"。一种出自培根的《论说文集》中的《宗教沉思录》第十一篇《论异端》。上述讨论还可参见培根：《培根论说文集》，水天同译，北京：商务印书馆，1983年版，第21页；威尔·杜兰：《世界文明史》（第七卷），幼狮文化公司译，北京：东方出版社，1998年版，第137页。

复兴和古典认识论之间的区分），那是因为福柯和批判理论家都是在海德格尔的影响下写作的。随着资本主义的出现，经济目的或工具理性开始主导思想和社会结构：知识和制度的强大程度取决于它们为增加商品生产提供了多少有效和合理的手段。与此同时，社会分裂成一系列不同的、不可比较的价值域，如法律、经济、人文等。最后，阿多诺和霍克海默认为，在现代性中，人一边在机器生产中充当工具，另一边在"升华为超验或逻辑主体"[1]的抽象事业中充当工具。于是，真正的个人消亡了，只有威慑和"理性"的存在。

　　阿多诺和霍克海默希望用去神秘化的理性来对抗工具理性，他们的困难是在当代世界中找不到任何可能激励这一计划的社会制度。由于他们对现代主体性和私人领域的怀疑，他们反对试图"调和"个人与社会，或更形而上学地说，调和个别与普遍。由于他们根本上的进化角度，他们倾向于把对"去升华"的诉求，看作是对快乐、感觉、身体的"回归"。对他们而言，这样的诉求也避免了根本性的政治或结构改革的问题。因此，阿多诺至少认为现代主义艺术是摆脱现代性的唯一出路，因为它不是"倒退"，没有使用价值，形式否定"艺术的语言"与"意义的语言"不能回避工具性和抽象主体性的内容。[2]这些表述是耳熟能详的：它们呼应着超越性的理论。

　　在哈贝马斯这里，他提供了比阿多诺更悲观的诊断，因为他声称已经找到了允许（开明的）理性与（工具的）理性对抗的结构。这个结构是沟通或语言的"主体间性"[3]。同时，他在语言中发现了一种内在的目的论结构来绘制"语言理论的解释学和分析……阅读的洪堡"[4]。对他而言，"相互理解"是语言的内在因素。语言本质上是对话的，具有一种将说话人相互联系起来的执行力（或者用术语 illocutionary，"言外的"力量），因为说话人是在理解（Verständigung）中相互联系的，话语提供了内在的"有效性声明"（validity claims）[5]。也就是说，语言构成性地暗示了以下问题："说话人有权利说出这

---

[1] Max Horkheimer, Theodor W Adorno, (1972) *Dialectic of Enlightenment*, John Cumming, trans., New York: Seabury Press, p. 29.

[2] Theodor Adorno, (1984) *Aesthetic Theory*, C. Lenhardt, trans., London: Routledge & Kegan Paul, p. 203.

[3] 尤尔根·哈贝马斯：《交往行为理论：行为合理性与社会合理化》，曹卫东译，上海：上海人民出版社，2004年版，第10页。

[4] Jürgen Habermas, (1986) *Autonomy and Solidarity: Interviews*, London: Verso, pp. 98–99.

[5] 哈贝马斯的理论通过对言语行为的意义与它的有效性要求之间内在关联性的分析，指出了言语行为的意义只有在交往行为中才能呈现出来。

些话吗？""他或她是真诚的吗？""这些主张是真实的吗？"① 由此可见，对哈贝马斯来说，说出心里话就意味着在真理与价值的秩序中拥有着利害关系。这就是他批判福柯的立场，认为福柯的权力/知识理论本身属于方法，即目的理性，因为知识也永远无法逃脱工具性。福柯的作品也逃不开它所谴责的现代性：它既不能为另一种真理主张提供基础（对它来说，真理仅仅是一种"政权"），也缺乏有效的政治行动，因为它不能给社会和历史进程带来任何其他可能的图像或观点。它也不能提供一个"理性可能是什么的规范性概念"②。或许，这部分地符合福柯的观点：不仅要处理诸如"手段——目的理性"之类的抽象概念，还需要专注于工具性的实践。正如他所说：

> 一个人不是用一种绝对的方式来评估事物，而是这种绝对的方式可以被评估为构成或多或少完美的理性形式，并且在研究形式是如何形成的过程中，理性如何将自己铭刻在实践或实践体系内部，以及它们在其中扮演什么样的角色。③

然而，对这种说法最有力的回击是把问题拉回到哈贝马斯处。因为很难看出哈贝马斯在语言中发现的形式特征，即他所谓的"普通语用学"（universal pragmatics）是如何为行动奠定社会政治基础的。历史和民族志指向了与哈贝马斯截然不同的方向。

所有的社会都有语言，但很少有明确的"有效性声明"。人们可以问，什么样的社会条件是必要的？首先，人们需要阐明哈贝马斯认为的有效性声明是语言交流的内在要求；其次，人们可以利用这些有效性声明来构建一种政治合理性。毕竟，正如与海德格尔的追随者、德国阐释学理论家伽达默尔的辩论中所坚持的那样，哈贝马斯认为：

> 语言同样是支配社会权力的媒介，用于定位有组织的部队间的关系。④

---

① Jürgen Habermas, (1984) *The Theory of Communicative Action*: *Volume One*, *Reason and the Rationalization of Society*, Thomas McCarthy, trans., Boston: Beacon Press, p. 307.

② Peter Dews, (1987) *Logics of Disintegration*: *Post—Structuralist Thought and the Claims of Critical Theory*, London: Verso, pp. 188-189.

③ Michel Foucault, (1987) *Death and the Labyrinth*: *The World of Raymond Roussel*, Charles Ruas, trans., New York: Doubleday & Co, p. 107.

④ Jürgen Habermas, (1977) "A Review of Gadamer's Truth and Method", in Fred Dallymar, Thomas McCarthy, *Understanding and Social Inquiry*, South Bend: Notre Dame University Press, p. 360.

福柯并没有回避哈贝马斯的犀利提问,他的回答是:

>在一个特定的社会中,在最终确定的活动、交流系统和权力关系之间不存在一般性的平衡。相反,在不同的形式、不同的地点、不同的情况或场合中,这些相互关系根据特定的模式建立了起来。①

语言作为一种社会技术,可能不利于自由交流:语法和方言就标志着社会文化、等级、性别的差异。在这里,人们不必求助于极端的情况,诸如在许多非现代的社会中使用密语——父亲可能对孩子使用祈使语的情况是怎样的,或者犹豫的句法(许多研究显示)怎样区别女人与男人谈话中的言说?因此,应用哈贝马斯所说的规范的前提是"语言的主体间性",而这需要权力——就像试图为"自由"的市场权力腾出空间一样。这种权力会通过规范化来加强交流的"正常化"。

假设"哈贝马斯式"的哲学会对萨德侯爵说些什么,做些什么,或者更确切地说,会对一个像年轻福柯这样的,相信语言最真实的维度会被边缘化为极端的孤独、疯狂和死亡的越界理论家说些什么。此外,哈贝马斯把希望和理性定位在一个正式的"主体间性"上,而不是在制度和社会条件内的微小变化中,这使得干涉现实的政治问题变得困难。理论也就难以转化为具体行动,而只是一种抽象形式。更理论地说,诸如西拉·本哈比卜(Seyla Benhabib)和其他人所指出的那样,交往理性在成为一种经验条件之前,只是一种形式,因为它没有考虑人类存在的实际情况,既不关注人们所拥有的身体,也不在混乱随机中以具体例子来说明现状。② 从康德开始,就像所有正式的规范体系一样,它不能提供足以保护差异和给定身份的价值。正是这一问题,尽管对正义的要求不是自然的或不可避免的,但它往往是为了保护差异不受普遍化和正常化力量的影响。

一旦人们承认哈贝马斯和杜斯并未找到摆脱"启蒙辩证法"的方法,即普遍主义原则和社会实践间的差距仍必须由权力来弥补,那么人们就可以接受福柯的建议(至少接受谦逊的美德)。福柯认识到,始终存在着选择和遏制的力量,以及为自己和他人说话的限制、危险和诱惑。这导致很难找到可以"反

---

① Michel Foucault,(1983) "The Subject and Power", in Hubert L Dreyfus, Paul Rabinow,(1985) *Michel Foucault: Beyond Structuralism and Hermeneutics*, Chicago: The University of Chicago Press, p. 218.

② Seyla Benhabib,(1986) *Critique, Norm and Utopia. A Study of the Normative Foundations of Critical Theory*, New York: Columbia University Press, pp. 197-236.

省"现代的外部立场,也让现代知识分子的工作显得相对无效和充满技术性。福柯拒绝宏大的综合理论,使他得以成为站在社会外部的积极分子。他的作品并不意味着受压迫者必须改变他们的信仰,才能接近自由之路。对他而言,人们的祈祷、癖好、风格、性别认同比有目的的话语交流更为重要。

哈贝马斯和杜斯确实凸显了福柯立场上的重大困难,问题不在于福柯是否能回答"应该以什么样的规范来指导社会政治行动"。当然,在具体的实践层面,哈贝马斯也同样很难回答这一问题。福柯的作品显得特别窘迫的地方是,当代表着制度或目标的个人去思考和做出行动时,他该如何选择?因为这些制度或目标本身就是由经典启蒙或人文主义思想所认可和规约的。更进一步,更为棘手的问题是:学者如何在大学中保持人文和文化批判的双重角色,与西方的民粹主义、右翼自由主义观念作策略性的斗争。由于政府治理着国家,特别是在公立大学领域,这种斗争尤其激烈。重视和把握理论和人文科学在社会中的力量和影响,其前提在于真正面对当下的斗争难题。因此,泰勒和哈贝马斯的立场似乎比福柯更有效地在为大学作辩护,如坚守大学的学术自由和终身制制度。[①] 在他们看来,呼吁建立一个思想自由流通、提供反思空间的传统文化机构,与对支持问题化或违法行为的机构相比,"维持"原貌更有可能获得公众的支持。可是,福柯坚信,教育机构应在具体实践中让个人揭开"反思""学术自由"等概念的神秘面纱,而不是形成某种具有普遍批判性思维能力的抽象主体。

正是在这种情况下,仅仅重复旧的论述人文科学的合法化是极具吸引力的。但在近代英美的学术界,这却几乎是徒劳的。因为,现在的人文科学已经受到了人文主义的批判,而又以福柯的态度最为尖锐。面对他严厉的质疑和批评,人文科学还能肯定什么?其合理性是否还值得捍卫?应该说,学术的人文是应该受到尊重。尽管这些批判不需要建立在西方神圣的基础上,如学术自由,进步或形式理性等概念,虽然它仍是批判实践最有效的庇护所。在人文科学中,各式的讨论提出了不同的思维和生活方式,并可根据目前的问题来重新阅读尘封的档案,从而保持问题与解决方案间的弹性。然而,政客拒绝承认这些讨论的合法性,尤其是当代媒体的助推。大学里的人文科学可以声称,它们的任务不是在代表的符号下完成的:它们既不像媒体那样代表资本市场的一部分,也不像政客那样代表既定国家意志的一部分。鉴于它们不在任何代表性的范围之内,大学的教学需要面向未来,并借助对学生技能(非直接的职业技

---

① Jürgen Habermas,(1987)"The Idea of the University", *New German Critique* 41, pp. 3—22.

能）的培养，将重点放在思考实际问题的理论、方法上，防止档案、记忆、观点从公众视线中脱离和消失。此外，人文科学还会吸引与市场或国家没有商业利益的存在。更重要的是，它可以维护历史上某些沉默者的权利。这需要借助未来人文主义的构想来重建文学相关的学科门类，使其更多地参与到生产和传播文化工作的谱系中，尤其是写作的谱系。

福柯计划的核心是关于文学、学术、批评和新闻之间的差异被阐明的方法的历史。然而，这一计划是不符合哈贝马斯主义的，至少不符合哈贝马斯从语言交流的形式和非历史条件中发展规范的那种方式。很明显，在这一问题上福柯功不可没，但不是20世纪70年代初期的福柯，因为那时他把大学斥为"排外的"——追求知识只是一种理想，作为社会化机制的一个重要因素。① 这一计划是福柯的功劳，知识分子用他的"真理政权"来反对"权力关系"和合理化的策略。事实上，在20世纪80年代，他自己也越来越担心失去大学里的批判性活动，特别是学术书籍的市场营销方式使这种活动变得不太可能了。② 尽管福柯早期秉持着反学术主义的立场，但他从未让这些焦虑影响其最严肃的学术计划。

如果说对福柯启蒙式人文主义进行反击的哈贝马斯、杜斯、泰勒等人是过去的新左派，那么让·鲍德里亚（Jean Baudrillard）就是先锋派的进攻者。事实上，鲍德里亚的观点与福柯对巴塔耶和克洛索夫斯基的评论并无二异，但他反对福柯的权力理论。鲍德里亚可能更为激进，其核心观点是"权力已死"③——这是他从福柯对权力的大量论述中得出的结论。如果权力渗透到社会关系中，那么一个可以对其进行如实评论的地方又如何能存在呢？鲍德里亚很快就跳过了这个分析论证。哈贝马斯和泰勒都用过这个论证，他们认为福柯自己关于权力的著作的修辞和结构模仿了他自己主题中的流动性。在鲍德里亚看来，福柯写了很多内容对权力进行了有效的想象，并以自己的风格内化了权力，因为他想要相信权力的存在。也就是说，福柯仍然没有放弃鲍德里亚所说的"不可逆性"——历史是一系列事件和铭文的结果，是生产力的结果，最后是现实本身的结果。这正是鲍德里亚所质疑的。他认为克洛索夫斯基的拟像，即"非真实的"，是后现代的条件。非真实世界的内在驱动力不是权力，而是

---

① Michel Foucault, Sylvère Lotringer (1971) "A Conversation with Michel Foucault", *Partisan Review* 38, pp. 192—201.

② Didier Eribon, (1989) *Michel Foucault* (1926—1984), Paris: Flammarion, p. 312.

③ Jean Baudrillard, (1987) *Forget Foucault*, Nicole Defresnc, trans., New York: Semiotext (e), p. 11.

"诱惑",这个词指的是"一切事物都希望在一个循环中被交换、逆转或废除"①。在诱惑的边界等待着"挑战",这些挑战是由那些真正被压迫的人指挥的,由于被诱惑的世界不能与之进行对话,因此他们简单地要求"即时回应或死亡"②。

  鲍德里亚描绘了一个划时代的情景剧,一个诱惑和权力之间的冲突,一个非现实和现实之间的冲突,一个(想象的)生产、抵抗和生活力量之间的冲突,以及(基本的)死亡和变形的驱动力之间的冲突。最终,鲍德里亚以预言者的身份写作。因此,对他提出逻辑上的反驳似乎显得不合时宜。鲍德里亚关于真实、历史和权力的"终结"的论点,赋予了"诱惑"一种分析力和支配力,并认为它最终会被摧毁。事实上,所谓的"第一世界",即消费和媒体的领域,不断受到被边缘化和去意识化的人的挑战,其中一些是哲学家和历史学家。例如,他们属于第一世界;相反,"局外人"习惯性地被商品"诱惑",沉溺于现代生产的图像和流通。可见,被诱惑和被压迫并不是唯一的条件。因此,第一世界内外的交流推翻了任何关于非现实胜利的全球性论断。或许,更应注意的是,与福柯相比,他并没有真正对这一根本性问题进行发展。鲍德里亚希望对构成当代社会领域的原始力量进行个体化和关系描述。然而,为了有效地做到这一点,他需要为这些力量提供历史轨迹。

  相较而言,福柯做得更具体,他至少提供了在现代历史的权力运作中关于惩罚制度和性的具体事例。然而,鲍德里亚的"诱惑"没有社会网络、没有中介,甚至没有工业化市场。它只是一种"时代精神"。鲍德里亚的问题在于没有具体说明他分析的层次,也没有提供他分析所需要的详细历史资料,这与他的二元论思维中的政治困境有关。一个被诱惑和挑战划分的世界,是以一种简单地存在/不存在的对立来构想世界。举一个非常明显的例子,第一世界反对帝国主义的自由主义抗议可能或多或少的是帝国主义的同谋,但与此同时,通过呼吁"开明的"价值观(至少在一定程度上是对西方经济利益的)慢慢地击败了种族隔离。要回到一个局部的权力斗争的世界观,就要更多地回到权力世界,就像福柯的权力,且历史更像福柯描绘的历史。

---

 ① Jean Baudrillard,(1987) *Forget Foucault*, Nicole Defresnc, trans., New York: Semiotext (e), p.44.
 ② Jean Baudrillard,(1987) *Forget Foucault*, Nicole Defresnc, trans., New York: Semiotext (e), p.56.

第二节　后现代主义的虚构性

对于一个将自己定义为虚构的故事，我们能赋予它怎样的意义？它与小说，或者更广泛地说，与不真实的叙述有什么不同？在不缩短福柯的哲学与历史实践距离的情况下，我们可对福柯的虚构叙事作出关于事实及其解释的精确区分，这并不排除在知性方面对真理重要性的否定。从一般意义上来讲，福柯既不是虚无主义者，也不是相对主义者。他的虚构故事试图把事实数据当作事件①——作为武器、战略和战术的工具，在一个被视为战场的真理空间内进行斗争。福柯是否在历史中走了一条弯路？如果这项努力也是一种疯狂？抑或福柯只是在对人们讲故事？或者更退一步说：如果福柯就是在制造虚构？实际上，解读福柯的立场是必要的，因为他以历史学家的话语和问题来质疑人们当下的现实处境。透过他的文本，人们可以质疑历史与文学（寓言）之间的关系，尽管一直以来传统历史学家都在压制这种关系：通过将自己置于一个后现代战略的"缝制"中，历史就会按照一种必须遵循的方法出现在自己的作品内。这是历史试图揭示自身的重要部分，也是福柯显明自己文学立场的方式。

一、后现代主义的政治想象：虚构与治理

福柯的社会批判态度源于他对眼前的历史作出的极为细致的观察和分析。这与他所秉持的从当下的实际问题中去发挥超越性的想象力密切关联。在1978年接受采访时，福柯提出了一个非常重要的声明：

> 虽然就个人而言，我对精神病学或监狱等具体问题深感兴趣，但我现在认为，从这些具体问题开始，我们终于可以提出一些建议。那么，我们应该从这些具体问题中强调什么呢？这应该被称为"新的政治想象"。我感兴趣的是如何激发这种新的政治想象力。②

---

① Revel J., (1975) *Foucault et les historiens*, entretien avec R. Bellour, Le Magazine littéraire, juin n° 101, pp. 10–13; réédité dans: Pierre Lascoumes, Pascal Michon, Jean-François Bert, Collectif, Philippe Artières, (2011) *Surveiller et punir de Michel Foucault. Regards critiques* 1975–1979, Caen: Presses Universitaires de Caen, p. 97.

② Michel Foucault, (1994) *Méthodologie pour la connaissance du monde: comment se débarrasser du marxisme*, in *Dits et écrits*, op. cit., t. II, texte n° 235, p. 599.

倘若"福柯式"的话语是要创造具有"新的政治想象"① 的人才，并帮助人类获得把握社会未来的能力，那么虚构对他而言是最为重要的工具。虚构恰恰是这种新的政治想象力的可能形式，它通过两个互补的轴心来展开。

首先，虚构的概念使人们有可能把真理的空间问题转化为一种话语和权力的发明。当然，最重要的参照点是尼采。他向我们完美地展示了所谓真理总是相互对立的权力两极的斗争结果。因此，真理的遗传位置都远远超出或低于所谓的纯粹知识和知识水平。真理也有一段历史，这是一个非常具体的故事，关于这一虚构故事之真理言语的修辞螺钉，是行使权力手段的一部分。

其次，福柯很早便意识到，任何形式的抵抗，都是为了能够真正地对现实采取行动，必须借助建立自己的虚构来介入权力空间——这种双重虚构对权力持有者进行了批判。通过谴责权力话语的非真实性，虚构的"抵抗"因此具有了真理的作用。就像直言（parrēsia）一样，这可以反过来成为一个真理。无论如何，要想有效，虚构必须充当动员真理空间的载体。通过揭示任何知识和权力装置的历史、物质、异质以及不同的起源，虚构成为一种真正的政治真理实践，并使人们摆脱任何令人屈从的真理。正如福柯去世前几周所说的：

> 没有他者的本质地位，就没有真理的确立；真理从来都不一样。②

虚构作为一种卓越的改变工具，成为真理的载体，甚至是福柯的首选媒介。因此，这种虚构，如同尼采的笑声一样，是一个严肃而重要的工具——在《词与物》的序言里③，它被看作是一切力量。福柯的疯狂笑声震撼了阅读博尔赫斯《中国百科全书》的读者，这种对思维之不可能性的讽刺将成为通往远方的航线。④

从这个意义上说，考古学和谱系学无疑佩戴着双重虚构和历史话语的诡谲面具。但正是因为它具有讽刺性的变化力量，虚构人物在现实的激动人心的框架中扮演着创意舞者的角色。福柯深知这只是虚构，因为他的哲学从未提出要

---

① Michel Foucault，(1994) *Méthodologie pour la connaissance du monde：comment se débarrasser du marxisme*，in *Dits et écrits*，op. cit.，t. II，texte n° 235，p. 599.

② Michel Foucault，(2009) *Le courage de la vérité. Cours au Collège de France* (1983—1984)，Paris：Seuil-Gallimard，p. 311.

③ Michel Foucault，(1966) *Préface*，in *Les mots et les choses*，Paris：Gallimard，pp. 7–11.

④ Michel De Certeau，*Le rire de Michel Foucault*，in histoire et psychanalyse，Paris：Gallimard，1987 [2002²]，p. 139：Pris de rire，saisi par une ironie des choses qui est l'équivalent d'une illumination，le philosophe n'est pas l'auteur mais le témoin de ces éclairs qui traversent et transgressent le quadrillage des discours par des raisons établies. Ses trouvailles sont les événements d'une pensée qui est encore à penser… Un rire… C'est sa signature de philosophe à l'ironie de l'histoire.

描述现实（尽管人们常指认出他的作品对现实的真实性效果），而是要去做、去经历、去改变现实。对他来说，历史书写的价值是从根本上去检验真理，这也是对政治力量的检验。真理需要透过现实来检验，它是由其文本所能产生的事实来衡量的。①

五十年多来，对福柯文本的频繁引用已经证明了他的虚构所能产生的影响是多么的真实和具体。他自己也喜欢回忆《疯狂史》的写作内容与现实中的多起反精神病的运动事件遥相呼应。②《规训与惩罚》在1970年代监狱暴动期间建立起社会关于事件的直接和富有成效的对话。③ 面对哲学现代性特有的本体论和人类学确定性的崩溃，他认识到要为新的存在形式开辟一个空间，他以在历史中建立起的游戏与权力的想象，为当下的政治本体论提供"虚构"这一有力的工具：

> 至于虚构的问题，对我而言，是一个非常重要的问题；我意识到，除了虚构以外，我什么都没写。我并不是说这是不真实的。在我看来，有可能让虚拟在真理中起作用，用虚拟的语言来诱导真实的效果，从而实现真理话语的唤起，从而制造出一个还不存在的东西。面对着这一"虚构"的历史，从政治现实中使它真实，至于我们"虚构"的政策，它还不存在任何历史真相。④

今天，人文科学不得不评论和使用（即使是有争议的）福柯的理论分析方法。他作品中最令人惊讶的方面可能正是这种切实地将自己的兴趣和个人经历转化为集体变革运动的非凡能力。

对福柯而言，虚构历史的前提总是以统治为首要主题进入到每个时代的场景中。将统治和权力的互相纠缠作为其政治批判的核心，他对理性的解构成为牵出上述两者关系的立足点。他在1979年应邀参加斯坦福大学的研讨会，期间他以《整全与单一：对政治理性的批判》（*Omnes et Singulatim*：*Towards*

---

① Michel Foucault, *Foucault étudie la raison d'état*, art. cit., p. 860.
② Philippe Chevallier, Jean-François Bert, Collectif, Philippe Artières, Frédéric Gros, (2011) *Histoire de la folie à l'âge classique de Michel Foucault. Regards critiques* 1961—2011, Caen：Presses Universitaires de Caen, p. 108.
③ Pierre Lascoumes, Pascal Michon, Jean-François Bert, Collectif, Philippe Artières, (2011) *Surveiller et punir de Michel Foucault. Regards critiques* 1975—1979, Caen：Presses Universitaires de Caen, pp. 201−205.
④ Michel Foucault, Les rapports de pouvoir passent à l'intérieur des corps, in Dits et écrits, op. cit., t. II, texte nº 197, p. 236.

a Criticism of Political Reason)①为题发表演讲。他仔细考察了权力过度使用与理性化的关系,并提出了"个体化权力"这一概念,即被他称为"牧领"(pastorship)现象的关系转变。在他看来,牧领权挑战了自古希腊以来的社会结构,在当下与现代意义的国家形式相结合。他论证了早期基督教牧领势力以"游戏"的方式产生效用,且关联于个体的控制,并在经验、知识、权力这套三角结构中予以实施。他认为,西方的国家理性指向一种治理艺术,在预设的一套特定知识体系下,不断强化国家的性质。他认为,为使国家完成巩固,并在这一前提下实施这种权力,相关的治理科学在个体化和总体化过程中都在不断强化自身的角色。

福柯历史哲学的政治指向并非是架空历史的对理性的批判,他试图从西方那些与政治相关的具体制度开始,来勾勒出某种基于国家的管制形态。在对牧领制,德国、美国的自由主义的反思过程中,他谈论的方式从根本上跳脱了过去那种阐发政治的话语模式,从而开启了一种解构历史宏大叙事的策略。他侧重于以所谓的治理术②的历史来靠近已经被人们谈论得毫无新颖的论题。就"治理"而言,福柯澄清了他并非是在一般意义上去思考它:

>"治理技艺",大家记得我在那种狭义上的理解,因为"治理"一词本身,我使用它时撇开了指存在着的指导人类、引导其行为举止、约束其活动及反应等的各种方式、模式和可能性。因此,我已经撇开了人们的一般理解以及长久以来将其理解为治理子女、治理家庭、治理家务、治理灵魂、治理社群,等等。我曾经,今年我仍然只从这样一个角度,并且只从这个角度来考察对人的治理,即它作为政治主权之运转。③

他试图揭示政治主权运转中治理实践的合理化过程,即倘若治理是政治主权得以施行的可能性条件或最终目的,那么它是如何在治理实践活动中被人们概念化的。在确定了上述目标之后,该如何去讨论治理实践呢?

福柯认为,不管社会学分析、历史学分析,还是政治分析,都是从一些普

---

① 这次演讲最早发表在 The anner Lectures on Human Values,Sterling M. Mc Murrin 编,第二卷(Raymond Aron, Brian Barry, Jonathan Bennett, Robert Coles, George T. Stigler, *Wallace Stegner and Michel Foucault*),Salt Lake City:University of Utah Press and Cambridge:Cambridge University Press, 1981. 法文版于 1986 年秋面世,载于 Le Débat。

② 文中把"治理"作为整体来强调时,将 art 译作"术",即统称的治理术。在表明一种治理手段的局部层面时,将 art 译作"技艺",以此来突出福柯对治理实践合理化过程的反思。

③ 米歇尔·福柯:《法兰西学院课程系列. 1978—1979:生命政治的诞生》,莫伟民、赵伟译,上海:上海人民出版社,2018 年版,第 4 页。

遍性概念（universaux）来介入讨论的。在问题中，通常围绕统治者、主权、人民、臣民、国家、市民社会等作出单一化的观点。对他而言，这些观点均属于一种历史主义还原，即从已知的普遍概念出发来考察历史中概念的流变，以至于最终被判定为无效。福柯说道：

> 历史主义从普遍出发并且在一定程度上将其置于历史的研磨器中。①

他认为，以普遍概念为前提来考察历史并推导出具体现象，或者以具体实践开始并在这些实践活动的框架中检查普遍概念，都难以摆脱历史主义的还原困境。在此，他提出一个极富挑战性的观点：假设普遍概念并不存在，不先天地承认既定的普遍概念，人们如何书写历史？福柯以他对疯狂的考察为例来解答这一问题：

> 关于疯狂问题也是一样，当我的问题不是问"疯狂存在吗"时，我想检验历史是否呈现于我、带给我某种类似疯狂的东西。没有，历史没给出类似疯狂的东西，因此疯狂不存在。我的推理不是这样的，这不是事实方法。方法在于：假设疯狂不存在，那么，对于这些看起来与假设的疯狂相符的不同事件和不同实践，我们可以书写怎样的历史？因此，这里我想做的正好与历史主义相反。不是把历史用作批判方法来拷问普遍概念，而是从普遍概念不存在这个论断出发，来询问我们可以书写什么样的历史？②

循着这样的思路，福柯开启了思考历史的新篇章。他指出，在16世纪中期出现的"国家理性"（raison d'État）③ 所具有的治理合理性（rationalité）特征是极为特殊的，因为这种合理性可以对治理活动进行调节。国家是呈现出的已知物，人们只能在其框架内进行思考，但国家又需要不断地加以建构。换言之，国家是不充分的存在物。于是，对国家的治理技艺要确定治理实践的规则，把其从应然存在过渡为实然存在，从而使其行为方式合理化。福柯进一步推断：

> 治理之理是指以反思的、推理的和估算的方式使既定的国家过渡到其

---

① 米歇尔·福柯：《法兰西学院课程系列. 1978—1979：生命政治的诞生》，莫伟民、赵伟译，上海：上海人民出版社，2018年版，第5页。
② 米歇尔·福柯：《法兰西学院课程系列. 1978—1979：生命政治的诞生》，莫伟民、赵伟译，上海：上海人民出版社，2018年版，第6页。
③ 国家为追逐其利益而牺牲道德、法律等迫切需求来为自己的政治辖治和外交等行为进行辩解。马基雅维利在《君主论》中有关于基于国家理由治理术的阐释。

最大存在。①

这种做法会自然联系到国家的治理目标，国家需要变大变强，并永远稳固富裕，从而能面对一切对其有破坏野心的势力。福柯认为，这一大约于16世纪中期起建立的治理合理性，在运用到国家层面来看，国家治理者的关注从内部转向了外部，即那些高于国家的、外在于国家的原则。福柯指出，国家既非家庭、教会，更不是帝国，而是"一种特殊的和不连贯的实在"②。他认为，目前的国家视野中只有对它自己的关注，不太可能走向过去那种帝国（impériale）模式。因为帝国结构表明了上帝在世，从而引领人们最终凝聚为全人类（humanité），直至世界末日。换言之，现在的国家只作为复数的国家形式存在。在这里，他铺展开国家合理性演变的历史脉络，并揭示这种变化中的独特性。这便是当下国家形态的特征。此外，他作出进一步的强调：

> 国家，远不是一种通过其自身活力来展开的历史－自然（historico－naturelle）已知物（donnée），好似一只"冷血巨兽"，它的种子曾在历史上每一刻被播种并且一点一点地蚕食历史。国家不是这样的，国家不是冷血巨兽，国家是某种治理方式的相关项。问题是要理解这种治理方式是怎样发展起来的，它的历史是怎样的，它怎样扩张，怎样缩小，怎样延伸到这一领域，怎样发明、形成、发展出新的实践，这才是问题，而不是使（国家）成为木偶剧中痛击不同历史人物的那类宪兵。③

福柯并不认同这种看似自然的国家政治结构。在他这里，对理性的批判转化为分析国家的合理化存在历史。如果说讨论该问题仅是其理论策略的一种选择，他的细化做法便以一种后现代主义的姿态来提请人们注意：分析仅仅体现出历史的某些可能性，真正的选择还在每个人自己的手中。他并未给出具体的解决方案，即如何去瓦解这种宏大的治理模式。因为他知道哲学早就不去弥补科学理性的无能了，且它也不再能建构它的理想大厦了。对他来说，思想所面临的现实为：只能勾勒出某种梗概去帮助理解这种状态，而不能提供将它全盘推倒的思路。

---

① 米歇尔·福柯：《法兰西学院课程系列. 1978—1979：生命政治的诞生》，莫伟民、赵伟译，上海：上海人民出版社，2018年版，第7页。
② 米歇尔·福柯：《法兰西学院课程系列. 1978—1979：生命政治的诞生》，莫伟民、赵伟译，上海：上海人民出版社，2018年版，第8页。
③ 米歇尔·福柯：《法兰西学院课程系列. 1978—1979：生命政治的诞生》，莫伟民、赵伟译，上海：上海人民出版社，2018年版，第9页。

启蒙把不断扩展理性本身的政治权力作为其主要的任务。福柯认为，自康德以来，政治哲学具有了防止理性超越经验给定事物之边界的功能。之后的政治哲学任务便开始转为对政治理性的过度权力进行追踪，并最终起到对权力的监控作用。于是，政治权力间的合理化问题便呼之欲出了。应该如何应对这样一种显而易见的状况？他开始转变对理性的批判策略，因为把"理性"当作无理性的对立面只会使论争在原地打转。或许，他所采取的追踪权力合理化的历史过程才是打开分析权力空间的可能路径。

福柯很清楚这项工作的困难。他采取的方式并非将社会或文化的合理化当作一个整体，而是追踪所选取的几个领域中权力的合理化过程。这样就需要结合某些基本的经验：癫狂、疾病、死亡、犯罪、性等。可以注意到，这些经验的选取是以消解人类中心主义的立场为前提的。因为这些经验几乎是人走向理性进程中所竭力排除的。在具体策略上，分析诸如癫狂、死亡、犯罪、性的经验，有助于找出它们是如何与某一特定权力技术关联的。这使得隐蔽的权力之多样性能够被差异化地呈现出来。对个体而言，权力具有极强的可塑性和适配性，它是以达成对对象的控制和继续生产新的权力为目标的。因而，当历史学家还围绕着探讨国家及其政府管理和科层制度的组织方法时，福柯反其道而行之的做法为考察权力之分散化形式提供了更有效的思路。

在讨论牧领权时，福柯解构了过去那些对国家理性或政治理性的批评传统，并提出了关于上帝、国王、领袖的角色问题。这种占据整个社会最高统治地位的人，就如同率领一群羊的牧人。他还指出，这种人物在荷马时代的文学中，以及在东罗马的一些文献中都存在。但总体而言，关于羊群的政治隐喻却并未从古代希腊和罗马的政治典籍中被发现。在古代东方社会（如古埃及、亚述等近东地区）较为常见。[①] 这是否意味着，这些差异影响了在不同时期、不同文化内部所产生的政治形态的不同。可见，对权力关系的细致分析，突出了其中常被人忽略的转变。人们很容易理解一个抽象的国家演进路径：朝向集权的国家。对福柯而言，权力恰是在个体层面的延伸中逐渐显现的。与其去考察国家宏大建构的计划，不如聚焦于权力以何种具体化形式在微观处运作。他利用了那种把国家预设为一种连续、持久地对个体进行统治的观点。在对这一观

---

① 福柯认为，埃及人的牧人是法老。他会在加冕仪式上被授予牧人的权杖。早期其他的族群中也有"牧人""牧领"：某位巴比伦君主的封号为"民之牧领"；上帝作为牧人，带领人群来到草地上生活，衣食无忧；在埃及的赞美诗中，有祈求太阳神的保佑的句子，"啊，神，在众人沉睡的时候，你还在照看着他们，为你的畜群谋好处……"可见，上帝和国王之间的联系建立在他们担负着相同的使命：照看同一群牲畜；神圣的造物被托付给牧人－国王。

点的否定上,福柯发现了"牧领"以实现权力之个体化的隐蔽技术。这不仅是现代权力可能回归过去的一种暗示,也是权力走向后现代差异化形态的最大可能。

二、后现代主义的语言形态:权力与话语

后现代主义是深刻的颠覆,它解构了以西方为中心的所有二元对立,那种赋予了西方文化最引以为傲的独特性和优越感的理论。在解构这些反对派时,它暴露了虚假的等级制度和人为的边界、对知识的无理要求和非法篡夺的权力。然而,在解构主义批评中,对立的瓦解、隐藏的等级和权力关系的暴露通常仅限于手边的文本。尽管德里达对逻各斯中心主义的解构,即语言让我们获得真理——包含了对权力的兴趣及其作用。然而,在更大范围内对权力进行审问,且支配20世纪80年代后结构主义批评的主要来源是福柯的工作。在其历史学家的生涯中,他挖掘了西方精神病学的历史、临床医学的起源和兴起、生物学和经济学的演变、现代医学的出现、监狱系统和其他重要的社会发展的书籍,在18世纪末和19世纪初发现了它们的共同起源,即所谓的启蒙主义。在这些书中,他重点介绍了他所认为的启蒙运动的愿景,即西方社会的建立是在理性和有序的基础上不断规范的自动程序。

福柯试图揭露权力在看似"客观"词汇和诊断术语中的运作方式,这些词汇和诊断术语是由萌芽中的人文科学的各个分支发展起来的。对他来说,这些建立于19世纪的新科学,包括精神病学、犯罪学、医学和(人类)生物学等以及由此产生的社会政策,其基本特征均是压抑性的。他认为,这些政策现在表现为规训和监督,在理论上是为了改善和发展,但最终导致了对社会控制自我强加的服从。可见,新的人文科学被证明是一件紧身衣,奇怪的是,人们似乎很乐意穿上它。

在其著作《规训与惩罚》的"全景敞视主义"一节中,福柯简明扼要地叙述了现代社会早期麻风病和瘟疫这两种高度传染性疾病的处理状况。他指出,麻风病人只是被排除在社会交往之外,以便减少感染的风险。然而,对于可能影响到大量人口的瘟疫,采取其他的措施是必要的。因此,17世纪的社会尽最大努力来遏制瘟疫,一旦疾病表现出来,就把人们限制在他们的房子里。但这种激烈的措施需要不断地监视,即维持不断地检查运作,"监视的目光到处

都是警觉的"①。对福柯而言,这种以预防为目的的监禁,是现代世界中个人是如何不断被规约和驯服的典型事例:

> 这种封闭的、分段的空间,在每一点上都观察到,其中的个体被安置在固定的地方,在那里有轻微的运动被监督,在那里所有的事件都被记录下来。个人不断地被定位、检查和分布,在生物、病人和死者之间,所有这些都构成了规训机制的紧凑模型。②

福柯认为,瘟疫的"政治梦想"是"监管渗透到日常生活的最小细节中"③。这种试图限制瘟疫的活动,决不能被看作是一群邪恶的公民控制着另一群无能为力的人。关于权力,不是"一组人和另一组人之间的巨大的二元分割"④,而是权力通过大量的渠道和大量的个体来得到设置和分配。19世纪,人们开始对乞丐、流浪汉、疯人、制造混乱者等实行详细的管制和不断的监视,以抵御瘟疫。简言之,一切都指向对"异常个体"的管理。当局负责使用的工具是"二元分割",即令人熟知的二元对立,是"疯狂/理智、危险/无害、正常/异常"的对立。⑤

随之而来的控制便是新的空间区隔的产生。在福柯看来,"全景敞视监狱"隐喻了这种新的社会管制。这种监狱是英国哲学家杰里米·边沁在18世纪末设计的一种监管形态。其理想的运作是由围绕一个中心观察点而建造的牢房,只需一个单独的监视者就可以从这个观察点检查任何一个楼层的牢房情况。然而,囚犯却看不见监视者,且永远不知道他自己是否处于被监视中。对福柯来说,全景监狱的主要影响在于:

> 从囚犯中引导出一个有意识和永远可见的状况,以实现权力的自动运转。所以部署监视的效果是永久性的,尽管它的功效是不可持续的;完美的权力应该是可以使它的实际运动看起来不再必要;这个建筑应该是一架

---

① Michel Foucault, (1977) *Discipline and Punish: The Birth of the Prison*, Alan Sheridan, trans., Harmondsworth: Penguin, p.195.
② Michel Foucault, (1977) *Discipline and Punish: The Birth of the Prison*, Alan Sheridan, trans., Harmondsworth: Penguin, p.197.
③ Michel Foucault, (1977) *Discipline and Punish: The Birth of the Prison*, Alan Sheridan, trans., Harmondsworth: Penguin, p.198.
④ Michel Foucault, (1977) *Discipline and Punish: The Birth of the Prison*, Alan Sheridan, trans., Harmondsworth: Penguin, p.198.
⑤ Michel Foucault, (1977) *Discipline and Punish: The Birth of the Prison*, Alan Sheridan, trans., Harmondsworth: Penguin, p.199.

创建并维护权力关系的机器。它必须独立于所有执行权力的人；简言之，囚犯必须自己进入他们的作为权力承担者的境地之中。①

这个措辞强烈的结论类似于阿尔都塞所界定的"意识形态"，即"真正的征服机械地脱胎于一个编造的关系"②，亦即一种个体与其实际生存条件之间的想象关联的表现。对于福柯而言，全景敞视代表人们所处的现代世界，它的公民都是"承担者"，即承载着人们自己的象征——精神与禁锢。就像阿尔都塞指出的那样，权力的秘密在于我们是我们自己的同谋。

人们一般很难理解上述观点，因为普遍的看法是各个西方民主国家应该是自由和宽容的。因此，需要再次讨论福柯关于精神病学和暴力犯罪的论点。在精神病学进入现场之前，谋杀只是一个谋杀：这种行为除了明显的理由——利益、报复等之外，不需要进一步的解释，且这种行为可能会立即得到惩罚。但随着精神病学的出现，焦点开始从执法和惩罚转向犯罪行为的动机方面。换句话说，焦点从法律层面转移到对罪犯性格的审查。不久，精神病学就诊断出一个或多个特定的犯罪人物。随着罪犯思想的引入，一个全新的局面得以展开，即个人在没有实际犯下暴力罪行的情况下具有刑事人格。毕竟，人们必须假定，犯下这种罪行的人，具有犯罪人格，且在罪行之前就已具备。这就引出一个结论，在人们所认识的人中有着潜在的凶手：当中的每个人都可能具有犯罪人格。于是，精神病诊断将导致更大范围的怀疑和监视。当我们怀疑别人时，就像他们也在怀疑我们一样：所有人都受到监视的"凝视"。此外，这种诊断通常会导致对自我实施监视：自我成为监禁自己的"承担者"。

19世纪发现的另一种"人格"是同性恋。在这种情况下，看似离散的行为也可以追溯到一个潜在的、不变的、同系的本我属性。鉴于围绕这种新的"人格"的强烈负面内涵，年轻男性必须开始监测自己，并在必要时压抑这种所谓"不良"的感觉。福柯认为，在十八九世纪，大批的精神病学家、医生、社会学家、心理治疗师、社会工作者和其他自我指定的"正常"人格守护者的群体不断涌现。他们创造了一种令人窒息的社会监督机制。正如福柯所提示的，现在应该关注随之而来的语言变化，因为话语在此过程中起着重要作用。

---

① Michel Foucault，(1977) *Discipline and Punish：The Birth of the Prison*，Alan Sheridan，trans.，Harmondsworth：Penguin，p. 201.

② Michel Foucault，(1977) *Discipline and Punish：The Birth of the Prison*，Alan Sheridan，trans.，Harmondsworth：Penguin，p. 202.

可以借助一本早于福柯的作品来恢复这种认识，这本书是肯·凯西（Ken Kesey）的小说《飞越布谷鸟巢》（*One Flew Over the Cuckoo's Nest*），故事描述了一个真正的"福柯式"世界。这本小说发生在一个由女人（Big Nurse）经营的精神病院里，她的武器便是不停地监视和检查。病人经常参加小组会议，他们必须揭示他们的问题，表面上是为了治疗目的，但实际上是因为公开忏悔的羞辱使他们在顺从的序列中无法自拔。这部小说的一个重大惊喜是许多囚犯根本没有犯罪，而是在完全自愿的基础上来到这个诊所。他们之所以认罪，是因为外部世界坚持的"正常"及其对正常的定义使他们确信他们是不正常的，并需要接受治疗。换句话说，他们受到了人类科学权威的压制。首先，他们接受并完全内化了一个关于"正常化"的话语，可以说，人文科学对此负有主要责任；其次，他们实际上把他们的思想和身体交给了人文科学中的一个附属机构。唯一一个确信自己绝对理智的"病人"逃脱了这种关于正常的"话语"，因为他从来没有去过学校或教堂，这两者在阿尔都塞看来都从属于国家机构。讽刺的是，与其他大多数人不同，他不能自由地进入其中。

为何要接受这种"全景"结构状态——在这个世界里，人们不断地受到监视，更重要的是，人们不断地监视自己的异常迹象甚至仅仅是源于陌生？福柯将这一点归因于话语核心的"权力"（power）。这种权力显然与阿尔都塞的"意识形态"（ideology）和葛兰西（Antonio Francesco Gramsci）的"霸权"（hegemony）有很大的共同之处，因为它也遵循着同样的规则。在《飞越布谷鸟巢》的例子中，那些自己承认的"病人"真诚地相信他们是不合时宜的，需要治疗。人们可能会说，他们服从于精神病学话语的权力。福柯的权力，就像"意识形态"或"霸权"一样，来源于人们深深相信它告诉的事实。实际上，就像阿尔都塞的"意识形态"那样，它给人们一种归属感，并有助于人们的福祉：

> 如果权力从来不是任何东西，而是压制性的，如果它从来没有做过什么，而是说不，你真的认为一个人会被逮到服从它吗？什么使权力保持良好，什么使它被接受，这些仅仅是这样的事实，它不仅作为一种说不的力量来衡量我们，而且它穿越并产生事物，它诱导快乐，形成知识，生成话语。[1]

---

[1] Michel Foucault，(1980) *Power/Knowledge: Selected Interviews and Other Writings* 1972—1977, Brighton: Harvester Press, p. 119.

人们服从权力，忠于它，甚至到了维持监视和压制自己的地步，因为它使人感受到我们是什么。目前尚不清楚的是，人们在多大程度上可以抵抗权力。福柯与阿尔都塞相比，提供了更多的抵抗空间和可能性：

> 我们也应该考虑到复杂且不平衡的过程，即话语既可以是一个工具，又可能是权力的影响，它还可能是一种障碍，甚至一种绊脚石、一种阻力和一种对立状态的策略起点。话语传递和产生权力；它提高了权力，但它却破坏并暴露了权力，使权力更加薄弱，从而有可能使它失败。①

在福柯看来，抵抗是权力结构进一步加强自身的手段。福柯有时似乎占据了阿尔都塞的位置，即所有的实践目的都排除了抵抗；但在其他时候，他似乎更多地倾向于葛兰西的观点，认为抵抗的实际目的排除了阻力，即把抵抗看作是反霸权的观点和行动，并将其当作一种改变现实的可能性。

任何情况下，划分权力的结构都是通过话语和形成话语来显现的。在对"异常"行为的监督中，人文科学的权力来自它们声称的知识；来自它们对专业知识的要求。这样一组对知识的主张是福柯所说的"话语"。更准确地说，话语是一种松散的结构，它由相互关联的假设组成，并使知识成为可能。他在《知识的考古学》中谈道：

> 一系列的句子或命题，它可被定义为一组陈述，属于单个的形式系统——一个所谓的话语形式。……我将能够谈论临床话语、经济话语、自然历史话语、精神话语。②

特定的话语结构建立了一个场域，比如 19 世纪的性学，规范了性关系和倾向。其中关于性的"命题"如果没有它就无法制定：场域的产生使人们有可能将看似离散和不相连的现象联系起来。这样的话语，就产生了对知识的要求，正是这些要求使人们接受它的力量。于是，知识和权力之间就维持了密切的关系。

福柯把知识看作是一种定义和分类他者的方法。知识并非将人们从无知中解放出来，而是走向监视和规训。以性领域为例，"发现"有些男性具有"同性恋人格"，这一认知既导致了对该群体的管教和污名化，又被认为有助于建

---

① Michel Foucault，(1980) *Power/Knowledge: Selected Interviews and Other Writings* 1972—1977, Brighton: Harvester Press, pp. 100-101.

② Michel Foucault，(1971) *The Archaeology of Knowledge and the Discourse on Language*, Sheridan Smith, trans., New York: Pantheon Books (1st pub. in Paris), pp. 107-108.

立同性恋社区、个人层面的团体甚至政治层面的集体行动。福柯意识到这一点，但很难确定他是否将此类"反向"话语看作是成功抵抗的例子。毕竟，反向话语沿用了原有话语的词汇和分类体系，这反而容易给人以强化原话语有效性的错觉。

除了对话语问题的关注外，福柯对知识与权力关系的看法也至关重要。不可否认，过去对知识存在着"虚假主张"，这种情况下，实际上知识是社会压制以及权力的工具。举个例子，女人和有色人种所谓的自卑，作为他们对世界认知的一部分，被无数代白人男性承认。回溯过去，人们始终在处理着某种二元对立，即权力（在这种情况下，白人男性的权力）变成了事实的知识。从历史上看，所谓的知识反映了一个主体（"知道者"）和一个对象（"知道者"知道或研究的对象）之间的权力关系，而不是人们所称的真理。当人们使用"虚假主张"这个词时，就暗示着对知识也有正确的主张。

对福柯来说，这种区分是可疑的，他对确定哪些话语是假的和哪些是真的不感兴趣。他的重点是话语形成的规则，即支配着一个话语，并使它形成的东西。在这里，可以看到他在结构主义和后结构主义的分界线上运作，就像热奈特在叙事学方面的研究一样，只对基本的原则感兴趣，即那些使"命题"有可能获得知识地位的规则和条件。这些规则和条件决定了哪些知识是他们所从事领域的知识。因此，就像在临床医学或精神病学中一样，规则是对所有人建立的一套"知识"体系。由于对专业知识的要求，这样的讨论就会继续决定谈论和思考这一领域的方式（比如性行为或精神疾病），而这些往往不会要求持续监视我们自己和其他人。就像通常的语言一样，它们独立于任何个人意图，并透过使用者来保持自身的永久化。因为我们总是自我内化的话语工具，我们自己不断地复制着它们的权力。

可能产生的疑问是，这些与文学研究究竟有什么相关性？答案是，话语作为权力工具的思想在文学研究中取得了巨大的成果。福柯在语言中牢牢地定位权力，而语言是文学研究的核心内容。也许应该再次强调，福柯在讨论话语的作用时，并没有想到那些滥用某些话语来获得个人权力的人（尽管这种情况确实发生了），并且他也没有想到核心的权力来源——例如，国家使用愤世嫉俗的话语来操纵人们，并使人们处于控制之下。国家的仆人和人们一样相信这些话语。正如葛兰西的"霸权"和阿尔都塞的"意识形态"所论述的那样：人们如此完全地内化它们，以至于它们竟然"诱导快乐"。在这里，话语构成了人们看待世界的方式。人们在话语中生活和呼吸，因为它已不知不觉地存在于权力链条之上了。当然，解构主义并没有对语言与权力的关系视而不见——它对二元对立的瓦解就证明了这一点。然而，福柯将语言置于社会权力的中心——而不是属于社会实践的文本权力中心。语言的社会角色存在于文学与文学研究中，而语言的霸权是各种研究轨迹的起点。

三、后现代主义的书写实践：历史与真实

福柯对虚构概念的使用并非一种学术挑衅，而是一种真正的认知操作，是其认知发展的核心。就虚构而言，福柯重申想象力在历史、哲学中的作用以及政治本体论的重要价值。如果有可能，应该发明一种词源学的想象术语，而不是由占主导地位的权力来传达真理，这或许可以构建一个新的世界和一个新的社会。虚构绝不是谎言或寓言，它是变革动力，通过它，历史成为哲学真理的"现实检验"[1]，这或许是福柯所期冀的政治现实。

在福柯的陈述中，有三个基本术语：虚构、现实、真理。也就是说，他采用"历史虚构"的"实践"来证明自己。福柯坚称他的作品会产生"真实的"效果，并积极回应现实，尽管他也承认这些书在某种程度上不是"真实的"，并且他从不为预设的真理问题寻求出路。他只是希望书一旦写成就成为被"接受的真理"。可见，这三个概念的复杂交织（这三个概念与历史问题有关）确实与福柯的思想以及他所作的分析有重要联系。在1980年的一次访谈中，福柯指出：

> 我不是真正的历史学家，也不是小说家。我实践着一种历史虚构。从某种意义上讲，我非常清楚我所说的话并非正确，我试图在我们的现实与我们对过去历史的了解之间制造干扰。倘若我能成功，这种干扰将对我们目前的历史产生实际的影响。我的希望是，我的书一旦写成，它们的真实性就被接受。[2]

如果小说的概念是在文学背景下诞生的，那么它的价值将远远超出艺术和美学领域，并在谱系学中发挥非常特殊的作用，这种"思想的历史政治有可能

---

[1] Michel Foucault，(2008) *Le gouvernement de soi et des autres. Cours au Collège de France* (1982—1983)，Paris: Seuil-Gallimard，p. 211.

[2] Michel Foucault，*Foucault étudie la raison d'état*，in Dits et écrits，4 Vol.，D. Defert et F. Ewald éd.，Paris: Gallimard，1994 (nouvelle éd. en 2 vol.，Paris: Gallimard，2001)，t. II，texte n° 280，p. 859.

刻画出整个福柯知识考古学的面貌"①。直到生命终结，虚构的观念仍是福柯思想的核心。它本身仍然保留着一种分解思想的能力，并且逐渐变得不仅能够通过放弃语言的匿名性来表达这种转变，还能起到对主导力量的抵抗作用，这就是即时的批判性颠覆工具和积极的主观想象技术。

从这个角度来看，为了跟随1970年代初虚构取代文学语言的小说集成为政治家谱系学的核心价值这一事实，需要回看福柯在1954年翻译的重要文本，即宾斯万格的《梦与存在》。② 除了其语言之外，受现象学和存在主义语境的影响，该文本凸显了福柯所有作品中必不可少的维度——赋予想象和虚构极为重要的地位。梦境作为虚构条件的可能性，想象力将自己展现为一种本体论和伦理实践：它拥有承担过去历史的能力，并以不同方式塑造自身存在的适应条件。想象力具有一种超越内在的力量，也就是说，它以垂直化的力量来改变将我们束缚于现在的关系。

一方面，想象力具备与现实创造同等的能力，它能让我们获得独特的体验，还拥有开启全新存在标准的潜力；另一方面，虚构作为一种内在性超越思想，因为能够动态化存在的维度，正朝着福柯1980年代的分析方向不断发展。它已经演变成一种能证明自身之与众不同的自由实践：在不脱离现实的情况下，回到现实中去对它采取行动，先将其予以变形，再接着改变它。想象力赋予我们思考历史的自由力量。换言之，这种力量牢固地植根于历史及其物质环境中，正是出于这一原因，它能够对现实起作用并因此创造历史。虚构的不是虚幻的模式，而是新闻的模式。③ 这一变革的虚拟性演习成为"人类将来的真正任务：承担必要的历史道德"④。就像在博尔赫斯的"虚构世界"⑤那样，这是通过虚设焦虑来检验真实的问题，虚构的空间在其思想的核心处暴露出来。我们可以用福柯所说的话来描述博尔赫斯文学的关键力量："在描述知识或文

---

① 值得注意的是，福柯说他的大部分虚构书写是在1980年代，除开篇所引用的段落外，福柯还在1981年对杜齐奥·特隆巴多里（Duccio Trombadori）表示支持。参见 *Entretien avec Michel Foucault*, art. cit., p. 864.

② Michel Foucault, *Introduction*, in Ludwig Binswange, *Le rêve et l'existence*, Paris: Desclée de Brouwer, 1954, pp. 93—147, in Dits et écrits, op. cit., tome. I, texte n°1, pp. 128—129.

③ Michel Foucault, *Introduction*, in Ludwig Binswange, *Le rêve et l'existence*, Paris: Desclée de Brouwer, 1954, p. 142.

④ Michel Foucault, *Introduction*, in Ludwig Binswange, *Le rêve et l'existence*, Paris: Desclée de Brouwer, 1954, pp. 146—147.

⑤ Jorge Luis Borges, (1956 [1960]) *Ficciones*, Buenos Aires, *Émecé*, trad. fr. par P. Verdevoye et N. Ibarra, (1974) *Fictions*, Paris: Gallimard, pp. 88—90.

第五章 / 福柯后现代主义的历史哲学指向

明的同时，它凸显了围绕这些知识所建立在现代文明中焦虑以及焦虑的重要性。"①

当福柯开始越来越明确地将这种变革性的虚构要求与政治实践联系起来时，他通过强调历史在他的工作方法中的作用来做到这一点。根据他的观点，知识分子的真正政治行动是表明，总是有可能以不同的方式思考世界。正如他在 1954 年所写的那样，将"一项道德任务"作为谱系学的历史是特权引擎，它通过在过去和现在之间产生干扰来对我们的类别进行严格检验，从而成为可能的思想。哲学家错误地忽视"档案"，而福柯却开辟出新的思想领域，进而开启新的行动。在权力的关系网中，知识存在的具体条件始终隐而不显，但它却构成了概念的真实空间。因此，核心的问题是：如何理解福柯使这种新的问题化（或政治化）在权力关系中以反抗的方式发挥出来，即透过历史来了解关于政治的新的真理是否是可能的。②

哲学现代性的适当特征是对一个人现在的状况之质疑的形成。作为思想态度的启蒙精神，是对人之现实的偶然性提出质疑的能力，而又不将其简化为历史的神学或目的论叙事。正如福柯在各种分析中完美描述的那样③：他致力于写下具有象征意义的文本《什么是启蒙？》，这是哲学现代性的特征，即在对自己当下条件的质疑下出现的。④ 在他看来，人无非是人今天的样子，这首先是一种道德态度：选择使所有真理经受内在意义和现实的永恒考验，这是属于人自己的礼物。因此，当下的文学选择是将超越的缺失视为不断重开的行动的虚拟性。如果人们真的想对人今天是什么这一复杂任务作出回应的话，人们必须同意以某种方式去理解这个故事，深入研究它，以通过与非历史性事物进行比较来揭示人的概念和真理的奇异之处，了解并回答它们不再是什么。

福柯的实践可以构成一种文学实践，因为文学可被认为是对当下的批判实践活动。关注过去的新闻（字面意思是：做事的时间，行动的时间）是一种对

---

① Michel Foucault, *Le savoir comme crime*, in Dits et écrits, op. cit., t. II, texte nº 174, p. 85.

② Michel Foucault, *Entretien avec Michel Foucault*, par A. Fontana et P. Pasquino, in Dits et écrits, op. cit., t. II, texte nº 192, p. 160.

③ Michel Foucault, *Qu'est-ce que la critique?*, conférence du 27 Maggio 1978, in: Bulletin de la Société Française de Philosophie, 1990; *What is Enlightenment?*, in Dits et écrits, op. cit., t. II, texte nº339, pp. 1381-1397 ; *Qu'est-ce que les Lumières?* (Extrait de la leçon du 5 janvier 1983 au Collège de France), in Dits et écrits, op. cit., t. II, texte nº 351, pp. 1498-1507.

④ Immunuel Kant, (1985) *Réponse à la question: Qu'est-ce que les Lumières?*, trad. H. Wismann, in Œuvres, Paris: Gallimard, coll. Bibliothèque de la Pléiade, t. II, pp. 209-217.

287

人的历史局限性进行偶然性检验的方法，看看它们是否可以被修改，修改的程度如何。相反，数据在现实中并未被否定，深入研究它，将它与不是、不再是的概念进行比较，以揭示人的概念及真理的独特性。① 正是因为数据在物质性上保持一种不可还原的事件特征，才使人们感到担忧并模糊了人的范畴。然而，数据的运作方式在新闻领域中是一种策略，这一策略绝不是纯粹的描述，而是始终属于伦理政治。在其构成的历史中思考现实是一项困难的任务，只能通过其（总是可能的）自由变形来应对当前偶然性带来的挑战。福柯指出："这就是为什么今天的哲学完全是政治的，也完全是历史的。"② 当福柯想要建立一个当下的本体论、一个时事的本体论、一个现代性的本体论、"一个我们自己的本体论"③ 时，他意图强调对当下社会存在形态的质疑。

福柯的谱系学具有本体论的深度，因为它们产生了存在和存在的新形式：它们使得真理的虚构游戏不断循环，这既是一种关于"话语秩序"的批评形式，又是一种抵抗真理之语并建立另一个真理主体的自由。讲话的主体需要被认真界定，至少不能仅框定在法学家或哲学家的范围内，即限制性的普遍主体。无论怎样，在这场普遍的斗争中，论争者总会站在某个立场上，他要么属于这边，要么属于那边：

> 也许，他企图宣扬权利；但这是他自己的权利——打上征服、统治或资历关系烙印的特殊的权利；种族的权利，胜利侵略或千年占领的权利。如果他也谈论真理，那么这个视角和战略的真理会使他赢得胜利。④

可见，真理和权利的政治历史话语需要将自身排除在法律——哲学的普遍性之外。福柯指出，这不是平息既存矛盾、冲突的实践，而是在过去的法律之外提出新的观点。从这个意义上说，提出真理无法避免地也要作为重建的特权来进行。因此，这样的话语主体，必然会意识到普遍的权利和真理只能是虚构的幻觉。

---

① Davidson A. I., (2002) *Épistémologie des preuves déformées*, in *The Emergence of Sexuality: Historical Epistemology and the Formation of Concepts*, Cambridge: Harvard University Press. P. —E. Dauzat, (2005) *L'Émergence de la sexualité: épistémologie historique et formation des concepts*, Paris: Albin Michel, pp. 245—302.

② Michel Foucault, "Non au sexe roi", in *Dits et écrits*, vol. II, texte n° 200, p. 266.

③ Michel Foucault, (2008) *Le gouvernement de soi et des autres. Cours au Collège de France* (1982—1983), C'est moi qui souligne. op. cit., p. 22.

④ 米歇尔·福柯：《法兰西学院课程系列，1976：必须保卫社会》，钱翰译，上海：上海人民出版社，2018年版，第292页。

"虚构"一词保留了福柯所有词源的丰富性:它同时是一个指法、一个面相、一个"行动",即能够从历史数据中创造过去并不存在的东西。它不仅仅是一个虚幻世界的发明,而是以现在来回望过去的新眼光。他赋予这个术语极重要的意义,这是体验的虚拟性①:集体实践的创造和改造。正是因为超越了真实和虚假,虚构才能够最好地表达出这种源于人们对现实活动的质疑,并引发更独特的创造。福柯设想了关于思想的前景:

> 任何本体论……都被分析为虚构。这仍然意味着:思想史必须始终是单一发明的历史。或者再次重申:思想史必须被视为一部与自由原则相关的本体论史,在自由的定义中,自由不是被定义为生存的权利,而是被定义为行动的能力。②

对福柯来说,这种本体论是表达和发展其思想之积极性和建设性的另类方式。它属于自由领域的思想实践,自由在于历史与其可能的转换间的这种最小但无限强大的距离。③ 从这个意义上说,今天的本体论有一种政治形式——虚构不判断本应缺乏的现实,而是"它允许做什么和改变什么"④,因为一切虚构要依靠真实的发生才能起效。

四、后现代主义的文学功能:小说与欲望

在寓言的"背后"(L'arriere)⑤,福柯分析了寓言与小说的区别。他的目的是强调小说的基本性质,并将其与亚里士多德诗学观中的寓言相对比。福柯回想起亚里士多德对寓言的定义,它是以一定顺序的虚构元素来构成的情节关系,通过话语本身,在如何说话和谈论什么之间建立起来。尽管福柯的小说是寓言的一个"方面",但其中的因果逻辑是一种虚构的模式,而不是故事的基

---

① Michel Foucault, *Entretien avec Michel Foucault* (avec D. Trombadori), art. cit., p. 864:《Une expérience est toujours une fiction; c'est quelque chose qu'on se fabrique à soi-même, qui n'existe pas avant et qui se trouvera exister après.》

② Michel Foucault, (2008) *Le gouvernement de soi et des autres. Cours au Collège de France* (1982—1983), op. cit., pp. 285-286.

③ Michel Foucault, (2004) *Naissance de la biopolitique. Cours au Collège de France* (1978—1979), M. Senellart éd., Paris: Seuil-Gallimard, p. 35:《Ce qui permet de rendre intelligible le réel, c'est de montrer simplement qu'il a été possible. Que le réel soit possible, c'est ça sa mise en intelligibilité.》

④ Michel De Certeau, (1987 [2002]) *L'histoire, science et fiction*, in Histoire et psychanalyse, Paris: Gallimard, p. 55.

⑤ Michel Foucault, (1980) *The History of Sexuality*, Volume 1: An Introduction, Robert Hurley, trans., New York: Vintage Books, p. 55.

本结构，就像亚里士多德所说的那样。因此，小说影响着所有话语的表达方式。他指出，当他说寓言和小说之间的关系是由"文化的神话可能性"决定的时候，小说的模式是历史的：它的写作或情节取决于关于语言的可能性，而它的虚构是由说话行为（假释）的可能性决定的。福柯认为，在作品所构成的话语的对白中体现出来的是这一关系，只有在说话的过程中才能确定；所叙述的内容必须本身表明谁在说话，在多远的距离上，根据什么角度，使用什么方式说话。对作品作定义与其说是寓言的元素或其顺序，不如说是小说的模式，它是由寓言的措辞间接地表示出来的。一个寓言故事存在于文化的神话中，它的写作存在于语言中，它的虚构存在于言语行为中。

这涉及叙事的真实性问题，一个社会可信的叙述，取决于一个特定的历史时刻，而不是取决于它的逻辑结构。但是，除了影响历史叙述的模式外，一个社会所接受的虚构是一种真实的社会契约，这一点反过来也会影响到真实性，或者影响那些作为说真话而存在的社会接受方式。在福柯的作品中，允许小说和真实之间重叠的是凝视。

福柯在 1963 年的文章《距离、方面、起源》中，将小说定义为"在我们眼前飞翔的箭，提供了一切出现的东西"①，并将小说判定为"紧张的语言"，就像它是不存在的东西。1978 年，在《哲学的舞台》中，他宣称他当时的兴趣在于描述西方通过凝视将其塑造为真正的游戏——"世界的奇观"：

> 我要描述的确实是真理的舞台。西方是如何建立起一个真理的剧场，一个真理的舞台，一个理性的舞台，西方帝国主义的鲜明特征现在已经成为世界的一部分，因为它的经济，西方经济，西方生活方式的基本形式和政治主导可能已经达到顶峰。西方无疑即将结束，但某些东西仍然存在，这无疑是西方正在传递给世界其他国家的东西，即某种形式的理性。它涉及一本证书、一种对真理和错误的感知，一种对真理和谎言的某种戏剧。②

在福柯职业生涯的最后几年，他还发展了某种凝视的观点。在"错误的行为，真理的讲述"（1981 年）的演讲中，他充分面对了一个问题，那就是在什么样的条件下，一种模式可以在尼采的《瓦尔萨根》之后，让真理出现在历史上。这是一个定义真理的多种模式的问题，探索每一种义务的形式。这些模式

---

① Michel Foucault，(1963) "Distance, aspect, origine", *Critique* 198, pp. 103–104.
② Michel Foucault，(1978) "The Stage of Philosophy", *Ideology and Consciousness* 3, p. 150.

与说明真理的主题联系起来,具体说明它们所适用的区域和显而易见的对象领域,最后是关系、联系和干扰这些建立在它们之间的模式。简言之,这是关于真理的历史政治或关于真理的政治史的问题。

福柯感兴趣于阅读小说和文学谱系,以便了解那种通过自我的政治美学来解放主体的途径。凝视并不像马丁·杰伊在《垂头丧气的眼睛》中认为的那样,只具有认识论意义上的特权,它也不仅指一个象形词的连续性。它将是一种技术,建立在"使看到"作为关键的实践。在《凝视的真相》中,杰伊修改了他1993年的研究报告,即认为福柯的凝视获得了一种解构价值的纯粹凝视的主体。正如夏皮罗所说:

> 在全景监狱(Panopticon)中,凝视被动员并固定在每个人身上;它是一种浮动的或功能性的凝视,不需要作为任何人的表情出现。在马奈看来,这种相遇没有对象、没有人,即使人们看到了他们的来源。那么,我们看到的是一只眼睛与它视觉内容的脱节。①

凝视被福柯称为"畅通无阻的帝国"。然而,他的结论是人们不能谈论视觉上的"直言"(parrhesia)。事实上,虽然不能真正谈论视觉上的感觉,但却可以说他强调的特点是"直言"。作为说真话的口头技巧,与试图看到什么,在同一个当前是不可见的。

在福柯对文学思考中,他把波德莱尔的"现代性"描述为"现实(现在)所受到的极端关注与实践的一种练习",同时,尊重和违反真正的自由("什么是启蒙?")。② 现代文学不仅是在话语顺序之外产生的一个词,而是我。它延伸为"真实"话语。波德莱尔的"现代性"并不意味着接受它作为一个永恒的运动,而是从历史中提取"诗意"的能力,即定义为某种不是超越或落后于现在的瞬间永恒,而是它本身。

因此,将福柯的文学政治定义为一种可见或揭示的言语方式,而这种方式还尚未被认真考察。它是使人能够在当下把握什么是"诗意的";它是一种将当下英雄化的意愿("*De l'heroisme de la vie moderne*",Baudelaire)。这种具有讽刺意味的英雄主义对现代人来说,直接指向人是一个自己的发明这一结论,他不是"在自己身上自由的人",而是迫使他/她去完成创造自己的永恒任

---

① Martin Jay,(1994 [2003])*Downcast Eyes: The Denigration of Vision in Twentieth - Century French Thought*,Oakland: University of California Press,p. 310.

② Michel Foucault,(1984)"*What is Enlightenment?*",Paul Rabinow, in *The Foucault Reader*,Catherine Porter,trans.,New York: Pantheon Books,pp. 32—50.

务。在这方面，雷蒙·贝卢（Raymond Bellour）认为：

> 小说与历史相比，它的意义具有一种美德。它并不是为了使它的效果恢复到过去的样子来指派给人，它所带来的是正在发生的事情。因此，在实践中，它是最真实的，因为它包含了时间之间的变化。在其中构造它，并将其转换为空间（既可见又可读）。①

有关真理的戏剧、小说所体现的文学政治功能，在于随着它们的发展所显现的现实政治效用。这些都与福柯在其讲座中所研究的古典时期说真话的角色建立了一条不连续的界线。这源于"无畏的演讲"和"自我和他人的治理"的讲座，以及他在加州大学伯克利分校的"话语与真理"讲座。在最后一系列的讲座中，福柯将"直言"定义为一种"言语行为"。在1983年10月24日发表于《话语与真理》的演讲中，他总结了"直言"的特点：

> 直言是一种言语活动，说话者有一个特定的、坦率地面对真理的喜悦，通过危险对自己的生命产生某种关系，通过批评（自我批评或批评他人）对自己或他人产生某种关系，以及通过自由和义务与道德法的具体关系。②

福柯指出，"直言"一词首先出现在欧里庇得斯的悲剧中。因此，"直言"第一次出现在一场演讲中，是在一场悲剧中这样做的。悲剧小说的悲剧性存在于一个特定历史时期的话语中，它以两种模式发挥作用：作为使现在成为英雄的小说，是第一次出现"直言"一词的事件；以及作为重新表述，是在特定的历史时刻的话语。在他所分析的悲剧中，"直言"似乎是一种权利，一种与公民身份有关的权利。"直言"是一种具有多种形式的做法，通过自由政治主体（人民团体成员，有权利用这一坦率的讲话）的论述，同时与组成团体的其他主体建立一种道德关系，只要他们坦率地承诺会帮助其他公民提高生活以及他们的道德水平。因此，欲望和责任在这一概念中是一致的，既是政治的，也是道德的。然而，起决定意义的是，在讲述一个自由主体的真相时，要考虑到所有人的共同利益，因为这种实践是一种批评。在这个意义上，实践使他/她自己的生命成为危险之中的主体。可是，自由主体的定义只能在相互关系中加以

---

① Raymond Bellour，(1990) *L'Entre-images：Photo，Cinéma，Vidéo*，Zurich：JRP Ringier，p. 153.

② Michel Foucault，(2001) *Fearless Speech*，Joseph Pearson, trans.，Semiotext(e) (Foreign Agents)，p. 19.

规定，必须和其他人在一起，面对他们各自的生活欲望。同时，它是以一种风险和一种欲望的形式回到了生命的普遍概念中，这便是弗洛伊德所指出的死亡与生命之间的激烈斗争。显然，这也是理解福柯政治美学思想的核心。

上述这一主题将在本文的结尾处再作论述。在此之前，需要分析福柯1970年在布法罗大学（University at Buffalo）进行的有关萨德的演讲（即"萨德讲座"）。在这些讲座中，福柯把注意力集中在萨德"我只说实话"的说法上，这指向一种解放性的话语逻辑。20世纪70年代，关于萨德的著作层出不穷。但是，如果要理解这一文本在福柯著作最后阶段的作用，有一个关键的辩论，那就是参考福柯的文本与《启蒙辩证法》的关联。阿多诺和霍克海默的美学观与福柯的美学观之间的关系已经被证明（即"福柯思想中的法兰克福美学遗产"）。我们可以在他俩写下的《朱莉埃特，或启蒙与道德》[①] 章节中找到理解萨德文本的线索。其中，他们分析了萨德文学的目的是解除康德思想的能力，以破坏已经被压制的秩序——就其最终与主导生产方式的联系而言。[②] 根据他们的观点，萨德的作品和尼采的作品是对理性的顽固反叛，这揭露了一个令人不安的真理："不可分离的理性和暴行的联盟。"[③] 现在的结论是，萨德的工作将科学原理提升为破坏性原理，或者他们所说的"爱儿童的恶魔"（amor chilentis diaboli），即战胜文明拥有自己武器的喜悦。对阿多诺的《否定辩证法》来说，萨德著作的反黑格尔逻辑指向在于权力和理性的同一性。

福柯也是从对康德的启蒙运动建议的批判和修正开始的，他增加了启蒙运动的这种反哲学的后果，增加了把权力作为是法兰克福理论家描述的萨德逻辑的负极。他对同一性的执行能力的分析，也是在这种逻辑中发现的。他还分析了萨德人物的真实模式如何不仅体现了科学的力量，而且在他们"说真话"中提出了起源于主体的解放模式，可以称之为表现的消极性。换句话说，"直言"现在不仅是一种开明的消极思想，而且是一种不规则主体的真理言说表现。这是从萨德的非定语逻辑演变而来的消极性的概念，它模糊了真理与欲望之间的对立。

在《萨德的演讲》的第二篇中，福柯将自由意志的特征作为"不规则的存

---

① Horkheimer Max, Adorno Theodor W, (1972) *Dialectic of Enlightenment*, John Cumming, trans., New York: Seabury Press, pp. 63-93.

② Horkheimer Max, Adorno Theodor W, (1972) *Dialectic of Enlightenment*, John Cumming, trans., New York: Seabury Press, p. 73.

③ Horkheimer Max, Adorno Theodor W, (1972) *Dialectic of Enlightenment*, John Cumming, trans., New York: Seabury Press, p. 93.

在"(irregular existence)来论述。与第一次讲座不同的是,他研究的文本主要是文学性的,而第二次讲座从根本上通过《关于小说的想法》(Idées sur le Roman)转向了有关萨德的理论话语。福柯指出,萨德的写作程序并不意味着对理性思维的侵犯(话语交替定律),相反,他认为萨德的论述提出了一种替代理性思维的方法,但根据阿多诺和霍克海默的解读,这种方法是从同一个理性逻辑中产生的。然而,对福柯来说,萨德的作品并不是理性的另一种消极发展。在这些不规则的角色中发现了一种阻力——这些角色代表着一种爱,这也是一个抵抗的模型,就像他在第二次讲座中描述的那样。

阿多诺与霍克海默在《启蒙辩证法》中强调,萨德和尼采共有的"启蒙"目的是要夺走对人的恐惧,并指向一种解放:

> 通过叛逃到激励它的机构来应对恐惧……关于错误笑声的可怕之处在于,它令人信服地模仿了什么是最好的和解。①

相反,对于福柯来说,萨德的小说是通过其效果的逆转来解构工具理性的。在这种讽刺的逆转中,人们在主体面临强加的"正常化"模式中找到了某种解放的可能性。因此,福柯反对阿多诺和霍克海默的观点。他认为萨德的话语是一种根本的历史解放力量,但在《启蒙辩证法》的理性逆转中却没有涉及这种力量。对福柯而言,上帝的不存在并不是理论上的论点,且它不能一劳永逸地被确认为一个可以从中推导出来的真理。上帝的不存在是任何在每一时刻作为上帝的邪恶,作为"上帝的邪恶在行动",作为人和自由意志的行为。可以说,萨德的逻辑在福柯的作品中起着类似的作用,就像德勒兹的《褶皱》中所具有的莱布尼茨(Gottfried Wilhelm Leibniz)的逻辑。这两种非属性逻辑在每一刻都形成了一种主体性,成为肯定存在的激进历史性。

在这些作品中,萨德的逻辑是反罗素的:如果罗素的逻辑独立于主语与谓语的关系,那么萨德的逻辑就是逆向的:对归属不存在的判断是基于归属的主体。这一逻辑,与笛卡尔的逻辑一样陌生。实际上,笛卡尔的逻辑是使用定语判断,并达到存在主义的判断。相反,萨德开始于定语的判断,即归属不能达到存在所有的判断,而不是一个不存在的判断。对福柯而言,人们可以说,萨德的逻辑是极其可怕的,因为在笛卡尔的"直觉主义"逻辑之间,这种逻辑必然是建立在这种思想的存在之上的。因此,这种可能性的逻辑以及罗素的形式

---

① Horkheimer Max, Adorno Theodor W. (1972) *Dialectic of Enlightenment*, John Cumming, trans., New York: Seabury Press, p.112.

主义逻辑是趋于失效的,而萨德已开始建构另一种逻辑形式。福柯认为,从逻辑和归因的判断来看,这种逻辑是绝对不可行的,"他判断出这种归属并不存在"①。因此,萨德的逻辑是一种解放主体的逻辑,是对欲望主体的支持。在萨德的建议中,知道和欲望是一致的,它在两者之间达成了对经典辩证法的克服。

正如朱迪斯·巴特勒在《欲望主体》中解释的那样:

> 当哲学家在努力成为哲学家的过程中没有忽视或抑制人类的欲望时,他们倾向于发现哲学真理作为欲望的本质。……渴望世界和了解它的意义、结构似乎是相互矛盾的,因为欲望意味着有限的视野的投入、使用的占用,而哲学在其理论上的纯洁已经呈现出自己不需要它想要知道的世界。②

在福柯关于萨德的讲座中,欲望和真理之间的关系既不是理性的,也不是在两者之间建立的因果关系。它使人能够通过欲望本身的真相,一种真正的"生活艺术",正如他在《性经验史》中所展示的那样。例如,在"上帝不存在"的说法中,真理和欲望是在一个复杂的关系中结合的:正是因为上帝是邪恶的,自由意志者的欲望才愈发残酷。上帝不存在的真理和符号的增殖是在一种无休止的过程中相互联系的。自由意志通过欲望废除了逻辑和现代思想的规律。这就是萨德文本中的欲望,其作为解放的主宰,作为反对、否定和毁灭的力量,处于一种权力关系系统中,它本身也同样地被引入,并由它自己折叠起来。正如福柯所言:

> 上帝的不存在在萨德的每一刻都得到满足,这是一种话语和欲望。③

权力和欲望以及这两张面孔间存在着张力。正如沃尔特·普里维塔(Walter Privitera)在《风格问题》一书中提及:

> 福柯区分了"知识的意志",这一占主导地位的意志特征来自柏拉图以来的权力形式,以及"权力"或"欲望",这可以追溯到古希腊历史上,

---

① Michel Foucault, (1977) *Language, Counter-Memory, Practice: Selected Essays and Interviews*, New York: Cornell University Press, p. 134.
② Judith Butler, (1987) *Subjects of Desire: Hegelian Reflections in Twentieth-Century France*, New York: Columbia University Press, pp. 55—63.
③ Michel Foucault, (1980) *The History of Sexuality*, Volume 1: *An Introduction*, Robert Hurley, trans., New York: Vintage Books, p. 136.

当时话语的真理与话语者的权力相吻合。①

事实上，这些不存在的怪物，如上帝、他者、罪行、法律、自然等，在18世纪的理解中并不是幻想。也就是说，它们不是一旦被发现，人们就会感到自由。相比之下，萨德让它们生成了幻想，即欲望的无定形和无止境形态。对幻想（the chimera）的定义，福柯指出它并非不存在之物，而是拥有另一种存在之物。换言之，它是"表现消极"的模式，作为克服"欲望/真理"辩证法的一种方式。萨德的逻辑存在某种嵌合装置，此处的时间障碍被消除，重复的世界被建立起来。萨德的逻辑保证了欲望的永恒真实，没有什么能使它最终失效。可以说，他的话语并不是人们所假设欲望的对象，而是不断证明欲望和话语是同一对象。于是，萨德的写作以"真言"（veridiction）的秩序引入了欲望。幻想揭示了福柯对小说的定义所造成的同样的行动顺序。它们表明，小说的时代是历史的，不是目的论的或进步论的。

福柯认为，这些话语能根据不同的因素变化，并受不同情境的影响。这种情境式的话语，既无总体的制度，也无萨德哲学。相反，这里有多个系统的并列，但在网络之外，它们相互间的四种基本要素（上帝、灵魂、自然、法律）并不相通。因此，这些话语具有区分人与人的另一种功能，即在自由论的内部，人与人彼此间不能相互抵消。可见，总体性的制度并不存在，因为每一个自由主义者都有一个制度。这就定义了它们的独特性，即萨德所称的"个人的不规则性"②。每个人都是不规则的，他们自己的不规则性在他们的系统中表现出来。显然，这象征着人们通常称谓的风格或方式，如玛丽埃尔·马瑟（Marielle Mace）和吉奥乔·阿甘本所定义的那样。

正因为如此，萨德的话语所针对的真正对话者不可能是自由派的受害者。福柯说，真正的对话者是自由的另一个人，他已经被自己的工作所解放了。这种话语是从自由到自由的，它的目的不是引诱。因此，萨德文本的真相符合"直言"的另一个关键特征：它面临着有说服力的修辞。在它的重复讲述中，它能够否定上帝、灵魂、自然或法律的存在——通过它的写作的力量。他的写作是对写作的"欲望—激情"，这种写作能够肯定其他形式的存

---

① Walter Privitera,（1995）*Problems of Style：Michel Foucault's Epistemology*, Jean Keller, trans., Albany: State University of N. Y. Press, p. 67.

② 萨德的"个人的不规则性"还指向另一层意思，即任何个人的意愿与行为对于自然的进程来说都是一文不值的，只有生命的延续才有价值，而生命是如何活动的对自然是毫无意义的。于是，以美德来规范个人的行为，从哲学的角度看极为荒谬，除非美德可以成为取胜的手段，或是这样做能带来快感。

在，使自由主体被构成的自我肯定（当自由意志者肯定自己时，上帝就被否定了）。通过这种方式，萨德在伟大的柏拉图式的大厦中释放了欲望。在那里，欲望被适应于真理的主权。福柯认为这不仅是欲望的释放，还有体现着与真理的关系：

> 欲望和真理既不从属于对方，也不能彼此分离。"欲望只在真理中是无限的，真理只在欲望中是活跃的"，这并不意味着在现在的形式中恢复了幸福或和平，欲望和真理将以幸福或新发现的和平的形式融合成一个权威形象。更确切地说，欲望和真理在不断展开、闪烁，欲望在无限延续。①

最终，可以确定的是，萨德将真相归因于他的工作。他的"我只说实话"与"我所渴望的"不谋而合。写作的真相是欲望作为一种表现力，一方面破坏了话语的秩序，另一方面又向新形式的存在解放了主体。这种形式难以成为政治的积极性存在，因为它在一开始就具有对任何政治企图的挞伐。

福柯在这些讲座中对萨德进行分析，从而完成了他在"求知的意志"中对其进行的短暂关注。在《性经验史》的第一卷中，他认为萨德既是一种罪过，也是"诉说一切"的宗教忏悔实践的延续。他在这些"关于萨德的讲座"中，把最后几年的研究设定为《性经验史》的关键问题之一。其目的是解决那些可能使人们能够说，"是的，这是真的，我渴望"的问题。② 此外，把关于萨德的文学体验作为现代性经验激增的消极例子加以分析，也就成为一套标志着自我与他人关系的行动。这意味着，批评在萨德的疯狂中如"黑暗般"在一直徘徊。萨德的疯狂，古典的药物——也就是欲望作为行动的原则——在侯爵的著作中被重新提起。通过这种方式，在自我创造主体方面，萨德在欲望处给予小说一种批判和解放的力量。

萨德的欲望逻辑、福柯的自我关怀伦理和斯宾诺莎的伦理之间呈现出欲望的相似性。原因在于，在所有的欲望中，自由都与欲望有关。也就是说，没有通过行动的决心，而是通过欲望本身的主体性的转变。对斯宾诺莎而言，欲望是人的本质——这种欲望迫使斯宾诺莎的自然倾向充满活力，因为维持存在需

---

① Michel Foucault, (1980) *The History of Sexuality*, Volume 1: *An Introduction*, Robert Hurley, trans., New York: Vintage Books, p. 146.

② Lorenzini Daniele, Gros Frédéric, Revel Ariane et al, (2013) *Les néolibéralismes de Michel Foucault*. & Lorenzini Daniele, (2015) *Performative, Passionate, and Parrhesiastic Utterance: On Cavell, Foucault, and Truth as an Ethical Force. Critical Inquiry* 41, pp. 254-268.

要一种力量/强度,"为坚持不懈而奋斗"。此外,斯宾诺莎在《伦理学》开头对自由的定义中,当他认为真正的想法之所以如此是因为它的独立性时,他已经把真理与解放联系了起来。在斯宾诺莎这里,自由不是与意志联系在一起,而是与欲望联系在一起。斯宾诺莎同样对意志伦理提出了质疑。斯宾诺莎的哲学与良知对激情的支配不同,它不再是一种必然的东西,而是通过人类情感的思想来意识到自己的身体,因此,意识到它坚持不懈的努力。

为了理解欲望作为萨德的解放主题,需要把福柯作品的构成与一系列的主体性模型作对比。首先,将这些讲座与1983年11月福柯在加州大学伯克利分校的关于《话语与真理》的讲座进行比较。在这些讲座中,福柯分析了欧里庇得斯的悲剧,特别是在1983年11月7日的讲座中,分析了"直言"的原始概念,并分析了这一概念的危机。这个时候,民主制度和政权在雅典引起了许多争论。第一次,直言者(parrhesiastes)被一个人物,一位使者所反驳。福柯引用《俄瑞斯忒斯》中的一个片段,里面把使者描述为使用修辞的人,即"把悼词和责难缠绕在一起"①。使者在其中宣称,"已经学会了跳向胜利的一方"②;他们的朋友是任何拥有权力或政府职位的人。这种自由,并不是使用"直言",因为他屈从于当权者。

福柯还提到了《特洛伊妇女》(公元前415年)中的一起案件。在《俄瑞斯忒斯》中,使者人物——塔尔西比乌斯(Talthybius)不相信卡珊德拉(Cassandra)的预言。因为"作为一位使者"③,他根本不知道什么是真相,他只是重复他的主人阿伽门农告诉他的话。使者是一个不能说或认出真相的人,因为他不是一个自由的人,他只能重复他的主人命令他说的话。福柯解释说,为了这个意图,他认为卡珊德拉是疯子。可见,使者是未解放的、具有政治主体性、具有认识论后果的人物。使者与卡珊德拉的对比尤其有趣,由于卡珊德拉说的是实话,但理解她说真话的钥匙已经丢失了。这是因为卡珊德拉不再是与神性有关,因为她反对屈服于阿波罗。卡珊德拉代表着对最大的权威——神性,说真话。因此,阿波罗惩罚她,因为她总是误解神意。她说真话不再被她自己所听到,因为她不像一个受上帝启发的女祭司那样说话。卡珊德拉的真相

---

① Michel Foucault, (2001) *Fearless Speech*, Joseph Pearson, trans., Semiotext(e) (Foreign Agents), pp. 55—56.

② Michel Foucault, (2001) *Fearless Speech*, Joseph Pearson, trans., Semiotext(e) (Foreign Agents), pp. 55—56.

③ Michel Foucault, (2001) *Fearless Speech*, Joseph Pearson, trans., Semiotext(e) (Foreign Agents), pp. 57—61.

第五章 / 福柯后现代主义的历史哲学指向

不再是柏拉图所描述的磁链，她打破了这条链子。她说出了一个足够吸引人的真理。因此，悲剧的另一个角色是海伦，她代表着一种观点：诱惑。卡珊德拉说了一个无法理解的真理，但继续说它本身就是一种抵抗行为。

无论是《俄瑞斯忒斯》《特洛伊妇女》，还是萨德的作品，福柯关注的是不规则或其他受批判的主体行为的研究。这使他能够理解"马尔费尔"（mal faire）的否定性经验，对古典时代和宗教田园的典型"照看自我"（cura sui）的审美。因此，受批判的臣民显示了另一种被逐出启蒙话语的经验。特别是萨德的逻辑，欲望和真理不是对立的。

然而，文学的地位，特别是福柯所谓的"坏文学"，压缩了文学机构的常规定义。它能够说出不想说的话。无论是看到的还是听到的文学，都会将其认识论地位置于危险境地。简言之，文学在其历史层面上能够通过引入过度的话语来创造反抗的空间，从而打破特定历史时刻（或书信）规范性的严酷实践。因此，文学是人们当前在历史终结危机中寻找其他叙事形式的争论的中心。

在关注卡珊德拉所宣称的真相时，福柯再次强调：真理是关于一种解放的讲述，它铸造的堡垒是它在特定历史时刻的后果。说真话使福柯能够看到什么是先于自我关怀的伦理，主体性宪法的根本政治渊源。这将是希腊民主的起源。在那里，他发现自我的叙事是民众的政治结构。正如他于 1977 年在法兰西学院的演讲中所指出的，"安全、领土、人口"必须构成的维度只能表现在一个真正的力量领域，不能仅仅由一个说话的主体创造。

最终，可以从两个方向得出结果。首先，需要改变文学在福柯作品中所占据的地位，使其具有一种政治力量，使其得以发展。作为替代叙事的虚构能力和"使人看到/揭示"的批判能力，在他对西方思想中凝视概念的特殊修订中。其次，萨德的逻辑给予福柯一种替代的定语逻辑，它限制了存在的形式，这将是他哲学生产的最后阶段的基础。因此，福柯推进了这种在真理和欲望之间的联系，并在 20 世纪 80 年代的讲座中对两者的联系予以挖掘和发展。

就像萨德的文学一样，卡珊德拉讲述的真理为：以不断说出真相来进行抵抗。因此，能说话的人和不能说话的人之间的分离并不能回答任何形而上学的区别。显然，这是一种政治学上的区别，一种原初的出生权（与民众相关）。它所具有认识论的意义在于，小说作为某种认识论的框架，使人们有可能看到某些仍隐藏的重要元素。因而，从这个层面来看，福柯对文学的肯定永远是政治的和虚拟的。

正如欲望对生命的肯定，文学将作为一种积极力量发挥作用，因为它揭示了每一刻作为自我的主体。正是从这个角度，"直言"概念在福柯作品中产生的后果才能被理解。因此,福柯的美学是一种有关自我的伦理。于是,政治和伦理是这一概念的基础,而其中起决定性的是,自由主体的"直言"时刻,不能绕过人们的共同利益。在这个意义上,是实践决定着主体——他/她自己的生命处于危险之中。简言之,自由主体除了要与他人建立相互关系外,还拒绝被权力所配置。可见,福柯政治美学的核心在于主体生存的愿望不仅是一种风险,也是一种无法逃避的欲望。

第六章

现代与后现代视阈下福柯文学思想研究的启示

第六章 现代与后现代视阈下福柯文学思想研究的启示

> 玫瑰，一颗骁勇之星的同等物，是远方的幽香本欲将它触摸，赋予它一种不平凡星宿色彩的星。①

本章以福柯文学思想为核心，旨在探明福柯对现代社会及其文化的文学性解读所具有的独特性，从而呈现其文学思想的真正面貌。在研究过程中，本章将尽可能地从福柯广泛传播的作品中找出与文学关联的最为激动人心的转变，前提是读者对他的作品不作固化式的理解。具体考察过程不仅立足于文学本身，还兼顾对福柯哲思所涉及的相关问题作出深入讨论，这并非是为重复福柯文本的主题及内容找到合理性的借口，而是意图通过全面展示其作品的丰富性来拓展新的文学研究方式。这意味着此项研究不仅要揭示福柯文学思想的重要贡献，并且更为关键的是，继续保持和发扬思想的活力。

第一节 福柯文学思想研究的学术范式及实践维度

作为一位不同于前辈的知识分子，福柯一生致力于建立一种关于学术与公众之间的新联系，并为社会科学的研究留下了不可磨灭的贡献。颇具讽刺意味的是，倘若福柯不是法国学术体系中的一员或者不受到任何学术体制内的资助，他很难实现如此成就。例如，他没有在早期参与高卢主义的高等教育改革。② 但是，正如福柯的传记作者埃里邦（Didier Eribon）所提到的，福柯的个人经历中包括自杀未遂、神经衰弱、一小段学术制度规训、一份警方档案以及对学生偷窃的指控等内容，最后他感染上艾滋病且死于并发症，他的性取向仍是保守派教育机构潜在丑闻的来源。人们可能会认为这毫无特别：毕竟，对外和私下的区分再普通不过了。然而，在福柯的职业生涯中，最引人注目的是他将生活的两个方面结合在一起的方式。他的学术技能、资源和声望都服务于他的个人生活以及所有与他有着同样经历的人：囚犯，疯人，沉溺于所谓"非正常"性行为的人，被社会认定为暴力的不幸者等。

福柯对学术与边缘或越轨的调和并非易事。他将自己的私生活保密，从不公开反思他职业生涯所代表的制度关系的转变。然而，从他去世之后开始，这些使其工作成为可能的条件变得可见了。这一点的重要性在于，一旦接近福柯

---

① 江伙生：《法国当代诗选》，武汉：武汉大学出版社，1991 年版，第 137 页。
② Didier Eribon, (1989) *Michel Foucault* (1926—1984), Paris: Flammarion, pp. 158-161.

这一生的成就，就必须正视这些不寻常的经历。最明显的是，在他有生之年，在学院外认真分析和发表文章的机会减少了。这意味着，即使在法国，像萨特和布朗肖这样"自由流动"的老知识分子也被福柯这样的专业教师和学者所接替。此外，第二次世界大战后，广泛的世界交流、学生人数的增加为学术工作带来了比以往更多的支持者。这种面向受过高等教育、对学术或准学术研究感兴趣的读者所进行的写作，得到了更为广泛的关注和认可，甚至一度成为时尚——如果它突破了传统的学科划分，就更是如此。个人与集体的身份可以按照年龄、性别和性偏好等类别进行组织，这种建立在民主基础之上的代议制政治系统并不代表任何人。而作为学者的知识分子有可能通过他们的学术工作来表达这些潜在的利益，一旦这一机会被抓住，现在与过去的关系将会开始改变。特别是，福柯对现代社会的全新解读，使人们看到福柯最清晰、最新鲜的表达方式，这同样也改变了人们对文学功能和地位的认识。

对于这项研究而言，它现在可以声称，至少它部分地实现了对福柯的阐释。对福柯来说，他自己常常抱怨阐释或者所谓的"评论"。当他批评评论时，他把自己从一个接近现代人文学科核心的进程中分离了出来，或许这可被称作是历史主义和阐释学的阐释方法论之间的分歧。阐释学认为阐释是必要的，因为它们假定了文本或事件随着时间的推移在交流过程中失去了它们原来的意义。历史决定论从事阐释是因为它假定文本或事件被隐藏起来，并被不在场的"语境"结构所操纵，而敏锐的读者可以将其予以揭示。即便它不一定是作为"意义"的历史，但也存在着一种历史的可能性条件。福柯反对阐释的论点是：如果把文本分析设置为起源和文本间的游戏的话，将导致无限的回溯。不仅仅是每一次阐释，作为文本本身，都需要进一步的评论；当文本在此刻呈现自身时，它并不能拥有自身。福柯直截了当地说：

> 如果阐释永远无法实现，那只是因为它没有什么可以阐释。[①]

对文本起源和真正意义的探索是制度性的结果：它允许"好的读者"聚集在专业领域或学院之内，以便发展认可制度的程序而把他人排斥在外。在阐释范式的支配下，文学和文化教育以及相关的研究倾向于重建过去和著作的真相，从而使得文化得以传承。对"原初意义"以及稳定的"语境"的揭示总是

---

① Michel Foucault，(1971)"A Conversation with Michel Foucault"，*Partisan Review* 38. pp. 192—201.

滞后，正如福柯写道，"一切都已被阐释过了"①。事实上，这并非是传播信息、揭露被遗忘的声音及论辩、解开复杂的难题或理论问题。

福柯经历了他职业生涯的起伏，对其的阐释或许可以避免失误。然而，很少有同时代的人不陷入当代的阐释陷阱中。关于福柯的书和文章不断在报刊上流传，他的思想有时以清晰的表格形式出现，有时被阐释为在当代语境中占据重要的席位，有时仅以两个例子来证明他与新的权力具有关联，抑或，在他作品的核心，我们发现一位前卫文学理论家的形象。他自身的标记帮助去解释为何评论使其对象在过程中具有吸引力，而这一过程本身又使它们在解释的途中变得模糊。它自身产出自身。然而，对福柯的执着研究，不能仅解释为是阐释的内在和形式积累法则的产物。他的作品引人入胜的原因是，在抵制学科界限和阐释程序的过程中，它呈现出非同寻常的多样性。于是，对福柯进行研究或者说要将福柯读得透彻，需要先了解生物学，然后是科学史、社会控制理论（社会学）、海德格尔的"形而上学的毁灭"（现象学）、希腊的性实践（古典主义）、法国新小说的实验（文学理论/历史）、18 世纪的惩罚历史（特定的社会历史）等。这些主题的丰富性不应归咎于福柯出于为沉默之人提供发言权而放弃了对学科专业化的尊重。相反，他不再在知识运作背景下去肯定这些毋庸置疑的观点，这些适用于该主题的方法，或者说这个话题与那个话题的联系是鉴于与之匹配的某类传统学术的研究方式。换言之，把思维方式毫无疑问地分给特定的话题已经不再可能了。福柯转向历史，而不是传统的学术史，即它不是那种关于政治或伦理的僵化历史，而是帮助人们在当下采取行动的学术史。对福柯而言，书写历史需要不断地关注理论上的方法论以及生活世界的目的和影响。因此，福柯作品的多样性也可以被理解为其在当代知识危机中对自身的反思。或许站在福柯的立场，没有任何绝对充分的理由来决定什么是知识，什么不是知识。这就是为什么他被吸引来对待理论的历史，就像他被吸引来写作他的《事物的秩序》和《知识考古学》一样。

为何人文科学中的这种方法与其实在的内容如此脱节？为何学术界和批评界认为要避开在解构主义中已经清楚表达的东西是如此困难，即如何对自身所缺乏依据的理论作自我反思？福柯给出最具诱惑力的答案，并再次指向关于政治与学术工作之间的关系转变。今天，我们生活在一个后革命、后启蒙的时代，进步、正义、平等这些宏伟理想、集体性以及普遍自由不再具有完备的合

---

① Michel Foucault, (1971) "A Conversation with Michel Foucault", *Partisan Review* 38. pp. 187.

法性。即使是各派思想的分歧也随着一种积极的、开明的和面向未来的信念精神而正在消失,无论这种精神是否已经恰当地引导着事件的继续发展。传统理论派捍卫和敦促国家去实现关于过去时代的承诺,以使社会更加公平和公正;权利保护个人自由,特别是在资本主义的市场上,基于马克思主义的传统,知识分子的工作应该是支持和促进无产阶级对市场和无产者的权力。但是,当开明的进步主义话语是建立在多数人被压迫的基础之上,更重要的是,当认识到自己被压迫的现实而陷入普遍的沉默时,谁能真正判定出各种争辩的区别?随着传统的对立模式被边缘化程度越来越高,构成社会分析的概念分歧也显得越来越边缘,诸如"国家""文明社会""资本"以及"家族"等语词不再为讲述重要的人类历史故事提供文本目录一样。

所有这些都引出一个问题,为什么过去的理想已经失去了合法性?福柯给出了两个相互关联的答案:第一,因为"正义"和"平等"这两个开明的范畴没有与个人和集体的具体需求和要求建立足够多的联系;第二,更为根本的原因在于,技术社会的管理机制已经脱离了过去时代所建立的政治机构,其发展形式是现代代议制民主。社会权力和治理话语的脱节几乎是隐在且不可见的。[①] 这便是福柯的思想路线,用哈贝马斯的话说,"我这一代哲学家",他产生了"最持久的影响:并且,我们可以补充一点,他的作品即使在没有引起评论的地方也留下了痕迹。"[②] 过去的进步思想变得恼人,不是因为人文学科属于他们,而是因人文学科在传统意义上被标记为非治理性的。在某种程度上,社会治理领域不再被视为仅仅包含在国家机构中,包含在选举、立法和政党等机制中,而是在生活的所有领域中无限地运作。人文学科失去了它的合法性和自信心,它的任务(正如在传统上赋予的那样)是创造那种文明的、公正的自我,创造那种赞赏、理解、批判和留存它文化的历史、倾向和珍宝,而不是任何党派或自我利益的争斗。这些目标现在通常被看作是理想主义的,排他性的。正如各类思想无法以派别来统一,人文学科不再是一种超越的社会权利。它们越来越成为(被视为)一种特殊的学术训练形式,或是文化资本的传递工具,而这种转变对当下的文学研究产生了极为深远的影响。

正是因为福柯是对这些变化进行过仔细考察的严谨作家,对他采取严肃的审视是非常必要的。然而,他对现代社会和文化所实施的全新描述,却也在一

---

① 关于这一点的进一步评论见 Donzelot 1979a,Pasquino 1978,Rajchman 1985 的文本。

② Jürgen Habermas,(1986)"Taking Aim at the Heart of the Present", in David Couzens Hoy, *Foucault: A Critical Reader*, Oxford: Basil Blackwell, p. 107.

第六章 / 现代与后现代视阈下福柯文学思想研究的启示

定程度上忽略了其中的困难。其作品中所展示出的文学研究广获好评,与其说它们打破了过去的陈规,不如说是因为这里面蕴含的价值观与传统的文学批评是共享的。① 至少,在批评成为一门独立的学科出现以来,文学研究还从来没有对现代性作出过这样深刻的描述。需要注意的是利维斯对边沁孜孜不倦的攻击,边沁所发明的"全景"概念正是福柯在《规训与惩罚》中对现代权力形象的刻画。利维斯对"边沁-技术型"的仇恨只是"反现代性"话语中的实例之一,而这种话语的历史与"现代性"自身的思想一样悠久。② 另一个例子可以在"新批评"创始人的田园主义和怀旧中找到,正如在一些研究中所表明的那样。福柯或许不是田园主义者,然而,文学批评对反现代性的总体取向使得阅读福柯的文本变得更为容易和轻松。可以看到,其中一个主题是这种共同的、反现代性的核心,就是主体性。

在西方,对主体性的批判由来已久:它们是由黑格尔和歌德发起的,两人都拒绝希腊化的"内在性(inwardness)",并且都相信以个人体验为特权、对自我深度着迷的浪漫主义,这加强了现代自我的"内在"倾向。艾略特和康拉德(他们不仅是现代性的拥护者)等现代主义作家也意识到,"内在性"导致了资产阶级的"内在"结果,即中产阶级对舒适的私人领域的极度崇拜。在知识分子中,阿诺德(在《华兹华斯》中)、青年马克思、法兰克福学派、海德格尔(在柏拉图中发现了现代主体的起源)、利维斯以及雷蒙·威廉斯(Raymond Williams)等都对主体性的观念和价值感到不安和焦虑。与福柯作品相关联的例子有:凯瑟琳·贝尔西(Catherine Belsey)在17世纪中叶的革命时期发现"自由主义者的主体"的起源;弗朗西斯·帕克·约基(Francis Parker Yockey)认为由于"伊丽莎白时代的旧主权被拆散",在英国还出现了一个新的"非政治化的个人"的社会起源;或者南希·阿姆斯特朗(Nancy Armstrong)认为,无论女性对起源有何分歧,现代主体性首先旨在驯化资产阶级妇女的行为。这些观点阐述绝对是反现代的文学研究的主流。

在这些广泛的认同中,福柯以及受其影响的这些人,从哲学家和社会学家手中将主体的观念抢夺了过来,这些"专业人士"常以"内在性"和"资本主义"等抽象范畴来阐述主体问题。福柯及其信众检验出,主体的形成历史其实是个人服从规训"技术"的历史。他自己埋头继续探索个人建构和塑造自己生

---

① 福柯的名字是由苏珊·桑塔格介绍给英美文学的爱好者的,她在1963年关于纳塔莉·鲁特(Nathalie Sarraute)的文章中提及福柯。参见 Sontag 1966, p. 104.

② Leavis E R, (1972) *Nor Shall My Sword: Discourses on Pluralism, Compassion and Social Hope*, London: Chatto & Windus, p. 122.

活的方式，而他的同龄人和他的一些追随者则想展示和放弃现代主体性倍受谴责的抽象性。福柯意图分析个体化的产生、效果及价值，这是他对当前思想的另一个贡献。

第二节　福柯文学思想研究的问题反思及应对策略

福柯文学思想研究并非把"福柯"这个名字写成某种单一的参照，它如何能像它自身那样涵盖如此多的主题？换言之，这项研究是否具有统一的线索这一问题始终悬而未决。这种反思必然要追问是否存在着一个关于福柯思想的杂合统一体。事实上，他本人对这一问题的本质也有所提及，这主要来自他对写作的反思。福柯承认：

> 写作是废除前一本书的一种方式，最后，人们注意到自己所做的事情与自己写的已经非常接近了，但这让人感到既欣慰又失望。①

福柯坦率承认，他作为"父亲"在其职业生涯的每一个阶段所塑造的自我形象都是被拒绝和被毁灭的。他甚至一度满怀热情地希望自己的作品能"在阅读后像烟花一样自我湮灭"②。这种不安之感不仅因为在每一个时期他作品中所具有的持续的冒险性使其走得更远，而且还因为他常以无可挑剔的权威语调来写作。然而，不属于"父亲"的儿子也常追随其作品的转换、决绝和自我消费的脚步，一次次回返相同的主题。

尽管福柯的作品可被看作是质疑和描述主体性和现代性形成历史（除最后一本关于希腊伦理学的书）的著作，但这依然难以磨灭作品自身所经历的内在转向。关于福柯最有名的评论者休伯特·德莱弗斯（Hubert Dreyfus）和保罗·拉比诺（Paul Rabinow）将其职业生涯划分为四个阶段：海德格尔早期；结构主义或考古学阶段；谱系学阶段；伦理阶段。③

福柯职业生涯第一阶段中的某一时刻，从他后来痛苦地疏远自己、他对宾

---

① Michel Foucault, (1984) "Le souci de la vérité (propos recueillis par François Ewald)", *Magazine littéraire*, p. 23.
② Michel Foucault, (1975) "Entretien avec Michel Foucault", *Nouvelles littéraires* 2477, pp. 17−23.
③ Hubert L. Dreyfus, Paul Rabinow, (1983) *Michel Foucault: Beyond Structuralism and Hermeneutics, With an Afterword by and an Interview with Michel Foucault*, Chicago: The University of Chicago Press, p. 123−136.

斯万格的《梦与存在》①的翻译介绍中被发现,并且被保留在《疯癫与文明》②中。第二阶段随着《临床医学的诞生》(1963)被引入;这些作品一直占据着主导的地位,直到他的《知识考古学》(1969)的出现,而其中的核心依然是《事物的秩序》(1966)。第三阶段,福柯从阅读尼采的作品开始转向对权力进行分析,且在《话语语言》(*Discourse on Language*)(1971)这篇论文中有所暗示。此外,在1975年的《规训与惩罚》和1976年《性经验史》的第一卷《求知的意志》中发展了对权力的持续关注。福柯职业生涯的最后时刻主要致力于撰写《性经验史》的最后两卷,即他转向对现代世界和权力的分析:聚焦在古典时期和基督教世界中关于性行为和性伦理的"自我技术"方面。

这些划分忽略了两个关键问题。第一,福柯对文学的思考究竟在其思想中起着怎样的作用。其中将福柯的学术生涯被分割为两个阶段,第一阶段是20世纪70年代早期,福柯此时反复赞扬和分析一种与他自身相关的前卫文字写作,这涉及萨德、阿尔托、鲁塞尔等人以及法国20世纪60年代的"新新小说家"的先锋派作品。显然,不应忽略这些作家的作品及其价值,尤其不应回避作为文学评论家的福柯身份。在福柯看来,这些前卫书写方式将唤起语言与世界之间的深刻联系,并揭示知识与文化实践的真正局限。对他而言,这种前卫的文学写作模式将取代现代世界的伦理传统,它标志着它所超越的界限,这是两种具有影响力的语言理论设定:首先,语言可被分析为一组反映世界的表现形式(即所谓的"对应性理论");其次,这种语言形成了一个内在一致性的系统,且可以毫不含糊地与世界相连(即所谓的"连续性理论")。

第二个被忽略的问题在于,在破除上述这些语言观念时,违禁的书写(它常被这样称谓)意图要清除这些意识形态的樊篱:一个为行为、体验、机会、自由、流动所造就的空间。它还打破了一种将书写看作是单一、简化的自我产物的观念。自我或许被越界书写所分裂,因为这种写作为它的作者提供出不稳定的、非"现实主义"的语言代码来定位他们自身。没有作者或人物可以被识别和认同。尽管差异巨大,这种信念在进阶写作的认识论和政治实践效用中,使得福柯与20世纪60年代的德里达,与作为布朗肖和巴塔耶等理论家的继承

---

① Michel Foucault, (1954) "Preface", in Ludwig Binswanger, *Le rêve et l'existence*, Jacques Verdeaux, trans., Paris: Desclée de Brouwer, p. 128. 另可参见 Ludwig Binswanger, (1963) *Selected Papers of Ludwig Binswanger: Being in the World*, Jacob Needleman, trans., New York: Basic Books.

② Michel Foucault, (1961) *Folie et déraison: Histoire de la folie à l'âge classique*, Paris: Gallimard & (1965) *Madness and Civilization: A History of Insanity in the Age of Reason*, Richard Howard, trans., New York: Random House.

人的索莱尔斯相联系。

在1970年代，福柯转向开始背弃他所称道的"写作理论"（theorization of writing）①。简言之，导致这一转变的事件是1968年5月的社会运动。此后，他拒绝以越界写作的方式定位自己，坚称这时他正在北非旅行，计划写成一本（永远不会出版）关于画家马奈的书。尽管如此，那一刻的涟漪及其先决条件并不容易逃避。"如果没有那些年代，"正如他在1977年的一次访谈中提到的，"我可能不会拥有这些勇气……把我的调查引向惩罚、监狱和纪律方面"②。在20世纪70年代之后，福柯逐渐减少关注"去主体性"的问题。在他看来，那仅是一种隐藏在写作背后的微弱社会影响。他转而开始对写作中书写者的角色问题作深入研究，思考作者，更关键的是思考现代知识分子。原因在于有关由谁来有效推动社会变革的问题主导了他的这种转向。事实上，越界的写作现在似乎与围绕在"伟大作家"身上的旧光环相关联（显然，这一问题极为复杂，因为越界写作本身并不是简单地由有意识的意图或创作的自我表达来决定的）。在此之前，即使是最优秀的作家萨特也宣称，他将追随而不是领导那些直接受到不公正对待的苦难之人的请求。在"团结"这个突如其来的政治范畴的影响下，萨特逐渐放弃了自己的权力。在关键时刻，萨特对学生们作的"福柯式"的建议仅仅是"重塑自己的传统"③。

在另一个层面上，福柯开始相信，写作的宏大理论化和知识分子作为大集体的预言者和特权代言人的神话，没有考虑到相当具体的知识和技术扩散的方式，特别是核科学技术已经开始具有决定人类生死命运的普遍影响。值得注意的是，掌握和控制它们的人并不代表公众的意见，也没有明确的道德或政治责任的约束。在此意义上，原子弹之父罗伯特·奥本海默（Robert Oppenheimer）便是福柯的第一个"特殊知识分子"。福柯预言了"普遍知识分子"的终结，这些人写作或呼吁一个以自由交流为特征的公共书写领域，使其不再致力于研究体验性写作或知识史，而是专注于研究社会控制和生产机制等方面的问题。1968年之后，福柯认真挑选了自己的主题，几乎不再是基于学术兴趣，或仅是基于作家身份，而是作为一名特殊的知识分子来进行抉择。诚然，福柯自身的书写历史技巧有助于改变他所要追踪的谱系的形成，这并非意味着他已不再

---

① Michel Foucault, (1980) *Power/Knowledge: Selected Interviews and Other Writings* 1972—1977, Brighton: Harvester Press, p. 127.

② Luc Ferry, Alain Renaut, (1990) *French Philosophy of the Sixties: An Essay on Antikumanism*, Mary Cattani, trans., Amherst: University of Massachusetts Press, xii.

③ Annie Cohen-Solal, (1988) *Sartre: A Life*, London: Heinemann, p. 463.

对写作或话语感兴趣。

为了能有效地确立自己的策略基础，福柯将话语的产生和流通作为事件进行书写。这样的计划并非停止斗争，他认为特殊知识分子的工作为：

> 一场关系到自己利益的斗争中的工作……这种斗争实际上是在革命运动中进行的，是激进的、不妥协的、不服从的，是拒绝同一个政治所部署的新的控制方式。①

福柯谈到，这是"革命的"，因为人们同样希望在制度和意识上都得到改变。② 或者，正如他在1983年发表的一个不那么好斗的声明中所说，特殊知识分子必须"脱离"那些熟悉的思想体系，这些思想体系支撑并形成与人们当下的"感知、态度、行为"一样的模式。在1968年的15年之后，陌生化的任务不再仅仅是与其他的弱势群体或沉默之声形成一个整体，而是确确实实与当前学术体制内的研究实践最为接近。

正如一开始所见到那样，福柯坚持将他写作的社会效用纳入考量之中，这不仅要考虑他自己的作品，还要考虑学术界与法国建制派之间的关系。他作品中所涉及的知识界问题，出现在一篇不同寻常的文章里。在皮埃尔·布尔迪厄（Pierre Bourdieu）和让－克劳迪·帕塞隆（Jean-Clcwde Passeron）看来，法国社会学家和官僚制度之间的联系在20世纪60年代增强了。社会学和一般的人文科学并没有在法国知识界占据主导地位，至少在埃米尔·迪尔凯姆（Émile Durkheim）所统治的"新索邦"（Sorbonne Nouvelle）时期是这样。在20世纪60年代，为了经济和政府的效率，这种局面开始转变。1963年，法国成立"十八大委员会"，提出了"文学与科学教学"的新政策，并且在1965年由教育部长克里斯蒂安·福歇（Christian Fouchet）牵头改革。③ 这些措施使法国教育体系开始脱离传统的哲学，转而开始关注现代社会学，这包括对如何实现现代化以及对它的本质进行质疑。教育政策顾问专家反对以期刊、俱乐部以及辩论会等作为参照，转而将大量不同的主题归纳为各类人文学科：历史、哲学、文学、社会学、心理学等。

---

① Michel Foucault, (1977) Language, Counter－Memory, Practice: Selected Essays and Interviews, New York: Cornell University Press, p. 216.

② Michel Foucault, (1977) Language, Counter－Memory, Practice: Selected Essays and Interviews, New York: Cornell University Press, p. 228.

③ Pierre Bourdieu, Jean－Claude Passeron, (1967) Sociology and Philosphy in France Since 1945: Death and Resurrection of A Philosophy without Subjuct, New York: The New School, pp. 162-212.

随着经济和现代化进程的日益发展，法国的高等教育也焕发出蓬勃生机。然而，伴随而来的是面对大众的专业大学和综合性大学之间的关系日趋紧张。后者被社会普遍认为是在为学生们提供浅显草率的敷衍服务。对布尔迪厄和帕塞隆而言，福柯作为"十八大委员会"的一员，被定位在这两者需求的交叉点上：国家需要激进的知识分子提供信息和专业化的知识；而年轻学生们需要知识分子来表达他们内心的不满。尽管如此，福柯在同龄学者中的声誉并不完美，他们不屑地写道：

  在哲学史、历史哲学、科学史以及科学哲学所共同构成的哲学历史科学中，福柯发挥着他的复调的天赋。①

在这里，他们暗示了福柯的这种"天赋"吸引着低端大学中的半吊子毕业生。但是，福柯在1968年之后的工作根本不是接受知识分子作为社会技术者的角色定位，也不是服务于行政管理的现代体制。他并非是在不成熟的记事簿上书写各种预言，而是旨在打乱建制派与知识分子之间的联系。他意图在权威机构（如大学以及监狱）与它的受众抑或是囚犯之间建立密切关联。即使在生命的尽头，他依然期望与管理者结成联盟，当然这是朝着颠覆性的方向而去。此外，他作品中流露出的唯美主义倾向，迫切地反抗着他所面对的技术官僚。这与其说是在既定的行政和机构框架内提供政策分析，不如说是从外部重新构想国家行政机构的面貌。实际上，福柯采用的方式是对政治理性形式作批判性的分析。这种形式的政治理性首先是国家的留存和安稳。可见，他希望去探索这种国家与个人之间的"政府性"关系。这关乎"人民的幸福如何成为国家力量中的一种构成元素"②，其目的是要促进个人在不受机构权力意志的约束下，暗地里对幸福的形式加以强化。

一种朝向福柯自己检验其自身技术的方式得以形成，而非他早前那种程式化工作。在这里，"伦理"一词常常伴随着以否定来实施控诉。在他所感兴趣的犯罪领域里，福柯写道：

  一旦我们想要理解犯罪，并从它和它所指的空间处开始思考时，会发现它与伦理的联系是有问题的。③

---

① Didier Eribon, (1989) *Michel Foucault* (1926—1984), Paris: Flammarion, p.206.

② Michel Foucault, (1988) *The Ethic of Care for the Self as a Practice of Freedom*, Gauthier J D, trans., Cambridge: MIT Press, p.158.

③ Michel Foucault, (1977) *Language, Counter-Memory, Practice: Selected Essays and Interviews by Michel Foucault*, New York: Cornell University Press, p.35.

福柯清楚地指出伦理学，就像他在《疯狂史》中所做的那样，是一个"与非理性对立的选择"①。他在书中明确提出，"在古典时期，理性是在伦理的空间中诞生的"②。然而，当他开始承认西方文化中的竞争空间主要不是语言的时候，那么，越轨和道德可能达至某种程度上的和解。他可以接受，事实上对他来说也一直是正确的，写作也是一种生活方式，正如他所说的笨拙风格的雌雄同体的赫库林·巴尔班（Herculine Barbin）。③

在伦理、历史书写和越轨价值观结合起来的重要例子中，福柯将19世纪农民和弑父者，皮埃尔·里维埃的供词称为是一种"美"。在他看来，里维埃的罪行，在最后的一个事例中，它所表现的是：里维埃的谋杀目的正是要写出他最终在监狱里所做的行为和历史，这是一种创造连贯自我的企图。福柯把他的声音从当局的话语中拖拽出来，并在他所处的位置上为其赢得一些名声，尽管它是迟来的。可以说，福柯文学思想的美学转向并不应被看作是一次重大转折，而是一种针对他自己生活方式（这个词在许多知识分子口中意味着不高尚的品位）的创造能力、一种存在的美学、一种在社会中依然可以展现个体自由的空间。这正是福柯的谱系学研究所要揭示的东西。对他而言，整个社会越来越被"正常"的概念支配，而这一概念的定义是与文学中的"病态"相对的。当然，这会导致一种有关自由的图谱的产生。在其中，"自由"一方面是自由主义和社会民主的经典表述；另一方面是作为对社会干预的保护，总是坚持国家所体现的公正是合理的法律。

某种程度上，福柯的《奥雷尔》④是难以理解的。原因在于它经历了一系列不稳定的中断和延续，且它看起来有时接近，有时远离关于"人文"的传统偏见。对于大多数读者而言，它仍然是陌生的，仅仅因为它属于法语知识分子。人们常会注意，福柯自身的局限在于，他没有足够认真地对待世界内各民族之间的差异。无论如何，需要注意的是，法国与其他国家之间的社会历史差

---

① Michel Foucault, (1961) *Folie et déraison: Histoire de la folie à l'âge classique*, Paris: Plon, p. 155.

② Michel Foucault, (1961) *Folie et déraison: Histoire de la folie à l'âge classique*, Paris: Plon, p. 174.

③ Michel Foucault, (1980) "Introduction", in *Herculine Barbin: Being the Recently Discovered Memoirs of a Nineteenth-Century French Hermaphrodite*, Richard McDougall, trans., New York: Pantheon Books, pp. xii–xvii. 此外，还可参见米歇尔·福柯：《双性人巴尔班》，张引弘译，上海：上海人民出版社，2019年版。

④ 福柯借助马克·奥雷尔对于话语的看法，后者把真实话语比作外科医生握在手中的手术器械箱。可参见米歇尔·福柯：《法兰西学院课程系列. 1981—1982：主体解释学》，佘碧平译，上海：上海人民出版社，2018年版，第590页。

异影响了非法语读者对他作品的理解。应该指出,福柯在法国之外获得的巨大成功,大部分原因在于他对法国情况的独特概括激起人们对现代社会的某些普遍性特征的理解。

自18世纪开始,法国社会变得越来越资产阶级化,这一趋势的演变程度极为迅速,并逐步走向一场激进的革命运动。波旁王朝和拿破仑统治下的法国政权,比其他国家在控制教育、医疗、民事机构方面的力度更强。在过去,法国主要是被天主教而非新教所控制,这也许解释了为何福柯并未将新教伦理与现代秩序的出现结合起来作"韦伯式"的分析。面对封建主义的强大背景,福柯看到法国处于极具压迫性的、推行封建统治的社会中。因为它依然奉行各种形式的"恺撒主义"(Caesarism),如同马克思在《拿破仑·波拿巴的雾月十八》(The Eighteenth Brumaire)中指出的那样。即便是福柯,这位曾考察过刑罚制度的,最具时代有影响力的思想家,在他访问大洋彼岸的阿提卡(Attica)① 之前,也从未真正进入过监狱。因为在20世纪70年代以前,只有警卫、律师和囚犯才被允许进入其中。而且,对法国来说,19世纪的确是一个革命的世纪。这意味着无产阶级的日子会一直延续到其他年代,或许还会继续延续下去。直到1970年,阿尔都塞才声称:"革命现在已经被提上日程。"② 对大革命和1871年巴黎公社(La Commune de Paris)的记忆依然鲜活,其内容就隐藏在福柯的作品中。直到1980年代,由大规模抗议和破坏引起的社会深刻变革的可能性也弥漫其中。

福柯的作品含蓄地反对那种认为革命是现代政治正义的基础或种子的激进思想,这是正确的。它针对这种思想(同时也吸收了它的希望)。20世纪70年代以前,法国都保持着它的这种威望,这主要是因为它在第二次世界大战中对抗击纳粹占领者所作出的重要贡献,即参与其中的共产党员所扮演的勇敢、荣耀的角色。福柯与法国国家主义保持的距离意味着,这不是把之前的封建专制的共和形式及其相关理论置于某种合理性之中,这在他的思想中占据着非常重要的位置。③ 颇具讽刺意味的是,福柯从未研究过政治思想和制度的历史,并且在与他教学相关联的写作中亦是如此。他将现代政治的出现问题放在一

---

① 阿提卡(Attica)是美国最著名的监狱之一,位于纽约州,关押着美国最危险的囚犯。当囚犯在其他监狱表现出危险或鲁莽的行为,可能危及他人生命时,通常会被送到阿提卡教养所。它是美国保持最高安全级别的监狱,在20世纪30年代建成之后,这里被认为是一个极其恶劣的监禁场所。
② Gregory Elliot, (1987) *Althusser: The Detour of Theory*, London: Verso, p. 225.
③ Pocock重新审视的"公民人文主义",并不是经济主义(即以经济因素来最终决定社会事件和社会变革的那种逻辑)。

边,这个问题被认为是由"自然权利"支配的话语领域,或者(使用18世纪的语言)是重商主义(贸易)意志的表达。这种表达巩固了它自身与国家间的联系,且借助表象来将其最终确立为一个制度的空间。在这个空间内,利益通过协商和立法来得以平稳输送。当然,福柯的独特性体现在,他对一个常被人忽视的问题作挖掘,即权力的运作是如何外在于政治领域的。而另一个延伸问题是,在他眼中,法国并非是在17世纪,而是在18世纪末和19世纪才被看作是革命的时代。实际上,这也表明了这一时期的法国依然很难形成一个完全自主的、能进行自由政治辩论和有效政治决策的真正舞台。

从上述角度来看,可以说德莱弗斯和拉比诺的四分法忽略了文学对于福柯作品的重要性,还忽略了这种做法背后的政治动机。他们预设了福柯学者的身份,以哲学家、历史学家或者社会学家来定位他,而不是将其看作是积极的政治知识分子。这种做法使得福柯职业生涯的最后阶段的工作显得扭曲,即流于对福柯表层的把握使其最后的作品偏离出政治批判的路径。萨义德说,他对这种偏离感到痛惜,这也将造成对福柯个人的性问题的模糊认识,它与私人探寻"不同类别的快乐"[①] 有关。在《性经验史》的第二卷和第三卷的相关章节中,福柯转向以个人形成自我的方式,来对个体自由的空间进行挖掘。这不是为他人所作,而是基于对自我而作的努力(由"心理"被动地驱使)。可以为这种转变找到各种缘由,即他在加利福尼亚的伯克利所受到的影响以及格林布拉特对"复兴时尚的自我"的鼓吹(其自身受到人类学文化和自我形成方式的影响)。在20世纪70年代末,大众的注意力从集体政治转向个人风格化的政治,且福柯的理想趋于幻灭。其中最为主要的原因为,1981年法国政府拒绝民众对其移民、死刑等政策提出的意见,转而依赖"传统逻辑"的路径。随后的政府又走向了合理化经济管理的功利道路。这些都让福柯感到深深的不安。[②] 在1983年底,福柯已经开始抱怨社会人士对监狱问题考虑得不够深入,且他本人对没有与地方治安官、政客或者法律界取得联系而感到颇为遗憾。[③] 在这种情况下,他对知识分子政治行动的关注度开始下降,转而产生了一种唯美主义的徒劳之感。但这并不完全与"越界写作"的期望相关,而是与个体"自我治

---

① Edward Said, (1984) "*Michel Foucault*, 1927—1984", Raritan: A Quarterly Review (4/2), pp.1—11.

② Michel Foucault, (1988) *Politics, Philosophy, Culture: Interviews and Other Writings 1977—1984*, London: Routledge, p.153.

③ Michel Foucault, (1984) "Qu'appelle-t-on punir? Entretien avec Michel Foucault", *Revue de l'Université Bruxelles* 113, pp.35—46.

理"的可能性相连。于是,福柯文学思想研究不应仅从某种学术的线性时空来切割他的研究领域,而是去重返福柯对各种历史及事件的问题化路径。文学在福柯整个思想历程中所具有的重大潜力,特别是结合其后期所讨论的现实问题,应成为未来福柯研究的一个不容忽视的重要领域。只有在这个意义上,福柯才可能以某种具有热切关怀的特殊知识分子形象出现,且他对学术的开放和包容所提供的切实有效示范才会变得更有价值和意义。

第三节　福柯文学思想研究的人文价值及后续方向

就福柯文学思想而言,其对人文主义的反思是彻底且公正的。在人文主义者看来,人具有一个统一的自我,意识决定行为,思想和感觉至少在潜在的自我中融为一体。正是在人文主义中,异化这样的重要概念才有可能。对于异化,在某种程度上,压迫取决于人类可能无法填补费尔巴哈(麻生太郎称之为"青年黑格尔主义",对青年马克思有重要影响)所称的"物种"的潜力。那便是意识无法控制行动,情感无法和理性联系在一起。在那里,人文主义者发现了异化,这一术语不仅指向个体内在所有人的能力和谐融合的发展,同时也指向一个所有个体的相似发展以及和谐融合的(有机)社会。因此,人文主义所带来的分析前提为:所有人都有本质特征,而道德生活的故事和人类历史应该趋向于作为一个相互关联但又相互独立的环节来完成其整体。含蓄地说,人文主义还带有一种管理特性,即社会是培养出并能发挥人之潜能的地方。这就是尼采认识到的:对上帝的完美的信仰,已经转变为信仰完美人性的道德政治。①

反人文主义不仅是穿插于 20 世纪思想舞台的一场表演,重要的是它与文学现代主义密不可分的关系。与托马斯·厄内斯特·休姆(Thomas Ernest Hulme)的《猜测》(*Speculations*)中所宣称的类似,这实际上是在第一次世界大战前后渗透在写作中的反人文主义②,这不仅在它的主题中,还在它的结构中。举一个例子,在 D. H. 劳伦斯的《恋爱中的女人》(*Women in Love*)

---

① 朗佩特:《尼采的使命——〈善恶的彼岸〉绎读》,李致远、李小均译,北京:华夏出版社,2009 年版,第 40—45 页。
② 休姆反对人文主义对自我完善的鼓吹及对神性的僭越. 可参见 T. E. Hulme, (1924) *Speculations*: *Essays on Humanism and the Philosophy of Art*, London, Henley and Boston: Routledge & Kegan Paul.

中,伯金希望把男人从地球上抹去的愿望,与在同一部小说中,杰拉尔德的父亲克里奇先生那野蛮的肖像,他所崇拜"最高的、最伟大的、有同情心的、无需顾虑的人类之神性"①一样。小说一开始就与旧的人文主义秩序对立起来,它不能回到那些丰富人物个性的叙事技巧上,因为这些个性取决于一系列被注意到的超越关系:一个连贯的个体在一个连贯一致的社会中完成他或她的潜力,而这个社会反过来认为其具有无冲突的、最终超越历史、普遍的人性。

现代主义的反人文性也同样重要,因为福柯正是通过对 20 世纪 50 年代早期运动的主要纪念碑(尤其是海德格尔和尼采作品)的阅读,找到并坚定了他的计划。②尤其是对海德格尔作品的考察,这是阐明福柯写作的一个重要背景。毕竟,海德格尔对于他而言,是"最为基本的哲学家"。这种取向使福柯在接近生命的尾声时,直截了当地宣称"对我来说,海德格尔一直是最为关键的哲学家"③,即使他接着说尼采作为一个更为强大的影响仍然存在。但是 20 世纪 60 年代早期的法国反人文主义,还从列维-斯特劳斯的结构主义人类学中隐含着对文化帝国主义的批判以及从阿尔都塞的作品中发展而来。列维-斯特劳斯提出的概念即现在正处在一个"人已死"的时代;而对于阿尔都塞来说,历史是"一个没有主体的过程"④,它不可能实现被压抑或"异化"的人类潜能。马克思主义和现象学的"人道主义"并不是指拒绝"上帝"和进步主义无神论的"人文主义社会学"(这是萨特在《恶心》中称为"人道主义"的一种说法),而是认为存在着一种跨越不同文化、阶级以及性别,并永远保持不变的人的本质和人的欲望。⑤它也承载着在一种特殊的心理学意义上的关于人的论点。这种对主体定义的消解使主体成为一个虚空的概念,这就从本质上挖空了主体的内涵。人们以为它只有一种由"主体"留有的外壳结构,但在其

---

① D. H. Lawrence, (1974) *Women in Love*, Harmondsworth: Penguin, p. 242.
② 对人文主义的哲学反抗中最有影响力的仍是 1947 年出版的海德格尔的《人文主义书信》(*Letter on Humanism*),其是对萨特阅读海德格尔早期杰作《存在与时间》的抗议。详情参见 Megill 在 1985 年发表的《尼采对欧洲思想的影响:从海德格尔到福柯》(*Nietzsche's influence on European thought from Heidegger to Foucault*)。
③ Michel Foucault, (1988) *Politics, Philosophy, Culture: Interviews and Other Writings 1977—1984*, London: Routledge, p. 250.
④ 阿图塞:《自我批评论文集》,杜章智、沈起予译,台北:远流出版事业股份有限公司,1990 年版,第 62 页。
⑤ 关于福柯与萨特关系的更广泛讨论,可参见 Mark Poster, (1984) *Foucault, Marxism and History: Mode of Production versus Mode of Information*, Oxford: Polity Press, pp. 1—43. 也可参见马克·波斯特:《福柯、马克思主义与历史:生产方式与信息方式》,张金鹏译,南京:南京大学出版社,2015 年版,第 1—24 页。

中充满的恰恰是由意识形态所循环而来的主体概念。

当经历结构主义的洗涤后，主体概念已经成为一个虚设之物。但是，在主体这种虚构的概念中，历史结构仍然如其所是地在运转着，这也表明了虽然没有明确的主体，但是历史的主体性仍被维持着，即使这种主体性并不属于任何人。事实上，这是后来与福柯所主张的"人之死"，巴特宣称的"作者之死"相同的去主体化的命题，即历史学主体已被还原成单纯的社会性主体，而主体在历史结构中的地位和功能也被一一消解。

对文学而言，批评主要是否认了文学文本是命题性的，这是后结构主义的共同点。尽管这一"理论"与它的反对者之间存在着争论，但后结构主义很快被文学领域迅速吸收。然而，当有人认为后结构主义与旧的文学批评有关联时，福柯也同样怀疑文学是一组命题或是可解释的主题。他的大部分作品，比如其著名的历史文本根本就不属于后结构主义。很容易将福柯的研究对象看作是后结构主义的对象，但他的研究方法和兴趣与德里达、巴特、德·曼以及利奥塔不同。福柯的工作旨在消除传统历史学的概念基础及其文化层面的历史意图。现在，后结构主义自身正在成为一种记忆，或是一系列的重复，而不是一个不断扩大和发展的领域。这种情况连同它的多样性和涉猎范围，将表明福柯作品持续的吸引力（或风险）。

在这一意义上，需要把福柯放置在一个整体的思想运动中来理解，这就要具体地认识是什么构成了后结构主义。实际上，可以发现"后结构主义"这个名称不仅含糊不清，而且具有严重的误导性。这场运动不仅超越了结构主义，它最深层的根源还在于法国思想对现象学的接受，特别是对埃德蒙·胡塞尔（Edmund Husserl）和海德格尔作品的接受。思考这些断言的第一条：现在所普遍认同的是，后结构主义与其说是结构主义的发展和突破，不如说是一种存在于其中的瞬间或潜在的东西。在《权力与意义》的最开始部分（这可以说是第一篇后结构主义的文章），德里达指出"结构主义意识是一种灾难性意识，它被摧毁的同时又毁灭其他存在，并进行着解构"①。

这一"解构"并不是指结构主义从分析文本或文化结构的意义转向分析实现意义效果的机制，而是指结构主义路径是"在方法的标记上，体现出一种对存在的焦虑，以及对历史形而上学基础的威胁"②。这也是海德格尔现象学的

---

① Jacques Derrida, (1978) *Writing and Difference*, Alan Bass, trans., Chicago: University of Chicago Press, pp. 5–6.

② Jacques Derrida, (1978) *Writing and Difference*, Alan Bass, trans., Chicago: University of Chicago Press, p. 6.

难解之言。对于德里达而言，结构主义必须在原初和本体论术语中被理解，并与存在相关。因此，令人惊讶的是，它被看作是在面对世界威胁时的一种回应模式，一种自我保护形式。可以说，结构主义在发现世界的整体性和自主性的同时，又把世界的威胁还给了世界，把它的对象从熟悉的联系中分离出来（"解构"它们）。在理想的形式下，它完成了对这些没有起源的对象的空间化和整体化，并且，它也在客观凝视的清晰光照下运作。因此，正如德里达所说，文学结构主义，尤其不能解释文本的（效果），尽管他承认考量这种力量，并非是去一劳永逸地发现文本的含义。

结构主义忽略了历史和作品的历史不仅是它的过去、前夜或是先于作者意图中先于自己的神秘，而且它很难永远存在、很难永远"被某种绝对的同时性或瞬间性所概括"[①]。就像非海德格尔现象学一样，德里达明确地表示"现代结构主义随着或者说对现象学的不那么隐秘的依赖"[②]，结构主义在双重意义上寻求它的对象。它把它们从这个世界上撼动出来，并试图理解它们，以避免不可改变的危险成为结构主义和现象学之间的"共同点"。可见，二者都试图在经验中找到话语的规律性。第一种是通过找到"经验"的序列形式；第二种是通过知识来提高"我们话语的生存视界"[③]。

福柯认为，后结构主义不同于那种被认为是一种现象学的结构主义，它既肯定事物在其理想和总体形式下的危险性、不安定性、游戏性和历史性，又接受和关注可知与不可知之间的差距和联系。简单来说，结构主义将世界划分为大量的单元：文本、体裁、语言、亲属制度等。它们每一个都是完整的、离散的、形式上可知的，因而是完美无缺的。在这一过程中，结构主义对结构之间存在的关系进行了形式化和抽象化，而并未揭示它们彼此的交流。

后结构主义从三个方面对结构主义进行改造。首先，它指出，求知欲的目的是要打破世界的连续性、交换性和流动性，而这意味着一种极限的生成而不是一切的终结。其次，它以伦理政治精神继续进行着解构的工作，从而消除了隐藏在熟悉的标签、感知和目的中的思想和行为。再次，它试图撤销结构分析和功能分析的形式和有限的范畴，以便在面对事件间凌乱的相互作用和失败

---

① Jacques Derrida, (1978) *Writing and Difference*, Alan Bass, trans., Chicago: University of Chicago Press, p. 14.
② Jacques Derrida, (1978) *Writing and Difference*, Alan Bass, trans., Chicago: University of Chicago Press, p. 27.
③ Michel Foucault, (1970) *The Order of Things: An Archaeology of the Human Sciences*, London: Tavistock Publications, p. 299.

时，激发出更具体的、非神秘化的感觉。此外，它还从哲学的角度，以高超的技术技巧，尽其所能地倾听自己活动的可能性条件。而这些可能性条件本身是不可能以任何完全有序的方式得以复原的。注意到这一不可能，后结构主义又卷土重来，特别是在德里达和德·曼的作品中，他们的主张与对发生在社会、政治、心理等方面的事情的本体论关注相反，而是（运用传统的隐喻）注重"深层的"存在本身。这非常简单：比如，德里达和德·曼都以诸如"深度""基础""建基"或"深刻性"等传统上用于构建和描述本体的词汇来进行隐喻性的批评。

与海德格尔一样，福柯并不关心诸如"人类学"的内容，而是关注本体论。在其早期的作品中，海德格尔开发了一种他所说的"存在主义的分析"，借助分析存在于世界中的基本结构——"此在"（Dasein）来反对人类在人类历史中已经被表达或表示的本质，即任何社会和文化都可以独立地进行决定的东西。存在主义分析不是对后笛卡尔理性人的生活条件作分析，实际上，它是用来描述理性本身所预设的。在这一术语中，"此在"是存在于人类之中的结构[①]，不能构成一个本身就是目的的存在，即"此在"不能构成拥有自身终结的此在。也就是说，理解存在问题本身是必要的，或者说，"此在"也是一种基本的"超越"形式，因为没有固定的或者有限的项目或对象能够满足存在的质疑，"真实的"思想不能建立在任何简单地给予世界的天真的经验概念之上。

在德勒兹对福柯评论中，"此在"被称之为被折叠的存在，"此在即折叠"[②]。然而，对于海德格尔来说，"存在"本身并不一定是给定的，而是在"此在"与世界的介入中被揭示出来的。它要求以"开放"或"澄明"的创造性思考来实践对社会和生活的建构。海德格尔思想的这个方面提出了所谓的道德本体论，其中"道德"具有福柯在其最后阶段给予它的意义。换言之，道德是产生出个人生活方式或自我的行为方式。

福柯并未把海德格尔看作一个世俗的思想家。在他看来，存在被抛入世界中，被抛入时间和有限；在这个意义上，它是存在论上的偶然。这就是为什么它难以被恰当地表述出来，即在任何主客体关系上，主体以一种暂时的、掌控的、原则繁多的、以理性的方式来运作的原因。这也是为何它会不断地、永无

[①] 参见 Jacques Derrida, (1986) "My Chances/Mes Chances: A Rendevous with some Epicurean Stereophonies", in Joseph H. Smith, William Kerrigan, *Taking Chances*: *Derrida*, *Psychoanalysis*, *Literature*, Baltimore and London: Johns Hopkins University Press. 德里达在其中对存在（Dasein）有着精到的解读。

[②] Gilles Deleuze, (1986) *Foucault*, Paris: Editions de Minuit, p. 117.

满足地超越极限和起源。存在持续地被自身存在的不稳定性和偶然性干扰,其中引起的不安和焦虑构成其全部。这些是由无效的经验,即死亡所具有的必要性和任意性来表现的。最终"无意义"最为强烈地出现。正如海德格尔所言,在个体化的,对死亡的期待中,这种焦虑将存在与世界上的其他生物区分开。伴随着这种焦虑而来的,是对事物之不同性的关怀(Sorge),这反过来又与学习过程中的学习联系起来,而不是与所学的东西相一致。在所谓的"转向"(Kehre)之后,海德格尔将苏格拉底以来的西方历史解读为遗忘存在真理问题的历史,或者在另一种表述中,解读为"撤回存在"(withdrawal of Being)的故事。

福柯的作品在某种程度上属于这种思维方式,正如他在对他的老师,科学史家乔治·康吉莱姆的评论中所承认的。在他看来,遗忘存在发生于被权力意志命令下的历史进程中,且理性和使用价值占据首要地位。这是海德格尔对"西方马克思主义者"的一种呼吁,他们把社会的故事看成是人类对自然和对彼此日益支配的一种关系。对于西方而言,不断强化理性有助于维持这种统治。然而,对海德格尔来说,矛盾在于,遗忘存在属于存在,确实,它是通过撤回自身来揭示自身的。在第一种情况下,福柯避免了人文主义,因为他自己关心和分析的对象,"此在"不是人或意识,而是只能用存在于世界的基本条件来描述的,即所谓的"超验结构"。此外,福柯认为思想不是主要与人有关的,这是海德格尔的路径:人存在于事物的中心,忘记了关于存在之真理的问题。可见,人类既有存在,又有与现成世界的模糊的、遥远的关系。

福柯认为,过去的人文主义是一种形而上学,它用对人的兴趣和对整个世界的表现来取代对存在的关注。最重要的,它将人框定为海德格尔所称的,是控制和使用世界的"立场主义者"①。总体而言,这种遗忘具有形而上学的特征,因而,所有的西方概念处理的都是苏格拉底和柏拉图之后的世界。海德格尔认为,仅在他自己的思想中,人文主义的死亡是可以被瞥见的。在思想史上,海德格尔打开了福柯所主张开辟的道路。反之,福柯预见了"人之死",以及他对人文主义者的"人",及其身处于社会行政和政府层面上的效用研究。这似乎与福柯身处的后结构主义有些距离。然而,德里达在他对《关于人道主义的书信》,出版名为《人的终结》的解读中指出,海德格尔所说的"此在"与他所说的人的潜能或"我们/Zus"并不能得到严格的区分。

---

① 海德格尔后来思想中关于这一方面的经典说法,可在其论文《时代的世界图景》(*The Age of the World Picture*)中找到。

这与理解福柯文学思想所寓居的领域密切关联。它包含着德里达的意图和特点,在德里达处,只要人们用从传统中继承的语言来进行学术研究,就永远无法根除一种残余的人文主义。但德里达也正是在1968年5月这段激动人心的日子里,认为有必要重新界定法国当代的思想领域。可以看到,德里达认为这一领域是由试图打破形而上学和人文主义来形成的,并在三个标题下勾勒出他所称的这个时代法国思想的"颤抖",每个标题都值得关注,因为它们也澄清了福柯作品产生和被接受的文化领域。

德里达的第一个范畴是"意义的还原":结构主义者试图确定"在一个本身没有意义的'形式'基础上组织意义的可能性"[①]。这是对福柯考古学的否定性描述,这证明了条件如何围绕"意义"或真理来改变整个现代历史;对福柯而言,历史没有线性的方向。德里达也宣称这一工程是"现象学的批判",因为现象学企图通过现成的东西来揭示和理解存在的基本结构。然而,正如德里达指出的,现象学的批判拒绝理解存在的动力,而要求从西方"意义"或"思想"的所有形式中彻底地突破。这种突破本身是由一种进步感所驱动的,也就是说,超越事物的秩序被认为具有或根植于界限的进步。因此,"现象学批判"具有它所拒绝的进步人文主义的所有特征。

德里达认为的第二个范畴是"战略赌注":即企图将自己定位在一个寓居的概念框架之外,至少必须存在于西方的外部。思想是(正如其在1968年)在新的压力下"颤抖"的。这样的策略可以试图从目前人所身处的境况和语言中走向外部,但这有可能巩固人们已拥有的东西,因为它声称拥有不同的光环,外部的光环和内部的光环。此外,它可能会尝试一些"不连续的"和新的东西,并冒着盲目对待已经知道的东西的风险。对于德里达而言,在他职业生涯的这一点上,解构主义必须使这两个主题交织在一起,这意味着"它不仅要说几种语言,还要同时产生出几种文本"[②]。

在20世纪60年代末这些令人激动的岁月中,福柯已经接受这一"战略赌注"且能够在一个长期而激进的项目上工作。对自我的贬抑和对生活或思考的拒绝,无论是对怀旧的范畴,如"对存在的遗忘"或是"存在的必要性"之类,都有着重要的价值。福柯所执着的乌托邦运动转向尼采,坚持人的完美的差异化。正如人文主义者所设想的那样,那些不相信以存在为目的的质疑会允

---

① Jacques Derrida, (1983) *Margins of Philosophy*, Alan Bass, trans., Chicago: University of Chicago Press, p. 134.

② Jacques Derrida, (1983) *Margins of Philosophy*, Alan Bass, trans., Chicago: University of Chicago Press, p. 134.

许任何"根本"的事情发生。后者是尼采超人的教训,它不属于学术劳作所能提供的内容。它更需要一种不为技术、权力去服务的语言形式。事实上,意志或自我发现是一种隐形的诗歌。在关键时刻,海德格尔和年轻的福柯都通过这种语言来书写"思考"。正如福柯在1961年向索邦大学提交论文《疯狂史》时所说的一样,"要说疯狂,就必须具备诗人的才能。"作为考官的乔治·康吉莱姆评价说:"但是您有,先生。"①

1968年前后的法国思想领域是由这三种可能性组织起来的:结构主义或"意义的还原";"策略"或"结构"作为现象学的延续②;超越人类的思想变成一种文学,它毁灭了起源和终结。这些可能性或许能帮助厘清福柯直至1970年的所有作品。在此之后,福柯走上了另一条道路。他对"人之终结"的最后回应将不会把"主体"分解为文本,去减损意义,或对所形成的概念网络之完全的陌生化作出回应。

福柯的文学思想中遵循尼采和海德格尔的某些观点,坚持认为思想家的任务是展示知识是如何用来塑造个人的。它密切关联着人的生命和人的身体。对福柯而言,文学蕴含的问题只有通过仔细考察众所周知或已被遗忘的档案细节,经过对分析方法的深思熟虑之后,才能负责任地予以表达。因而,福柯在严格解读意义的恒久规定与叙述那种意义的技巧之间,为人文主义找到了新的拓展空间。这是对学院著述的一种反身式演绎,即以基础主义、话语分析和专业主义预示了未来某种学术创作的低迷。

---

① Didier Eribon,(1989) *Michel Foucault* (1926—1984), Paris: Flammarion, p.133.
② 指胡塞尔现象学的延续,这意味着它不是"既不重复也不颠覆"的思想分析模式,而是要显示出所有的内在总是外在的(反之亦然),且所有的身份都是由差异构成的(反之亦然)。

结 语

福柯的作品及其整个文学思想，与整个后结构主义一样，是以拒绝三种思想流派为核心的，即人文主义和主体性的特权、阐释学/历史主义和理解的特权、辩证法和目的论的特权。此外，还可以加上精神分析及其对原初缺失的特权，特别是它以"阉割"主体作为主体获得自主权的机制。实际上，当前的人文主义和阐释学仍然涵盖着较为广泛的范畴，其中存在一种难以逃避的东西——表现或模仿。但是人文主义的批判在这个列表中显得特别重要，因为它将福柯思想的两个阶段结合在一起，只有在把"现代性"描述为"人类时代"之后，福柯早期对知识史（或考古学）的分析才能转化为他后期对现代政府的批判的考量。福柯把"现代性"牢牢地置于人文主义的符号下，延续着海德格尔的思想。

与大多数的人文学者不同，福柯的确对法律和现代权力提出了某些普遍性的主张，这也是他从法国学术界和知识界中继承的遗产之一。换言之，尽管福柯自己宣布了某种"大学教育"的终结，但他依然是知识分子中最富魅力的一员。他审视过去，并不断揭示书写真理性历史的困境——这些历史虽有着伦理与政治目的，却缺乏先验的真理主张。福柯早期的《疯狂史》是"海德格尔式"的历史书写，即探讨"现代性"如何丧失与事物本体论层面不可改变的肯定性联系；他的《事物的秩序》则呈现了因原始秩序缺失而导致知识混乱的历史；而他后来的谱系学则是从社会和政治角度将知识看作一种权力模式，分析知识如何凭借其影响世界的方式发挥作用，且最后无法被还原为特定的社会利益或功能的过程。正如爱德华·沃第尔·萨义德（Edward Wadie Said）所说，福柯试图通过书写那些允许遗忘偶然性制度的历史，将后结构主义的本体论世俗化，这便是"无意义的"存在。

对当代中国而言，西方人文科学领域中的法国思想尤其独特。在法国知识界，政治、史学、哲学和文学批评，都有着与当代中国截然不同的形态。尽管受社会学的渗入影响，各门类学科在不断深度越界和融合，然而在高等教育层面上，哲学、史学和文学等的跨学科改革还相对迟缓，这在一定程度上归结于

结 语

法国的社会管理制度。教育是被赋予权力和职业机会的重要途径，但由于比其他国家的阶级划分更为严苛，法国社会提供的"向上"流动机会普遍较少。换言之，知识分子要想保持良好的职业声誉，就需要握有朝更广阔学术生态区进阶的方式。在法国，哲学文本仍在中学教育中教授，德里达帮助民众抵制了那些技术官僚们对这一迟来之启蒙礼物的攻击。尽管在那里，人们所熟知的文学批评并不存在：那是一个充满着话语形式的空间。

与之相比，现代新批评开始于现代商业主义的公共氛围中，并伴随着18世纪散文家所身负的实现人类文明的使命。它所获得的勇气源自19世纪初的大众教育以及由阿诺德、艾略特、利维斯以及新批评所倡导的"文化卫生"运动。他们树敌众多：技术官僚、社会革命、大众文化、科学至上主义、地方性以及个人或宗教"狂人"等。首先，这种批评的目标在于培养一种特殊的个体——不仅是有文化和理性的人，而且是自信、敏感、富有同情心、想象力，以及由最少的国家和司法机构来管理和干预的个人。简言之，它产生自我管理（福柯将某种自我管理技术做出更进一步的推进和延伸）的人。其次，它产生出一个纯粹或本质性的文学概念，它将文学之外的任何之物（社会、历史等）都予以剔除，从而使其可被解释为一种形式上的知识。在法国，情况并不一样，如阿诺德模仿法国文学记者夏尔·奥古斯丁·圣勃夫，与他的崇拜者相比更多地靠近印象派，而非倾向于"文化政治"。阿诺德日复一日地耕耘在文学领地里，在教育界之外以学者身份保持着国家的威望，且在一段时间里担任参议员。当然，在今日法国，某种文化氛围也是以官方的正式承认而存在的，但以资本需求为主导的现代公共文化领域却普遍缺乏这种轻松的氛围。

法国文化与其说是反对民主和技术官僚的驱动和需求的传统壁垒，不如说是一种国家认同的象征。同时代的另一位法国文学巨匠伊波利特·阿道尔夫·丹纳（Hippolyte Adolphe Taine），以心理学、种族主义生物学和实证主义史学原理为基础，创立了一门文学的科学。在他的作品中，优秀的文学文本并不是从伦理角度来思考的：它们最终提供了一种驱动（诚然，非革命的）国家进步的可能的知识模式。法国没有任何能为现代文学批评铺平道路的条件。这些批评以最纯粹的形式出现在艾略特、理查兹和利维斯的早期作品中，尽管它们有助于塑造各种差异化的个性，但却不能成为道德的工具，甚至不能成为解释文本意义的工具。对于现代文学批评家而言，文本是不可译为信仰和命题的：它分析语言中的生命，并持续推动自我的生成，至少在原则上，与单纯的社会管理制度相左。它的学习者们通常会进入教师群体或成为国家公务员。然而，这一话语实践（用于福柯所定位的中世纪）作为一个纲领，并不存在于法国。

法国之外的国家，其"文化"较少受到严厉的约束，批评悖论式地进入到现代大学的体制中，并留存其早期反制度主义的痕迹。

因而，福柯文学思想的重要性在于提醒人们：存在于档案中的传统概念和争论是具有实质性的自身话语的集合。这些话语所呈现出的差异性面貌与当下的现实生活密切相关。它们所涉及的问题庞大而驳杂，而需要特别注意的是，话语指向了关于存在的宏大本体论问题在当下的境遇。由于过去的人文主义者对本体论的"缺乏"和"完成"的反复强调，使这一问题失去了巨大的魅力，也使得他们自身丧失掉其职责中的"自然属性"。对当前的人文主义文学实践而言，其所面临的困难主要是，那些新制定的教条主义使得文学专业不但远离公共领域，而且也很难进入到使用不同行话的其他专业中。可见，对于现在可能成为一名"漫谈技术工人"的知识分子而言，浮夸的论调由于缺乏理论的专业性支撑已然失去了学术的吸引力。对于知识分子而言，当下的选择是极为困难的：要么进入到技术性的解构主义者、话语分析者、新历史主义者等行列中，要么退回到一种怀旧式地去赞美、称颂过去的素朴立场，以人文主义的多愁善感去感召一切。福柯源于政治考量而走向一个不拥有那么多光环的世界。他相信"人类"或"艺术"等概念的魅力已经成为某种障碍，它们模糊了个人与现代社会管理机构之间的微妙关系，并遮蔽了自由、美丽和风险。在人们能够掌握那些塑造自身存在的专业技术之后，倘若真的有这项技术的话，自由、美丽和风险可能被残酷地一并收回。这便是福柯成为一位反人文主义者而非一位后人文主义者，不是左翼作家而是后文学家的缘由。

在学界的文学研究中，对福柯的认识转变已经被吸收到"新历史主义"中。后者驱逐了他所拒绝的东西，但它并没有维护并推动其作品的具体伦理和政治诉求。今天，人文主义的制度和话语巩固了新的关于"统治"和治理的形式，这种观念几乎成为学术上司空见惯的现象，然而它自身也很难在政治领域中保持有效的张力和活力。如果一名伟大的学者，同时是一个局外人，一个公众人物，一个违法者，他的作品依赖于他的存在，倘若对他采取某种方法来分析的话，应是怎样的？对他的研究是不是应被一个或多或少封闭的专业所限制？显然，那些把福柯的贡献视为值得认真对待的人会感到有必要对其进行考察和超越，也许福柯的真正挑战在于这样一个问题："今日的思考是否能继续被用来打破现有的学术专业的界限？"——这或许促成我们认真去考察当下有关文学的方法和研究主题如何能够真正地有所改变。

参考文献

一、福柯著作法文本（按出版时间排序）

[1] Michel Foucault. Maladie mentale et personnalité [M]. Paris: Presses Universitaires de France, 1954.

[2] Michel Foucault. Maladie mentale et psychologie [M]. Paris: Presses Universitaires de France, 1962.

[3] Michel Foucault. Les mots et les choses: Une archéologie des sciences humaines [M]. Paris: Gallimard, 1966.

[4] Michel Foucault. L'archéologie du savoir [M]. Paris: Gallimard, 1969.

[5] Michel Foucault. Histoire de la folie à lâge classique [M]. Paris: Gallimard, 1972.

[6] Michel Foucault. Surveiller et punir [M]. Paris: Gallimard, 1979.

[7] Michel Foucault. Histoire de la sexualité, tome 1: La volonté de savoir/histoire de la sexualité, tome 2: L'usage des plaisirs/histoire de la sexualité, tome 3: Le souci de soi [M]. Paris: Gallimard, 1976—1984.

二、福柯著作英译本（按出版时间排序）

福柯专著

[1] Michel Foucault. The Archaeology of Knowledge & The Discourse on Language [M]. Sheridan Smith, trans. New York: 1972.

[2] Michel Foucault. Intellectuals and Power [M]. New York: Cornell University Press, 1977.

[3] Michel Foucault. The History of Sex, Volume I An Introduction [M]. Robert Hurley, trans. New York: Pantheon Books, 1978.

[4] Michel Foucault. Discipline and Punish: The Birth of Prison [M].

Alan Sheridan, trans. New York: Vintage books, 1979.

[5] Michel Foucault. The History of Sex, Volume II The Use of Pleasure [M]. Robert Hurley, trans. New York: Vintage Books, 1985.

[6] Michel Foucault. The History of Sex, Volume III The Care of the Self [M]. Robert Hurley, trans. New York: Pantheon Books, 1986.

[7] Michel Foucault. Madness and Civilization [M]. Richard Howard. trans. New York: Vintage books, 1988.

[8] Michel Foucault. Power: The Essential Works of Michel Foucault 1954—1984 Volume III [M]. Robert Hurley, trans. New York: New Press, 2000.

[9] Michel Foucault. The Order of Things: An Archaeology of the Human Sciences [M]. London and New York: Routledge, 2002.

[10] Michel Foucault. The Archaeology of Knowledge [M]. Alan Sheridan, trans. London and New York: Routledge, 2002.

[11] Michel Foucault. The Birth of Clinic [M]. Alan Sheridan, trans. London and New York: Routledge, 2003.

[12] Michel Foucault. History of Madness [M]. Jonathan Murphy, Jean Khalfa, trans. London and New York: Routledge, 2006.

福柯论文集

[1] Michel Foucault. Power/Knowledge: Selected Interviews & Other Writings 1972—1977 [C]. Gordon Colin, edited. New York: Pantheon Books, 1980.

[2] Michel Foucault. Politics, Philosophy Culture [C]. Kritzman D, edited. London: Routledge, 1988.

[3] Michel Foucault. Technologies of the Self: A Seminar with Michel Foucault [C]. Luther Martin, edited. London: Tavistock Publications, 1988.

[4] Michel Foucault. Foucault's Live Interviews. 1966—1984 [C]. Lotringer S, edited. Hochroth L, Johnston J, trans. Brooklyn: Semiotext (e), 1989.

[5] Michel Foucault. Aesthetics: The Essentia Works of Michel Foucault 1954—1984 Volume II [C]. James Faubion, edited. Robert Hurley, trans. New York: New Press, 1994.

参考文献

一、福柯著作法文本（按出版时间排序）

[1] Michel Foucault. Maladie mentale et personalité [M]. Paris: Presses Universitaires de France, 1954.

[2] Michel Foucault. Maladie mentale et psychologie [M]. Paris: Presses Universitaires de France, 1962.

[3] Michel Foucault. Les mots et les choses: Une archéologie des sciences humaines [M]. Paris: Gallimard, 1966.

[4] Michel Foucault. L'archéologie du savoir [M]. Paris: Gallimard, 1969.

[5] Michel Foucault. Histoire de la folie àlâge classique [M]. Paris: Gallimard, 1972.

[6] Michel Foucault. Surveiller et punir [M]. Paris: Gallimard, 1979.

[7] Michel Foucault. Histoire de la sexualité, tome 1: La volonté de savoir/histoire de la sexualité, tome 2: L'usage des plaisirs/histoire de la sexualité, tome 3: Le souci de soi [M]. Paris: Gallimard, 1976—1984.

二、福柯著作英译本（按出版时间排序）

福柯专著

[1] Michel Foucault. The Archaeology of Knowledge & The Discourse on Language [M]. Sheridan Smith, trans. New York: 1972.

[2] Michel Foucault. Intellectuals and Power [M]. New York: Cornell University Press, 1977.

[3] Michel Foucault. The History of Sex, Volume I An Introduction [M]. Robert Hurley, trans. New York: Pantheon Books, 1978.

[4] Michel Foucault. Discipline and Punish: The Birth of Prison [M].

Alan Sheridan, trans. New York: Vintage books, 1979.

[5] Michel Foucault. The History of Sex, Volume Ⅱ The Use of Pleasure [M]. Robert Hurley, trans. New York: Vintage Books, 1985.

[6] Michel Foucault. The History of Sex, Volume Ⅲ The Care of the Self [M]. Robert Hurley, trans. New York: Pantheon Books, 1986.

[7] Michel Foucault. Madness and Civilization [M]. Richard Howard. trans. New York: Vintage books, 1988.

[8] Michel Foucault. Power: The Essential Works of Michel Foucault 1954—1984 Volume Ⅲ [M]. Robert Hurley, trans. New York: New Press, 2000.

[9] Michel Foucault. The Order of Things: An Archaeology of the Human Sciences [M]. London and New York: Routledge, 2002.

[10] Michel Foucault. The Archaeology of Knowledge [M]. Alan Sheridan, trans. London and New York: Routledge, 2002.

[11] Michel Foucault. The Birth of Clinic [M]. Alan Sheridan, trans. London and New York: Routledge, 2003.

[12] Michel Foucault. History of Madness [M]. Jonathan Murphy, Jean Khalfa, trans. London and New York: Routledge, 2006.

福柯论文集

[1] Michel Foucault. Power/Knowledge: Selected Interviews & Other Writings 1972—1977 [C]. Gordon Colin, edited. New York: Pantheon Books, 1980.

[2] Michel Foucault. Politics, Philosophy Culture [C]. Kritzman D, edited. London: Routledge, 1988.

[3] Michel Foucault. Technologies of the Self: A Seminar with Michel Foucault [C]. Luther Martin, edited. London: Tavistock Publications, 1988.

[4] Michel Foucault. Foucault's Live Interviews. 1966—1984 [C]. Lotringer S, edited. Hochroth L, Johnston J, trans. Brooklyn: Semiotext (e), 1989.

[5] Michel Foucault. Aesthetics: The Essentia Works of Michel Foucault 1954—1984 Volume Ⅱ [C]. James Faubion, edited. Robert Hurley, trans. New York: New Press, 1994.

[6] Michel Foucault. The Politics of Truth [C]. Sylvére Lotringer, edited. Lysa Hochroth, Catherine Porter, trans. Massachusetts: MIT Press, 1997.

[7] Michel Foucault. Ethic: Subjectivity and Truth [C]. Paul Rabinow, edited. Robert Hurley, trans. London: Penguin Books, 2000.

[8] Michel Foucault. Michel Foucault—Fearless Speech [C]. Joseph Pearson, edited. Brooklyn: Semiotext (e), 2001.

[9] Michel Foucault. Abnormal: Lectures at the College de France, 1974—1975 [C]. Valerio Marchetti, Antonella Salomoni, edited. Graham Burchell, trans. London and New York: Verso, 2003.

[10] Michel Foucault. Security, Territory, Population, 1977—1978 [C]. Michel Senellart, edited. Graham Burchell, trans. London and New York: Palgrave Macmillan, 2007.

[11] Michel Foucault. The Birth of Biopolitics, 1978—1979 [C]. Michel Senellart, edited. Graham Burchell, trans. London and New York: Palgrave Macmillan, 2007.

[12] Michel Foucault. The Government of Self and Others: Lectures at the Collége de France 1982—1983 [C]. Frédéric Gros, edited. Graham Burchell, trans. London and New York: Palgrave Macmillan, 2010.

三、福柯著作中译本（按出版时间排序）

[1] 米歇尔·福柯. 性史（第一、二卷）[C]. 张廷琛，林莉，范千红，译. 上海：上海科学技术文献出版社，1989.

[2] 米歇尔·福柯. 权力的眼睛 [M]. 严锋，译. 上海：上海人民出版社，1997.

[3] 米歇尔·福柯. 知识考古学 [M]. 谢强，马月，译. 北京：生活·读书·新知三联书店，1998.

[4] 米歇尔·福柯. 福柯集 [C]. 杜小真，编选. 上海：上海远东出版社，1998.

[5] 米歇尔·福柯. 规训与惩罚——监狱的诞生 [M]. 刘北成，杨远婴，译. 北京：生活·读书·新知三联书店，1999.

[6] 米歇尔·福柯. 词与物——人文科学的考古学 [M]. 莫伟民，译. 上海：上海三联书店，2001.

[7] 米歇尔·福柯. 不正常的人［C］. 钱翰，译. 上海：上海人民出版社，2003.

[8] 米歇尔·福柯. 临床医学的诞生［M］. 刘北成，译. 南京：译林出版社，2004.

[9] 米歇尔·福柯. 主体解释学［C］. 佘碧平，译. 上海：上海人民出版社，2005.

[10] 米歇尔·福柯. 性经验史［M］. 佘碧平，译. 上海：上海人民出版社，2005.

[11] 米歇尔·福柯. 古典时代疯狂史［M］. 林志明，译. 北京：生活·读书·新知三联书店，2005.

[12] 米歇尔·福柯. 疯癫与文明［M］. 刘北成，杨远婴，译. 北京：生活·读书·新知三联书店，2008.

[13] 米歇尔·福柯. 马奈的绘画［C］. 谢强，马月，译. 长沙：湖南教育出版社，2009.

[14] 米歇尔·福柯. 福柯读本［C］. 汪民安，主编. 北京：北京大学出版社，2010.

[15] 米歇尔·福柯. 声名狼藉者的生活：福柯文选Ⅰ［C］. 汪民安，编. 北京：北京大学出版社，2016.

[16] 米歇尔·福柯. 什么是批判：福柯文选Ⅱ［C］. 汪民安，编. 北京：北京大学出版社，2016.

[17] 米歇尔·福柯. 自我技术：福柯文选Ⅲ［C］. 汪民安，编. 北京：北京大学出版社，2016.

[18] 米歇尔·福柯. 什么是批判？/自我的文化——福柯的两次演讲及问答录［C］. 潘培庆，译. 重庆：重庆大学出版社，2017.

[19] 米歇尔·福柯. 生命政治的诞生（法兰西学院课程系列·1978—1979）［C］. 莫伟民，赵伟，译. 上海：上海人民出版社，2018.

[20] 米歇尔·福柯. 安全、领土与人口（法兰西学院课程系列·1977—1978）［C］. 钱翰，陈晓径，译. 上海：上海人民出版社，2018.

[21] 米歇尔·福柯. 说真话的勇气：治理自我与治理他者Ⅱ（法兰西学院课程系列·1984)［C］. 钱翰，陈晓径，译. 上海：上海人民出版社，2018.

[22] 米歇尔·福柯. 必须保卫社会（法兰西学院课程系列·1976）［C］. 钱翰，译. 上海：上海人民出版社，2018.

[23] 米歇尔·福柯. 不正常的人（法兰西学院课程系列·1974—

1975）[C]. 钱翰，译. 上海：上海人民出版社，2018.

[24] 米歇尔·福柯. 主体性与真相（法兰西学院课程系列·1980—1981）[C]. 张亘，译. 上海：上海人民出版社，2018.

[25] 米歇尔·福柯. 惩罚的社会（法兰西学院课程系列·1972—1973）[C]. 陈雪杰，译. 上海：上海人民出版社，2018.

[26] 米歇尔·福柯. 刑事理论与刑事制度（法兰西学院课程系列·1971—1972）[C]. 陈雪杰，译. 上海：上海人民出版社，2019.

[27] 米歇尔·福柯编. 双性人巴尔班[C]. 张引弘，译. 上海：上海人民出版社，2019.

[28] 米歇尔·福柯. 治理自我与治理他者（法兰西学院课程系列·1982—1983）[C]. 于奇智，译. 上海：上海人民出版社，2020.

[29] 米歇尔·福柯. 知识意志讲稿（法兰西学院课程系列.1970－1971）[C]. 张亘，译. 上海：上海人民出版社，2021.

[30] 米歇尔·福柯. 我，里维耶，杀害了我的母亲、妹妹和弟弟——19世纪的一桩弑亲案[M]. 王辉，译. 上海：上海人民出版社，2021.

[31] 米歇尔·福柯. 自我坦白——福柯1982年在多伦多大学维多利亚学院的演讲[C]. 潘培庆，译. 武汉：长江文艺出版社，2021.

[32] 米歇尔·福柯. 肉欲的忏悔：性经验史第四卷[C]. 佘碧平，译. 上海：上海人民出版社，2021.

[33] 米歇尔·福柯. 知识考古学[M]. 董树宝，译. 北京：生活·读书·新知三联书店，2021.

四、外文研究文献（按出版时间排序）

[1] Hubert Dreyfus, Paul Rabinow. Michel Foucault：Beyond Structuralism and Hermeneutics [M]. Chicago：The University of Chicago Press，1982.

[2] Paul Robinow. The Foucault Reader [C]. New York：Pantheon Books，1984.

[3] James Bemauer, David Rasmussen. The Final Foucault [M]. Massachusetts：MIT Press，1988.

[4] Seán Burke. The Death and Returns of the Author [M]. Edinburgh：Edinburgh University Press，1992.

[5] Clare O'Farrell. Foucault：Historian or Philosopher? [M]. London

and New York: Palgrave Macmillan, 1993.

[6] Barry Smart. Michel Foucault: Critical Assessments Volume II [M]. London and New York: Routledge, 1994.

[7] Gary Gutting. The Cambridge Companion to Foucault [M]. Cambridge: Cambridge University Press, 1994.

[8] Jon Simons. Foucault and the Political [M]. London and New York: Routledge, 1995.

[9] Barry Andrew. Foucault and Political Reason [M]. Chicago: The University of Chicago Press, 1996.

[10] Sara Mills. Discourse [M]. London and New York: Routledge, 1997.

[11] Christopher Falzon. Foucault and social dialogue [M]. London and New York: Routledge, 1998.

[12] Karlis Racevskis. Critical Essays on Michel Foucault [M]. New York: G. K. Hall&CO., 1999.

[13] Prado C G. Starting with Foucault: An Introduction to Genealogy [M]. Colorado: Westview Press, 2000.

[14] Joseph Cronin. Foucault's Antihumanist Historiography [M]. Queeston: The Edwin Mellen Press, 2001.

[15] Alec McHoul, Wendy Grace. A Foucault Primer: Discourse, Power and the Subject [M]. London and New York: Routledge, 2002.

[16] Timothy O'Leary. Foucault and the History of Ethics [M]. London and New York: Continuum, 2002.

[17] Robert Strozier. Foucault, Subjectivity, and Identity: Historical Constructions of Subject and Self [M]. Detroit: Wayne State University Press, 2002.

[18] Richard Flathman. Freedom and its Conditions: Discipline, Autonomy, and Resislance [M]. London and New York: Routledge, 2003.

[19] Roger Alan Deacon. Fabricating Foucault: Rationalizing the Management of Individuals [M]. Wisconsin: Marquette University Press, 2003.

[20] Sara Mills. Michel Foucault [M]. London and New York: Routledge, 2003.

[21] Clare O'Farrell. Michel Foucault [M]. London: Sage Publications, 2005.

[22] Eric Paras. Foucault 2.0: Beyond Power and Knowledge [M]. New York: Other Press, 2006.

[23] Derek Hook. Foucault, Psychology and the Analytic of Power [M]. London and New York: Palgrave Macmillan, 2007.

[24] Robert Goodin, Philip Pettit, Thomas Pogge. A Companion to Contemporary Political Philosophy [M]. 2nd Edition. Oxford: Blackwell Publishing Ltd., 2007.

[25] Edward Mcgushin. Foucault's Askesis an Introduction to the Philosophical Life [M]. Illinois: Northwestern University Press, 2007.

[26] Fabio Vighi, Heiko Feldner. Beyond Foucault [M]. London and New York: Palgrave Macmillan, 2007.

[27] Lisa Downing. The Cambridge Introduction to Michel Foucault [M]. Cambridge: Cambridge University Press, 2008.

[28] Timothy O'Leary. Foucault and Philosophy [M]. New Jersey: Wiley-Blackwell, 2010.

五、中文研究文献（按出版时间排序）

福柯相关研究著作

[1] 伊·库兹韦尔. 结构的时代：从莱维·斯特劳斯到福柯 [M]. 尹大贻，译. 上海：上海译文出版社，1988.

[2] 德莱弗斯，保罗·拉比诺. 超越结构主义与解释学 [M]. 张建超，张静，译. 北京：光明日报出版社，1992.

[3] 莫伟民. 主体的命运——福柯哲学思想研究 [M]. 上海：上海三联书店，1996.

[4] 迪迪埃·埃里蓬. 权力与反抗——米歇尔·福柯传 [M]. 谢强，马月，译. 北京：北京大学出版社，1997.

[5] 阿兰·谢里登. 求真意志——米歇尔·福柯的心路历程 [M]. 尚志英，许林，译. 上海：上海人民出版社，1997.

[6] 梅基奥尔. 福柯 [M]. 韩阳红，译. 北京：昆仑出版社，1999.

[7] 路易丝·麦克尼. 福柯 [M]. 贾堤，译. 哈尔滨：黑龙江人民出版社，1999.

[8] 王治河. 福柯［M］. 长沙：湖南教育出版社，1999.

[9] 陆扬. 后现代性的文本阐释：福柯与德里达［M］. 上海：上海三联书店，2000.

[10] 吉尔·德勒兹. 福柯·褶子［M］. 于奇智，杨洁，译. 长沙：湖南文艺出版社，2001.

[11] 樱井哲夫. 福柯［M］. 姜忠莲，译. 石家庄：河北教育出版社，2001.

[12] 汪民安，陈永国，马海良. 福柯的面孔［C］. 北京：文化艺术出版社，2001.

[13] 刘北成. 福柯思想肖像［M］. 上海：上海人民出版社，2001.

[14] 艾莉森·利·布朗. 福柯［M］. 聂保平，译. 北京：中华书局，2002.

[15] 丹纳特，斯奇拉，韦伯. 理解福柯［M］. 刘瑾，译. 天津：百花文艺出版社，2002.

[16] 布莱恩·雷诺. 福柯十讲［C］. 韩泰伦，编译. 北京：大众文艺出版社，2004.

[17] 詹姆斯·米勒. 福柯的生死爱欲［M］. 高毅，译. 上海：上海世纪出版集团，2005.

[18] 马文·克拉达，格尔德·登博夫斯基. 福柯的迷宫［M］. 朱毅，译. 北京：商务印书馆，2005.

[19] 余虹. 艺术与归家——尼采·海德格尔·福柯［M］. 北京：中国人民大学出版社，2005.

[20] 杨大春，尚杰. 当代法国哲学诸论题——法国哲学研究［C］. 北京：人民出版社，2005.

[21] 莫伟民. 莫伟民讲福柯［M］. 北京：北京大学出版社，2005.

[22] 黄华. 权力、身体与自我——福柯与女性主义文学批评［M］. 北京：北京大学出版社，2005.

[23] 吉尔·德勒兹. 德勒兹论福柯［M］. 杨凯麟，译. 南京：江苏教育出版社，2006.

[24] 莱姆克等. 马克思与福柯［M］. 陈元，译. 上海：华东师范大学出版社，2007.

[25] 詹姆斯·马歇尔. 米歇尔·福柯：个人自主与教育［M］. 于伟，译. 北京：北京师范大学出版社，2008.

[26] 汪民安. 福柯的界线 [M]. 南京：南京大学出版社，2008.

[27] 黄瑞祺. 再见福柯：福柯晚期思想研究 [C]. 杭州：浙江大学出版社，2008.

[28] 刘永谋. 福柯的主体解构之旅——从知识考古学到"人之死" [M]. 南京：江苏人民出版社，2009.

[29] 加里·古廷. 福柯 [M]. 王育平，译. 南京：译林出版社，2010.

[30] 罗伊·博伊恩. 福柯与德里达：理性的另一面 [M]. 贾辰阳，译. 北京：北京大学出版社，2010.

[31] 菲利普·萨拉森. 福柯 [M]. 李红艳，译. 北京：中国人民大学出版社，2010.

[32] 高宣扬. 福柯的生存美学 [M]. 北京：中国人民大学出版社，2010.

[33] 吴猛. 福柯话语理论探要 [M]. 北京：九州出版社，2010.

[34] 杨凯麟. 分裂分析福柯：越界、褶曲与布置 [M]. 南京：南京大学出版社，2011.

[35] 赵福生. 福柯微观政治哲学研究 [M]. 哈尔滨：黑龙江大学出版社，2011.

[36] 周远全. 福柯的风格 [M]. 合肥：合肥工业大学出版社，2011.

[37] 乔姆斯基，福柯. 乔姆斯基、福柯论辩录 [C]. 刘玉红，译. 桂林：漓江出版社，2012.

[38] 马汉广. 论福柯的启蒙批判 [M]. 哈尔滨：黑龙江大学出版社，2014.

[39] 阿兰·布罗萨. 福柯：危险哲学家 [M]. 罗慧珍，译. 桂林：漓江出版社，2014.

[40] 弗雷德里克·格雷. 福柯考 [M]. 何乏笔，译. 上海：华东师范大学出版社，2017.

[41] 陈培永. 福柯的生命政治学图绘 [M]. 北京：中国社会科学出版社，2017.

其他相关研究著作

[1] 黑格尔. 精神现象学 [M]. 贺麟，王玖兴，译. 北京：商务印书馆，1979.

[2] 笛卡尔. 第一哲学沉思集 [M]. 庞景仁，译. 北京：商务印书

馆，1986.

[3] 萨特. 存在与虚无 [M]. 陈宣良，译. 北京：生活·读书·新知三联书店，1987.

[4] 弗雷德里希·尼采. 权力意志：重估一切价值的尝试 [M]. 张念东，译. 北京：商务印书馆，1991.

[5] 让·皮埃尔·韦尔南. 希腊思想的起源 [M]. 秦海鹰，译，北京：生活·读书·新知三联书店，1996.

[6] 道格拉斯·凯尔纳，斯蒂义·贝斯特. 后现代理论：批判性的质疑 [M]. 张志斌，译. 北京：中央编译出版社，1999.

[7] 笛卡尔. 谈谈方法 [M]. 王太庆，译. 北京：商务印书馆，2000.

[8] 德里达. 书写与差异 [M]. 张宁，译. 北京：生活·读书·新知三联书店，2001.

[9] 伊曼努尔·康德. 判断力批判 [M]. 邓晓芒，译. 北京：人民出版社，2002.

[10] 拉曼·塞尔登. 文学批评理论：从柏拉图到现在 [M]. 刘象愚，陈永国，等译. 北京：北京大学出版社，2003.

[11] 柏拉图. 柏拉图对话集 [M]. 王太庆，译. 北京：商务印书馆，2004.

[12] 康德. 康德著作全集 [M]. 李秋零，主编. 北京：中国人民大学出版社，2004.

[13] 爱比克泰德. 哲学谈话录 [M]. 吴欲波，译. 北京：中国社会科学出版社，2004.

[14] 伽达默尔. 真理与方法（下卷）[M]. 洪汉鼎，译. 上海：上海译文出版社，2004.

[15] 马丁·海德格尔. 在通向语言的途中 [M]. 孙周兴，译. 北京：商务印书馆，2004.

[16] 约瑟夫·劳斯. 知识与权力——走向科学的政治哲学 [M]. 盛晓明，译. 北京：北京大学出版社，2004.

[17] 理查德·罗蒂. 后哲学文化 [M]. 黄勇，译. 上海：上海译文出版社，2004.

[18] 哈贝马斯. 现代性的哲学话语 [M]. 曹卫东，等译. 南京：译林出版社，2004.

[19] 埃德蒙德·胡塞尔. 欧洲科学危机和超验现象学 [M]. 张庆熊，

译. 上海：上海译文出版社，2005.

[20] 加里·古廷. 20世纪法国哲学[M]. 辛岩，译. 南京：江苏人民出版社，2005.

[21] 塞涅卡. 强者的温柔：塞涅卡伦理文选[M]. 包利民，等译. 北京：中国社会科学出版社，2005.

[22] 雅克·德里达. 论文字学[M]. 汪家堂，译. 上海：上海译文出版社，2005.

[23] 莫里斯·梅洛-庞蒂. 知觉现象学[M]. 姜志辉，译. 北京：商务印书馆，2005.

[24] 莫里斯·布朗肖. 文学空间[M]. 顾嘉深，译. 北京：商务印书馆，2005.

[25] 吉尔·德勒兹. 哲学与权力的谈判——德勒兹访谈录[M]. 刘汉全，译. 北京：商务印书馆，2005.

[26] 奥古斯丁. 上帝之城[M]. 王晓朝，译. 北京：人民出版社，2006.

[27] 保罗·利科. 历史与真理[M]. 姜志辉，译. 上海：上海译文出版社，2006.

[28] 西格蒙·弗洛伊德. 一种幻想的未来文明及其不满[M]. 严志军，张沫，译. 上海：上海人民出版社，2006.

[29] 斯拉沃热·齐泽克. 敏感的主体：政治本体论的缺席中心[M]. 应奇，译. 南京：江苏人民出版社，2006.

[30] 理查德·沃林. 文化批评的观念——法兰克福学派、存在主义和后结构主义[M]. 张国清，译，北京：商务印书馆，2007.

[31] 杨大春. 语言·身体·他者——当代法国哲学的三大主题[M]. 北京：生活·读书·新知三联书店，2007.

[32] 尼采. 不合时宜的沉思[M]. 李秋零，译. 上海：华东师范大学出版社，2007.

[33] 尼采. 权力意志1885—1889年遗稿[M]. 孙周兴，译. 北京：商务印书馆，2007.

[34] 笛卡尔. 第一哲学沉思集[M]. 庞景仁，译. 北京：商务印书馆，2008.

[35] 尼采. 权力意志[M]. 孙周兴，译. 北京：商务印书馆，2008.

[36] 卡尔·雅斯贝斯. 时代的精神状况[M]. 王德峰，译. 上海：上海

译文出版社，2008.

[37] 帕格尔. 拉康——大哲学家的思想与生活［M］. 李朝晖，译. 北京：中国人民大学出版社，2008.

[38] 沃格林. 秩序与历史. 城邦的世界［M］. 陈周旺，译. 南京：译林出版社，2008.

[39] 让·鲍德里亚. 象征交换与死亡［M］. 车槿山，译. 南京：译林出版社，2009.

[40] 保罗·蒂利希. 存在的勇气［M］. 成穷，王作虹，译. 贵阳：贵州人民出版社，2009.

[41] 乔治·巴塔耶. 色情史［M］. 北京：商务印书馆，2010.

[42] 吉尔·德勒兹. 哲学的客体［M］. 陈永国，编. 北京：北京大学出版社，2010.

[43] 阿兰·巴丢. 激进哲学［M］. 陈永国，主编. 北京：北京大学出版社，2010.

[44] 汉娜·阿伦特. 过去与未来之间［M］. 王寅丽，张立立，译. 南京：译林出版社，2011.

[45] 让·鲍德里亚. 论诱惑［M］. 张新木，译. 南京：南京大学出版社，2011.

[46] 雅各布·布克哈特. 希腊人和希腊文［M］. 王大庆，译. 上海：上海人民出版社，2012.

[47] 海德格尔. 存在与时间（修订译本）［M］. 陈嘉映，王庆节，译. 北京：生活·读书·新知三联书店，2012.

[48] 丹豪瑟. 尼采眼中的苏格拉底［M］田立年，译. 北京：华夏出版社，2013.

[49] 保罗·韦纳. 古希腊人是否相信他们的神话［M］. 张竝，译. 上海：华东师范大学出版社，2014.

[50] 圣地亚哥·扎巴拉. 存在的遗骸［M］. 吴闻仪，译. 上海：华东师范大学出版社，2015.

[51] 菲利普·索莱尔斯. 极限体验与书写［M］. 唐珍，译. 上海：华东师范大学出版社，2015.

[52] 吉奥乔·阿甘本. 语言的圣礼：誓言考古学［M］. 蓝江，译. 重庆：重庆大学出版社，2016.

中文硕博论文

[1] 吴猛. 福柯话语理论探要 [D]. 上海: 复旦大学, 2003.

[2] 马晶晶. 论福柯的话语及话语下的文学 [D]. 石家庄: 河北师范大学, 2004.

[3] 吕翔. 福柯与批判问题 [D]. 上海: 复旦大学, 2004.

[4] 刘永谋. 福柯的主体解构之旅——从知识考古学到"人之死" [D]. 北京: 中国人民大学, 2005.

[5] 尚景建. 谱系学方法与身体关怀 [D]. 桂林: 广西师范大学, 2005.

[6] 沈虹. 福柯与现代文学 [D]. 上海: 华东师范大学, 2007.

[7] 孙佳兵. 主体的放逐: 福柯文学思想研究 [D]. 成都: 四川师范大学, 2007.

[8] 王昉. 话语与文学——米歇尔·福柯文学观念初探 [D]. 西安: 陕西师范大学, 2007.

[9] 刘鑫. 福柯作者观的美学维度 [D]. 西安: 西北大学, 2007.

[10] 赵福生. 福柯微观权力思想研究——兼论马克思哲学的微观视域 [D]. 哈尔滨: 黑龙江大学, 2008.

[11] 储诚喜. 哲学诊断与当下关切——福柯政治哲学思想研究 [D]. 上海: 复旦大学, 2008.

[12] 索良柱. 福柯: 从权力的囚徒到生存美学的解救 [D]. 上海: 复旦大学, 2009.

[13] 苏连英. 福柯话语符号美学研究 [D]. 南昌: 江西师范大学, 2009.

[14] 张建军. 疯狂与自身: 福柯生存美学思想研究 [D]. 西安: 西北大学, 2011.

[15] 陈媛. 解构中的建构: 福柯思想解读的一种视角 [D]. 上海: 复旦大学, 2012.

[16] 龙红莲. 德国的尼采与"法兰西的尼采": 尼采和福柯权力理论及其对文艺美学的影响 [D]. 武汉: 武汉大学, 2013.

[17] 杜玉生. 哲学修行与品行塑造——福柯的古代哲学研究 [D]. 北京: 北京外国语大学, 2014.

[18] 李聪. 从福柯的话语、权力观看其文学指向 [D]. 西安: 西安外国语大学, 2014.

[19] 李娟. 论福柯写作中的文学经验 [D]. 海口: 海南大学, 2014.

［20］施林林. 福柯《知识考古学》话语理论研究［D］. 石家庄：河北大学，2015.

［21］卢小龙. 语言、权力和主体——福柯文学思想概观［D］. 福州：福建师范大学，2016.

［22］夏天成. 福柯的身体思想研究［D］. 长春：吉林大学，2017.

［23］周颖. 主体的"悖论"——话语与权力中福柯主体概念的初探［D］. 杭州：浙江大学，2019.

［24］姚思燮. 论福柯考古学方法的实施、缘起与概念［D］. 南京：南京大学，2020.

［25］柏松子. 作为福柯僭越哲学实施的文学［D］. 大连：大连理工大学，2021.

中文期刊论文

［1］米歇尔·福柯. 宽忍的灰色黎明［J］. 王昶，译. 世界电影，1998 (5)：249-252.

［2］米歇尔·福柯. 反法西斯主义的生活艺术［J］. 李猛，译. 天涯，2000 (1)：153-155.

［3］米歇尔·福柯. 戴面具的哲学家［J］. 莫伟民，译. 世界哲学，2002 (5)：62-65.

［4］米歇尔·福柯. 福柯答复萨特［J］. 莫伟民，译. 世界哲学，2002 (5)：65-67.

［5］米歇尔·福柯.《反俄狄浦斯》序言［J］. 麦永雄，译. 国外理论动态，2003 (7)：43-44.

［6］米歇尔·福柯. 主体性和真理［J］. 莫伟民，译. 世界哲学，2005 (1)：42-45.

［7］米歇尔·福柯. 五月风暴与哲学沉思［J］. 于奇智，译. 世界哲学，2009 (1)：152-158.

［8］黄颂杰. 福柯的话语理论述略［J］. 南京社会科学，1990 (6)：6-10.

［9］莫伟民. 福柯与理性批判哲学［J］. 中国社会科学，1994 (4)：107-117.

［10］刘北成. 福柯史学思想简论［J］. 史学理论研究，1996 (2)：87-94.

[11] 杨大春. 身体经验与自我关怀——米歇尔·福柯的生存哲学研究 [J]. 浙江大学学报（人文社会科学版），2000（4）：116-123.

[12] 余章宝. 传统历史话语的颠覆——福柯《知识考古学》的后现代历史观 [J]. 厦门大学学报（哲学社会科学版），2001（2）：111-118.

[13] 莫伟民. 论福柯的非历史主义的历史观 [J]. 复旦学报（社会科学版），2001（3）：76-82.

[14] 汪民安. 疯癫与结构：福柯与德里达之争 [J]. 外国文学研究，2002（3）：1-7.

[15] 杨大春. 另一种主体——论福柯晚期思想的旨意 [J]. 浙江社会科学，2002（3）：169-173.

[16] 莫伟民. 福柯的反人类学主体主义和哲学的出路 [J]. 哲学研究，2002（3）：56-63.

[17] 陈炳辉. 福柯的权力观 [J]. 厦门大学学报（哲学社会科学版），2002（4）：84-90.

[18] 何乏笔. 从性史到修养史——论福柯〈性史〉第二卷中的四元架构 [J] 欧美研究，2002（3）：437-467.

[19] 汪民安. 福柯与哈贝马斯之争 [J]. 外国文学，2003（1）：3-11.

[20] 汪民安. 论福柯的人之死 [J]. 天津社会科学，2003（5）：21-26.

[21] 汪民安. 乔治·巴塔耶的色情和死亡 [J]. 读书，2004（2）：157-165.

[22] 文兵. 面向复杂性福柯的后现代知识观 [J]. 首都师范大学学报（社会科学版），2004（2）：35-38.

[23] 李晓林. 审美主义：从尼采到福柯 [J]. 厦门大学学报（哲学社会科学版），2005（2）：86-91.

[24] 杨大春. 话语考古学与语言的物化：福柯与语言问题 [J]. 湖南社会科学，2006（2）：35-39.

[25] 陈晓明. "疯狂思想"中思想交锋：德里达对福柯"疯狂史"的批判 [J]. 学术月刊，2006（3）：17-25.

[26] 胡继华. 生命政治化——简述吉奥乔·阿甘本 [J]. 国外理论动态，2006（5）：53-56.

[27] 何乏笔. 从权力技术到美学修养：关于福柯理论发展的反思 [J]. 哲学与文化，2010（3）：85-102.

[28] 汪民安. 福柯在中国 [J]. 中国图书评论，2014（3）：73-79.

[29] 汪民安. 福柯、本雅明与阿甘本：什么是当代？[J]. 马克思主义与现实，2013（6）：10－17.

[30] 汪民安. 友谊与语言中的沉默——福柯对布朗肖的解读[J]. 求是学刊，2014（2）：15－22.

[31] 刘阳军."关怀自身"与"美学化的伦理学"——福柯晚期著述之美学思想拾遗[J]. 文艺评论，2015（1）：26－30.

[32] 张一兵. 文本的阅读复权——从福柯文本的词频统计复归其原初思想构境[J]. 哲学动态，2015（4）：33－41.

[33] 贺昌盛，王涛. 想象·空间·现代性——福柯"异托邦"思想再解读[J]. 东岳论丛，2017（7）：127－144.

[34] 董树宝. 哲学剧场：福柯与德勒兹的拟像之舞[J]. 中国文学研究，2018（4）：1－9.

[35] 陶家俊. 现代性的生死断裂——1976年福柯与鲍德里亚视野中的生死边界[J]. 外国文学研究，2018（5）：105－113.

后　记

　　人是追问自身存在之意义的动物。这是世间渺小之物所能拥有的最大能量，也是你我已然存在的理由。"人是万物的尺度。"人把自己当作尺度去衡量万事万物，寻找其背后的意义，可一旦要寻找自身的意义时，该用什么作为尺度？此时，尺度成为对象，难以施展衡量的作用。用人之外的事物吗？人怎能屈从于他物？这难道不是在降低人的存在地位、消解自身价值？可见，意义的追寻陷入了二律背反之中。

　　对福柯的关注，或许源于"人死了"这一声呐喊在某些夜晚的回荡。在福柯的理论语境中，如果人已然死去，那么意义是否在人出现之前或消逝之后便已不存在？意义仿佛滑向了永无固定的空无，寻求有关人或物的任何意义都变得荒唐可笑。有人说，寻找生命的意义，可贵之处不在意义本身，而在寻求的过程，意义就蕴含于这一过程之中。如果寻找作为某项行动的支撑需要一些看似无聊的借口，那么这些文字便是见证！它或许在捕捉时间永恒中的某一瞬时，划破人类漫长沉寂的黑夜，留下些许火光或星辰。于是，我徘徊在"人之死"的问题上，找到了一个与之对照的文本——切斯特顿（G. K. Chesterton）所著的《永在的人》（*The Everlasting Man*）。我不确定这本书会给我带来什么，但我更关注他的《回到正统》（*Orthodoxy*），据说阅读此书会带来信仰的转变（然而，此时的我似乎还没有宗教意义上的信仰）。因此，带着对"人之未定"的某种期待视野，我去阅读了这个文本。就《回到正统》的基调而言，如作者所设想的，旨在维护某种正统；特别是当我读到第二章《疯子》时，发现作者带有强烈情绪的论辩观点，且与福柯的思想存在密切相关：

　　　　现在就由疯人院说起吧！就由这个令人不舒服而异想天开的住处，展开我们的思想旅程吧！好了，要探视精神健全的哲学，第一件事是要抹掉一个常犯的错误。时下有一个随波逐流的想法，认为想象力（尤其是带有神秘色彩的想象力）会危害人类的心智平衡。诗人常被评为心理不可靠；一般人或会把戴桂冠与粘稻草于头发上扣上含糊的联系。事实和历史完全驳斥这种想法。大部分相当伟大的诗人不单精神健全，而且处事有条不紊；若莎士比亚真的曾勒住马头，那是因为由他来控制马匹是最安全的。想象力并不衍生疯狂。衍生疯狂的，正是理性。诗人不会发疯，下棋者会。数学家、出纳员会发疯，创意盎然的诗人甚少会。我绝不是在攻击逻辑（从下文可见），我只是指出潜伏着发疯危机的不是想象力，而是逻辑。①

这里，切斯特顿不一定较好地驳斥了对那些疯狂带有偏见的观点，然而，他为疯狂辩护的态度是十分明确的。而为了给诗歌一个恰当的位置，他还是以正常、健全来描述其特征，这无疑让人有种"走入敌人圈套"的感觉。为何要将诗歌与逻辑对立？说诗歌的想象力是正常的，而逻辑是非正常的，其标准是什么？两者的界限又在哪里？是否有必要为了给诗歌开辟一片"纯洁之地"，就将讲求理性的人一概驳斥抑或走向另一个极端，说那些真正的疯子才是最讲求逻辑和理性的人。切斯特顿认为，疯子不是失去理性的人，而是除理性外失去一切的人。进而他推论，疯狂最明确的特征在于，它是逻辑完整与心灵萎缩的结合。

写作本书的时间，坦白说，远不及思考和积累的时间。研究过程中，困难主要来自两个方面：一是表达方式的抉择，困惑于是用纯粹学术的语言进行完全理性的书写，还是借鉴福柯的书写方式（特别是以福柯早期的书写方式——其中涵盖大量的文学要素）。很难把福柯的书写进行某种风格上的归类，感性的或理性的，人文的或科学的，隐喻的或非隐喻的。当然，也不能将福柯的书写看成两种元素的简单相加。可以说，它是一种混合、杂糅的手法，给人一种难以言喻的感觉。第二个困难在于思考层面，不仅需要细致考察福柯的文本，还要思考作为哲学家的福柯看待问题的角度和方式。因为福柯的研究路径不同于传统学院派学者，他的思维角度或者说他的独特思考方式与同期的学者们是极为不同的。我对福柯的钦佩在于，他能对微观现象中的很多问题作出精准且透彻的分析。因此，研究福柯最大的收获，或许并不体现在我的书写内容里，而是体现在我对待生活的态度和思考方式上。希望这对福柯而言，会是一种欣慰；也希望读者能在不同层面各有收获。

从某种意义上看，福柯的思考始于对"疯狂"的关注，甚至可以说，这正是他反人文主义思考的开端（他自己也认可这一说法）。其实，他最初的

---

① 切斯特顿：《回到正统》，庄柔玉译，北京：生活·读书·新知三联书店，2017。

后　记

写作想法源于当时一家法国出版社的出书计划，历经几番周折之后，才形成后来的文本样态，这也间接使得他的文本题材充满复杂和绚烂的特质。福柯在《疯狂史》的序言中曾说："我的书既非哲理小说，也非历史文化探究，充其量只是史学工地中的哲学片简。"《疯狂史》在方法和成果上的核心要点在于，福柯试图揭示：在古典时代，疯狂的实践性事实（faits de pratiques）与再现性事实（faits de representation）之间存在着一种互不沟通、互不了解，但又彼此平行、对应密切的关联。此外，他所提倡的古典非理性基本图形（scheme）（非理性即理性之对立面、理性之负面、理性借其排斥而自行建立），也唯有在这种关系中，才能展开它的全部意义。这一图形既是一条贯通所有文化现象的综合理解线条，甚至也是一种解释性框架（对疯人以及疯狂的认识之间的分裂平行关系，其来源便是这一基本图形）。这是一种超越了传统法国社会学学派和马克思主义反映学说的结构主义立场。在创作《疯狂史》时，福柯也意识到了同样的问题：因为理性捕捉之前的疯狂未能留下未经变换的历史见证，他所从事的主要工作就是对这个被压抑的"沉默"进行考古。

所谓沉默，它或许是起源于一种善意和礼貌，如在亲人临终之前，人们会回避谈论他的疾病，又比如在与一位口吃者闲聊时，人们会装作毫不在意他的口吃。但是在某些时刻，沉默也源于怯懦。因为人们畏惧权势，惧怕社会高压，担心没有升迁或获利的机会，甚至惧怕失去房子、汽车等财物。于是，沉默便成为人们自我保护的机制。另外，有些时刻我们所害怕的，也并非权益上的经济损失和肉体上的暴力侵害，而只是在精神上被自身的同一族群所孤立。出于对社会归属感的依赖，人们会利用沉默来达到温暖的"合群"。而对认同感、归属感的迫切需求，几乎是刻在人类基因里的秘密。而这秘密有时候会变成人们勇敢的来源，有时却也会蒙蔽我们的双眼。拒绝声音也不稀奇，因为发声不仅需要勇气，还意味着担当与行动。讨论全球变暖意味着我们必须去寻求解决的办法，也就是说你可能会选择少买车、少开暖气或空调，甚至刻意节水。而讨论某个族群对另一种族群的驱逐或霸凌，意味着人们有责任去倾听不同族群的痛苦，以及向他们阐述自己的主张或者为之请愿、筹划。讨论现代社区里动物的饲养与宰杀方法，表明人们要为动物权益呐喊，甚至认真看待素食主义这一主张。但是，为了逃避责任和避免不安，人们总觉得"还是不谈这些为好"，于是便有了"沉默是金"的说法。但真理问题并不会因为不被讨论而消失。即便不谈，世界仍然会不断变暖，受苦的人仍在呻吟，养殖场里的动物仍然在绝望中度过一生。福柯的著作，正是要提醒我们直视社会生活中随处可见的沉默，捕获这些无声的表达。直面沉默，也是为了抵抗相关制度遗忘和集体式否认所带来的压迫，直视那些阳光照不到的生命角落、被压迫者的苦难，以及我们自身的弱点。

  以上便是成书过程中的一点后置性总结。尽管可能词不达意，但它确实以语言触碰到了某种思考的可能性边界。

作者 2025 年 3 月
于成都